ALTE ABENTEUERLICHE REISEBERICHTE

*Alexander von Humboldt nach einem Porzellanrelief von Friedrich Christian Tieck*

# Alexander von Humboldts
# Amerikanische Reise

*Aufgezeichnet*
*von*
Hanno Beck

*Mit 36 Illustrationen*

EDITION ERDMANN

Herausgeber und Verlag danken dem Franz Steiner Verlag Wiesbaden GmbH., Stuttgart, für die Genehmigung zur Verwertung von Texten aus dem Werk von Prof. Hanno Beck
*Alexander von Humboldt, Band I*
(Wiesbaden 1959).

*Beck, Hanno:*
Alexander von Humboldts Amerikanische Reise /
aufgezeichnet von Hanno Beck. – Stuttgart:
Thienemann, Edition Erdmann, 1985. –
(Alte abenteuerliche Reiseberichte)
ISBN 3-522-60540-3
NE: Humboldt, Alexander von: Amerikanische Reise


Umschlag- und Einbandgestaltung besorgten
Hilda und Manfred Salemke in Karlsruhe.
Gesetzt in der Garamond neuneinhalb Punkt von
Utesch Satztechnik GmbH, Hamburg.
Gedruckt auf holzfreiem Werkdruckpapier und gebunden in
Irisleinen von Friedrich Pustet, Regensburg.
5 4

# Inhalt

## Alexander v. Humboldts Forschungsreise in den Tropen Amerikas

Missouri
Ohio
Mississippi
VEREIN.-STAATEN
Washington
Philadelphia
9. Juli 1804
ATLANT
OCEAN
Florida Str.
Golf v. Mexico
Havana
MEXIKO
NEU-SPANIEN
Cuba
Trinidad
Mexiko
V. Jorullo
Puebla
Vera Cruz
Acapulco
Jamaica
Haiti
S. Domingo
Porto Rico
2.12.1800
CENTRAL AMERIKA
Antillen Meer
GROSSER OCEAN
Cartagena
Panama
Valencia
Cumana
Orinoco
GUAYANA
S. Magdalena
Bogota
S. Fernando
Esmeralda
Cartago
S. Carlos
März
Quito
R. Negro
Guayaquil
6.1.03
Cuenca
ECUADOR
Amazonas
Marañon
Tomependa
PERU
Lima
40
30
20
10
0
10
100
90
80
70

# Alexander v. Humboldts amerikanische Forschungsreise 1799 bis 1804. Eine Einführung

> Nur der Naturforscher ist verehrungswert, der uns das Fremdeste, Seltsamste mit seiner Lokalität, mit aller Nachbarschaft jedesmal in dem eigensten Elemente zu schildern und darzustellen weiß. Wie gern möchte ich nur einmal Humboldten erzählen hören!
> Goethe: *Die Wahlverwandtschaften* (1809)

Nicht zufällig begründete die amerikanische Forschungsreise von 1799 bis 1804 den Weltruhm Alexander v. Humboldts, und der Leser wird nicht mit Unrecht annehmen, daß der größte Geograph der Neuzeit, der zugleich der maßgebende Forschungsreisende seiner Epoche war, diese Unternehmung selbst dargestellt habe. Dieser Irrtum wird durch die Humboldt-Ausgaben genährt, die dem Leser den oft sogar mehrfach fragmentarischen Charakter ihrer Darstellungen verschweigen wie einst die Phönizier ihrer Mitwelt die Entdeckung ferner Welten.

Während seine »Reise durchs Baltikum, nach Rußland und Sibirien 1829« (Edition Erdmann in K. Thienemanns Verlag, Stuttgart 1983, zweite verbesserte Auflage 1984) völlig rekonstruiert werden mußte, lernt der Leser der Reihe »Alte abenteuerliche Reise- und Entdeckungsberichte« nun in kurzem zeitlichen Abstand mit diesem vorliegenden Werk einen durchaus ähnlichen Versuch kennen.

*Tatsächlich hat Humboldt seine klassische amerikanische Forschungsreise nur zum kleineren Teil geschildert:*

nämlich den Beginn in La Coruña, in Nordwest-Spanien, am 5. Juni 1799, die Atlantik-Fahrt über die Kanarischen Inseln bis zur Landung in Cumaná (an der Küste des heutigen Venezuelas), die Fahrt zum Orinoco und Casiquiare, die Überfahrt und den ersten Aufenthalt auf Kuba, die Seereise von dort zur Küste des heutigen Kolumbiens und den anfänglichen Aufenthalt in diesem Land.

*Nicht geschildert hat Humboldt:*

den Aufenthalt im Gebiet der heutigen Anden-Staaten Kolumbien, Ecuador, Peru, die Überfahrt von Callao (Peru) und den zweiten Aufenthalt in Ecuador, die Seereise von dort nach Mexiko, den Aufenthalt in diesem damals führenden Land Lateinamerikas, die Überfahrt von dort und den zweiten Aufenthalt auf Kuba, die Überfahrt nach den Vereinigten Staaten von Amerika, den Aufenthalt in diesem Land und die Rückfahrt über den Atlantik bis zur Landung in der Garonne bei Bordeaux am 3. August 1804.

Humboldts zum weitaus größten Teil unvollendeter Reisebericht stellte deshalb längst die lohnende Aufgabe einer erstmals reisegeschichtlich begründeten Rekonstruktion, die ich 1959 und 1961 in meiner zweibändigen Biographie ausgeführt habe (Hanno Beck: Alexander von Humboldt. Band I: Von der Bildungsreise zur Forschungsreise 1769–1804; Band II: Vom Reisewerk zum »Kosmos« 1805–1859, XVIII und 742 Seiten, 2555 Anmerkungen, Humboldt-Bibliographie, Personenregister, mit 28 Tafeln, 4 Abbildungen und 6 Karten, Franz Steiner, Wiesbaden 1959 und 1961). Diese erste zusammenhängende Darstellung habe ich 1971 für die spanische Übersetzung (Fondo de Cultura, Mexico 1971) überarbeitet und bringe sie in dieser Ausgabe – praktisch in dritter Auflage – auf den neuesten Forschungsstand, um sie einer größeren Öffentlichkeit zugänglich zu machen. Ich danke meinem Schüler Wolf-Dieter Grün für die Anregung zu diesem Unternehmen. *Merkwürdigerweise hatte es bis 1959/61 einen solchen Rekonstruktionsversuch nicht gegeben.*

# Die fragmentarischen Ausgaben des unvollendeten Humboldtschen Reiseberichtes

Einige wenige Kenner meinen, Humboldts »eigentlicher Reisebericht« fände sich in der *Relation historique* (3 Bde. Paris 1814, 1819 u. 1825, Neudruck mit Einführung und Register von Hanno Beck, Stuttgart 1970), verbunden mit dem *Atlas Pittoresque. Vues de Cordillères, et monumens des peuples de l'Amérique* (Paris 1810) sowie dem *Atlas géographique et physique des régions équinoxiales du Nouveau Continent* (Paris 1814, zitiert nach dem von Hanno Beck herausgegebenen Neudruck: Amsterdam u. New York 1971–1973). In den genannten drei Bänden hat Humboldt seine Reise bis zur Landung und den ersten Aufenthalt im Gebiet des heutigen Kolumbiens geschildert. Noch in Amerika hatte er einen allgemeinen Reisebericht geplant, sich dann aber für die Form seiner *Relation historique* entschieden, in welcher der rote Faden meist regelrecht unter der physikalisch-geographischen Problemfülle verschwindet. Die *Relation historique* ist gewiß immer noch ein Reisebericht; *dennoch hat sie dessen Form zu einem großartigen Vollzugsorgan physikalisch-geographischen Denkens ausgeweitet.* Alles ist Bruchstück geblieben, wie wir schon erwähnt haben. Oft wird mit Humboldts Worten belegt, der »vierte Band« sei nicht erschienen. Diese gelegentliche Angabe entscheidet das Problem nicht, da die drei Bände der *Relation historique* nur ein gutes Drittel der gesamten Expedition enthalten; wenn Humboldt sein Werk in der Art der vorliegenden drei Bände vollendet hätte, wäre weit, weit mehr Raum nötig gewesen.

So ergeben sich immer neue Probleme, die nun endlich auch von einer größeren Zahl von Lesern gesehen werden sollen.

Dies alles hat noch zu Humboldts Lebzeiten den Verleger Cotta zum Handeln veranlaßt. Er beauftragte Hermann Hauff (1800–1865), den Bruder des Dichters Wilhelm Hauff, mit einer deutschen »Bearbeitung«: *Alexander von Humboldt's Reise in die Aequinoctial-Gegenden des neuen Continents. In deutscher Bearbeitung von Hermann Hauff. Nach der Anordnung und unter Mitwirkung des Verfassers. Einzige von A. v. Humboldt anerkannte Ausgabe in deutscher Sprache.* 4 Bde. J.F. Cotta, Stuttgart 1859 u. 1860; später: 6 Bde. ebendort 1861–1862.

Wer wirklich einmal den französischen Originaltext mit der Hauffschen Bearbeitung verglichen hat, weiß, daß den sehr werbewirksamen Sprüchen des Titelblattes nicht zu trauen ist. Der Bibliothekar Hauff hat zwar die atmosphärisch beste Übersetzung geliefert, ließ aber trotz der ausdrücklichen Vereinbarung mit Humboldt viel, oft einfach zu viel aus, während das Titelblatt sich schwer durchschauen ließ und dem Leser die Überzeugung aufdrängte, hier sei ein Problem mit Humboldts Einverständnis gelöst worden. Das war gewiß nicht der Fall. So brach Hauff die Schilderung der Reise einfach mit der Ankunft in Havanna auf Kuba am 19. Dezember 1800 ab, während Humboldt sie bis zum Beginn der Befahrung des Rio Magdalena weiterführte. Schon vom Geist des Spezialistentums bestimmt, verstand Hauff die Reise von allen möglichen Einzelwissenschaften her und übersah Humboldts wegweisende Leitidee, ja er ließ die alles entscheidende Passage aus Humboldts ersten Seiten einfach fort und löschte sie damit im Gedächtnis der folgenden Zeit aus. Es sei hier auf ein Register seiner Untaten verzichtet, wissen wir doch ohnehin nicht, auf wen die schwersten Verstümmelungen zurückgehen: auf ihn oder seinen Verleger? Vieles mag an Hauff gelegen haben, während anderes und vielleicht sogar das meiste vom Verlag manipuliert wurde, so etwa der merkwürdige Satz am Schluß in der »Vorrede des Herausgebers«, Humboldt und er, Hauff, seien übereingekommen, »das Buch als literarisches Product möglichst unversehrt zu erhalten, nirgends auszugsweise zu verfahren, sondern im Ganzen überall dem Texte treu zu bleiben« und nur gar zu wissenschaftliche Betrachtungen »abzulösen«. So mag es vereinbart worden sein, allein der Verlag hat sich nicht daran gehalten. Humboldts Vorwort für die Ausgabe vom 26. März 1859 ist 42 Tage vor seinem Tod unterzeichnet worden, d.h. doch, daß Hauff und nicht zuletzt der Verlag »freie Hand« hatten.

Eine mit bedenklichen Fehlern behaftete Ausgabe, die Hauff ohne Nennung der Übersetzerin anführt, stammt von Therese Heyne-Forster-Huber, der Witwe Georg Forsters *(Reise in die Aequinoctial-Gegenden des neuen Continents in den Jahren*

*1799, 1800, 1801, 1802, 1803 und 1804.* J. G. Cotta, 6 Theile, Stuttgart u. Tübingen 1815–29). Hauff setzte sie sehr herab. Sie ist nie sehr einflußreich gewesen und seither vergessen worden.

Von Hauff leiteten sich die späteren Ausgaben ab, deren Verfassern offenbar nie bewußt war, daß ein französisches Original existierte. Insgesamt jedenfalls ein wahrhaft niederschmetterndes Ergebnis, und das 125 Jahre nach dem Tod Alexander v. Humboldts am 6. Mai 1859 in Berlin!

Um die hier vorliegende reisegeschichtliche Rekonstruktion verstehen zu können, werden die eben gewonnenen Einsichten nun zunächst mit Humboldts Leben verbunden.

## Kurzer Blick auf Humboldts Leben und das Werden seiner Leitwissenschaft

Alexander v. Humboldt wurde am 14. September 1769 in Berlin geboren. Bis zum Alter von 30 Jahren kränkelte er nach eigenem Bekenntnis oft. Seine Eltern, der preußische Major Alexander Georg v. Humboldt und Marie Elisabeth, geb. Colomb, vertrauten seine Erziehung Hauslehrern an, die den für die frühe Kindheit recht erheblichen Altersunterschied zwischen den Brüdern Wilhelm (1767–1835) und Alexander (1769–1859) nicht ausglichen. Da der Unterricht philologisch-geisteswissenschaftlich bestimmt war, kam er der Begabung des älteren Bruders mehr entgegen, so daß auch deshalb der jüngere als der weniger begabte galt.

Beide Brüder begannen ihr Studium an der Universität Frankfurt a. d. Oder, mußten es jedoch nach kurzem Anlauf wieder abbrechen. Wilhelm durfte sein Studium sofort in Göttingen fortsetzen, während Alexander, der sich nicht bewährt zu haben schien, in Berlin von Hauslehrern weiterunterrichtet wurde.

Bis dahin waren die Brüder von Gottlob Johann Christian Kunth mehr als behütet worden, ähnlich wie der Emile in Jean Jacques Rousseaus beispielgebendem Roman. 1788, nach der

Heimkehr aus Frankfurt a. d. Oder, durfte Alexander endlich einmal allein ausgehen, und er lenkte die ersten freien Schritte zu dem nur vier Jahre älteren genialen Botaniker Carl Ludwig Willdenow. Aufflammende Freundschaft und Begabung rissen ihn aus dem bisherigen Trott. Willdenow stieß ihm das Tor zur wissenschaftlichen Botanik auf, wies ihn auf Japan hin und ermöglichte ihm, gerade als niemand an ihn glaubte, die Formulierung eines ersten Forschungsprogrammes: »Geschichte der Pflanzen«. In ihm sollten Ausbreitungsvorgänge von Pflanzen von einem Heimatgebiet aus über die Erde verfolgt werden. Humboldt hat in diesem Rahmen bald an das Substrat, den Boden und an Pflanzenfossilien gedacht, um der migrativen (auf Wanderungen bezogenen) Idee gerecht zu werden. Bald weitete sich das Programm zur Pflanzengeographie aus.

Erstmals lenkte Alexander sein Leben diplomatisch zu einem weiteren Ziel hin, als er die Mutter und Kunth für ein Bergbaustudium in Freiberg gewinnen konnte und damit endlich das ihm auferlegte Allerweltsstudium der Kameralistik (Volkswirtschaft) unterbrach, dem er andererseits doch manches verdankte.

Als »Bergmann« erlebte er eine stürmische Karriere und bald die Schöpfung eines zweiten Forschungsprogramms, das ein Strukturgesetz der Erde beweisen sollte.

Ein drittes Forschungsziel galt dem Entwurf geographischer und geologischer Profile; die letzteren sollten mit Symbolen und Buchstaben pasigraphisch (im Sinne einer allgemeinverständlichen Schrift-Zeichensprache) erläutert werden. Die bis dahin fast nur zweidimensionale Geographie und Kartographie gewann seit Humboldt mit nachhaltigem Erfolg die dritte Dimension der Höhe und ermöglichte auch kartographisch die Wiedergabe des Reliefs der Erdoberfläche.

Dies alles vertiefte Humboldt, als er 1793 in geistiger Auseinandersetzung mit Kants Physischer Geographie eine Methodologie schuf.

Es genügt hier der Hinweis auf seinen erstmaligen Versuch der Bezeichnung einer Leitwissenschaft. Er nannte sie 1793 merkwürdigerweise »geognosia«; das ist der ältere, zunächst noch beherrschende Begriff, den J. A. de Luc (1778) und H. B. de Saussure (1779), Humboldts wesentlichstes Vorbild in der

Hochgebirgsforschung, schließlich mit dem Terminus Geologie ersetzen sollten. Das aber – in letzter Konsequenz Erdgeschichte – hatte Humboldt nicht gemeint. Was er wollte, ergibt sich erst, wenn wir sehen, daß er »geognosia« in Klammern mit drei gleichbedeutenden Begriffen erläuterte: »(Erdkunde, Theorie der Erde, physikalische Geographie)«. Damit wird klar, daß keinesfalls »geognosia« in der üblichen Bedeutung gemeint war, und man wird sich fragen müssen, warum der junge Humboldt überhaupt diesen doch bereits vergebenen Begriff beanspruchte. Wie Herder ersehnte Humboldt »eine philosophische Physische Geographie« (Herder), d.h. eine Geographie höherer Art. Deshalb wurde der Ausdruck Geographie, der zu erwarten war, regelrecht desavouiert, weil er ihn mit Recht an die damals zum Schlafmittel degenerierte geographische Registratur erinnerte. In seinem begrifflichen Denken erwies sich Humboldt als überempfindlich; daher auch der Versuch, jeden Begriff seiner Methodologie mehrfach zu erläutern, ein Verfahren, das der Geographiegeschichte andererseits den Weg zur Lösung des Problems wies.

1796 ersetzte Humboldt dann den ohnehin bereits festliegenden und vergebenen Begriff »geognosia« durch »physique du monde«, einen Ausdruck, den er oft und ausnahmslos mit »Physik der Erde« übersetzt hat. Darunter verstand er jedoch keineswegs die frühe »Kosmos«-Idee, in der sich, wie in diesem späteren Werk selbst, »Himmel und Erde«, und zwar in dieser Reihenfolge, vereinigten.

Viele und auch ich selbst haben dennoch zunächst in »physique du monde« einen frühen Hinweis auf den »Kosmos« gesehen, obgleich dies nur teilweise zutrifft.

»Physique du monde« war zunächst nichts anderes als der neue Leitbegriff, der das eindeutig vergebene Leitwort »geognosia« ersetzte. Das zeigte sich klar, als Humboldt 1814 sein Ziel als »Physik der Erde, Theorie der Erde oder Physikalische Geographie« erläuterte, in einer Passage, die den Charakter seiner Forschungsreise offen klären sollte; eben diesen Text hat Hermann Hauff unverständlicherweise gelöscht; er steht in diesem Buch als Motto vor der Rekonstruktion von Humboldts Reise. Da »Physikalische Geographie« (eigentlich Naturgeographie) bereits im 18. Jahrhundert die wichtigste Wachstumsspitze der Geographie (Buache, Kant, Herder, Johann Reinhold Forster) bezeichnete, hatte der Begriff die größeren Aussichten, von Humboldt auf die Dauer benutzt zu werden. Dennoch hat er z. B. seit 1844 oft von »Physik der Erde« gesprochen; in all diesen Fällen können wir allerdings eindeutig und mühelos »Physik der Erde« durch den Terminus »Physikalische Geographie« ersetzen, und schließlich hat Humboldt selbst jeden Zweifel aufgehoben, weil er oft darauf hingewiesen hat, die eigentliche Sphäre seiner Kenntnis sei auf »Physikalische Geographie und Geognosie« beschränkt. Dazu hat er einen wesentlichen Teil der Geognosie zur Physikalischen Geographie gerechnet und keineswegs klare Grenzen gezogen.

Zusammenfassend läßt sich sagen:

Das dreistufige, im Sinne Kants raumwissenschaftliche, d. h. geographische Forschungsprogramm war der Nährboden einer im Sinne der Zeit »philosophisch-physischen [oder physikalischen] Geographie« (Herder), die den Menschen einschloß.

Dreistufiges Programm als Nährboden, Methodologie von 1793 und sechsjährige Vorbereitung der amerikanischen Forschungsreise (seit 1793/94) offenbaren einen inneren Zusammenhang, der sich begrifflich bereits seit 1793 als Einheit verstand *und 1796 nur neu, und zweifellos besser, bezeichnet wurde.*

Daß Humboldt ein großer Geograph war, haben schließlich auch sämtliche bedeutenden Geographen, von Carl Ritter über Oskar Peschel, Ferdinand v. Richthofen, Friedrich Ratzel, Elisée Reclus, Paul Vidal de la Blache, Sir Halford Mackinder, Albrecht Penck, Alfred Hettner, Otto Schlüter bis zu Hermann Lautensach und Carl Troll, bestätigt. Seine Größe als Mediziner, Chemiker, Mathematiker und Astronom hat sich dagegen keineswegs erweisen lassen. Das muß zu denken geben.

Der junge Humboldt hat vielfältig publiziert, doch beweisen seine zahlreichen gedruckten Beiträge bis 1799 seine Größe keineswegs. Gerade das nicht Publizierte, d. h. seine Forschungsprogramme, und das im Druck nur Angedeutete, in Briefen kurz Geschilderte, war das »Triebrad« (Goethe). Es trieb ihn förmlich aus Europa hinaus auf die Bahn des Forschungsreisenden. Es war allein schon deshalb im Vergleich zu allem bis dahin meist schnell Publizierten bedeutender, eben weil an seine Veröffentlichung überhaupt noch nicht gedacht werden konnte. Erst aus ihm und aus den mit ihm zusammenhängenden Denkbewegungen ergab sich, daß Humboldt schon im Augenblick seines Aufbruchs nach Amerika über die bedeutendste geographische Konzeption seiner Zeit verfügte. Nach der Reise wurde dann deutlich, worauf seine Klassizität beruhte:

Mehr als alle seine Vorgänger war er Geograph (und Kartograph) und Forschungsreisender. Er hatte damit ein Forschungsvorbild (Paradigma) geschaffen, dem keiner widersprochen hat, das aber nur wenige (Ferdinand v. Richthofen, Friedrich Ratzel, Carl Troll, Hermann Lautensach, Albert Kolb und Herbert Wilhelmy in Deutschland) erreicht haben.

## Kurze Hinweise zur Forschungsreise A. v. Humboldts

Das nach und nach zwischen 1788 und 1797 entfaltete dreistufige Forschungsprogramm und die mit ihm verbundenen Gedanken drängten Humboldt nach mehrfachem Reisen förmlich aus Mitteleuropa hinaus, wie schon gesagt wurde. *Die amerikanische Reise war auch insofern ein notwendiges Forschungsinstrument, dessen Exaktheit Humboldt in sechsjähriger Vorbereitung geformt hatte.* Ohne sie konnte sein physikalisch-geographisches Denken nicht fortschreiten. Dabei hatte er die schwingenden Schalen der Waage seines Lebens gleichmäßig gefüllt: die eine Schale mit den schwerwiegenden Resultaten seines physikalisch-geographischen Forschens, die andere mit dem menschenrechtlich-humanitären Gedankengut, wobei das eine ohne das andere nicht denkbar war. Wissenschaft war stets auch ein Mittel zur Behauptung oder Durchsetzung der Menschlichkeit. Die hier vorgelegte Rekonstruktion beweist diese Verbindung immer wieder.

Beleuchten wir weitere Charakterzüge dieser Reise:

Alexander Solschenizyn hat auf die Erfahrung hingewiesen, die jeder, der einmal Gefangenschaft erlebte, leicht bestätigen kann: So gut wie nie seien in der Literatur die Gefäße der Notdurft erwähnt worden. So sei etwa der spätere Graf v. Monte Christo im Verlies des Château d'If eingekerkert worden, doch wir erführen nur, daß ihm Essen gebracht worden sei. Der zeitgenössische literarische Geschmack verbat sich eben »Peinliches«, das andererseits eine solche Kerkerhaft noch wahrer und deutlicher werden lassen mußte. Ebenso hat die Reiseliteratur damals in ihren führenden Werken Entbehrungen, von geringen Ausnahmen und kurzen Einblicken abgesehen, nur angedeutet. Man transpirierte höchstens, man schwitzte kaum, und so könnte der Leser meinen, Humboldts Reise sei gefahrlos wie das Unternehmen eines heutigen Globetrotters oder Touristen verlaufen. Sehr oft werden nicht einmal die Überanstrengungen des hart arbeitenden Humboldt im Tropischen Regenwald deutlich. In seinem Tagebuch hat er die üblen Ausdünstungen unterdrückter Arbeiter in mexikanischen Manufakturen immerhin erwähnt, die beiden Gefährdungen seines Reisebegleiters Aimé Bonpland festgestellt, eigene Erschöpfung und Bedrohung aber nahezu übergangen.

Wir können heute (und längst) beweisen, daß Humboldt mehrfach in Lebensgefahr schwebte, ja, daß er selbst einmal einem Brief anvertraute, er glaube, Bonpland und er würden wahrscheinlich nicht als Lebende zurückkehren. Während der Alexander-v.-Humboldt-Gedächtnisexpedition im Jahre 1958 haben sich Volkmar Vareschi und Karl Mägdefrau oft über seine unwahrscheinliche Leistungsfähigkeit gewundert, die beim Vergleich mit den heutigen Bedingungen immer wieder deutlich wurde. Er kam gesund aus den Tropen zurück. Fast war es ein Wunder. Er hatte am Casiquiare die dichtesten Moskito-Schwärme überlebt; Karl Mägdefrau stellte fest: »Der Mensch ist hier ununterbrochen, Tag und Nacht, den Angriffen der verschiedensten Stechmücken, Ameisen, Wespen usw. ausgesetzt. Humboldts Schilderungen entsprechen auch in diesem Punkte vollauf den Tatsachen. Einer der Expeditionsteilnehmer zählte einmal auf dem linken Handrücken 170, auf dem rechten 102 Moskitostiche!« Deshalb und infolge des Soges der Hauptstadt

Caracas sind diese Gegenden heute menschenleer (Caracas 1927: 127 000 Einwohner; 1958: 1 Million).

Überhaupt stellt sich nach solchen Hinweisen die Frage nach dem heutigen Zustand der von Humboldt bereisten Landschaften. Hierüber gibt das von Ortwin Fink und mir bearbeitete Buch Loren Alexander McIntyres (Hamburg 1982) Auskunft. Einige Einblendungen wird der Leser im Text und in den Anmerkungen finden.

In meinem reisegeschichtlichen Denken sind die Stufen der Vorbereitung, Ausführung und Auswertung notwendige Schritte, die aus Gründen der Klarheit der Darstellung und als sukzessive Erkenntnisstufen im rekonstruierenden Bericht getrennt werden sollten. Dem Erkenntnisgewinn des Lesers zuliebe mußte in wenigen Fällen bewußt davon abgewichen werden: so z. B. als Humboldt das überraschende Urteil über die Schönheit der (subtropischen!) Landschaft Teneriffas natürlich nicht während seines dortigen Aufenthaltes, sondern erst später aus dem Vergleich mit den Tropen gewinnen konnte (siehe Seite 126). Hier brächte die strikte Trennung der unmittelbar vor Ort erzielten Einsicht von dem erst in der Auswertung sichtbar werdenden Ergebnis dem Leser nichts ein, weil ihm nämlich ein wichtiges Bekenntnis Humboldts an der richtigen Stelle praktisch vorenthalten würde. Ähnlich zu bewerten sind einige Einschaltungen heutiger Ergebnisse auch in Anmerkungen: etwa Schilderungen des Verhaltens der Guacharó-Vögel, der erneute Nachweis einer von Humboldt entdeckten Wild-Tomate oder Bemerkungen zur Chimborazo-Besteigung.

Körperliches Training wie spätere Forschungsreisende (Fridtjof Nansen, Alfred Wegener, Heinrich Harrer) hat Humboldt nicht gekannt. Kam es darauf an, so holte er die notwendige Kraft ohne weiteres aus sich heraus und wurde ähnlich wie später Sven Hedin mit allen Strapazen fertig; er hätte ebenso wie der große Schwede von sich sagen können, er habe sich nie überanstrengt. Noch 1829 ist dem 60jährigen Humboldt in Rußland und Sibirien körperliche Gewandtheit bescheinigt worden (siehe: Alexander von Humboldts Reise durchs Baltikum, nach Rußland und Sibirien 1829, 2. Aufl. 1984, S. 162). Seine erstaunliche Tropenfestigkeit erlaubte ihm volle Meßprogramme, Pflanzenbestimmungen, Zeichnungen und Tagebucheintragungen in oft zeitlich dichter Folge. Andererseits bin ich mit vielen einig, daß er eine Glückshaut trug: Eine Chimborazo-Besteigung im Alltagsanzug mit Straßenstiefeln, ohne kundigen Führer und ohne jede Bergausrüstung ist nur einmal einem Humboldt gelungen, der, von einem kaum in Worte zu kleidenden geistigen Schwung beflügelt, nur wissenschaftliche Forschung im Sinne seines Leitmotivs betreiben wollte. Es ging ihm zunächst nur um Messungen in großer Höhe – und doch erlag auch er der »geheimen Ziehkraft« des 6310 m hohen Tropenberges. Als der Nebel zerriß, erblickte er den Dom des Gipfels. Er sagte zwar nicht mit Johann Joachim Winckelmann »edle Einfalt und stille Größe«, sondern stellte fest: »Es war ein ernster und großartiger Anblick.« Und: »Am 25. Junius erschien uns in Riobamba Nuevo der Chimborazo in seiner ganzen Pracht, ich möchte sagen in der stillen Größe und Hoheit, die der Naturcharakter der tropischen Landschaft ist.«

Als erster Geograph hat Humboldt das Problem der Schwarz- und Weißwasserflüsse erkannt, wie wir noch im Text sehen werden. Der gebildete deutsche Facharzt und bekannte Sportler Dr. Max Stern wurde 1938 von Hitler zur Emigration gezwungen. Er hat von 1939 bis 1945 als Land- und Wanderarzt das Forschungsgebiet Humboldts in Venezuela intensiv bereist und ab 1942 27mal den Casiquiare befahren. 1943 bis 1945 begleitete er die Ingenieur-Mission des Colonel der US-Armee, H. G. Gerdes, und konnte dabei weitere Einsichten gewinnen.

Vor den grundlegenden Beobachtungen internationaler Gelehrter (unter ihnen Harald Sioli) hat er bei der Lösung des Problems der Schwarz- und Weißwasserflüsse, der – wie er richtig meinte – mit Pflanzensaft eingetieften Felszeichnungen und der Casiquiare-Entstehung sehr Erhebliches geleistet. Dr. Stern hat mich vor seinem Tod um Wahrung seiner Interessen gebeten. Daher ist die erstmalige Publikation seiner vor Ort gezeichneten Landschaftsskizzen eine Verpflichtung, der sich Verlag und Autor nicht entziehen wollen. Gerade der skizzenartige Charakter dieser schwierig zu reproduzierenden Bilder gewährt einen wahren Einblick in tropische Landschaft.

Natürlich war Humboldt oft vom Kenntnisstand seiner Informanten abhängig. So hat er keine der Guano-Inseln betreten, die damals noch bis 50 m hoch von den Exkrementen der Vögel überzogen waren! Das anschaulichste ökologische Bilderbuch zur Lehre von »Zusammenhängen« konnte er nicht aufblättern. Er sah auch das Herzland der Inka-Kultur zwischen Cuzco und dem Titicacasee nicht, und der vorzügliche Landes- und Humboldt-Kenner Prof. Georg Petersen hatte wohl recht, als er mir gegenüber den mangelnden Informationswillen einheimischer Gelehrter der Humboldt-Zeit bedauerte. Andererseits konnte Humboldt kaum mehr bewältigen, als er tatsächlich erreichte. Er wußte von Cuzco und hat auch das Guano-Problem richtig gesehen.

Der Leser sollte sich darüber im klaren sein, daß die gesamte Wiederholung der Humboldtschen Route in Amerika heute gar nicht mehr möglich ist. Einige Wegstrecken sind von Bergstürzen verschüttet worden. Prof. Georg Petersen hat für den Nachvollzug der Route allein in Peru viele Jahre benötigt, und doch waren die inneren Schwierigkeiten schließlich zu groß; es blieben Lücken. Loren Alexander McIntyre hat die Route vor wenigen Jahren weitgehend nachvollzogen; eine vollständige Abdeckung erschien ihm unmöglich.

Um den vollen reisegeschichtlichen Dreiklang abzurunden, wird am Schluß dieses Buches die Auswertung der Reise kurz umrissen.

Nun kann auch der Leser geistig die maßgebende Forschungsreise der Neuzeit antreten. Doch sei er herzlich eingeladen, sich zunächst mit Humboldt vorzubereiten. Er benötigt dazu nicht sechs Jahre, sondern nur einige Stunden der Lektüre. Mit Hilfe dieser besonderen und allgemeinen Präparation wird er die Reise viel besser verstehen. Deren Ausführung und Auswertung runden dann den harmonischen reisegeschichtlichen Dreiklang ab, dem in der Historie der Entdeckungs- und Forschungsreisen leider auch viele Mißklänge und Unmenschlichkeiten vorangegangen und gefolgt sind. Die humanitäre Größe dieser Reise, die selbst Goethe verehrte, ließ manche späteren Greuel um so schmerzlicher werden.

Diesem einführenden Text wurden Sätze aus Goethes Roman *Die Wahlverwandtschaften* vorangestellt. Welcher Leser wäre nicht neugierig, jetzt den Zusammenhang des Textes zu kennen? Denn Zitate können verfälschen, und tatsächlich könnte hier ein solches Beispiel vorliegen, wenn man weiterliest:

»Ein Naturalienkabinett kann uns vorkommen wie eine ägyptische Grabstätte, wo die verschiedenen Tier- und Pflanzengötzen balsamiert umherstehen. Einer Priesterkaste geziemt es wohl, sich damit in geheimnisvollem Halbdunkel abzugeben; aber in den allgemeinen Unterricht sollte dergleichen nicht einfließen, um so weniger, als etwas Näheres und Würdigeres sich dadurch leicht verdrängt sieht.

Ein Lehrer, der das Gefühl an einer einzigen guten Tat, an einem einzigen guten Gedicht erwecken kann, leistet mehr als einer, der uns ganze Reihen untergeordneter Naturbildungen der Gestalt und dem Namen nach überliefert; denn das ganze Resultat davon ist, was wir ohnedies wissen können, daß das Menschengebild am vorzüglichsten und einzigsten das Gleichnis der Gottheit an sich trägt.

Dem einzelnen bleibe die Freiheit, sich mit dem zu beschäftigen, was ihn anzieht, was ihm Freude macht, was ihm nützlich deucht; aber das eigentliche Studium der Menschheit ist der Mensch!«

Wir scheinen tatsächlich vor einer großen Schwierigkeit zu stehen. Galt die Physikalische Geographie der »physique du monde« als Leitwissenschaft Humboldts nicht allein der Natur?

Humboldt hat den Wert der Reiseliteratur wie wenige gekannt und z. B. immer wieder auf die bezaubernden Berichte seines »Lehrers und Freundes« Georg Forster hingewiesen. *Waren diese Schilderungen noch Bücher über den Menschen, so zog Humboldt erstmals die Natur selbst breiter und zugleich wissenschaftlich begründet in die geographische Perspektive, ohne indessen den Menschen, seine Wirtschaft, seinen Wohlstand, seine Not, seine Sklaverei, seine Unterdrückung und seine Befreiung zu übersehen.* Wenn Herder, Johann Reinhold Forster und Kant von »Physischer« oder »Physikalischer Geographie« sprachen, so fehlte in ihrer »Naturgeographie« (wörtliche Übersetzung von Physikalische Geographie) der Mensch ebensowenig wie bei ihrem geistigen Schüler Alexander v. Humboldt. Das von

Goethe zitierte Wort Alexander Popes findet sich auch beim älteren Forster und war allen hier Genannten wesentlich. Natur und Mensch waren damals noch nicht getrennt wie im Weltbild der meisten heute führenden jüngeren Geographen.

Bonn und Eschwege, 24. März 1984 Prof. Dr. Hanno Beck

Anmerkung: Die historische Orthographie und Zahlenschreibweise der Humboldt-Zitate wurde bewußt so belassen, um den Charakter der Originaltexte nicht zu verändern. Eine Ausnahme bilden die Textstellen, die vom Autor aus dem Französischen übersetzt werden mußten.

Eine Tabelle der von A. v. Humboldt gebrauchten Maße findet sich auf S. 329, Anmerkung 28. – Hilfreich bei der Lektüre ist allgemein die »Karte der Jahreszeiten-Klimate der Erde« von Carl Troll und Karlheinz Paffen. In: Erdkunde (Bonn) 18.1964, S. 5–28 (Erläuterungstext); die Karte findet sich auch im Atlas »Unsere Welt« (Velhagen & Klasing u. Hermann Schroedel) Berlin 1970, S. 128.

*»Ich hatte mir bei der Reise, deren Beschreibung ich nun folgen lasse, ein doppeltes Ziel gesetzt. Ich wollte die besuchten Länder kennenlernen, und ich wollte Tatsachen zur Erweiterung einer Wissenschaft sammeln, die noch kaum skizziert ist und ziemlich unbestimmt Physik der Erde, Theorie der Erde oder Physische Geographie genannt wird. Von diesen Zwecken schien mir der zweite der wichtigste zu sein. Ich liebte die Botanik und einige Teile der Zoologie mit Leidenschaft. Ich durfte mir schmeicheln, daß unsere Forschungen die bereits beschriebenen Arten um einige neue vermehren würden. Da ich aber die Verbindung längst beobachteter [Tatsachen] der Kenntnis isolierter, wenn auch neuer Tatsachen von jeher vorgezogen hatte, schien mir die Entdeckung eines unbekannten Geschlechtes weit minder wichtig als eine Beobachtung über die geographischen Verhältnisse der Vegetabilien, über die Wanderungen der geselligen Pflanzen und über die Höhenlinien, zu der sich die verschiedenen Arten derselben gegen den Gipfel der Kordilleren erheben.«*
*Alexander v. Humboldt:*
Relation historique, *I, 1814*

# Alexander v. Humboldts Vorbereitung einer Forschungsreise in die Tropen Amerikas

## 1. Die Gestalt des Forschungsreisenden

### *Der Forschungsreisende: ein von der Vernunft legitimierter Abenteurer*

Jede Entdeckungsreise bedeutete ein Abenteuer und mußte dem Rationalismus der Aufklärung verdächtig erscheinen, denn der Ausgang einer derartigen Unternehmung blieb stets mehr dem Wagemut als der Vernunft überlassen. Daher genügte der vorwiegend auf Abenteuer bedachte Entdeckungsreisende dem 18. Jahrhundert nicht mehr, und die Aufklärung schuf im Forschungsreisenden den von der Vernunft legitimierten Abenteurer, der nicht einfach hinauszog, sondern aufgrund wissenschaftlicher Vorbereitung gründlichere geographische Arbeit leistete und gleichzeitig seine eigene Sicherheit erhöhte. Darin liegt die Bedeutung dieser Epoche für die Geschichte der Reisen, und Alexander v. Humboldt sollte bald all diese Tendenzen vorbildlich verkörpern.

Der Begriff des Forschungsreisenden wurde durch das Ziel konstituiert, das sich eine Persönlichkeit setzte, und durch die darauf eingestellte besondere Vorbereitung; sie wurde bald geradezu das Kennzeichen einer Forschungsreise. Carsten Niebuhr, James Bruce, Peter Simon Pallas, Louis Antoine de Bougainville, James Cook und Alessandro Malaspina wären ohne Vorbereitung nicht zu ihren großen Erfolgen gekommen. Wer Forschungsreisender sein wollte, mußte bestimmte vorbereitende Aufgaben erfüllen, vor allem: ein Ziel haben, um seine Vorbereitungen darauf abzustellen.

Dieses Ziel war in jedem Fall schon literarisch behandelt worden. Brach also der Reisende nach einer terra incognita auf, etwa in die Sahara, so gab es auch darüber bereits eine ausgiebige theoretische Literatur.

Einen erheblichen Fortschritt bedeuteten gegenüber früheren Reisen auch die besseren Instrumente, mit denen man die räumliche und geistige, d. h. die geographische Erschließung eines unbekannten Landes sofort und viel gründlicher als die früheren Entdeckungsreisenden eröffnen konnte. Mehr und mehr kamen Forschungsreisende auch in Länder, die räumlich bereits entdeckt waren, geistig aber noch erschlossen werden mußten. Über russische, asiatische, südamerikanische und afrikanische Landschaften gab es um 1800 bereits eine erstaunlich umfangreiche Literatur. Indem der Forschungsreisende sie auswertete, ergänzte er die allgemeine Vorbereitung des Entdeckers um die spezielle Präparation, die auf einen bestimmten Ausschnitt der Erdoberfläche zielte. Dieser historisch verfolgbare Prozeß bezeugt die Intensivierung der Forschung, die sich zunächst freilich auf die Literatur beschränkte und sich noch nicht auf die Instrumente erstrecken konnte. Übungen mit Beobachtungswerkzeugen gehörten damals ausschließlich in den Bereich der allgemeinen Vorbereitungen des Reisenden, erst die spätere wissenschaftliche Entwicklung hat das Instrumentarium verfeinert.

Überraschenderweise können wir bei der Erörterung der Reisevorbereitung wichtige Charakterzüge A. v. Humboldts erkennen: Geheimniskrämerei, wie sie vielen Gelehrten bis zum heutigen Tage eignet, und vor allem Bekenntnisse, meist aus späterer Zeit, die indessen so gut wie nicht gewürdigt, ja meist überhaupt noch nicht wahrgenommen worden sind. Vermutlich bezeichnet das Jahr 1793 den wichtigsten Einschnitt in Humboldts Lebenslinie: Er trat seinen Dienst als Oberbergmeister in Franken an, eröffnete eine Freie Bergschule, wurde Mitglied der Leopoldina, der kaiserlichen Akademie der Naturforscher, steigerte sein geographisches Selbstbewußtsein in einer zukunftweisenden Methodologie, verfolgte bereits zwei Forschungsprogramme und begann die sechsjährige Vorbereitung seiner Forschungsreise, ein wahrhaft erstaunlicher Zusammenhang der Ereignisse.

Bereits zu Lebzeiten der Mutter hatte Humboldt geäußert, er werde 1797 eine größere Reise antreten. Anschließend an die Fahrten in Oberitalien und der Schweiz 1795 wollte er nach

Schweden[1], Griechenland[2] oder Ungarn gehen[3]. Er warb bereits um die Teilnahme seines Freiberger Freundes Johann Karl Freiesleben. Als ferneres Ziel schwebte ihm Sibirien, gewiß im Anschluß an die Forschungen der Gmeline und Pallas, vor[4]. Da er seine Pläne verheimlichte, war zu erwarten, daß er sich nach dem Tode der Mutter klarer über sein Vorhaben aussprechen würde. Die genannten Ziele sollten ohnehin nur mit kleineren Unternehmungen erreicht werden, die vor allem botanischen Untersuchungen dienen sollten. Ein größeres Programm bedeutete Sibirien.

Aus all dem geht eines sehr deutlich hervor: Humboldt strebte eine Landreise an. Deutschland war keine Seemacht. Auf einem Schiff unter fremder Flagge konnte er nur die Randerscheinung einer größeren Expedition abgeben. Oder gab es doch andere Möglichkeiten? Konnte er denn überhaupt daran denken, eine eigene Expedition zu verwirklichen? *Alle bisherigen deutschen Forschungsreisenden waren von Geldgebern oder politischen Interessen ausländischer Mächte abhängig gewesen.* In der Tat ging es den anderen Nationen, die Expeditionen aussandten, bei aller Pflege der Wissenschaft auch immer um die Erkundung wichtiger Gebiete, die besetzt oder dem Handel geöffnet werden sollten. Wenn Deutsche in fremdem Dienst reisten, ging es ihnen selbst ausschließlich um wissenschaftliche Aufgaben, weil sie keinen mächtigen eigenen Nationalstaat vertraten. So wird es verständlich, daß die englische African Association immer stärker deutsche Reisende unterstützte und die russischen Zaren sich über Größe und Wert ihres Riesenstaates von Deutschen aufklären ließen. Damit hatten die Deutschen – wie ihre Klassiker im Literarischen – aus der Not eine Tugend gemacht und im Forschungsreisenden, der nach wissenschaftlichen Zielen strebte, eine bis heute verpflichtende Gestalt geschaffen. Immerhin schloß diese Entwicklung einen großen Mangel ein. *Obgleich die Deutschen aufgrund ihrer ausgebildeteren Geographie der Welt in Carsten Niebuhr den ersten Forschungsreisenden schenkten, gab es keinen einzigen großen selbständigen deutschen Reisenden,* der lediglich eigenen Intentionen folgen und aus dem vollen schöpfen konnte. Niebuhr mußte dänische Wünsche beachten, was – gerade in diesem Fall – natürlich in keiner Weise das

Mäzenatentum Friedrichs V. schmälerte. Johann Reinhold Forster durfte wohl an der zweiten Reise Cooks teilnehmen, aber nicht über sie berichten[5]. Würde es bei Humboldt anders sein?

## 2. Humboldts Reiseziel »Westindien«: Die Tropen der Neuen Welt

### *Sechsjährige Vorbereitung*

Über seine Reisepläne und -ziele hat Humboldt nie den geringsten Zweifel gelassen: Tropensehnsucht kannte er seit frühester Jugend. Seit dem 18. Jahr, seit 1787, hatten seine Reisepläne eine bestimmte Richtung infolge des Einflusses des Pflanzensammelns, des Studiums der Geologie, der Reisen nach Holland, England, Frankreich und der Schweiz und nicht zuletzt Georg Forsters angenommen. Jetzt war es nicht mehr das Verlangen nach einem umherschweifenden Leben, sondern es ging um wissenschaftliche Arbeit in den Tropen. *»Da meine persönliche Lage mir damals nicht erlaubte, die Pläne auszuführen, die meinen Geist so lebhaft beschäftigten, so hatte ich die Muße, mich während sechs Jahren zu den Beobachtungen vorzubereiten, die ich im Neuen Continent machen sollte«* (*Relation historique, I, S. 40f.* Hervorhebung von Hanno Beck).

Sechs Jahre hat sich Humboldt auf seine Forschungsreise vorbereitet, und so finden wir denn auch in einem wichtigen Brief vom Juli 1793 einen eindeutigen Hinweis: »Ich bereite mich ohne Unterlaß auf ein großes Ziel vor« – es ist seine Reise in die Tropen der Neuen Welt. Wie bei seinen Forschungsprogrammen sprach er nicht mit jedem darüber. Bei aller Quecksilbrigkeit seines Wesens hat er seinen Mund oft nur zu gut halten können, wie jeder bemerken kann, der sich mit ihm beschäftigt. Zu Wladimir Jurevič Sojmonov, seinem Freiberger Kommilitonen, sprach er nur deshalb darüber, weil er seine Einladung, schon jetzt nach Rußland zu reisen, zunächst abschlagen mußte, eben wegen seines »großen Zieles« (*Jugendbriefe, S. 255*).

Nach dem Tode seiner Mutter im November 1796 verfügte er über beträchtliche finanzielle Mittel. Damit eröffneten sich einem deutschen Privatmann für längst entwickelte Reisepläne vorher nie gekannte Möglichkeiten. Folgerichtig quittierte er bereits einen Monat später, im Dezember 1796, seinen Dienst, zumal ihn Staat und Bürokratie oft verletzt hatten. Er äußerte sich offen, er werde sich nunmehr »ernsthaft« auf eine Reise außerhalb Europas vorbereiten. Ein weiterer Anstoß kam hinzu: Am 22. Oktober 1796 ließen sich zwei Brüder, Johan Matthias Friedrich und Johan Christian Keutsch, an der Universität Jena einschreiben[6]. Sie kamen aus Bern, wo Humboldt sie vielleicht schon 1795 kennengelernt hatte, und studierten Medizin. Humboldt muß ihnen – von der ersten fraglichen Zusammenkunft in der Schweiz abgesehen – kurz nach ihrer Ankunft in Jena begegnet sein, vielleicht während der Hin- und Herreise nach Berlin beim Tode seiner Mutter oder bei einem gelegentlichen Besuch. Die Brüder Keutsch stammten aus St. Thomas, einer Insel der dänischen Jungferngruppe in Westindien[7]. Humboldt verkehrte oft mit ihnen. Die Gedanken, die ihm während ihres häufigen Zusammenseins kamen, erfahren wir aus einem Brief, den er am 20. Dezember 1796 noch von Bayreuth an Willdenow richtete. Alexander erwähnte seine literarischen Pläne, auch sein selbstkonstruiertes »ganz unzerbrechliches Senkbarometer«, das er bereits im November 1796, vermutlich im Fichtelgebirge, überprüft hatte[8], und schrieb dann: »Mache nur, daß das gute Pathchen schnell heranwachse[9], damit ich es nach Indien mitnehmen kann. Meine Reise ist unerschütterlich gewiß. Ich präparire mich noch einige Jahre und sammle Instrumente, ein bis anderthalb Jahr bleibe ich in Italien, um mich mit Vulkanen genau bekannt zu machen, dann geht es über Paris nach England, wo ich leicht auch wieder ein Jahr bleiben könnte (denn ich eile schlechterdings nicht, um recht präparirt anzukommen), und dann mit englischem Schiffe nach Westindien. Erlebe ich das Ende dieser Pläne nicht, nun so habe ich wenigstens thätig begonnen und die Lage benutzt, in die mich glückliche Verhältnisse gesetzt haben ...«

Westindien war das erklärte Reiseziel, dem seit 1793 seine Vorbereitungen gelten sollten. Wie ernst Alexander die vorbereitenden Aufgaben nahm, geht zudem aus seinen Zeilen eindeutig hervor. Man verstand damals unter Westindien nicht nur die Inselwelt des Karibischen Meeres, sondern die Tropen der Neuen Welt. Der Begriff Westindien hatte sogar einstmals die Gesamtheit Nord-, Mittel- und Südamerikas bezeichnet[10], und zwar in dem Augenblick, als das wahre Indien in seiner räumlichen Lage hervortrat und als »Ostindien« abgegrenzt werden mußte. Damit war der Irrtum des Kolumbus, der geglaubt hatte, Indien entdeckt zu haben, auch sprachlich korrigiert worden. Humboldt folgte dem alten und neuen Sprachgebrauch und entschied sich erst später für eine klare Trennung. Es gibt bei ihm Wendungen, die belegen, daß er Westindien mit Amerika gleichsetzte[11]. Allgemein hat er unter Westindien aber wesentlich mehr Gebiete als wir Heutigen begriffen. Die genaue Untersuchung ergab, daß er seine Vorbereitungen vor allem auf das tropische Südamerika abstellte[12].

Wenn es auch unbezweifelbar ist, daß sich das Reiseziel Westindien im persönlichen Umgang mit den Brüdern Keutsch verstärkte, so sind die Reisewünsche Humboldts doch schon längst, nämlich seit 1793, auf die Tropen der Neuen Welt gerichtet gewesen. Die großen Expeditionen von La Condamine und Bouguer (1735–1744) sowie von Solano und Iturriaga (ab 1750) lockten nach Südamerika. Herder hatte im großzügigen Entwurf seiner *Ideen zur Geschichte der Menschheit* auf die mächtigsten Gebirge der Erde hingewiesen[13], durch die »unsre beiden Hemisphären ein Schauplatz der sonderbarsten Verschiedenheit und Abwechslung« werden[14]. Die Kordilleren erschienen ihm wie seiner Zeit als die höchsten Gebirge der Welt. Er wies auf den Gegensatz von Amazonasbecken und Anden hin und meinte: »Es wäre schön, wenn wir eine Berg-Karte oder vielmehr einen Berg-Atlas hätten, auf dem diese Grundsäulen der Erde in den mancherlei Rücksichten aufgenommen und bemerkt wären, wie sie die Geschichte des Menschengeschlechts fordert.« Um eine »schöne und unterrichtende physische Geographie der Erde« zu erhalten, müßte die Höhe der Berge bestimmt, »die Beschaffenheit des Bodens auf seiner Oberfläche, der Fall der Ströme, die Richtungen der Winde, die Abweichungen der Magnetnadel, die Grade der Hitze und Wärme« erforscht und in die Karten eingetragen werden[15]. Forscher wie Ferber, Pallas, Saussure, Giraud-Soulavie u. a. seien schon an der Arbeit und »sammeln in einzelnen Erdstrecken zu der reichen Ernte von Aufschlüssen, die wahrscheinlich einst die peruanischen Gebirge (vielleicht die interessantesten Gegenden der Welt für die größere Naturgeschichte) zur Einheit und Gewißheit bringen werden«.[16]

In seiner Jugend wurde Humboldt immer wieder auf Amerika hingewiesen. So hatte Campe ein Buch über die *Entdeckung von Amerika* verfaßt (Hamburg 1781), und Ebeling hatte den Nordamerika-Band in Büschings *Neuer Erdbeschreibung* vorbereitet, als Alexander bei ihm weilte. Zahlreiche Einflüsse trafen zusammen. Humboldts geographisches Wissen und sein Naturgefühl verbanden sich mit der ergebnisreichen Alpenforschung. Infolgedessen lockte ihn das Hochgebirgsrelief tropischer Länder ganz besonders. Die Sehnsucht des Europäers galt den Tropen, vor allem jenen Landschaften, in denen harmonisch-milde Naturverhältnisse glücklichen, friedlichen Menschen das Dasein erleichtern sollten. Das Verlangen nach einem Leben in der Einsamkeit war schon in Defoes *Robinson Crusoe,* der auf einer Insel in der Orinocomündung lebte, zum Ausdruck gekommen. Das erwachende Naturgefühl der Aufklärung knüpfte an urtümliche Vorstellungen des Menschen an und ließ diese den Zeitgenossen in Werken Rousseaus, de Saint-Pierres, Hallers, MacPhersons und Goethes bewußt werden. Humboldt hatte den *Werther* schon früh gekannt, aber sein Naturgefühl wurde doch mehr von den Werken der französischen Schriftsteller beeinflußt, besonders von Bernardin de Saint-Pierres *Paul et Virginie,* einem Roman, der, wie die Südseeschilderungen Georg Forsters, in einer tropischen Landschaft, Isle de France[17], spielte. Diesen Liebesroman las Humboldt wieder und wieder und führte ihn bei sich, so wie Napoleon den *Werther* mit nach Ägypten genommen hatte. Bei Humboldt vollzog sich der Übergang zu einer phantasiereicheren, lebendigeren Gefühlswelt z. B. im Freundschaftskult und – nicht zuletzt – in seinem Naturgefühl.

## 3. Spezielle und allgemeine Vorbereitung in Jena

### *Zur Übung wird die Höhe jedes Hügels gemessen*

Alexander v. Humboldt hatte sich nach dem Tod der Mutter nicht lange in Berlin aufgehalten, sondern war bald nach Bayreuth zurückgekehrt, um seine Amtsgeschäfte abzuschließen. Vom 1. März 1797 an war er nach einigen vorangehenden Besuchen dauernd in Jena, wo er nun enger als zuvor mit Goethe, Schiller, Loder, Batsch, Scheerer, Göttling[18], den Brüdern Keutsch, Fischer und der Familie seines Bruders verkehrte. Wie Wilhelm dachte auch Alexander damals wegen seiner Reisepläne nur an einen vorübergehenden Aufenthalt in Jena. Aber Caroline v. Humboldt litt noch an den Folgen der Geburt ihres dritten Kindes im Januar 1797[19], und ihr Mann und zwei der Kleinen waren fieberkrank. Dennoch war ihre Reiselust ungetrübt. Schiller konnte dies Goethe am 14. April 1797 mitteilen[20].

Alexander füllte die Zwangspause mit einer erstaunlichen Tätigkeit aus. Jeder Hügel wurde barometrisch vermessen und die Meßtechnik verbessert. Zunächst hatte er hauptsächlich seine eigene Barometerkonstruktion anwenden wollen, dann aber gänzlich englischen, französischen und in Einzelfällen auch deutschen Instrumenten vertraut. Er war in Beobachtungswerkzeuge vernarrt und hatte z. B. aus Bayreuth einen »schönen Theodoliten mitgenommen« und dafür seinen »15zölligen schwerfälligen Sextanten von Wright« zurückgelassen, ein »Monstrum von einem Instrument«.[21] Damit hatte er den Kammerassessor Prof. Dr. Julius Konrad Yelin in Ansbach so verärgert, daß dieser seine Verstimmung offen spüren ließ.

Im nahen Gotha hatte 1788 Herzog Ernst II. nach Plänen Franz v. Zachs auf der westlichen Kuppe des Kleinen Seebergs die modernste Sternwarte Deutschlands einrichten und mit vorzüglichen Instrumenten aus England ausrüsten lassen. Zach stand im Briefwechsel mit vielen Astronomen Europas und Amerikas. In seiner *Monatlichen Correspondenz zur Beförderung der Erd- und Himmelskunde* (ab 1798) sowie in seinen

*Allgemeinen Geographischen Ephemeriden* (ab 1798) wurden fortan die Ergebnisse der Forschungsreisen kritisch bewertet. 1798 bereits fand der erste internationale Astronomenkongreß auf dem Seeberg statt. Sekretär war Blumenbachs und Zachs Schüler, J. C. Horner, der später an der russischen Weltumsegelung (1803–1806) teilnahm. Daraus erhellt bereits die enge Verbindung zwischen Göttingen und Gotha[22] sowie der Einfluß Franz v. Zachs auf die Forschungsreisenden der Zeit[23]. Zach arbeitete gern mit dem Spiegelsextanten, den er in Deutschland einführte und »durch dessen Verbreitung auf dem Kontinent unser großer vaterländischer Astronom die Länderkunde so bewunderungswürdig vervollkommnet hat«.[24] Er hatte die Lükke, die der Tod Tobias Mayers gerissen hatte, geschlossen und die Forschungsreisenden unermüdlich auf den Wert praktischer astronomischer Kenntnisse verwiesen, da diese den Wert ihrer Beobachtungen erst verbürgen konnten.

In jenen Wochen hat Humboldt eng mit Zach zusammengearbeitet und sich auf dessen Wunsch mit dem Reflektionsinstrument beschäftigt, das er bald virtuos handhabte. Humboldt führte infolgedessen später nur dann, wenn der Tageshimmel bewölkt war, Sternbeobachtungen durch, oder wenn das Mißtrauen einer fremden Bevölkerung ihn zwang, nachts zu arbeiten – sonst beobachtete er die Sonne, da diese sich im künstlichen Horizont des Spiegelsextanten viel schärfer als Sterne abbildete und der Limbus sich am Tage leichter als bei künstlichem Licht ablesen ließ.

Den meisten Jenaer Gelehrten war Humboldt bei früheren Besuchen bereits flüchtig begegnet. Nun erschloß sich ihm auch die Stadt mit ihrer Umwelt. Der Freundschaft des kunstsinnigen und anregenden Prof. Batsch verdankte er »einen vortreflichen Unterricht über den Körperbau der Schaalthiere«[25], später auch die Bekanntschaft mit dem jungen Johann Wilhelm Ritter, »der sich unermüdlich mit galvanischen Experimenten beschäftigt und gründliche chemische Kenntnisse mit ächtem Beobachtungsgenie« verband[26]. Batsch war ein vorzüglicher Zeichner und besaß in Chemie, Botanik und Mineralogie gute Kenntnisse. Auch Goethe rühmte seine »zarte Bestimmtheit und ruhigen Eifer« am Anfang seiner Morphologie, und viele – wahrscheinlich auch Humboldt – verdankten ihm die Einführung in die Landschaft Jenas. Die vielen Ausflüge und Untersuchungen führten Batsch später zu seinem *Taschenbuch für topographische Excursionen in die umliegende Gegend von Jena* (Jena 1800), einer »geognostisch-botanischen Specialgeographie«[27], wie sie damals ihresgleichen suchte.

Humboldt verkehrte auch mit Angehörigen der von Linné »in den botanischen Adelsstand« erhobenen Bauernfamilie Dietrich in Ziegenhain[28]. Der Stammvater dieser »eigenartigen Familie« war Adam Dietrich[29], der mit dem berühmten schwedischen Botaniker korrespondiert hatte. Die Dietrichs lieferten interessierten Professoren und Studenten Jenas Sammlungen der jeweils blühenden Pflanzen. Friedrich Gottlieb, der Enkel Adams, hatte Goethe in die Flora Jenas eingeführt. Der Dichter nahm ihn auf seine Badereisen nach Karlsbad mit und ließ sich dort Pflanzen von ihm wissenschaftlich erklären. Er ermöglichte ihm schließlich auch das Studium[30]. Ebenso begegnete Humboldt dem Pfarrer Christian Ludwig Brehm, dem Vater Alfreds, des Verfassers des bekannten *Tierleben*[31]. Neben seinem Beruf als Seelsorger trieb er zoologische, vor allem vogelkundliche Studien und legte eine große Vogelsammlung an[32]. Er war in Thüringen ebenso bekannt wie der Schuster und Vogelfänger Thiem in Waltershausen, den Alexander ebenfalls kennenlernte[33].

Das Bewunderungswürdige an diesen Männern schien ihm ihr Bildungstrieb, der sich von keiner Not brechen ließ. War es nicht erstaunlich, daß Friedrich Gottlieb Dietrich die lateinischen Namen der Pflanzen genau kannte, Goethe und manchen Botaniker belehren konnte, ohne je studiert zu haben?

Der Balte Justus Christian Loder galt damals als einer der besten Anatomen. Humboldt hatte ihn bereits 1794 kennengelernt und kam ihm jetzt von allen Professoren am nächsten. Die Vollendung des Werkes über die gereizte Muskel- und Nervenfaser setzte praktische anatomische Kenntnisse voraus. Manches hatte sich Alexander im Selbststudium angeeignet oder im Fränkischen befreundeten Ärzten abgesehen. Außerdem war Soemmerring auf diesem Gebiet sein Lehrer gewesen. Jetzt interessierte sich auch Goethe für Humboldts Fragestellungen, und beide besuchten einige Male gemeinsam Loders Kolleg.

Alexander nahm ein zwei Monate dauerndes Privatissimum und arbeitete in dieser Zeit täglich fünf bis sechs Stunden im anatomischen Theater, um sich auf seine »Westindische Reise« vorzubereiten[34]. Er hielt nicht viel von Loder und meinte, er sei »sehr kopflos«, aber das »Mechanische« lerne man gut bei ihm[35]. Loder war ein vorzüglicher Redner und als Organisator größer denn als Forscher. Seit 1794 waren seine »Anatomischen Tafeln« (1794–1803) mit deutschem und lateinischem Text erschienen. Sie hatten sehr zu seinem wissenschaftlichen Ansehen beigetragen, weil solche Hilfsmittel damals selten waren. Er hatte als frühreifes Talent bereits mit 19 Jahren Eulers *Lettres à une Princesse d'Allemagne* und ein Jahr später die Erzählung von den Reisen des hochbegabten Russen Stephan Petrowitsch Krascheninnikov in Kamtschatka übersetzt[36]. Diese Gespräche mußten Alexander, der die russischen Reisen der beiden Gmelin und Pallas gut kannte, sehr beeindrucken. Und sein absprechendes Urteil mag nun in einem milderen Licht erscheinen; denn Alexander stellte in Jena »Geisteslähmung unter den Lehrern, aber Geistesthätigkeit unter den jungen Leuten« fest[37]. Er lebte daher hauptsächlich mit diesen, d. h. mit dem jungen Johannes Fischer und den Brüdern Keutsch, die in zwei Jahren, also 1799, nach Westindien zurückkehren wollten. Vielleicht würde er mit ihnen reisen. »Auf jeden Fall ist mir diese Bekanntschaft sehr wichtig, so wie die Aussicht, daß ein sehr reicher junger Russe Böhtlingk aus Petersburg, ein Mensch, mit dem ich in Hamburg 1 Jahr lang auf einem Zimmer wohnte, wahrscheinlich mit mir geht, jener Expedition mehr Sicherheit giebt«, schrieb er im Mai 1797[38].

Je länger Humboldt in Jena lebte, desto näher mußte er den Brüdern Keutsch kommen. In seinen *Versuchen über die gereizte Muskel- und Nervenfaser* nannte er sie an mehreren Stellen. Die wichtigsten Passagen lauten: »Der merkwürdige Versuch, Contractionen zu erregen, ohne alle kettenförmige Verbindung der Excitatoren (Fig. 9) ist in den letzten Tagen des Merzes 1797 meinem Freunde, dem älteren Herrn Keutsch (aus St. Thomas in Westindien) geglückt. Dieser treffliche junge Mann, welcher die feinsten anatomischen und physiologischen Kenntnisse mit einander verbindet und dessen Beobachtungen ich in der Folge noch öfter anführen werde, hatte einen sehr lang präparirten Ichiadnerven mit Zink armirt.« Ebenso: »An einem großen Hunde, der erdrosselt wurde, stellte ich mit meinen Freunden Herrn Keutsch, Fischer aus Lenzburg und dem jüngeren [Elias] Siebold mehrere Versuche mit Alkalien, Opium und anderen Stoffen an.« Und: Ich »eilte ... zu meinen Freunden, den Herren Keutsch, mit denen ich die wichtigsten Experimente gemeinschaftlich anzustellen pflegte«.[39]

Aus einem Schreiben, das Humboldt an Freiesleben richtete, tut sich wiederum kund, wie ernst er die vorbereitenden Arbeiten nahm: »Ich lebe nun schon seit dem 1. März in Jena ganz mit meinem Buche, chemischen Versuchen und Anatomie beschäftigt. Ich bin recht eigentlich in ein Studentenleben zurückgetreten, denn meine Sphäre ist eng und ganz auf mich selbst eingeschränkt ... Da ich mich zu meiner westindischen Reise jetzt sehr ernsthaft vorbereite und mich dort vorzüglich mit den organischen Kräften abzugeben gedenke, so ist Anatomie jetzt mein Hauptstudium.«[40] Der Umgang mit den Brüdern Keutsch und die Gespräche über deren westindische Inselheimat gehörten für Humboldt zur speziellen Präparation. Diese mündlichen Berichte wurden durch das Studium von Reisewerken ergänzt. So kannte Humboldt z. B. bis in die Einzelheiten hinein La Condamines und Bouguers Gradmessungsexpedition (1735–1745), die durch die Hilfe eines einheimischen Spaniers, Maldonados, in gewisser Weise gekrönt worden war. Er studierte Mark Catesbys *Natural History of Carolina, Florida and the Bahama Islands*[41] und Joseph Gumillas Orinocowerk. Sehr gründlich beschäftigte er sich mit Solanos und Iturriagas spanischer Grenzexpedition (ab 1750), die mit modernen Instrumenten ausgerüstet war und zum oberen Orinoco geführt hatte. Besonders liebte er William Dampier, den er den feinsinnigsten Reisebeschreiber nannte, und die im Anhang seines Reisewerks mitgeteilten Schilderungen des Bukaniers Lionel Wafer, der die Landenge von Panama, Darien und westindische Inseln bereist hatte[42].

Alexander war in diesen Monaten auf Lernen und auf die Ordnung des Gelernten konzentriert. »Ich muß gewaltig arbeiten, um mich so zu rüsten, als ich es vorhabe; daher wundern Sie sich nicht, mein Lieber, wenn Sie ewig von neuen Arbeiten hören. Freilich kann ich nicht existiren, ohne zu experimentiren, aber der eigentliche Zweck meines Treibens ist es jetzt nicht...«[43] Seine Experimentierlust wurde von der gründlichen allgemeinen und speziellen Präparation gedämpft, aber nicht gebrochen und steckte selbst Goethe und Wilhelm v. Humboldt an, der oft gemeinsam mit dem jüngeren Bruder Tiere sezierte, um den Einfluß des Galvanismus in und auf ihrem Körper zu studieren.

Im kleinen und großen Kreis wurden die Untersuchungen besprochen, so auch einmal eines Abends bei Schiller, als Freiesleben dort weilte und zuhörte, wie sich die Brüder Humboldt und Goethe über ihre zoologischen Präparate unterhielten. Schiller nahm nach Freieslebens Zeugnis nicht an diesem Gespräch teil[44], obgleich er als Mediziner der Naturforschung nicht fremd gegenüberstand. Er schätzte die moderne Art nicht, die Alexander vorbildlich vertrat, weil sie ihm zuviel zerstörte, den Glanz, den ein unscheinbares Phänomen ausstrahlte, zu übersehen schien. Er fürchtete, daß die Erkenntnis nur auf das wissenschaftlich Bestätigte, Erwiesene beschränkt werden könnte, und vermutete, daß Alexander dieser Gefahr nicht entginge. Wir brauchen aber nur auf Humboldts Werke und auf die Gesinnung, die sie hervorrief, zu verweisen oder den umfassenden Begriff der Physikalischen Geographie zu nennen, um diese Einschränkung zu bannen (vgl. auch unten S. 15 f.).

Wichtiger als die Experimente selbst war der Geist, der ihre Untersuchungsmethodik bestimmte. Die Darstellungsweise seiner späteren Werke, der Geist der Humanität, den sie ausstrahlten, sind im lebendigen Umgang mit Goethe, Schiller und Wilhelm v. Humboldt erneut empfangen worden, und nie entfernte sich Humboldt von der Auffassung der deutschen Klassik.

Goethe und Alexander v. Humboldt waren durch die Naturwissenschaften, Schiller und Wilhelm v. Humboldt durch die Philosophie verbunden. Trotz früher Beschäftigung mit Leibniz und Spinoza war Alexander nicht zu einer systematischen Übersicht gelangt. Jacobi hatte er mit Recht bald vergessen, und nur Kant hatte ihm mehr zu sagen[45]. Seine philosophischen

Einsichten wurzelten sehr stark in dem Bemühen, seiner Arbeit eine einwandfreie, von Verstand und Vernunft kontrollierte naturwissenschaftliche Grundlage zu verschaffen. Zwischen Naturwissenschaft und Naturphilosophie gab es damals keine klaren Grenzen. Indem Humboldt um eine wissenschaftlich stichhaltige Methode rang, strebte er mehr zur exakten Naturforschung als zur spekulativen Naturphilosophie und mußte zwangsläufig zur Scheidung beider Disziplinen beitragen. Während Goethe von Ideen ausging, die Forderungen an den Stoff bedeuten konnten, verlangte Humboldt nichts vom Stoff, sondern mehr von der Methode, die dem Gegenstand entsprechen mußte. Dabei erlangte Alexander durch sein verbindliches Wesen Goethes Wohlwollen, weil er es verstand, das Gemeinsame mehr als das Trennende zu betonen. Zu Fichte und Schelling, der erst seit 1798 in Jena wirkte, hatte er so wenig Beziehungen, daß dies fast einer Ablehnung gleichkam.

Auf dem Boden gegenseitiger Hochachtung konnte Alexander Goethe und den Herzog Karl August für ein Reisestipendium für Scheerer gewinnen. Der »arme Scheerer« war aufgrund seines Eintretens für ihn bereits Bergrat geworden. Karl August versprach, ihn in seinen Dienst zu nehmen und »auf technische Chemie« nach England zu senden[46]. Ebenso arbeitete Alexander dem Herzog ein »Promemoria« an Graf Reden für Herders Sohn aus, das dessen Laufbahn günstig beeinflußt haben dürfte[47].

## 4. Begegnung mit Amalie v. Imhoff

### *»Schön, klug und talentvoll«*

Ein Bild des deutschen Malers Daniel Caffe, das vermutlich in den 90er Jahren des 18. Jahrhunderts entstanden ist (vgl. BECK: A. v. Humboldt I, Titelbild) zeigt, wie sehr Alexander v. Humboldt trotz rastloser wissenschaftlicher Arbeit doch jene besondere Liebenswürdigkeit ausstrahlte, die er sich bis ins hohe Alter bewahren sollte.

Alexander wohnte in Jena bei Prof. Karl David Ilgen, dem späteren Direktor von Schulpforta. Dessen Frau Johanna behielt ihn in bleibender Erinnerung als »den Naturforscher, den Diplomaten, den witzigen, stets mit Elektrisirmaschinen und galvanischen Säulen« hantierenden Experimentator, »als einen hübschen Mann und unbezweifelt als den schönern der beiden Brüder«.[48]

In Jena vermutete man damals eine bevorstehende Bindung Alexanders an die schöne und kluge Amalie v. Imhoff[49]. Man vermutete viel und wußte wohl im Grunde – wie wir Heutigen – sehr wenig. Ihre Mutter, Luise geb. v. Schardt, war eine Schwester der Frau v. Stein und hatte den Freiherrn Karl v. Imhoff geheiratet, einen geschiedenen Mann, der eine wahrhaft abenteuerliche Lebensgeschichte erzählen konnte. Kurz nach dem Siebenjährigen Krieg hatte er Marianne Chapunet, die schöne Tochter eines Feldwebels, geheiratet und war mit ihr 1769, in Alexanders Geburtsjahr, nach Ostindien gefahren. Zufällig war auch Warren Hastings an Bord, verliebte sich auf den ersten Blick in Marianne und verstand es, den Ehemann finanziell abzufinden und zu beruhigen. Marianne und Imhoff warteten zwei Jahre in Madras und Kalkutta in der Nähe Hastings' auf die Scheidungsurkunde aus Deutschland. Hastings zahlte eine beträchtliche Summe, und der Freiherr kehrte in seine Heimat zurück. Die Eltern der neuen Braut hatten Angst, ihre Tochter könnte unverehelicht bleiben, und stimmten einer Verbindung mit v. Imhoff zu, dem man nicht mit Unrecht nachsagte, er habe seine erste Frau verkauft[50].

Amalie war 1776 geboren worden. In den 90er Jahren des 18. Jahrhunderts wurde sie mit ihren beiden jüngeren Schwestern als »schön, klug und talentvoll« bezeichnet[51]. Alexander soll ihr sehr nahegekommen sein. Er war »fast schon ihr erklärter Bräutigam« und begegnete ihr in der Wohnung Schillers und seines Bruders. Die drei Schwestern Imhoff »waren sich ihrer Vorzüge allzu sehr bewußt, eitel, preziös und oft genug auch herzlos; wie ihr Vater neigten sie zur Unzufriedenheit. Charlotte [v. Stein, ihre Tante,] sah häufig mit Grimm, daß diese Mädchen weder für ihre Mutter, noch Großmutter, weder für Onkel und Tante, noch auch für ihre Anbeter eine echte, tiefe, zu Dienst und Opfer bereite Liebe in sich trugen. Bei dem Wunderwesen Amalie zumal schienen die Gefühle aus der Phantasie statt aus dem Herzen zu kommen und ganz wieder von Werken der Imagination verzehrt zu werden. Trotzdem glaubten nicht wenige Männer in Amalie die vollkommenste ihres Geschlechts zu erblicken.«[52] – »Frau v. Stein erklärte, ihr sei es lieb, den Alexander Humboldt zum Neveu zu haben...«, und selbst Caroline v. Humboldt »beschenkte bereits die künftige Schwägerin«.[53] Dabei betrachtete Caroline Amalie nicht unkritisch. Am 5. April 1797 teilte sie ihrem Mann mit, »die Amalie ist gestern abend angekommen und gefällt Burgsdorff sehr, ob gerade genug zum Heiraten weiß ich noch nicht. Auf alle Fälle wird die Hochzeit noch nicht vorbei sein, wenn Du kommst«.[54] Alexander war »wieder kränker«[55], es hatte sich schon bald entschieden, daß Amalie ihn nicht fesseln konnte[56]. Er wollte seine Reise ausführen, und diese Pläne nahmen all seine Gedanken in Anspruch. Einige Wochen später schrieb Caroline, Alexander scheine »in Weimar sehr fetiert worden zu sein«, er habe »sich über den Herzog, Goethe und alle Menschen, außer über die Amalie« mokiert[57], die ihn um so mehr beeindrucken konnte, weil sich damals seine Beziehung zu Henriette Herz gelockert hatte.

## 5. Reisevorbereitungen in Dresden

### *Wagen – Kinder – Gepäck*

Am 18. April 1797 teilte A. v. Humboldt Freiesleben mit, er bereite sich auf seine »westindische Reise jetzt sehr ernsthaft« vor[58]. Dieser Präparation sollte auch eine Fahrt nach Italien dienen, der sich der Bruder Wilhelm und Goethe anschließen wollten. Alexander plante vulkanologische Studien am Vesuv und allgemeine geographische Untersuchungen, alles im Hinblick auf seine spätere Forschungsreise. Seinen älteren Bruder und Goethe drängte es nach der Begegnung mit Schauplätzen und Kunstwerken der Antike. Reinhard v. Haeften war mit seiner Frau Christiane eingetroffen. Er hatte wie Alexander den Abschied genommen[59]. Dem Dichter war die Reisegesellschaft zu zahlreich und quecksilbrig. Er wies auf Unruhen in Oberitalien hin und wollte schließlich für sich fahren[60]. Am 17. April 1797 ging Wilhelm v. Humboldt nach Berlin, um Nachlaßangelegenheiten seiner Mutter zu ordnen. Nebenher überwachte er beim Buchhändler Vieweg den Druck von Goethes *Hermann und Dorothea.* Er dachte damals an einen Verkauf Tegels, wurde aber von seiner Frau ermutigt, den Besitz zu halten[61]. Er als Familienvater mit Kindern war an solchen Regelungen mehr interessiert als der ledige Bruder, der sich in dieser Beziehung etwas treiben ließ. Kunth hatte in Berlin zwar alles redlich, aber auch »mit einer großen Trägheit eingerichtet«. Er hielt Wilhelm auf, saß stundenlang bei ihm und schwatzte »von nichts«; von seiner Herrin sprach er »gar nicht mehr«. Alles war »begraben und vergessen«, so daß es Wilhelm »selbst oft dauert«.[62] Er traf den Minister Graf v. Haugwitz an, der den Wunsch geäußert hatte, Tegel zu mieten, und ihm Empfehlungen »durch ganz Italien« anbot[63].

Am 31. Mai 1797 folgte die Reisegesellschaft vor allem Alexanders Wünschen und brach zunächst nach Dresden auf. Damit nahm sie bereits zu Beginn der Italienreise einen erheblichen Umweg in Kauf. Doch war alles vorher abgesprochen worden; denn Alexander wollte beim Inspektor Köhler die Anwendung seines neuen 14zölligen Hadleyschen Sextanten üben und nochmals mit Werner in Freiberg sprechen[64]. Kunth und Wilhelm v. Humboldt sollten sich in Dresden mit der Reisegesellschaft treffen, um die Erbteilung endgültig zu regeln. Wilhelm war der Umweg recht wegen der Kunstschätze und der Anwesenheit Körners.

Die politischen Umstände waren der Reise ungünstig. Bonaparte war 1796 in Oberitalien vorgedrungen und hatte die Österreicher geschlagen; am 2. Februar 1797 hatte sich Mantua ergeben. Bonaparte drang über die Ostalpen nach Wien vor. Gleichzeitig marschierte die Rheinarmee unter Moreau wieder in Süddeutschland ein. Das schnelle Vorrücken veranlaßte Kaiser Franz II., seine Völker zur Massenerhebung aufzurufen. Bonaparte schloß am 18. April den Vorfrieden zu Leoben. Er kehrte nach Oberitalien zurück, besetzte Venedig und errichtete in Genua am 6. Juni 1797 die Ligurische Republik. Die Friedensverhandlungen zögerten sich hinaus, weil die Österreicher den hohen Forderungen der Franzosen nicht zustimmen konnten.

Die Haeftens hatten ihre zwei Kinder mitgebracht und so viel Gepäck, daß Alexander nicht in ihrem Wagen mitfahren konnte. Die Reisegesellschaft war durch die fünf Kinder, die Frauen in ihrer modischen Tracht, das Dienstpersonal und durch »4 Kisten«[65], die Alexanders Instrumente enthielten, recht unbeweglich. Man reiste in mehreren Wagen und kam Anfang Juni in Dresden an.

Nach acht Tagen kam auch Wilhelm von Humboldt. Er verkehrte mit Körner, dem Freund Schillers, mit dem Bibliothekar und Sprachforscher Adelung und dem preußischen Gesandten, dem Grafen von Kessler, und bewunderte die Kunstschätze. Alexander aber übte sich, wie er es beabsichtigt hatte[66], unter Anleitung Johann Gottfried Köhlers in der Anwendung der Instrumente und nahm regelrechte astronomische, geodätische und hypsometrische Übungen vor. Köhler stammte aus der Umgebung Dresdens; er war einer der führenden Astronomen Deutschlands. 1776 war er zum Inspektor der Vereinigten Dresdner Sammlungen, der Kunstkammer und des Mathematischen Salons ernannt worden und mußte in dieser Eigenschaft auch astronomische Arbeiten ausführen. Er hatte mehrere Apparate erfunden und arbeitete mit v. Zach zusammen. Auf dem internationalen Astronomenkongreß 1798 auf dem Seeberg führte er seine verbesserte Pendeluhr vor[67]. In und um Dresden, Pillnitz, Königstein, Teplitz und Prag hat Humboldt mit ihm oder allein astronomische Ortsbestimmungen und barometrische Messungen durchgeführt[68]. Außerdem besuchte er die Mineraliensammlung des Freiherrn Joseph Friedrich v. Racknitz, die spanische und amerikanische Mineralien enthielt[69]. Vielleicht hat er in diesem Umkreis auch den Baron v. Forell, den Bruder des sächsischen Gesandten in Madrid, kennengelernt, der ebenfalls eine vorzügliche Gesteinssammlung besaß. Jedenfalls gab es damals gute Verbindungen von Dresden nach Madrid. Sie sollten für ihn einmal sehr wichtig werden.

Zwischendurch reiste er von Dresden nach Freiberg – mit ängstlichen Gefühlen, da er befürchtete, in seinem Gedächtnis vielleicht ein zu schönes Phantasiebild der vergangenen Zeit bewahrt zu haben. Doch Freiberg, seine Landschaft und seine Gruben hatten sich nicht entzaubert, als er sie und seinen verehrten Lehrer Werner wiedersah, mit dem er nochmals persönlich über die Entstehung der Vulkane sprach. Der Vulkanismusstreit konnte durch Beobachtungen in anderen Ländern vielleicht entschieden werden, und es spricht für Humboldt, daß er seiner Reise möglichst viel zumutete und auch an die Lösung dieser Frage dachte, der er schon am Vesuv, am Stromboli und Ätna nachgehen wollte[70].

Von Freiberg reiste Humboldt nach Marienberg weiter, um dort Freiesleben zu treffen. Er übergab ihm, der nun als Bergassessor Dienst tat, die Materalien seines späteren Werkes *Ueber die unterirdischen Gasarten* ... zur Bearbeitung[71], da er selbst dazu zeitlich nicht in der Lage war. Er hatte nur den Plan des Ganzen bestimmen und die unterirdische Meteorologie selbst bearbeiten können[72]. Darin zeigt sich sein Wille, jetzt vor allem an die westindische Reise zu denken und die literarischen Arbeiten möglichst abzuschließen. Darum ließ er auch einen Kasten mit Manuskripten als »Catalecta phytologica« und über »Physik der Welt« [= Erde] bei Körner zurück. Es waren Vorarbeiten zu seiner *Geschichte der Pflanzen* und die ersten Ausführungen seiner »idée d'une physique du monde«, erste Schritte auf dem Wege zur Physikalischen Geographie[73]. So konnte er sich neben den Reisevorbereitungen vor allem auf den Abschluß der umfangreichen »Versuche über die gereizte Muskel- und Nervenfaser« konzentrieren. Humboldt war sehr tätig, ohne den geselligen Verkehr am Hof und bei Körner zu vernachlässigen. In Dresden wurde die Erbschaft von Kunth geteilt. Alexander erhielt etwa 90 000 Taler und war damit im heutigen Sinne Millionär[74].

Da Caroline v. Humboldt wieder erkrankt war, verzögerte sich der Aufbruch. Alexander war ungeduldig geworden, die Italienfahrt sollte als Vorspiel einer großen Reise verwirklicht werden, aber er wußte noch nicht wann und wie. Die Napoleonischen Kriege ließen Schlimmes befürchten. So brach Alexander am 25. Juli 1797 von Dresden über Teplitz und Prag nach Wien auf und eilte der Familie seines Bruders voraus, mit Beobachtungen, in Prag auch mit Messungen beschäftigt.

## 6. Aufenthalt in Wien 1797

### *Prof. Barth, »das genialischste Wesen in ganz Wien«*

In Wien öffnete sich ihm schon zum zweiten Mal der städtische Mittelpunkt Deutschlands. Hier hatte eine Atmosphäre des Ausgleichs Gelehrte verschiedenster Nationalität vereinigt. Humboldt kannte ihre Werke und gewann jetzt ihre Freundschaft. Schon 1792 hatte er in Wien »weit mehr Gutmüthigkeit und ächte Humanität als in Berlin« gefunden und damit selbst die wahren Gründe bezeichnet[75], die ihn die deutsche Weltstadt der Zeit verehren ließen.

Besuche bei Gelehrten, Experimente und schriftstellerische Arbeiten ließen Alexander kaum Zeit, sich den Haeftens zu widmen, die mit ihren beiden Kindern mehr für sich lebten. Haeften muß damals gefühlt haben, daß er dem Freund unter Umständen sogar lästig fallen konnte[76]. Dieser verkehrte mit dem berühmten Mediziner und Naturwissenschaftler, dem »Malteser« Prof. Joseph Barth[77], mit dem Arzt und Botaniker Nikolaus Thomas Host, mit dem Arzt und Chemiker Johann Baptist Andreas Ritter v. Scherer, dem Mediziner Johann Peter Frank, den beiden Jacquin, Franz Boos, dem jungen Josef van der Schot und vielen anderen.

In Barth verehrte Humboldt »das genialischste Wesen in ganz Wien«[78]. Sein Erfindungsreichtum, seine kauzige Art, seine Opferwilligkeit, sein Kunstverstand, seine anatomischen Kenntnisse hatten eine schwer zu beschreibende Harmonie erreicht und bestimmten den Charakter seiner Genialität. Barth war in Malta geboren worden, begann dort auch seine anatomischen Studien, die er später in Rom fortsetzte. Mit dem Kommandeur des Malteserordens kam er nach Wien, wurde dort einer der berühmtesten Augenärzte seiner Zeit und behandelte auch Kaiser Joseph II. erfolgreich. Den Bau des ersten anatomischen Theaters in Wien unterstützte er durch das Opfer seiner Bibliothek. Arme behandelte er kostenlos. In seiner Wohnung befanden sich kostbare antike Kunstschätze, Götterbilder, auch der berühmte Torso Ilioneus, den er dereinst in Prag, wo er auf einer Kegelbahn zum Schutz des Kegeljungen diente, für eine geringe Summe erwarb und dann 1815 für 6000 Dukaten an den Kronprinzen Ludwig von Bayern verkaufte. Kein Wunder, daß Alexander sich oft mit ihm besprach und seine erstaunliche Kollektion von Zeichnungen der mikroskopischen Angiologie, »welche alles übertreffen, was ich je in diesem Fache gesehen«[79], bewunderte oder seine hervorragende Sammlung mikroskopischer Präparate, von denen er nicht eins herausgab. Das alles hatte Barth, genial und lässig, in einem Raum untergebracht, aber doch so, wie auch Alexander zugeben mußte, daß nichts verderben konnte. Sein Reichtum gestattete ihm, seine Schätze zu hüten und zu mehren, ohne daß er an ihre Verwertung zu denken brauchte. Alexander hätte gern die Veröffentlichung der vielen Zeichnungen gesehen, es war vergeblich. Barth war berühmt und bedurfte weiteren Ruhmes nicht. Er lief meist halbnackt herum und konstruierte gerade einen Hut, der sich durch das Ziehen einer Schnur in einen Regenschirm von drei Fuß Durchmesser verwandeln sollte. »Alles, was an ihm und um ihn ist, hat das sonderbare Gepräge seiner Empfindsamkeit. So trägt er eine Weste mit Aermeln, die sich in Beinkleider und Strümpfe verlängert. Er steckt darin wie in einem Futteral. Er ißt nur einmal des Tages und zwar nachts um 10 Uhr, um sich nicht (wie er sagt) mit dem Essen im Leibe herumzutragen, was sehr ermüdend und lästig sei.« Die neue antiphlogistische Chemie und die letzten Fortschritte der Physiologie kannte in Wien niemand so wie Barth, der damals meist mit Humboldts engem Freund, dem Universitätsgärtner Josef van der Schot, verkehrte.

Johann Peter Frank, einer der bekanntesten Mediziner seiner Zeit, behandelte auch Caroline v. Humboldt während ihres Aufenthaltes in Wien, und Alexander bekannte, daß er dessen »Klinikum mehrere Wochen lang besucht, bloß um den alten

Frank näher kennen zu lernen.«[80] Er gestand, selten habe ein Mann solchen Eindruck auf ihn gemacht. »Welche Klarheit der Ideen, Besonnenheit und Gründlichkeit bei dem sichtbarsten Aufblitzen des Genies!« Frank war 1784 Baldingers Nachfolger in Göttingen geworden, und wenn es ihm damals möglich gewesen wäre, die Klinik nach seinem Wunsche einzurichten, hätte Alexander ihn wahrscheinlich schon an der Georgia Augusta kennengelernt. So war er auf Drängen Voltas und Scarpas von Kaunitz nach Pavia berufen worden, zehn Jahre später, 1795, war er erst nach Wien gekommen. Humboldt konnte ihn immer nur kurz sehen oder sprechen, da er nach einem genauen Zeitplan lebte.

## 7. Schönbrunn und die österreichischen Forschungsreisenden

### *Österreich kommt um einen Bonpland*

Alexander beschäftigte sich indessen mit seinem Manuskript über die gereizte Muskel- und Nervenfaser und bereitete sich weiter auf die Reise nach Westindien vor. Mehrere Tatsachen wirkten zusammen, um ihn in diesem Reiseziel zu bestärken: Böhtlingk, der Freund aus Hamburg, sei nach Wien gekommen, schrieb er Freiesleben, und sei noch fest gesonnen, mit ihm »nach Westindien« zu gehen. »Wir denken, über Spanien und Teneriffa die Reise anzutreten. Er hat 40 000 Rubel Einkünfte.«[81] Sodann konnten der ältere Jacquin und Franz Boos Humboldt nun persönlich von Westindien erzählen. In den gepflegten und modern angelegten Gewächshäusern Schönbrunns sah Alexander eine ungeahnt große Zahl westindischer Pflanzen[82], die seine Phantasie wieder in die schon längst gewählte Richtung lenkten. Die Verdienste der österreichischen Forscher ließen sich jetzt an der Quelle feststellen und vermittelten Humboldt das Verständnis für eine der größten Unternehmungen der Geschichte der Reisen[83].

Der Garten von Schönbrunn war 1753 auf Anregung Gerhard van Swietens, des wissenschaftlich sehr einflußreichen Leibarztes der Kaiserin Maria-Theresia, von dem holländischen Hortologen Adrian van Stekhoven eingerichtet worden[84]. Die Regenten bekundeten stets Interesse und Opferwillen, wenn es um den Ausbau Schönbrunns ging. Die Vervollständigung des Gartens war daher zwischen 1756 und 1822 Anlaß zu neun österreichischen Expeditionen[85], die Pflanzen sammelten und andere wissenschaftliche Aufgaben durchführten.

Westindien, die Inselwelt der Großen und Kleinen Antillen sowie die an das Karibische Meer grenzenden Länder waren nach den Fahrten des Kolumbus bald die bekanntesten Landschaften der Neuen Welt geworden. Bukanier und Flibustier hatten das karibische Areal besonders gut kennengelernt und in Schilderungen dargestellt. Die Spanier hatten ihre Besitzungen zum ersten großen Gebiet der kolonialen Plantagenwirtschaft auf der Grundlage der Sklavenarbeit entwickelt, und spanische und englische Reisende hatten die Erforschung eingeleitet. Nikolaus Joseph Jacquin hatte die großen Reisen Österreichs eröffnet und z. B. auch den Plan einer österreichischen Koloniengründung durch ein Programm unterstützt[86]. Ihm war es zu verdanken, daß der Blick auch in Zukunft nach Westindien gerichtet blieb. Humboldt kannte die österreichischen Expeditionen und berief sich noch später auf einige von ihnen[87]. Er besprach sich oft mit den beiden Jacquin und arbeitete mit Franz Boos, der von 1783–1827 den Schönbrunner Garten leitete, zusammen[88].

Den jungen Josef van der Schot, der den Universitätsgarten am Rennweg von 1794–1802 beaufsichtigte, zählte er zu seinen intimsten Freunden überhaupt. Durch den Briefwechsel mit ihm wissen wir, daß er Franz Boos sehr verehrte. Van der Schot aber war der Sohn des gleichnamigen Reisebegleiters des älteren Jacquin[89]. Während Humboldt sich in Wien aufhielt, beauftragte ihn der Kaiser mit einer Reise nach Brasilien[90]. Alexander schrieb darüber an Freiesleben: »Ich habe (ein Geheimniß) hier die Hoffnung, fast Zusicherung, einen herrlichen Reisegefährten zu erhalten, den jungen van der Schot, einen herrlichen jungen Mann von großer botanischer Gelehrsamkeit und edlem Charakter. Er ist botanischer Gärtner hier, der Kaiser wird ihn reisen lassen, und ich schließe mich an diese Expedition an. Preise mich deshalb glücklich ... Das Rindvieh [hiesiger Mineralogen] habe ich wenig gesehen, da ich meist in Schönbrunn und mit van der Schot lebte, um mich auf meine Reise zu präpariren.«[91] Als sich dieser Plan infolge der Napoleonischen Kriege zerschlug, wollte sich van der Schot seinerseits der Reise Humboldts anschließen. Insofern hat KRONFELD recht, daß Österreich um einen Bonpland gekommen ist[92].

Die spezielle botanische und länderkundliche Vorbereitung Alexanders in Richtung auf Westindien wurde in Wien vollendet[93]. Jacquin hatte als hervorragender Beobachter nicht etwa nur botanisch-systematisch gearbeitet, sondern wertvolle Erkenntnisse z. B. über die Mangrovenvegetation mit zurückgebracht. Dazu war er ein geschulter Zeichner; denn er gehörte zu den Schülern der k. k. Zeichenakademie in Wien. Die Wiener Gelehrten hatten mit als erste überhaupt die Frage der Pflanzenerhaltung auf Expeditionen durchdacht. Verluste ließen sich aber nicht gänzlich vermeiden. Man mußte Zeichner sein. So sind die Illustrationen der großen Prachtwerke Jacquins entstanden, und Hunderte von Zeichnungen[94], die Humboldt noch vorgelegen haben.

Hier öffnet sich auch der Blick für die wichtige Frage nach den Beziehungen Humboldts zu Thaddäus Haenke (vgl. unten S. 267 ff.). Nikolaus Jacquin war neben Ignaz v. Born der wichtigste Lehrer von Thaddäus Haenke, d. h. eines der bedeutendsten Reisenden auf der Schwelle vom 18. zum 19. Jahrhundert[95]. Humboldt kannte Malaspinas Expedition und erhielt nun wichtige Mitteilungen über Haenkes Teilnahme und Ergebnisse, die er später noch ergänzen konnte. Jedenfalls wußte Humboldt vor Antritt seiner Reise sehr viel von Haenke, vor allem auch, daß er noch in Südamerika weilte[96].

Wenn Alexander später von Josef van der Schot sprach, hob er gern seine enge Freundschaft zu ihm hervor und nannte ihn den »jungen brasilianischen Reisenden«.[97] Aus seinen Mitteilungen soll sich nach der Übersetzung Hauffs ergeben, Baudin habe seinen »Freund, den jungen Botaniker van der Schot, nach Brasilien gebracht ...«[98] In Wirklichkeit hat Humboldt in seiner *Relation historique* geschrieben: »Ich hatte wenig Zutrauen zu dem persönlichen Charakter des Kapitäns Baudin, der dem Wiener Hof Ursache zur Unzufriedenheit gegeben hatte, als er beauftragt war, einen meiner Freunde, den jungen Botaniker van der Schot, nach Brasilien zu führen«[99] – mehr läßt sich darüber nicht in Erfahrung bringen. Aus dieser Formulierung läßt sich ein Brasilien-Aufenthalt des Wiener Botanikers nicht ohne weiteres ableiten[100]. Van der Schots Berichte über Baudin waren gewiß eindeutig, und Franz Boos' Erzählungen dürften dieses recht eigenartige Charakterbild noch abgerundet haben: 1785–1788 hatten Boos und Scholl im Auftrage des Kaisers mit großem Erfolg im südlichen Afrika, auf Inseln der Maskarenen-Gruppe und auf Madagaskar gearbeitet. Boos hatte 1788 heimkehren können. Scholl hatte zurückbleiben müssen, da sich nicht alle Schätze auf Baudins Schiff unterbringen ließen, das sie in Triest entladen sollte[101]. Am 28. Juni 1794 hatte Scholl das falsche Spiel Baudins enthüllt, der anstatt »Curiosités naturelles vor seine kayserliche Majestät in Indien« zu sammeln, Sklavenfracht an Bord genommen hatte. Er ließ sogar seine Fregatte auf Sand laufen, um seine »Ware« schneller absetzen zu können. Baudin betrog damit den Kaiser um eine beträchtliche Summe Geldes und Scholl um die Hoffnung baldiger Heimkehr[102]. Erst 1799 konnte dieser auf einem englischen Schiff zurückfahren und sich in Wien melden, nachdem man ihm vorher noch in London einen Teil seiner Schätze widerrechtlich abgenommen hatte[103]. Einen ebenso bedenklichen Streich leistete sich Baudin 1796, als er aus Westindien zurückkam und die Sammlungen, die rechtmäßig Österreich gehörten, dem französischen Direktorium anbot, das ihn dafür zum Kapitän ernannte und schließlich mit einer großen Expedition betraute, die auch für Humboldt wichtig werden sollte[104].

# 8. Wissenschaftliche Arbeiten in Salzburg

## *Humboldt wachsen tausend Hände*

Humboldt hatte während seines dreimonatigen Aufenthaltes in Wien sehr oft allein in seinem Zimmer gearbeitet und sich deshalb einsam gefühlt. Der zweite Band seines Werkes über die gereizte Muskel- und Nervenfaser sollte endlich abgeschlossen werden. Sämtliche Experimente, die sein Tagebuch, eine Art Beobachtungsjournal, aufführte, ließen sich in ihrer Überfülle nicht verwerten. Er mußte auswählen. Gespräche und Besuche in Wien halfen ihm dabei. So hat er z. B. mit dem älteren Jacquin und dem Metallurgen v. Tiharsky aufschlußreiche eudiometrische Versuche angestellt. Zudem war der jüngere Jacquin hochverdient um die Einführung der antiphlogistischen Chemie in Wien und hatte in Humboldt einen Partner gefunden, der ähnliche wissenschaftliche Methoden vertrat.

Die literarischen Arbeiten vermehrten sich noch, als Freiesleben das Manuskript des Werkes *Ueber die unterirdischen Gasarten*... nach Wien sandte. Er hatte aus dem »Paquet einzelner Zettel und Notizen... ein Gerüst zusammengestellt« und den Stoff so fleißig bearbeitet[105], daß Alexander sein Werk »kaum darin wiedererkennen« konnte. »Du hast Dir mehr, mehr Mühe damit gegeben, als die Sache verdient, nicht bloß Materialien geordnet, sondern viele neue dazugeschafft... Es wird mir nun ein Leichtes sein, ein Buch daraus zu machen...« konnte er Freiesleben mitteilen[106]. Er selbst hat das Manuskript dann noch durchgefeilt, die Herausgabe aber mußte er seinem Bruder Wilhelm überlassen.

Die Reisepläne forderten Humboldts ganze Kraft. Im Augenblick sah es allerdings aus, als sollten sie sich nie erfüllen. Die Familie des Bruders und Haeftens sorgten sich, ob man mit den Kindern bei den unsicheren Zuständen nach Ober- und Mittelitalien gehen könne. So reiste der ältere Humboldt mit seiner Familie, mit Wilhelm v. Burgsdorff und dem Bildhauer Friedrich Tieck am 11. Oktober 1797 von Wien ab und fuhr über München, Schaffhausen, Zürich und Basel nach Paris[107]. Alex-

*Alexander v. Humboldt zur Zeit seiner sechsjährigen Reisevorbereitungen auf die Tropen in der Neuen Welt (Federzeichnung von Friederike Beck)*

ander hielt dagegen noch an seiner Italienreise fest und wollte zunächst mit den Haeftens in der Schweiz die Beruhigung der politischen Lage abwarten. Er dachte, dort seine Vorbereitungen weiter zu betreiben, und liebäugelte vor allem mit einem erneuten Besuch Genfs.

Die Ankunft Leopold v. Buchs in Wien wies einen anderen

Weg. Dieser hatte bereits geschrieben, er wolle sich in Italien »häuten und ... in Äther kleiden«. »Ich habe mich herzlich über ihn gefreut«, meinte Alexander. »Es ist ein trefflicher, genievoller Mensch, der viel und richtig beobachtet – aber das ganze Wesen – wie aus dem Monde. Mich deucht, das Alleinsein auf der Reise hat ihm schon wieder geschadet. Ich habe ihn zu einigen Menschen herumgeführt, aber meist ist es unglücklich abgelaufen. Gewöhnlich setzt er gleich nach dem ersten Besuch die Brille auf und untersucht im äußersten Stubenwinkel die Sprünge in dem glasierten Ofen, auf die er ganz erpicht ist, oder er schleicht wie ein Igel an den Wänden umher und betrachtet die Simse. Er versichert mich selbst dabei, daß er im Alleinsein oft ¼ St[unde] lang fast alle Besinnung verliere. Übrigens ist er unendlich interessant und liebenswürdig – ein Schatz von Kenntnissen, mit denen er mir sehr nützlich wird. Er bleibt 14 Tage hier, geht dann über Ischl und Gmunden nach Salzburg, bleibt einige Wochen bei mir und will im Winter durch Tirol nach Italien. Sein Gemütszustand ist gewiß bedenklich und, ich glaube, meist physischen Ursachen, angestrengtem Denken und Mangel an Nahrung zuzuschreiben. Ich bin in ihn gedrungen, mehr zu essen und einmal einige Monate recht sinnlich zu leben.«[108]

Beide kamen überein, im Winter in Salzburg meteorologische, eudiometrische, astronomische und barometrische Messungen durchzuführen. Alexander verabschiedete sich im Oktober in Wien. Er verließ die österreichische Hauptstadt »recht ungern«[109], das Ende dieser »köstlichen Zeit« bedrückte ihn[110]. Wien hatte ihm derart viele Anregungen geschenkt, daß er dankbar sein mußte. Doch die Unruhe der Weltstadt störte ihn auf die Dauer, er verlangte nach einem ruhigeren Ort, der indes in Grenznähe liegen sollte, um bei einer günstigen Wendung sofort nach Italien reisen zu können[111]. Der ältere Bruder hatte ohnehin nach Italien und Frankreich gehen wollen. Ihm bedeutete die Änderung der zeitlichen Folge nicht viel. Bei Alexander war es anders. Er durfte keine Zeit vergeuden. In Linz sprach er mehrere Gelehrte und besuchte von dort aus Gmunden, den Traunfall und den Traunsee; er reiste »der schönen Gegend wegen« sehr langsam und meinte: »Ich gestehe, daß ich in der

Schweiz kaum solche große Naturszenen kenne, als diese Oberösterreichischen.«[112]

So kam Humboldt erst am 26. Oktober 1797 in Salzburg an. Leopold v. Buch folgte ihm später nach. Hier begann erneut die intensive Übung im Gebrauch von Spiegelsextant, Barometer und Eudiometer u. a. sowie eine nochmalige Lektüre vieler Reisewerke. Er schrieb am 31. 12. 1797 von Salzburg an Josef van der Schot: »Ich erfülle meine Zwecke treulich, die ich mir vorgesetzt, aber da diese Zwecke keine anderen als die des Lernens, Studirens, Einübens mit meinen physikalischen und astronomischen Instrumenten, Präparirens zur westindischen Reise sind, so läßt sich selbst dem Freunde wenig davon erzählen ... Ich lese und schreibe ununterbrochen fort, laufe in Sturm und Regen mit dem Electrometer in Luftschichten [?] umher und durchblättere alle Reisebeschreibungen, die ich schon sonst gelesen und von denen die Bibliothek des hiesigen Botanikers Baron Moll (der aber selbst keine Pflanze kennt) leider! eine Menge enthält ... Mein Plan ist noch immer, Mitte Februar nach Italien aufzubrechen und Sommer 1799 in Deutschland zu sein, wo Sie mich haben wollen.«[113] Er hoffte immer noch, van der Schot als Reisegefährten gewinnen zu können. Mit Grüßen bedachte er vor allem Joseph Barth, die beiden Jacquin, Nikolaus Thomas Host – und nicht zuletzt Franz Boos: »Wenn ich von Dankbarkeit rede, so habe ich aber besonders unseres Freundes Boos[114] zu gedenken. Sagen Sie diesem, wie innigst ich ihn liebe und hochschätze.«[115]

Humboldt hatte nur zwei Monate in Salzburg bleiben wollen, es wurde ein halbes Jahr daraus, und er schrieb innerlich verzweifelt an Joseph Franz Jacquin: »Könnte ich doch nur nach Westindien – aber wenn man sechs Wochen zur See ist, bringt einen ein Kaper dahin zurück, wo man ausläuft. Ich denke, das alles in Paris deutlicher zu sehen.«[116]

Von seinem Lehrer Zach angespornt, bestimmte er die Polhöhe Salzburgs, führte eine große Zahl von Höhenmessungen zwischen dieser Stadt und Aussee aus und analysierte den Sauerstoffgehalt der Luft, die zu gleicher Zeit in verschiedener Höhe in Flaschen gefüllt wurde. Am 19. Dezember 1797 bestimmte Buch mit Alexanders neuem Senkbarometer den Gaisberg, gegenüber von Humboldts Wohnung. 453 Toisen über dem Spiegel der Salzach füllte Buch eine Flasche mit Luft, ohne sie mit Wasser zu sperren und zu dichten, um die »Azotirung«, die Anreicherung mit Stickstoff, zu vermindern. »Der eingeriebene Stöpsel war so luftdicht, daß das Wasser, als sich die Flasche unter seiner Oberfläche öffnete, mit Gewalt in die Höhe stieg. Ich untersuchte diese Gebirgsluft und eine andere, die ich in demselben Momente im Thale gesammelt hatte.« Die höhere Luft war sauerstoffärmer, und so galt Voltas am Legnone gewonnene Erkenntnis auch für Berge, die diese zweimal an Höhe übertreffen[117]. Lust am Experimentieren, überlegte Versuchsanordnung und Wiederholungen waren stets für Humboldts Vorgehen bezeichnend, und so wurde die gleiche Messung nochmals durchgeführt. Buch kletterte trotz Schnee und Eis wieder auf den Gaisberg. Die gleichzeitigen Thermometerbeobachtungen ergaben dabei eine Temperaturumkehr, d. h., die kältere Luft lag wie eingeschnürt im Tal. Während Buch auf dem Gaisberg + 8½° R. maß, stellte Alexander im Tal nur + ¾° R. fest! Die Sauerstoffabnahme mit der Höhe bestätigte sich erneut[118].

In dieser Zeit benutzte Humboldt häufig die Bibliothek des Freiherrn Karl Ehrenbert v. Moll[119], eines fähigen und weithin bekannten Naturforschers, in dessen »Jahrbüchern der Berg- und Hüttenkunde« von nun an auch Aufsätze von ihm erschienen. Moll hatte bereits 1785 mit seinem Freund Franz de Paula Schrank in zwei Bänden *Naturhistorische Briefe über Österreich, Salzburg, Passau und Berchtesgaden* herausgegeben. Darin waren u. a. Beobachtungen über Härte und Temperatur des Gletschereises, Statistiken und anthropogeographische Tatsachen mitgeteilt worden. Sie lernten auch die Patres Dominikus Beck, von dessen meteorologischen Messungen und Höhenbestimmungen Humboldt allerdings nicht viel hielt, und Prof. Ulrich Schiegg kennen.

Seit Hacquets Eingreifen bemühte man sich auch in Österreich, auf dem von Scheuchzer und Saussure eingeschlagenen Wege voranzukommen. Dabei war eine erhebliche geographische Arbeit geleistet worden, deren Reflex Humboldt zugute gekommen ist. Im südlichen Bayern war damals kein einziger

Ort astronomisch bestimmt gewesen. Auf den Karten unterliefen Abweichungen von 5–6′ »nach allen Weltgegenden«.[120] Humboldt versuchte, wirkliche Festpunkte für die Kartographie zu schaffen, wenn auch nicht an vielen Orten, dazu reichte die Zeit nicht. »Nein, ich suche wenige Punkte zu bestimmen, diese aber mit aller Genauigkeit, deren ich und mein schwerer 12zölliger Sextant fähig sind.« So konnte er denn die Polhöhe für Salzburg, Berchtesgaden und Reichenhall ermitteln.

Der Aufenthalt in Salzburg erwies sich insgesamt als wichtige Station auf dem Weg nach den südamerikanischen Tropen. Dazu zählen selbstverständlich auch sämtliche Exkursionen, die er von hier aus unternahm:

Am 26. Oktober 1797 war Humboldt in Salzburg eingetroffen. Bereits am 7. November reiste er über Fuschl am See und St. Gilgen am Abersee nach Ischl an der Traun, wo er den originellen Leopold v. Buch traf, der ihn von nun an begleitete. Gemeinsam reisten sie zum Ischler Salzberg, nach Hallstatt zum gleichbenannten Berg, nach Aussee und Altaussee, zum Bergwerk am Sandling und über Aussee und Grisern zurück nach St. Gilgen und waren am 13. November 1797 wieder in Salzburg.

Am 28. November 1797 besuchten beide die Eiskapelle am Fuß des Watzmanns. Am 3. Dezember weilte Alexander in Berchtesgaden. Den Gaisberg bestieg er am 4. März 1798, wie wir gesehen haben. Vom 7. bis zum 17. April 1798 blieb er in Berchtesgaden; sechs Tage davon weilte er auf Schloß Adelsheim beim Administrator des Hauptsalzamtes Joseph v. Utzschneider.

Er glaubte, in Salzburg »ein wahres Klosterleben geführt« zu haben, »aber... ein sehr arbeitsames«. Er vollendete Manuskripte, redigierte, korrigierte, experimentierte intensiv wie nie zuvor, korrespondierte, observierte und charmierte in Wort und Tat. Es war, als wüchsen ihm tausend Hände.

*An keinem Ort hat er während seiner sechsjährigen Vorbereitung mehr gearbeitet als hier.* In Versuchen und Messungen schuf er sich planmäßig eine Vergleichsgrundlage für die Tropen.

Im Winter 1797/98 hatte er das gesamte Werk H. B. de

Saussures erneut gelesen, »Wort für Wort«. Er schrieb später aus Paris: »J'aime à marcher sur les traces d'un grand homme.« [»Ich liebe es, den Spuren eines großen Mannes zu folgen.«] Das instrumentenreiche Genf erschien ihm wie »le foyer du génie«, wie »der Mittelpunkt des Geistes«, wie er am 22. Juni 1798 im gleichen Brief mitteilte.

Kein Wunder, daß er nach den Erfolgen in Salzburg das deutsche Genf erkennt, eine Stadt »nicht minder von der Natur bestimmt…, einst unter begünstigenden politischen Verhältnissen die Schule deutscher Physiker (Naturforscher) zu werden«.[121]

## 9. Die »Versuche über die gereizte Muskel- und Nervenfaser«

### *Gegen jede Tierquälerei*

In Salzburg hat Alexander den zweiten Band seines Werkes *Versuche über die gereizte Muskel- und Nervenfaser* abgeschlossen. Es ist ein Buch, das in überzeugender Fülle Versuchsanordnungen und Experimente beschreibt. Auffallend sind die klare Form der Darbietung und die Methode, die ausdrücklich formuliert und betont wird. Auch muß Humboldts humanes Vorgehen beachtet werden. Bei seinen zahlreichen Tierversuchen hatte er jede Tierquälerei vermieden. Vivisektion lehnte er ab. »Alle Tiere, mit denen ich je experimentirt, habe ich durch Abschneiden des Kopfes und Durchbohren des Rückenmarks zu tödten gesucht. Ich füge diese Anmerkung einmal für immer bei, um den unangenehmen Eindruck zu mildern, den eine Sammlung zootomischer Versuche bei einer gewissen Klasse reizbarer Leser erregen muß. Nach meiner eigenen Art zu empfinden, würde ich ohne diese Vorsicht, die Thiere vorher zu tödten, auch nicht einen einzigen galvanischen Versuch je haben anstellen können.«[122]

Seit 1792 hatte er galvanische und anatomische Experimente

miteinander verknüpft und zunächst einfach die Wirkung des elektrischen Stromes bei steter Änderung der Versuchsanordnung auf das anatomische Präparat erforschen wollen. Die notwendigen Instrumente, einen galvanischen Apparat, ein paar Metallstäbe, Pinzetten, Glastafeln und anatomische Messer hatte er selbst zu Pferde mit sich geführt. Seine jetzigen Versuche betrachtete er als eine Fortsetzung seiner Beobachtungen über die Reizempfänglichkeit der Pflanzen. Von daher erschien ihm das Studium des tierischen Körpers unerläßlich. Er betrachtete die Pflanzen nicht als Tiere wie etwa Baptista Porta, sondern »als Object einer allgemeinen vergleichenden Physiologie und Anatomie«. Er wollte sich nicht zu »falschen Analogien« versteigen, sondern den »thierischen Stoff« genauestens kennenlernen. Diese Studien hatten ihn Bescheidenheit gelehrt. Je tiefer er in die anatomischen Geheimnisse eindrang, desto mehr lockte ihn »der wundersame Bau der menschlichen Organisation an«.[123] Hier hatte die Wissenschaft am stärksten vorgearbeitet, und keine andere »thierische Faser« hatte er so leicht erregbar wie die des menschlichen Körpers, den er als Teil des Naturreichs verstand, gefunden. »Wer sich daher irgend einem Theile der Naturbeschreibung ernsthaft widmet, sollte jenes Studium nicht vernachlässigen, wäre es auch nur, um einzusehen, welche unabsehbare Fülle von Kräften in ein Aggregat irdischer Stoffe zusammengedrängt sein kann. Ich habe mich bemüht, bei meinen Versuchen über den Galvanismus von aller Theorie zu abstrahiren, oder vielmehr, ich habe diese Versuche so abgeändert, als wenn gerade das Gegentheil der bisher aufgestellten Gesetze des Metallreizes erwiesen werden müsse. Diese Methode schien mir, so lange ich experimentirte, die fruchtbarste zum Erfinden zu seyn ... Freilich ist es dem menschlichen Geiste unmöglich, sich während des Experimentirens aller theoretischen Vermuthungen zu enthalten; freilich ist, wie Darwin sagt, das Denken selbst ein Theoretisiren. Man reiht das Halbgesehene immer an analoge Erscheinungen an und glaubt oft, Gründe in unwesentlichen Nebendingen zu finden. Wohl dem Experimentator aber, den abgeänderte Versuche von einer Theorie zu anderen hinführen, dessen Vermuthungen nicht früh eine Gewißheit erlangen, die von der ferneren Beobachtung zurückscheucht!«[124]

Es ging Humboldt um Tatsachen und deren scharfe Trennung von der Deutung. Als solche galten ihm nur die Ergebnisse der Experimente. Er war als Empiriker stets darauf bedacht, sie nicht mit ihrer Interpretation zu verquicken oder sie vorgefaßten Theorien zu opfern. Scharlatanerie von der Art Mesmers lehnte er ab, unterstrich aber gleichzeitig, daß keineswegs jedes »Manipuliren physisch unwirksam sey«. So verdienten z.B. Johann Nathanel Petzolds Dresdner Versuche größte Aufmerksamkeit bei Naturforschern, »die nicht gewohnt sind facta von sich zu stoßen, um Hypothesen aufzunehmen ... *Der Naturphilosoph muß alle Erscheinungen in Verbindung setzen; durch diese Verbindung allein schon tritt er den Ursachen näher*«[125] (Hervorhebung durch HANNO BECK).

Dies alles macht das Buch noch heute lesbar. Es enthält außerdem mehr, als sein Titel verrät. Es muß besonders beachtet werden, weil es das umfangreichste Werk ist, das Humboldt vor seiner großen Reise veröffentlicht hat. Die Versuche selbst stellte er zunächst nur zu seiner eigenen Unterrichtung an. Erst als bedeutende Physiologen ihre Publikation wünschten, arbeitete er systematischer. Wegen seiner Tätigkeit als Bergmann und wegen der häufigen Unterbrechungen seiner Arbeit konnte er die einschlägigen Forschungen anderer nicht verfolgen, so daß er manches Experiment durchführte, das anderen schon vor ihm gelungen war. Die galvanischen Versuche selbst hielt er für einfach. Die Schwierigkeiten entstanden erst durch die Einführung erregender und leitender Substanzen in die Versuchsanordnung. Trotzdem schien es ihm notwendig, die Literatur streng zu überprüfen, um nur diejenigen Untersuchungen in sein Werk aufzunehmen, die über ältere hinausführten und der Erweiterung der Physiologie dienen konnten.

Im Frühjahr 1795 schien sich das Ende seiner Bemühungen abzuzeichnen. Humboldt hatte bereits Teile seines Manuskripts an Soemmerring und Blumenbach geschickt, als ihn Pfaffs Schrift *Über thierische Elektricität und Reizbarkeit* auf eine angenehme und unangenehme Art überrascht hatte[126]. Diese Arbeit fand er ausgezeichnet, sah aber zugleich, daß Pfaff auf anderen Wegen die gleichen Resultate wie er selbst erreicht hatte, und mußte sich zu einer »gänzlichen Umschmelzung« seines

Buches entschließen. Die Hälfte der Versuche wurde gestrichen. Sein Aufenthalt in der Schweiz und in Italien hinderte die Verwirklichung seines Planes, förderte ihn aber gleichzeitig, weil er nun Jurine, Pictet, Scarpa, Tralles und Volta persönlich kennenlernte und seine Gedanken korrigieren konnte. Er dankte diesen Persönlichkeiten öffentlich, denn ihr Rat befähigte ihn zu neuen Schritten oder veranlaßte ihn zu einer streng überwachten Wiederholung älterer Experimente, z. B. auch der Überprüfung der Versuche auf seinem Rücken.

Die hier mitgeteilten Stellen verraten eine auffällige sprachliche Prägnanz. Humboldt pflegte sich sogar zu entschuldigen, wenn er von der Regel abwich, um in der Darstellung schneller zum Ziele zu kommen, und stellte stets fest, wo er sich unsicher fühlte. Reizvoll ist, daß die Sichtweise des Landreisenden häufig erkennbar wurde. So wies er auf eine Unart vieler Reisender seiner Zeit hin, die nur das untersuchten, »was sie mit nach Hause tragen können, weil viele nur an ihrem Schreibtisch mit äußerer Bequemlichkeit arbeiten«, statt die Objekte an Ort und Stelle zu erforschen[127].

Die Versuche selbst wurden nicht chronologisch, sondern sinngemäß aneinandergereiht. Der erste Band beschreibt den Einfluß des Galvanismus auf sezierte tierische Körper, der zweite betrachtet dann den Einfluß »chemischer Stoffe auf die erregbare Faser«.[128] Mit diesem folgerichtigen Aufbau hoffte er, eine Verallgemeinerung seiner Ergebnisse dienen zu können. Der erste Band bildete eine Vorstufe der Elektrophysiologie, der zweite begründete die »vitale Chemie«. Diese bezeichnete Humboldt selbst auch als eine »Experimental-Physiologie«; sie wurde später von seinem Freund Emil Du Bois-Reymond ehrlich anerkannt und vervollkommnet. Seit Galvani 1791 seine epochemachenden Entdeckungen bekanntgegeben hatte und der Galvanismus in Deutschland spielerisch in Gesellschaftszirkeln und ernsthaft in Kreisen der Wissenschaft diskutiert wurde, bemühte man sich auch, die biologischen Hauptfragen der Zeit – Reizproblem, Erregungstheorie und Vitalismus – wissenschaftlich mit ihm zu verknüpfen. Humboldts eigene Bemühungen gingen weit über den bloßen Galvanismus hinaus. »Er untersuchte systematisch zuerst die Bedingungen, unter denen der galvanische Reiz entsteht, dann die Wirkungen desselben auf Nerv und Muskel. Ebenso ging er dem Einfluß der Wärme, Licht, Wasser, Luft, verschiedenen Gasen und chemischen Substanzen nach, indem er die Reizwirkungen derselben am Nerv-Muskel-Präparat feststellte und besonders die Veränderungen der Reizempfänglichkeit beachtete.«[129]

Humboldt wies erstmals auf die großen Verschiedenheiten in der Erregbarkeit reizbarer Teile hin und lenkte den Blick auf die Einflüsse, von denen sie abhängen. Sein Buch ist eine Übersicht der Reizerscheinungen in der belebten Natur. Bei den Amphibien untersuchte er beispielsweise die Abhängigkeit der Erregbarkeit von der Jahreszeit. Während des Winterschlafs fand er die Reizempfänglichkeit am größten[130]. Die zum Teil schmerzhaften Versuche auf seinem Rücken zeigten wahrscheinlich erstmals in der Geschichte des physiologischen Galvanismus dessen Einfluß auf Blutgefäße und deren Absonderungen[131]. Besonders bezeichnend sind die Versuche des zweiten Bandes, die der »Stimmung der Erregbarkeit« gewidmet sind, d. h. der Untersuchung ihrer Änderung unter dem Einfluß physikalischer und chemischer Stoffe. In verschiedenen Experimenten untersuchte er vor allem die Zu- und Abnahme der Herztätigkeit. Er bemerkte wie Fontana, daß schwache elektrische Schläge die Herztätigkeit erhöhten, starke sie verminderten, beobachtete die anregende Wirkung erhöhter Temperatur und den wiederbelebenden Einfluß des Blutes und richtete hauptsächlich seine Aufmerksamkeit auf die »Stimmung der Erregbarkeit« durch Gase.

Am Rand werden noch viele andere Experimente erwähnt, etwa die vergeblichen Bemühungen »durch Einsenken von Thermometern in die geöffneten Brusthöhlen frisch-getödteter Thiere den Unterschied der Temperatur von Frosch-, Kröten-, Fisch- und Eidexen-Blut zu finden«.[132]

# 10. Die Abkehr von der »Lebenskraft«

## *Erfahrung, keine Spekulation*

Bei allen Experimenten erhob sich die grundsätzliche Frage: Was ist das Leben? War eine selbständige Lebenskraft erwiesen? Er hatte an sie geglaubt. Seine Definition war in Lehrbücher übernommen worden, er selbst aber betrachtete sie nun als von Reil, Veit, Ackermann und Röschlaub gründlich widerlegt. Er gab dies offen zu und trennte sich damit von der Vorstellung der Lebenskraft, da er ihr Dasein nicht erweisen konnte. Das Leben betrachtete er als Gleichgewichtszustand und führte drei Ursachen an, die diesen erhalten könnten. Seine Feststellungen gipfelten in der methodischen Forderung, »physische Erscheinungen nicht nur physisch, sondern auch ohne Zuflucht zu einer unbekannten Materie zu erklären«.[133] Von Lebenskraft zu sprechen, wagte er nicht mehr, »da sie sich vielleicht bloß durch das Zusammenwirken der im einzelnen längst bekannten materiellen Kräfte erklärt«, glaubte aber um so sicherer, eine Definition belebter und unbelebter Stoffe ableiten zu können[134]: »Belebt nenne ich denjenigen Stoff«, schrieb er, »dessen willkührlich getrennte Theile, nach der Trennung, unter den vorigen äußeren Verhältnissen ihren Mischungszustand ändern. Das Gleichgewicht der Elemente in der belebten Materie erhält sich nur so lange und dadurch, daß dieselbe Theil eines Ganzen ist.«[135] Humboldts Schlußfolgerungen bezeugen eine materialistische Tendenz, ohne materialistisch zu sein. Er hoffte, durch diese »Versuche« »die Masse unserer empirischen Erkenntnisse vermehrt zu haben«, obgleich er mit ehrlicher Bescheidenheit das große unbekannte Feld überschaute, das die Forschung noch erschließen mußte. Aber: »Große und glänzende Entdeckungen können dem menschlichen Geiste nicht entgehen, wenn er kühn auf dem Wege des Experiments und der Beobachtung fortschreitet und unablässig sucht den ruhenden Pol in der Erscheinungen Flucht.«[136]

Die *Versuche über die gereizte Muskel- und Nervenfaser* waren bereits von einer Methode geprägt, die Humboldt nun nicht mehr preisgab: *Er verband die rationalistische Empirie mit der vor allem von Kant*[137] *herrührenden Überzeugung vom Naturganzen und der vom Geist der aufblühenden deutschen Klassik kommenden Idee der Harmonie eben dieses Ganzen zum kritischen Realismus seiner Naturforschung*[138]. Dabei bezeichnete die Ablehnung des Begriffes einer selbständigen Lebenskraft eine sehr wichtige Entwicklungsstufe. Der *Rhodische Genius* 1795 überstieg die Welt der Erfahrung und wurde daher in die Form einer Dichtung eingekleidet. »Die Lebenskraft wird als uralte, ehrwürdige Idee aufgefaßt – aber im Sinne eines Als-Ob. Während die Lebenskraft von vielen als eine fundamentale Neuerung, als Erkenntnisfortschritt gewertet wurde, bedeutete der ›Rhodische Genius‹ für Humboldt den Abschluß einer individuellen Geistesepoche. Die dichterische Fassung eines wissenschaftlichen Problems ist für die Wahrheitsliebe des Forschers die Krise. Es ist der Wendepunkt in Humboldts Leben ...«[139]

All dies drückt sich vor allem in diesen *Versuchen ...* aus, in der Sicherheit der gefällten Entscheidung zwischen Spekulation und Realismus. Humboldt stritt schon jetzt einer Naturphilosophie keine Verdienste ab, aber er selbst wollte sie nicht pflegen und in seiner Forschung auch keine spekulativen Elemente dulden. Er hatte damit eine Entscheidung getroffen, die der Lösung seines Lehrers und Freundes Georg Forster von der Rosenkreuzerei entsprach. Als er später auf die Zeit des ausgehenden 18. Jahrhunderts zurückblickte, hat er »das Bestreben, die Erscheinung der körperlichen Dinge in ihrem allgemeinen Zusammenhange, die Natur als ein durch innere Kräfte bewegtes Ganzes aufzufassen«, als »Hauptantrieb« bezeichnet[140]. »Das Naturganze war für die Forschung Humboldts regulatives Prinzip und Grenzbegriff, in welchem sich die erfahrbare Wirklichkeit und die sie begründende Wahrheit überschneiden und durchkreuzen.«[141]

Infolge seiner Experimente mußte Humboldt auch Stellung beziehen in dem Streit um das Wesen des Galvanismus, der ähnliches Aufsehen erregte wie der Vulkanismusstreit. Galvani meinte, die Elektrizität sei den Muskeln und Nerven eigen, während sein Gegner Volta die gleiche Erscheinung dem Kontakt ungleichartiger Metalle zuschrieb, auf die der Froschschenkel als Elektroskop reagiere. Humboldt wandte sich gegen die Kritik Voltas an den neuen Experimenten Galvanis, dem es gelang, mit einem einzigen an einen Nerv und einen Muskel angelegten Metallbogen Zuckungen zu erregen; das gleiche war ihm sogar ohne Metall bei bloßer Berührung von Nerven und Muskeln geglückt. Er erkannte aber bald, daß die Zuckungen beim Kontakt ungleichartiger Metalle wesentlich stärker waren als in den von Galvani zuletzt angegebenen Fällen. So stand er – ähnlich wie beim Vulkanismusstreit – zwischen den diskutierenden Parteien und war nach Wilhelm Wundts Zeugnis »der richtigen Lösung des Streits vielleicht näher als irgendeiner der Zeitgenossen«.[142] »Während Volta das Hauptgewicht auf die physikalische Erklärung des Metall-Reizes legte, war Humboldts Augenmerk hauptsächlich auf die Reizempfänglichkeit des Organismus gerichtet. Der Galvanismus galt ihm in erster Linie als das hervorragende Mittel, die Erregbarkeit zu prüfen. Humboldt unterschied konsequent die Vorgänge, die der tierischen Elektrizität zugehören, von den galvanischen Reizerscheinungen.«[143] Er stand zwar schließlich im Lager der Galvanisten, aber nicht als Eiferer, der aus Prinzip nur einen Weg ging, sondern von eigenen Experimenten überzeugt, die er nicht anders deuten konnte. Die galvanische Erscheinung leitete er von einem in den Tieren anwesenden Fluidum ab, das er nicht mit der Elektrizität zu identifizieren wagte. Die Metalle verursachen nicht den Reiz, sondern sie verstärken ihn nur. Vom damaligen Standpunkt aus war seine Theorie nicht unberechtigt, und er verkündete sie auch nicht mit Anspruch auf allgemeine Gültigkeit, sondern nur als Deutung, die den augenblicklichen Stand der Forschung bezeichnen konnte.

Drei Jahre später brachte die Entdeckung der Voltaischen Säule das Ende der Theorien über den physiologischen Ursprung galvanischer Erscheinungen. Damit war, um mit Du Bois-Reymond zu reden[144], erst die Gleichung mit zwei Unbekannten aufgelöst: Der physikalische Galvanismus und die wirkliche Elektrizität der tierischen Teile waren bisher vermengt worden. Dessenungeachtet enthielt Humboldts Werk wichtige Vorstufen für die Erforschung der Elektrophysiologie, die nun stark vernachlässigt wurde und 50 Jahre später, oft ohne Kenntnis vergangener Leistungen, wieder aufgenommen werden mußte. Hin und wieder hatte er selbst bereits Voltaische Säulen konstruiert.

## 11. Pasigraphische Ideen und Schillers Kritik

### *Humboldts drittes Forschungsprogramm*

Während der Arbeit an seiner bisher umfangreichsten Veröffentlichung hatte Humboldt bald das Gefühl gehabt, daß die Sprache allein die Fülle seiner Versuche nicht genau beschreiben könne oder zu einer sinnverwirrenden pedantischen Ausführlichkeit führen müsse[145]. So entwickelte er Buchstabenformeln, auf die er größten Wert legte. Er schrieb: »Weder das aufmerksamste Lesen meiner Arbeit, noch die Betrachtungen der Figuren machen es möglich, jene Fülle von Thatsachen mit einem Blicke zu umfassen. Es schien mir daher wichtig, eine Methode zu erfinden, welche diesem Mangel abhülfe. Die Bequemlichkeit, welche die Mathematik darbietet, durch analytische Zeichen viele Sätze in wenigen Zeilen darzustellen, reizte mich zu dem Versuche, die Abänderungen des galvanischen Apparats, bei dem fast alles auf der kettenförmigen Aneinanderreihung der Stoffe beruht, durch eine ähnliche Zeichensprache auszudrükken.«[146] Von diesen Gedanken ausgehend, entwickelte er die Idee einer »Pasigraphie« (= allgemeinverständliche Schriftzeichensprache) und verstand bald darunter die exakte, übersichtliche und leichtverständliche Darstellung geognostischer und geographischer Erscheinungen durch Buchstaben, Richtungspfeile, Symbole und abgekürzte Bezeichnungen für Formationen und Gesteine. Damit hatte sich auch die raumwissenschaftliche Tendenz, die den Kern seiner Forschung bezeichnete, wieder durchgesetzt. Die Pasigraphie schien zunächst ein reines Darstellungsproblem zu bedeuten. Aber sehr bald sollte sich unter dieser Bezeichnung ein wesentliches und tiefes Programm entfalten, eine ausgesprochene Lieblingsidee Humboldts. Er muß solche Gedanken nach den ersten Andeutungen sehr bald auf Geognosie und Geographie angewandt haben, und zwar so intensiv, daß er später improvisiert und aus dem Gedächtnis heraus darlegen konnte, wie er sich die Anwendung einer solchen Pasigraphie dachte[147]. *Sie bedeutete in Wahrheit die dritte Stufe eines umfassenden raumwissenschaftlichen Forschungsprogramms, das erst in der Zukunft in die Tat umgesetzt werden sollte. Nach dem Plan einer »Geschichte der Pflanzen« und eines Werkes über die Konstruktion des Erdballes dachte Humboldt nun auch an eine »Pasigraphie«.*

Als der erste Band von Humboldts *Versuchen*... (1797) vorlag, stieß sich Schiller an den vermittelnden Formeln und steigerte sich in einen ehrlichen Ärger hinein, der leicht gelindert worden wäre, wenn er eine Diskussion mit Humboldt gesucht hätte. Dabei wäre zutage getreten, daß diese pasigraphischen Darstellungsversuche durchaus den Zusammenhang des lebendigen Organismus nicht verstümmelten, sondern nur Vorläufer größerer Ideen waren. Goethe und Körner verstanden Humboldt besser, Schiller aber wandte sich energisch gegen die Buchstabenformeln. Sein Verhältnis zu Humboldt erschien schon nach der Publikation des *Rhodischen Genius* abgekühlt. Jetzt griff er Alexander scharf an. Als sich die Humboldts gerade in Dresden aufhielten, schrieb Körner an Schiller: »Alexander von Humboldt ist mir ehrwürdig durch den Eifer, mit dem er sein Fach betreibt. Für den Umgang ist mir Wilhelm genießbarer, weil er mehr Ruhe und Gutmüthigkeit hat. Alexander hat etwas Hastiges und Bitteres, das man bei Männern von großer Thätigkeit häufig findet. Wilhelm ist mir sehr lieb geworden, und ich habe mit ihm viele Berührungspunkte.«[148] Schiller antwortete am 6. August 1797 und begrüßte, daß sich Körner so gut mit Wilhelm verstände, dem er gewiß mehr zu danken hätte als seinem jüngeren Bruder: »Ueber Alexander habe ich kein rechtes Urtheil; ich fürchte aber, trotz aller seiner Talente und seiner rastlosen Thätigkeit wird er in seiner Wissenschaft nie etwas Großes leisten. Eine zu kleine, unruhige Eitelkeit beseelt noch sein ganzes Wirken. Ich kann ihm keinen Funken eines reinen, objectiven Interesses abmerken – und wie sonderbar es auch klingen mag, so finde ich in ihm, bei allem ungeheuern

Reichthum des Stoffes, eine Dürftigkeit des Sinnes, die bei dem Gegenstande, den er behandelt, das schlimmste Uebel ist. Es ist der nackte, schneidende Verstand, der die Natur, die immer unfaßlich und in allen ihren Punkten ehrwürdig und unergründlich ist, schamlos ausgemessen haben will und mit einer Frechheit, die ich nicht begreife, seine Formeln, die oft nur leere Worte und immer nur enge Begriffe sind, zu ihrem Maßstabe macht. Kurz, mir scheint er für seinen Gegenstand ein viel zu grobes Organ und dabei ein viel zu beschränkter Verstandesmensch zu sein. Er hatte keine Einbildungskraft, und so fehlt ihm nach meinem Urtheil das nothwendigste Vermögen zu seiner Wissenschaft, denn die Natur muß angeschaut und empfunden werden in ihren einzelnsten Erscheinungen wie in ihren höchsten Gesetzen. Alexander imponirt sehr vielen und gewinnt im Vergleich mit seinem Bruder meistens, weil er ein Maul hat und sich geltend machen kann. Aber ich kann sie dem absoluten Werthe nach gar nicht miteinander vergleichen, so viel achtungswürdiger ist mir Wilhelm.«[149] Körner hielt nicht mit seinem gerecht abwägenden Urteil zurück und vertrat in auffälliger Weise Alexanders Standpunkt, als er am 25. August 1797 antwortete: »Dein Urtheil über Alexander von Humboldt scheint mir doch fast zu streng. Sein Buch über die Nerven habe ich zwar nicht gelesen, und kenne ihn nur aus dem Gespräch. Aber gesetzt, daß es ihm auch an Einbildungskraft fehlt, um die Natur zu empfinden, so kann er doch, däucht mich, für die Wissenschaft vieles leisten. Sein Bestreben, alles zu messen und zu anatomiren, gehört zur scharfen Beobachtung, und ohne diese gibt es keine brauchbaren Materialien für den Naturforscher. Als Mathematiker ist es ihm auch nicht zu verdenken, daß er Maaß und Zahl auf alles anwendet, was in seinem Wirkungskreise liegt. Indessen sucht er doch die zerstreuten Materialien zu einem Ganzen zu ordnen, achtet die Hypothesen, die seinen Blick erweitern, und wird dadurch zu neuen Fragen an die Natur veranlaßt. Daß die Empfänglichkeit seiner Thätigkeit nicht das Gleichgewicht hält, will ich wol glauben. Menschen dieser Art sind immer in ihrem Wirkungskreise zu beschäftigt, als daß sie von dem, was außerhalb vorgeht, große Notiz nehmen sollten. Dies gibt ihnen den Anschein von Härte und Herzlosigkeit.«[150]

Merkwürdigerweise hat man den Ursprung dieser Schillerschen Kritik bald ganz übersehen und sein geharnischtes Schreiben zusammenhanglos zitiert. Sein Ärger entzündete sich ausschließlich an Humboldts ersten pasigraphischen Versuchen, wie schon Palleske und Löwenberg erkannten.[151] Eine Feindschaft hat der in dieser Beziehung empfindliche Schiller nie gegen Humboldt gehegt. Beide hatten medizinische Studien getrieben und oft über die Experimente zu den *Versuchen...* gesprochen[152]. Insofern bedeutete Schillers Kritik keine Trennung, sondern nur ein Abrücken von Humboldt.

## 12. Der innere Zweck der Wissenschaft

### *Rechtfertigung reiner Forschung*

Schon nach dem Erscheinen des ersten Bandes war verschiedentlich Kritik laut geworden. Anderen wollten Versuche, die Humboldt beschrieben hatte, nicht gelingen. Damit waren diese natürlich nicht widerlegt, und offenbar erschienen Alexander selbst andere Einwände viel wichtiger. So hatte man auch nach dem praktischen Nutzen dieser Experimente gefragt. Worin sollte er denn liegen, was für einen Zweck hatte dieser Aufwand? Humboldt erteilte eine zugleich als Zeitkritik bedeutsame Antwort. Er glaubte, »in einem Zeitalter, wo man Früchte oft vor der Blüthe erwartet und vieles darum zu verachten scheint, weil es nicht unmittelbar Wunden heilt, den Acker düngt oder Mühlräder treibt«, dieser Frage nicht ausweichen zu können. Man nennt, sagte er, »die Cetomologie und die Conchiologie ein ergötzendes Spielwerk, weil beide Wissenschaften keinen unmittelbaren Bezug auf technische Gewerbe haben. Man hält den philosophischen Forschungsgeist zurück, die Bahn zu verfolgen, auf der er sich den innern Zusammenhang seiner Erkenntnis aufzufassen schmeichelt, und setzt ihm ein bestimmtes äußeres Ziel, nach dem er mittelbar hinarbeiten soll.«[153] Humboldt gab eindeutig eine Antwort, die für seine wissenschaftliche Gesinnung richtungweisend bleiben sollte: »Man vergißt, daß Wissenschaften einen inneren Zweck haben, und verliert das eigentlich litterarische Interesse, das Streben nach Erkenntniß als Erkenntniß, aus dem Auge.« Denn: »Alles ist wichtig, was die Gränzen unseres Wissens erweitert und dem Geist neue Gegenstände der Wahrnehmung oder neue Verhältnisse zwischen dem Wahrgenommenen darbietet.«[154] Damit wies er der zweckfreien Forschung, dem reinen Erkenntnisstreben, den Weg, ohne sich von der Aufklärung zu trennen, die eben viele Möglichkeiten der Stellungnahme kannte.

Das Urteil über Humboldts Werk war sehr stark durch die im ersten Band mitgeteilten galvanischen Versuche bestimmt, hauptsächlich wegen des modischen zeitgenössischen Interesses[155]. Darauf deutet auch die Tatsache hin, daß der französische Übersetzer, der Arzt Jadelot, sich 1799 nur des ersten Bandes annahm, weil man auch in Frankreich »offenbar weit mehr am Galvanismus als an einer Erschließung der reizphysiologischen Forschungsprobleme interessiert« war[156].

## 13. Anregungen für Forschungsreisen in den »Versuchen«

### *Umriß einer medizinischen Geographie*

In den *Versuchen*... kündigte sich auch die große Reise, die Humboldt nach den Tropen plante, an. Die Brüder Keutsch, vor allem der ältere dieses Geschwisterpaares, gehörten zu den meistgenannten Personen. Wir erfahren auch von dem wichtigen Buch über das Fallen und Streichen im mittleren Europa, von der weitgehenden Übereinstimmung im Fallen der Urgebirgsschichten, das gar nicht von der Gestalt der Berge abhänge, sondern von unbekannten Attraktionskräften im Innern des Erdkörpers hervorgerufen werde[157]. Dazu wurde das Programm einer »medicinischen Geographie« entwickelt und dieser Begriff geprägt[158]. Humboldt verstand darunter anthropogeographisch den Einfluß der Natur auf die Gesundheit des Menschen. Er forderte in dieser Hinsicht auch wissenschaftlich begründete Untersuchungen des offensichtlichen Unterschieds von Berg- und Talbewohnern (Beck, Bd. I, S. 23 f. m. Anm. 110). Hin und wieder folgte er allerdings stärker den herrschenden Ansichten. Er sprach von seinem Plan, »eudiometrische Stationen in verschiedenen Klimaten und Erdhöhen anzulegen, in denen man mit gleichen Instrumenten zu gleichen Zeiten (also nach wahrer Zeit) den Luftkreis zerlegte«, und sah es gern, daß der gutmütige Pater Murith, den er in dem Hospiz auf dem St. Bernhard kennenlernte, »mit einem guten Fontanaschen Eudiometer versehen seyn« wollte. »Wo ist ein Punkt in Europa, der ein wichtigeres physikalisches und meteorologisches Observatorium seyn könnte als dieses Kloster, welches 1063 Toisen über der Meeresfläche erhoben ist, auf der Scheidewand zwischen der nord- und südeuropäischen Luftregion liegt und von mehreren wohlwollenden Menschen bewohnt ist!«[159] Er sprach vom »Palmenklima« und erläuterte seine Vorstellungen von der Luftzusammensetzung in den Tropen, deren Beständigkeit wahrscheinlich der Grund sei, daß in dieser Zone soviel Krankheiten wüteten[160]. Woher kam das dauerhaftere Wohlbefinden der Küstenbewohner Perus und Chiles, der Hirtenvölker auf hohen Gebirgen? Kam es daher, daß sie weniger Schwankungen des Luftdruckes ausgesetzt sind »als die cultivirten Mittelregionen der gemäßigten Zone«?[161] Woher kam die schädliche Wirkung gewisser Sumpfwässer und des Regens in den Tropen? Er begnügte sich »für jetzt diese Ideen unentwickelt hinzuwerfen«. Auf seiner großen Reise hoffte er, dies alles ergründen zu können. Obgleich die Geographen seiner Zeit einfach die Prägung des Menschen durch die Natur voraussetzten, legte er sich keineswegs fest, sondern deutete nur einzelnes als möglich an (vgl. s. o.). Er folgte z. B. Georg Forster, wenn er sagte, Fischnahrung erwecke den frühen Geschlechtstrieb. Völker, die nur von Fisch oder Fleisch lebten, seien zügellos und muskelstark; die Inder, die bloß Kräuter äßen, seien von milderer Gemütsart[162]. Doch wissenschaftlich begründet fand er das alles nicht. »Möge es der Nachwelt glücken, diesen geahnten Zusammenhang zwischen der materiellen und moralischen Welt in ein helleres Licht zu setzen!«[163] So steckten in diesem Buch deutlich ausgesprochene geographische Anregungen für künftige Forschungen und der Umriß einer medizinischen Geographie. Die Auswahl der Literatur deutete oft auf Westindien hin.

In den *Versuchen über die chemische Zerlegung des Luftkreises und über einige andere Gegenstände der Naturlehre* (Braunschweig 1799) faßte Humboldt eine Reihe bereits veröffentlichter Aufsätze zusammen, um ihnen mehr Dauer zu verleihen. Er berichtete über seine chemischen Versuche, beschrieb ein Taschen- oder Senkbarometer sowie ein Absorptionsgefäß, das besonders als Kohlensäuremesser gebraucht werden konnte, behandelte die Kohlensäure, welche im »Luftkreis« verbreitet ist, und teilte Experimente über die Beschaffenheit der Atmosphäre in der gemäßigten Zone mit – z. B. an 164 Tagen angestellte Wetterbeobachtungen in Salzburg, wobei Eudiometer, Hygrometer, Thermometer, Barometer und Elektrometer abgelesen wurden. Bei aller Vorsicht, die er geognostischen Theorien gegenüber stets bewahrte, meinte er, die gesamte Erde sei einst mit Flüssigkeit bedeckt gewesen, aus der sich das feste Land abgesetzt habe. Dabei sei Wasserstoff nach physikalischen Gesetzen frei geworden. Die Fossilien der Flözgebirge unterschieden sich von denen der ursprünglichen Gebirge und deuteten auf ein vormals wärmeres Klima des nördlichen Landes hin.

## 14. Der Plan der ägyptischen Reise

### *»Die Ausrottung des Feudalsystems«*

Im November 1797 hatte Lord Bristol, der Bischof von Derry, Alexander aufgefordert, mit ihm eine achtmonatige Reise nach Oberägypten anzutreten. Mehrere Zeichner sollten ihn begleiten, um Abbildungen ägyptischer Kunstwerke anzufertigen. Eigene Boote waren schon ausgerüstet. Humboldt nahm an, da er nicht mehr daran glaubte, Italien bereisen zu können. Er forderte allerdings, die Reisekosten selbst tragen zu dürfen, um sich in jedem Augenblick von diesem recht merkwürdigen Bischof trennen zu können. Außerdem verlangte er, daß man ihm nach der Rückkehr in Alexandrien gestattete, allein Syrien und Palästina zu bereisen.

Außer Humboldt waren schon im März des gleichen Jahres Prof. Hirt und die Gräfin Dennis eingeladen worden. Hirt war als deutscher Archäologe in Rom gewesen. Die ebenfalls eingeladene Gräfin Lichtenau war die ehemalige Hauptmätresse Friedrich Wilhelms II. von Preußen, der sie, die in Wirklichkeit Wilhelmine Enke hieß, in den Adelsstand erhoben hatte. Der Lord hatte sich die weibliche Gesellschaft ausgesucht, die zu ihm paßte. Auch Goethe hat diesem Lebemann den Bischofstitel weggespöttelt. Humboldt war es bei dieser Einladung nicht ganz wohl, und er betrachtete sie nur als Notlösung. Eine andere Möglichkeit, aus Europa auszubrechen, ergab sich aber nicht[164].

Humboldt stellte seine Vorbereitungen sofort auf das neue Ziel ein. Er beschäftigte sich z. B. mit der ägyptischen Architektur, wobei er nicht ahnen konnte, daß ihm selbst diese Studien später in anderen Zonen interessante Vergleiche mit den Bauwerken indianischer Hochkulturen erlauben sollten. Er betrachtete diese Reise keineswegs als sein Hauptziel – das lag noch immer in Westindien und in den Tropen –, sondern als eine sehr sinnvolle Ausfüllung seiner »Zwischenzeit«.[165] Er war sehr unruhig geworden. Die Bestimmungen der Polhöhen, die lange Folge eudiometrischer Beobachtungen, die Arbeit am Abschluß des zweiten Bandes seiner *Versuche* ... und des Werkes *Ueber die unterirdischen Gasarten* ..., der erneute Besuch der dortigen Bergwerke, die seine Liebe zum praktischen Bergbau wieder erweckten – das alles mutete auch wie eine Flucht aus der Unruhe in die Arbeit an. Er müsse leider seine »westindische Reise« aufschieben, schrieb er am 19. April 1798 dem Herausgeber der Jenaer »Allgemeinen Literaturzeitung«, er gedenke einige Sommermonate in Paris zu verbringen, den Winter wolle er in Ägypten verleben. – Schon hatte er aber »von einer Landung in Ägypten« gehört und wußte noch nicht, ob sie ihm förderlich oder hinderlich sein werde[166]. Er fühlte sich durch die französischen Kriegszüge mit Recht eingeengt. Die republikanischen

Dragonaden fand er ebenso empörend wie die religiösen. Auch vermochte er nicht einzusehen, daß alle Völker zu einer Regierungsform bekehrt werden sollten, da sie doch auf Grund ihrer verschiedenen Bedingungen auch verschiedene Bedürfnisse hätten. Bei aller berechtigten Kritik an den Auswirkungen der Französischen Revolution vergaß er jedoch nie das weltpolitische Verdienst dieser Umwälzung. Sein Blick war bereits in die Zukunft gerichtet, von der er eine Abklärung erwartete. Gegenwärtig genieße man »nur eine Wohltat«: »die Ausrottung des Feudalsystems und aller aristokratischen Vorurtheile, unter denen die ärmeren und edleren Menschenklassen so lange geschmachtet, ... und dieser Genuß wird bleiben, wenn auch monarchische Verfassungen wieder ebenso allgemein werden, als es die republikanischen zu werden scheinen«.[167]

Alexanders Hoffnungen wurden bald von schweren Sorgen überschattet. Es hieß »allgemein«, die Franzosen wollten Ägypten besetzen[168]. Lord Bristol war Engländer und würde wahrscheinlich sein Vorhaben aufgeben müssen. Humboldt sah aber auch jetzt noch andere Möglichkeiten und meinte, zunächst an der ägyptischen Reise festhalten zu sollen. Sollte der Frieden zwischen Frankreich und der Türkei erhalten bleiben, wollte er die Fahrt allein von Marseille aus antreten, da sie nun einmal »eine so schöne Anwendung« seiner »Zwischenzeit« bis zum Antritt der westindischen Expedition sei[169].

Alles war in der Schwebe und schien sich eher zum Schlechten als zum Guten zu wenden. Es schien richtig, nach Paris zu gehen. Dort sei es ihm möglich zu entscheiden, wohin er seinen »Lauf« richten könnte, teilte er J. R. Forster mit[170]. Am Tag vor seiner Abreise klagte er nochmals in einem Brief an den jüngeren Jacquin: »Könnte ich doch nur nach Westindien...«[171] Die Familie Haeften hatte Salzburg verlassen und hielt sich seit März 1797 in Bayreuth auf, um den Schwiegervater noch einmal zu sehen. Sie wollten in den ersten Tagen des Mai wieder in Paris mit Humboldt zusammentreffen[172].

In Salzburg hatte Humboldt die Ruhe gefunden, mehrere Aufgaben gleichzeitig zu lösen und die »Präparation« auf seine »große Reise« weiter zu vollenden. Am 24. April 1798 konnte er endlich nach Paris aufbrechen, nachdem er die Pässe verspätet erhalten hatte. Er reiste über Berchtesgaden, München, Augsburg und Stuttgart nach Rastatt, wo der Friedenskongreß seit 1797 tagte[173]. Dort traf er den französischen Mineralogen Faujas de Saint-Fond und besprach sich mit ihm. Der bevollmächtigte preußische Minister, Graf Goerz, stand tausend Ängste aus, als Humboldt einer Einladung zum Besuch des Kongresses nicht pünktlich Folge leistete und »eine ganze Stunde später und dazu noch erhitzt, im Reisefrack und Stiefeln von einer Besichtigung der badischen Berge, unter diese diplomatischen Gottheiten eintrat, welche jedoch der Herr Graf alsbald au fait zu setzen wußte durch die leise gesprochenen Worte: ›Es ist ein Gelehrter!‹«.[174]

Auf der Weiterreise nach Paris entnahm Humboldt der »Straßburger Zeitung«, Lord Bristol sei in Mailand auf Befehl des Direktoriums verhaftet worden, »weil man ihn beschuldigte, der geheime Zweck seiner ägyptischen Reise sei, auf irgend eine Weise zum Vortheile Englands an den Nilufern zu wirken«.[175] Seine Befürchtungen hatten sich also bestätigt. Selbst seine persönliche Sicherheit schien gefährdet, wenn man bei Bristol seine Briefe fände. Doch er kam »ungehindert« nach Paris[176], wo er am 12. Mai 1798 eintraf. Auf Nachrichten des Lords und Bischofs brauchte er nicht mehr zu warten. Um so besser konnte er nun in Paris nach neuen Möglichkeiten ausspähen, seine Instrumentensammlung vervollständigen und eine kürzere Fahrt nach Afrika zur sinnvollen Ausnützung der »Zwischenzeit« bis zum Antritt der westindischen Expedition vorbereiten. Nach seinem eigenen Zeugnis waren die Pläne, die Afrika oder dem Orient galten, eindeutig Lückenbüßer, die ihm niemals das große Ziel Westindien ersetzen sollten.

Die Ereignisse überstürzten sich. Am 19. Mai verließ Napoleons ägyptische Expedition Toulon. Das Gerücht erwies sich als Wahrheit und schnitt Alexander damit endgültig von Lord Bristol ab. Die Familie Haeften verließ – wie geplant – im August Paris, da Christiane ein Kind erwartete, und kehrte auf ihre Familiengüter nach Goch, südlich von Kleve, zurück[177]. Die Freunde ahnten nicht, daß sie sich zum letzten Male gesehen hatten.

# 15. Humboldt in Paris

## *Die wissenschaftliche Hauptstadt der Welt*

Der ältere Bruder hatte Alexander ähnlich wie in Jena auch in der französischen Hauptstadt die Wege geebnet. Ihm bedeutete das erneute Erlebnis Frankreichs nur die Klärung seiner »Deutschheit«. Schon den Wiener Gelehrten hatte er nichts abgewinnen können, den französischen Naturwissenschaftlern aber schien ihm die Tiefe zu fehlen, die Alexanders Arbeiten innewohnte. Wilhelm wollte damals durch den Vergleich des deutschen und französischen Nationalcharakters Grundlagen einer neuen Wissenschaft, der vergleichenden Anthropologie, gewinnen[178]. Mit leisem Ärger stellte er fest, daß den Franzosen das Verständnis für die Eigenart der deutschen Literatur fehlte[179]. Mitten in Paris sehnte er sich nach Jena, zu Goethe und Schiller zurück, ohne einige Anregungen, die Paris vermittelte, zu bestreiten[180]. Seine Beschreibung des französischen Nationalcharakters deckte sich in vielen Zügen mit seiner Einschätzung des jüngeren Bruders Alexander: mehr Verstand als Geist, mehr nach außen als nach innen gerichtet[181].

Alexander besaß jene »Urbanität«[182], die den meisten Deutschen mangelte, und eine ins einzelne gehende Untersuchung dürfte ergeben, daß seine Persönlichkeit schon damals das Bild, das sich ein Franzose von einem Deutschen machte, in der angenehmsten Weise beeinflußte. Die Pariser hatten in Forster und Schlabrendorff große, den französischen Ideen verhaftete Deutsche kennengelernt. Sie kannten Goethes *Werther.* Dennoch wußten sie vom deutschen Wesen sehr wenig und neigten dazu, auch das wahrhaft Neue zu übersehen, das sich langsam in Deutschland ausgebildet hatte und wegen dessen man auch in Frankreich eigentlich von »Allemagne« sprach. Politisch war dieser Begriff wesenlos, in der Idee, der Dichtung, der Philosophie und zunehmend auch in der Wissenschaft wurde er immer bedeutungsvoller. Von »Allemagne« reden, schloß in gewissem Sinn bereits die Anerkennung von Rankes späterem Begriff der »Kulturnation Deutschland« ein.

Im Haus des älteren Humboldt hatten sich neben den Reisebegleitern W. v. Burgsdorff und Friedrich Tieck auch Graf Schlabrendorff und einige französische Gelehrte zusammengefunden. Es dauerte nicht lange, bis Alexander in Paris so bekannt war wie in Berlin, Wien oder Genf[183]. Bei Delamétherie verkehrte er im Hause; schon als 23jähriger hatte er dem Herausgeber des »Journal de Physique« einen Aufsatz eingesandt. Ebenso lernte er Fourcroy, Guyton, Vauquelin, Thénard, Robiquet, den Chemiker Graf Chaptal, den Astronomen, Mathematiker und Geodäten Delambre und seinen Schüler Lalande, ebenso Laplace, die Botaniker Jussieu, Desfontaines, Lamarck und den Zoologen Cuvier kennen. Den Geologen Dolomieu sah er zum zweiten Mal. Der Mathematiker Borda, Mitglied des »Bureau des Longitudes«, unterstützte und ermutigte seine magnetischen Beobachtungen, so daß er nun seine Instrumente noch für diese Aufgabe ergänzte.

Paris war die wissenschaftliche Hauptstadt der Welt. Seine Instrumentenindustrie übertraf London und Genf, seine Naturwissenschaftler galten als führend. Humboldt erschien den Franzosen als der Repräsentant der Wissenschaft in Deutschland überhaupt. Er hatte sich schon früh, in den Tagen seines Studiums in Freiberg, darum bemüht, von seinen Erkenntnissen in Paris mitzuteilen. Man hatte ihn nicht zurückgestoßen, ihn auch nicht angreifen können, wohl aber seine späteren Experimente mit Zweifeln betrachtet. Nun war er selbst erschienen und hatte alle bezaubert, Gegenmeinungen geschickt pariert, Angriffe aus der Überfülle seines Gedächtnisses in den Tatsachen seiner empirischen Forschung erstickt.

Fourcroy hatte ihm vorgeworfen, er ziehe aus seinen chemischen Experimenten voreilige Schlüsse – jetzt experimentierte Humboldt mit geschickten Händen vor den Mitgliedern des National-Instituts und las in fließendem Französisch in dessen Sitzungen allein drei *Mémoires.* Anläßlich der Tagung im Februar 1799 meinte der gleiche Fourcroy, man verdanke Herrn Humboldt mehrere wertvolle Entdeckungen, er sei in der Entwicklung der modernen Physik (= Naturforschung) vorteilhaft bekannt, obgleich er sich infolge seiner Jugend erst einige Jahre damit beschäftigen konnte. Er meinte weiter: »Die Klasse, die ihn mehrere Monate in ihren Sitzungen gehabt und die dabei selbst über seine ausgedehnten Kenntnisse, seinen Scharfsinn, seine Ausdauer und seinen Mut beim Experimentieren sich ein Urteil gebildet hat, wird zweifellos mit mir der Ansicht sein, daß sein Mémoire: ›Über die Absorption des Sauerstoffs durch einfache Erden und seinen Einfluß auf die Bodenkultur‹ verdient[184], in den Veröffentlichungen des Instituts abgedruckt zu werden.«[185] Gay-Lussac griff das *Mémoire* über die »Chemische Zerlegung des Luftkreises« nach seiner Veröffentlichung an. Humboldt aber verwandelte diesen Angriff Jahre später in eine treue, gegenseitige, wissenschaftlich folgenreiche Freundschaft.

Deutsche Bücher konnte damals ohne Anstoß als einer von wenigen Delambre lesen. Lalande hatte sich erst im hohen Alter mit dem Deutschen beschäftigt, als er den Wert der wissenschaftlichen Arbeit des Nachbarvolkes erkannte. 1799 schrieb er, er »predige überall, im Collège, im Lycée, im National-Institut, daß wir Deutsch lernen sollen und daß wir in allen Wissenschaften zurückbleiben, wenn wir nicht diese Sprache erlernen. Ich dringe unaufhörlich darauf, einen Lehrer der deutschen Sprache an unserem Collège anzustellen, wir haben Arabische, Persische, Türkische und Armenische Sprachlehrer an diesem Institut, ein Deutscher ist noch unentbehrlicher.« Dabei verstand auch er nur »zur Not« deutsche Schriften rein astronomischen Inhalts[186].

Staunend erlebten die Franzosen das Auftreten der Brüder Humboldt. Sie waren verblüfft über Wilhelms philosophische Tiefe, sein Raisonnement über Kunst und Dichtung, während sie in Alexander fast einen der Ihren erkannten. Sein alter Brieffreund Delamétherie hatte ein Werk über die *Théorie de la Terre* geschrieben, Laplace die *Mécanique céleste;* beide Werke verwiesen ihn auf einen geistesverwandten Weg, dessen Ziel er jetzt mit »physique du monde« bezeichnete (und stets mit »Physik der Erde« übersetzte) – ein Ausdruck, den er 1814 mit den Begriffen Theorie der Erde und Physikalische Geographie synonym setzte. *Dieses jetzt schon zu wissen ist wichtig, da eine umfassende Physikalische Geographie das Leitmotiv seiner Wissenschaft und seiner Reise war.* Desfontaines kam gerade aus Algier und Constantine zurück. Mit Shaw und Peyssonnel blieb er der letzte Forscher, der über dieses Land berichtete, bis Frankreich 1830 den Norden Afrikas mit Gewalt aufbrach, um sein zweites Kolonialreich zu gründen.

Franz v. Zach hatte einen seiner begabten Schüler, Johann Carl Burckhardt, nach Paris vermittelt und Humboldt eine Empfehlung an ihn mitgegeben. Burckhardt hatte schon als armer, aber begabter Lateinschüler seine Liebe zur Astronomie entdeckt und Werke Lalandes und Eulers gelesen. Als er ein Stipendium erhielt, lebte er fast zwei Jahre in v. Zachs Nähe, der ihn anschließend an die astronomische Ausbildung seinem alten Gönner, dem Grafen v. Brühl, für dessen private Sternwarte in Harefield bei London empfahl. Er hatte Burckhardt, da dieser über Paris reiste, auch einen Brief an Lalande mitgegeben. So war dieser dort hängengeblieben und Schüler Lalandes, Laplaces und Lagranges geworden. Er wurde Adjunkt des »Längenbüros« und 1807 Nachfolger Lalandes als Astronom am Observatorium der Militärschule[187]. Burckhardt übersetzte auch später Laplaces *Mécanique céleste* ins Deutsche (Berlin 1800/1802). Seiner Vermittlung dankte Humboldt die schnelle vertrauensvolle Aufnahme in den Kreis der Pariser Akademiker.

Ein glücklicher Zufall ließ Humboldt den Schlußakt der berühmten Gradmessung Dünkirchen–Barcelona, der wir das Meter verdanken, noch miterleben. Anfang Juni 1798 wurde diese Meridianmessung zwischen Melun und Lieursaint vollendet. Mit Lalande und Burckhardt verlebte Alexander damals »zwei überaus fröhliche Tage« bei Delambre. Wegen der ungünstigen Witterung war die Messung unterbrochen worden, doch am 3. Juni 1798, 12 Uhr, wurde sie abgeschlossen. Auch der Physiker Baron de Prony und der greise, immer noch unternehmungslustige Weltumsegler Bougainville waren zugegen, der noch vor Cook den Ruhm beanspruchen konnte, die erste große wissenschaftliche See-Expedition geleitet zu haben.

Louis Antoine de Bougainville war in Kanada gewesen, hatte den französischen Rückzug in Quebec geleitet und darauf 1761 in Deutschland gekämpft. 1764 hatte er auf den Falklandinseln eine französische Kolonie gegründet und 1766–1769 die erste französische Weltumsegelung durchgeführt. Naturforscher, Botaniker und Zeichner hatten ihn begleitet und gründliche Arbeit geleistet. Humboldt war, als blättere sich eine bunt bebilderte Entdeckungsgeschichte vor seinen Augen auf. Bougainville vertrat die Ansicht, die Geographie müsse »Tatsachenwissenschaft« sein. Damit fand er bei Alexander Beifall, der das Wesen seiner eigenen Reise bestimmen und klären wollte. Seine Instrumentensammlung sprach in dieser Beziehung für sich.

In Paris war außerdem eine neue große Expedition des Direktoriums Tagesgespräch. Alexander v. Humboldt hatte sehr bald seine Chance erkannt und versuchte, Teilnehmer zu werden. Viele seiner gemeinsamen Besuche mit dem Bruder Wilhelm sollten lediglich die Meinung französischer Persönlichkeiten erkunden. Am 23. Juli 1798 speisten sie z. B. bei Delamétherie zu Mittag und trafen Volney, der eben aus Amerika zurückgekommen war. Das Gespräch war langweilig. Wilhelm mischte sich gar nicht ein, »weil die Absicht war, Alexander durch Volney Nachrichten über Ägypten herausbringen zu lassen, woraus aber nicht viel wurde«.[188] Ein andermal weilten sie bei François de Neufchâteau, einem Mitglied des Direktoriums, der sie noch spät in seinem Garten empfing. Man sprach von der Reise um die Welt und den damit verbundenen finanziellen Schwierigkeiten. »Er gab keinen Augenblick Hoffnung. Zwei andere, die dabei waren, schlugen eine subscription reicher Leute vor, denen man die Summe zurückgeben müßte. Neufchâteau fühlte und äußerte die Unbillichkeit.«[189]

Das Direktorium hatte zunächst Bougainville mit der Durchführung dieser Reise, die um die Welt und zum Südpol führen sollte, beauftragt, und dieser »beredete« Humboldt[190], ihm zu folgen. Alexander war mit magnetischen Untersuchungen beschäftigt, und so mußte ihn eine Reise zum Südpol mehr reizen als eine Fahrt nach Ägypten[191]. Doch das Direktorium besann sich. Der fast 70jährige Bougainville erschien zu alt, und so wurde – ausgerechnet – der Kapitän Thomas Nicolas Baudin zum Leiter der Weltumsegelung bestimmt, der erst im Juni 1798 aus Westindien zurückgekommen war (vgl. Anm. 85). Humboldt dürfte mehr über seinen unsauberen Charakter gewußt haben als die französische Regierung; denn seine Unehrlichkeit Österreich gegenüber konnte nicht damit entschuldigt werden, daß die Donaumonarchie zu Frankreichs Feinden zählte. Die

Übergabe der kaiserlichen Sammlung an das Direktorium konnte vielleicht in Frankreich als patriotische Tat erscheinen, sein Benehmen gegenüber G. Scholl dagegen war so eindeutig unritterlich gewesen, daß Humboldt große Bedenken trug, sich mit einem solchen Seemann zu verbinden. Seine Höflichkeit und Verbindlichkeit diesem gegenüber war ausschließlich Diplomatie, die geboten erschien, weil sie den Ausweg aus einer verfahrenen, hoffnungslosen Lage eröffnen konnte. Der Erfolg sprach für sich: »Alle National-Sammlungen wurden mir geöffnet, um von Instrumenten zu sammeln, was ich wollte«, konnte er Willdenow berichten. »Bei der Wahl der Naturalisten, bei allem, was die Ausrüstung betraf, wurde ich um Rath befragt. Viele meiner Freunde waren unzufrieden damit, mich den Gefahren einer fünfjährigen Seereise ausgesetzt zu sehen; aber mein Entschluß stand eisern fest, und ich würde mich selbst verachtet haben, wenn ich eine solche Gelegenheit, nützlich zu sein, versäumt hätte. Die Schiffe waren bemastet. Bougainville wollte mir seinen 14jährigen Sohn anvertrauen, damit er sich früh an die Gefahren des Seelebens gewöhne. Die Wahl unserer Gefährten war vortrefflich, lauter junge, kenntnisvolle, kräftige Menschen. Wie scharf jeder den anderen ins Auge faßte, wenn er ihn zum ersten Male sah! Vorher fremd, und dann so viele Jahre lang einander so nahe! Das erste Jahr sollten wir in Paraguay und im Patagonenlande, das zweite in Peru, Chili, Mexiko und Californien, das dritte im Südmeere, das vierte in Madagaskar und das fünfte in Guinea zubringen...«[192] Alexander erwarb das Vertrauen Baudins, ohne daß dieser ahnte, wie gründlich sein Partner über ihn Bescheid wußte und wie er ihn nur benötigte, um seine eigenen Pläne verfolgen zu können.

Humboldt ging es um eine Landreise. Insofern waren schon die Bedingungen aufschlußreich, von denen er seine Beteiligung an der Expedition Lord Bristols abhängig gemacht hatte. Das Direktorium erlaubte ihm, sich mit all seinen Instrumenten einzuschiffen und Baudin da verlassen zu dürfen, wo er es wünschte, wo er tiefer ins Land eindringen wollte[193]. Zwei Mitglieder des Direktoriums, der schon genannte François de Neufchâteau und Lareveillière-Lépeaux hatten für ihn gesprochen. Gewiß hätte Humboldt auch jedem anderen Kapitän ähnliche Zugeständnisse abgenötigt, aber er hätte ihre Bewilligung wahrscheinlich nie so zäh betrieben, wäre nicht Baudin Kapitän gewesen. Sich diesem Mann ohne Bedingungen anzuvertrauen, erschien ihm als Leichtsinn. Und wenn Gelehrte und Matrosen der Baudinschen Expedition das Ergebnis ihres Einsatzes vorausgesehen hätten, dann erhebt sich die Frage, ob sie nicht ähnlich wie Humboldt gedacht hätten; denn der spätere Mißerfolg wurzelte in Baudins Charakter.

In Italien gärte es wieder. Das Direktorium rechnete mit Krieg. Im Reich klirrten die Waffen. Humboldt wurde fast vier Monate lang erneut hingehalten. Die Expeditionskosten von 300 000 Livres erschienen infolge des bevorstehenden Krieges besonders hoch. Die Regierung zog schließlich die vorgesehenen Mittel zurück. Rüstungen erschienen jetzt wichtiger. Die Weltreise wurde auf einen günstigeren Zeitpunkt verschoben (vgl. S. 241).

## 16. Aimé Bonpland. Reisepläne nach Nordafrika

### *Ein Mann mit einer zerbeulten Botanisiertrommel*

Alexander wohnte damals im Hôtel Boston, Rue Colombier 7. Wenn er heimkehrte, seinen Schlüssel abgab und mit dem Pförtner ein paar freundliche Worte wechselte, traf er oft einen jungen Mann, der eine zerbeulte Botanisiertrommel bei sich trug: Es war Aimé Goujaud-Bonpland. Es dauerte nicht lange, bis sie regelmäßiger zusammenkamen.

Aimé Bonpland war am 18. August 1773 in La Rochelle geboren worden[194]. Sein Vater war Professor der Chirurgie, seine Mutter eine Kapitänstocher. Aimés Lehrjahre fielen mit der Revolution zusammen. Der Vater hatte die Schriften Rousseaus gelesen und bewunderte Turgot und die Physiokraten. Er hatte die Revolution ebenso bejaht wie sein Sohn, der nun in dem aufgewühlten Paris sein Studium begann, um wie der Vater Arzt und wie der Großvater Seefahrer zu werden. Zusammen mit

*Aimé Bonpland*
*(Federzeichnung von Friederike Beck)*

seinem älteren Bruder hörte er die Vorlesungen von Corvisart, des späteren Leibarztes von Napoleon, und Desault, aus dessen Schule die berühmtesten Chirurgen der Zeit hervorgingen. 1794 war er zur Marine abkommandiert worden, und nach erneuten Studien 1796–1797 wurde er zum Doktor der Medizin promoviert.

In seinem Abschlußexamen erschien neben durchschnittlichen Zensuren nur einmal die Note »gut«: in Botanik bei Prof.

Louis-Claude-Marie Richard, der aus einer Hofgärtnerfamilie stammte und fast acht Jahre mit königlicher Unterstützung die Großen und Kleinen Antillen und Französisch-Guayana, einen großen Teil Westindiens, bereist hatte; erst der Geldmangel hatte ihn 1789 zur Rückkehr gezwungen. In Paris hatte er den Lehrstuhl für Botanik an der medizinischen Fakultät erhalten. Zu einer planmäßigen Auswertung kam er nicht und hat sehr wenig veröffentlicht. Richard, ein spezieller Kenner der westindischen Flora, wurde Bonplands Lieblingslehrer – und bald auch ein guter Bekannter Humboldts. Jussieu, der seit 1770 im botanischen Garten arbeitete und zu Beginn der Revolution neben Daubenton, Thomin und Lemonnier maßgebend an seiner Umgestaltung zum Nationalmuseum gewirkt hatte, und Desfontaines sowie Richard schätzten Bonpland wegen seiner Kenntnisse sehr und strichen ihn auch Humboldt gegenüber heraus.

Als Humboldt Bonpland kennenlernte, scheint dieser schon auf der Teilnehmerliste Baudins gestanden zu haben[195]. Beide wurden durch die Gewißheit, bald lange Zeit auf dem gleichen Schiff leben zu müssen, miteinander verbunden. Humboldt hatte ohnehin nur als Privatmann an der Baudinschen Reise teilnehmen wollen, und nach ihrem Scheitern war er wieder einzig und allein auf seinen eigenen Unternehmungsgeist verwiesen worden. Aber er erinnerte sich nun auch Bonplands und gewann ihn als Reisebegleiter. Nicht nur das Reisefieber, sondern auch gemeinsame politische Überzeugungen hatten sie zusammengeführt. Beide gehörten zu der jungen Generation, der die Französische Revolution ein entscheidendes Erlebnis bedeutete. Sehr bald sollten sie als »Bazillenträger der Revolution« in fernen Ländern wirken[196].

Desfontaines hatte nach seiner erwähnten Nordafrikareise auch die Frage der Wanderung von Pflanzen und ihrer Anpassung an verschiedene Klimate erörtert. Bonpland sollte auf seinen Wunsch diese Fragestellungen fördern. – Ein methodologisches Hauptproblem für die botanische Arbeit war damals die Frage des natürlichen Pflanzensystems. Es gab verschiedene Systeme, in Frankreich z. B. die von Tournefort, Linné, Jussieu und Lamarck, im Ausland waren auch andere Nomenklaturen verbreitet, z. B. Mönchs oder Adansons System. Man mußte sich entscheiden, um Forschungsergebnisse in verbindlicher Form darlegen zu können. In diesem Zusammenhang war Linnés geschlechtliche Methode (1736) nie gänzlich unbezweifelt geblieben. Jussieu hatte 1774 eine natürliche Einteilung vorgeschlagen und dauernd an ihrer Verbesserung gearbeitet. Sein Kollege am Museum, Lamarck, hatte dann 1778 seine analytische Methode entwickelt und für seine Überzeugungen sogar leiden müssen, da diese Fragen zu persönlichen Streitigkeiten führten. Humboldt und Bonpland konnten an diesen Debatten nicht vorübergehen. Sie mußten bestrebt sein, ihre erhofften botanischen Entdeckungen einwandfrei wissenschaftlich zu kennzeichnen, wenn sie den Erfolg ihrer Arbeit sichern wollten. In Aussprachen mit Jussieu und Lamarck und in Gesprächen im kleinen Kreis legten sie die Grundsätze ihrer botanischen Untersuchungen fest, indem sie einen Mittelweg bevorzugten: Im allgemeinen wollten sie Linné folgen, aber Jussieu, der die Pflanzen nach der größten Zahl ähnlicher Merkmale unter Berücksichtigung ihres relativen Wertes ordnen wollte, vorziehen, wenn es ihnen sinnvoll erschien.

Humboldt begann, sofort wieder nach Möglichkeiten auszuspähen, um aus Europa herauszukommen. Da reiste der schwedische Konsul Skjöldebrand durch Paris. Er wollte sich in Marseille nach Algier einschiffen, um dem Dei Geschenke seiner Regierung zu überbringen. Der Dei aber pflegte alle Jahre einmal eine Barke nach Tunis zu senden, um die Mekka-Pilger nach Alexandrien zu bringen. So entstand Alexanders Plan, auf dem Landwege oder mit dem erwähnten Schiff der Küste Nordafrikas entlang nach Ägypten vorzudringen, um sich mit der dortigen französischen Expedition zu vereinigen. – Napoleon hatte damals auch den deutschen Reisenden Friedrich Hornemann in Ägypten mit Auszeichnung behandelt. Humboldt hatte sich verschiedene Möglichkeiten ausgedacht, darunter auch diese: Er wollte den Winter in Algier und im Atlas mit Hochgebirgsforschungen zubringen. Desfontaines vermutete dort noch 400 neue Pflanzenarten. Von da wollte er dann auf dem Landwege mit der Mekka-Karawane der Küste entlang über Tunis und Tripolis zu Napoleon stoßen.

Am 20. Oktober 1798 verließen Humboldt und Bonpland Paris. Der Abschied fiel ihnen nicht leicht, besonders nicht von Baudin, der die Trennung »eine aufgelöste Ehe« nannte und damit verriet, wie fest er mit beiden Forschern gerechnet hatte[197]. Am 24. Oktober waren sie in Lyon und erreichten am 27. abends Marseille, eine Stadt, die eng mit den französischen Reisebestrebungen verbunden war; auch hier gab es eine »Afrikanische Gesellschaft«, die allerdings schlummerte und 1802 reorganisiert werden mußte. Zwei Monate wurde Alexander in Marseille festgehalten. Schon meldeten sich die ersten Zweifel, denen aber kein Spielraum blieb, da Humboldt und Bonpland mehrere Instrumente erprobten, Pflanzen, Krebse und Muscheln sammelten und magnetische, meteorologische und astronomische Beobachtungen anstellten. Alexander stellte die Inklination der Magnetnadel in Marseille fest, verglich das Ergebnis mit dem Wert, den er in Paris erhalten hatte, und teilte die Resultate v. Zach mit. Monsieur Thulis, der Direktor der dortigen Sternwarte, der einst Kaufmann in Kairo gewesen war, unterstützte sie.

Am 10. November 1798 besuchten sie Toulon, wo sie den botanischen Garten besichtigten und am folgenden Tag wehmutsvoll Bougainvilles Fregatte »La Boudeuse« vor Anker liegen sahen. Sie kletterten an Deck, wo die Mannschaft arbeitete, um das Schiff segelfertig zu machen. Als Humboldt in die Kajüte hinabstieg, fiel ihm »Baudins Reise schwer auf die Seele«. »Ich lag wol an zehn Minuten lang im Fenster und sah auf den hellen Spiegel«, vertraute er seinem Tagebuch an. »Endlich vermißte man mich, aber ich hätte weinen mögen, als ich an die gescheiterten Pläne dachte.«[198] Eine kurze Reise nach den Hyèren, einer Inselgruppe an der französischen Mittelmeerküste, stimmte ihn wieder etwas versöhnlicher. »Die goldenen Äpfel«, die dort »zu hunderten an den Zwergbäumen hingen«[199], der Unternehmungsgeist, den eine kurze Seereise einflößen mußte, hatten in ihm wieder einige Hoffnungen erweckt, als sie am 13. November 1798 nach Marseille zurückkehrten.

Ende Dezember wurde es zur Gewißheit, daß die schwedische Fregatte »Jaramas« (= Jeremias) an der portugiesischen Küste schiffbrüchig geworden war und im Hafen von Cadix überwintern mußte. So mußte die Reise längs der nordafrikanischen Küste aufgegeben werden. Auch der Plan, auf dieser Route in etwa acht Monaten »die Stärke der magnetischen Kraft von der Meerenge von Gibraltar bis zur Landenge von Suez« zu messen[200], war damit gescheitert. Die Resultate wären besonders bemerkenswert gewesen, weil die ägyptische Expedition Napoleons und Humboldt mit Instrumenten ein und derselben Herkunft ausgerüstet waren. – Alexander mietete nun selbst ein Schiff, das sie nach Tunis bringen sollte. Doch man verweigerte ihm in Marseille die Pässe, weil Nachrichten von Franzosenverfolgungen nach Europa gedrungen waren. Der Dei wollte die Mekka-Karawane nicht nach dem von Christen »verunreinigten« Ägypten ziehen lassen.

## 17. Grundlegende geographische Forschungen auf der Reise nach Spanien

### *Humboldt profiliert erstmals ein europäisches Land*

Alexander ließ sich keine Zeit zum Klagen und verfolgte stetig sein Ziel. Mitte Dezember 1798 brach er mit Bonpland nach Spanien auf. Dort wollte er den Winter verbringen und dann von Cartagena oder Cadix aus nach Tunis, Ägypten oder Smyrna segeln. Die finanzielle Sicherung dieser Reise schien ungeklärt[201]. Alexander wagte die Fahrt, weil sein Optimismus ungebrochen war. »Langsam und angenehm« reiste er mit Bonpland über Montpellier, Sète, Narbonne, Perpignan am schneebedeckten Canigou vorbei über die Pyrenäen, in deren Tälern die Erbsen blühten, nach Barcelona[202]. Sie besuchten den Montserrat und gelangten über Valencia am 23. Februar 1799 nach Madrid.

Neben unermüdlichem Sammeln von Pflanzen hatten Humboldt und Bonpland sich auf dieser Reise vorwiegend mit astronomischen Ortsbestimmungen und magnetischen Inklinationsbeobachtungen befaßt. Diese waren so zahlreich und genau, daß es nötig ist, auf ihren wissenschaftlichen Zusammenhang näher einzugehen. Alexanders Anreise nach Spanien erscheint als ein Vorspiel seiner späteren großen Leistung als Forschungsreisender und erweist sich als bedeutende geographische Arbeit[203], ohne die alles Folgende nicht recht verständlich wäre. Leider konnte er seine Ergebnisse nur zu einem kleinen Teil sofort veröffentlichen, und erst Jahre später, im 19. Jahrhundert, wurden seine damaligen Leistungen bekannt[204]. So wurden sie leider von den Resultaten seiner umfangreicheren Arbeit als Reisender überdeckt und nicht mehr als wichtige Vorstufe auf dem Wege zu seiner geographischen Arbeit gewürdigt. Humboldt war Empiriker; für ihn war Geographie eine Tatsachenwissenschaft. Seine Forschungen gehörten bereits zur Physikalischen Geographie, deren Ergebnisse die der statistischen und politischen Geographie überholten, die er schon in Göttingen und Hamburg kennengelernt hatte. Die modernste geographische Entwicklung des 18. Jahrhunderts war die Reiseforschung; seit seiner Begegnung mit Forster hatte Humboldt sich mit ihr beschäftigt. Die Reiseberichte ließen als Darstellungsform schon bald einen großen individuellen Reichtum der Form erkennen.

Obgleich nun Humboldt sich als Empiriker nur der Wirklichkeit verpflichtet fühlte, hatte er einen Plan verfolgt, der in gewisser Weise mit Buaches Vorgehen verglichen werden kann, welcher die Lehre vom »Erdgezimmer« vertreten hatte[205], so groß die Unterschiede auch sind: Humboldts Gesetze des Fallens und Streichens und der Identität der Schichten, die er oft mit Goethe erörtert hatte[206], setzten ebenfalls etwas voraus, das noch nicht bewiesen und in seiner Allgemeingültigkeit erst in fernen Ländern zu erweisen war. Humboldt wollte dies tun, wenn er auch nicht mehr am Ergebnis zweifelte und unter Goethes Einfluß diese Gesetze für ihn teilhatten an einer höheren Harmonie der Natur. Bereits jetzt erschien Alexander als konsequenter Fortsetzer der Reiseforschungen Bruces, Niebuhrs, Gmelins und Pallas' und der beiden Forster, weil er nicht nur berichten, sondern Voraussetzungen künftiger Berichte, kurz: Grundlagen der Geographie schaffen wollte. Die Küsten der Kontinente waren oft nur schlecht bekannt, Kartographen füllten die Länderinhalte häufig mit ihrer Phantasie aus. Während Geologen wie Heim, Lomonossow, Smith, Hutton und Playfair schon die Frage nach der Geschichte gegenwärtiger Formen stellten, war deren wirklicher Zustand nur zum Teil meist in den Ländern mit fortgeschrittener Hochgebirgsforschung, in der Schweiz, Österreich, Frankreich, Schottland und Teilen Mitteldeutschlands, bekannt und teilweise auf kartographische Aufnahmen gegründet worden. Darum hatte sich Alexander unter erheblichen eigenen Opfern mit den besten Instrumenten seiner Zeit ausgerüstet, um zunächst das Feld der geographischen Forschung selbst zu klären, Vorarbeit zu leisten für alles Künftige und, wo möglich, schon Fragestellungen aufzuwerfen, welche die gewonnenen exakten Resultate in einem neuen Licht erscheinen ließen. Humboldt erkannte eines der wichtigsten Probleme der damaligen Geographie, als er auf die Darstellung der physischen Grundlage drängte. Die Forderung, Wechselwirkungen zu erkennen und kausal zu erklären, hat er wohl oft ausgesprochen, aber mehr geistig angebahnt und in Ansätzen vorbereitet als ausgeführt.

Von alledem leuchtete jetzt mehr als ein Funken auf, als Humboldt Spanien betrat. Er besaß keine Legitimation der Regierung; die Bevölkerung war mißtrauisch, der »Pöbel« umlauerte ihn, wenn er am hellen Tage versuchte, seine Messungen auszuführen. Seinem Freund v. Zach lieferte er damals einen Auszug aus seinem Beobachtungsjournal, in dem es hieß: »Ich habe die Sonne und die Sterne erster Größe so oft beobachtet, als die Umstände mir es haben erlauben wollen, mehr als 28mahl von meiner Abreise von Barcelona vom 20. Nivose bis zum 21. Pluviose, als ich Valenzia verließ. Im Königreiche Valenzia habe ich viel vom Auszischen des Pöbels leiden müssen ... Oft habe ich den Schmerz gehabt, die Sonne culminiren zu sehen, ohne meine Instrumente auspacken zu dürfen. Ich war genöthiget, die Stille der Nacht zu erwarten, um mich mit einem Stern zweyter Größe zu begnügen, der sich traurig in einem künstlichen Horizonte darstellt ... Ich kam am 19. Nivose zu Barcelona an und durfte schon am folgenden Tage Beobachtungen anstellen; auf derselben Terrasse des goldenen Brunnen, wo Méchain so lange gearbeitet hat ... Ich habe vom 29. Nivose bis 6. Pluviose eine kleine Reise nach Monserrat gemacht. Ich betrachtete

Sonne, Mond und Sirius zu Mattorel [= Mattaró], Colbaton und im Kloster... Oft habe ich nur absolute Stern-Höhen genommen, wenn ich nicht Zeit hatte, die Culmination zu erwarten. Einst werden diese Beobachtungen dienen können, die Länge des Ortes zu finden, indem ich die Zeit sehr genau von einem Orte zum anderen übertrage, wenn andere Beobachter die Breite werden bestimmt haben. Und so glaube ich die geographische Kenntnis eines Ortes vorzubereiten. Zu Mattorel beobachtete ich auf freyer Straße von etwa 30 Zuschauern umgeben, die sich zuschreien, daß ich den Mond anbete. Doch war man sonst ruhig.« Er teilte seine Beobachtungen José Chaix mit, der mit Pierre François André Méchain in Katalonien gearbeitet hatte. Die Resultate von Méchains Bestimmung der Länge und Breite des Klosters konnte er nicht wissen. »Wie groß war daher meine Freude, als ich seine Beobachtungen von Chaix erhielt, die von den meinigen in Breite und Länge nur 10–12″ abwichen. Und doch hatte ich nur Sterne in einem wenig hellen, künstlichen Horizonte beobachtet.«[207]

Humboldt lernte Spanien vom Wagen aus kennen und öffnete damit eines der unbekanntesten Länder seiner geographischen Forschung. Der Aberglaube der Bevölkerung nötigte ihn, Sextanten, Barometer und Thermometer erst in der Umgebung seiner Nachtquartiere auszupacken. Trotzdem gelangen ihm in verhältnismäßig kurzer Zeit wertvollste Messungen in erstaunlicher Fülle und Genauigkeit. Die damals existierenden Karten Spaniens waren unbrauchbar. So erschienen astronomische Ortsbestimmungen unerläßlich. Karl Förster, der Humboldts Vorgehen wissenschaftlich überprüfte und seine Resultate mit heutigen Werten verglich[208], bescheinigte Alexander die virtuose Handhabung der Meßgeräte. Die Überprüfung seiner Meßwerte, die später in Berlin und Paris vorgenommen wurde, ergab erstaunlich geringe Differenzen. Humboldt schätzte vor allem den von Ramsden konstruierten Spiegelsextanten, der unmittelbare Noniusablesungen von 15″ gestattete, die durch Schätzung weiter verbessert werden konnten. Ebenso benutzte er zeitweilig einen zweizölligen Sextanten von Troughton. Der damals noch notwendige künstliche Horizont war aus plangeschliffenem Glas. Weil der Limbus nachts nur unvollkommen abgelesen werden konnte, bevorzugte Alexander Tagesbeobachtungen, die Sonne bildete sich im künstlichen Horizont schärfer als die Sterne ab. Dabei strebte er wenige, dafür aber um so genauere Beobachtungen an.

1799 waren in Spanien erst sechs Punkte von Méchain, Lalande und Triesnecker bestimmt worden. Humboldt waren diese Ergebnisse zunächst unbekannt, und es spricht für seine Gewandtheit, daß er noch während seines Aufenthaltes in Spanien versuchte, sie wegen der Vergleichsmöglichkeit zu erhalten. Da er sich überhaupt nicht auf genaue Karten stützen konnte, glichen seine Bemühungen einer Orientierung in einem unbekannten Land; *sie wurden so zu einer wichtigen Vorübung.* Noch im 19. und 20. Jahrhundert klagten Theobald Fischer und Alfred Rühl über die Mängel der Landesaufnahme Spaniens[209], die erst um 1870 einsetzte. Rühl war sehr behindert worden, obgleich er nicht wie Humboldt Instrumente mit sich führte. Dabei führte Humboldt möglichst exakt und gemäß den wissenschaftlichen Belehrungen v. Zachs, Köhlers und französischer Astronomen sein Beobachtungsjournal, so daß es später möglich war, seine Meßwerte einwandfrei auszuwerten. Humboldt hat selbst noch in Spanien zwei Drittel seiner Beobachtungsergebnisse berechnet und damit die Kunst seiner Zeiteinteilung bewiesen. Jabbo Oltmanns' endgültige Berechnungen der Ergebnisse wichen von Humboldts Resultaten nur unerheblich ab[210], so daß sie nach einem Wort des Astronomen Encke ihren »inneren Wert« nie verlieren werden[211]. Dabei genügte ihm für seine geographisch-kartographischen Zwecke eine mittlere Genauigkeit von 12–15″, und wenn es um die Messung eines Gradbogens ging, erschien ihm die Genauigkeit von 1–2″ erstrebenswert. Um so erfreulicher ist die weitgehende Übereinstimmung der Werte Humboldts und Méchains, der weit besser ausgerüstet war, von anderen Gelehrten unterstützt wurde und viel mehr Zeit hatte. Die Bestimmung der Lage der spanischen Hauptstadt erfüllte seine eigene Forderung, »mit der äußersten Exaktheit« ihre Position zu bestimmen, vollkommen und erweist sich als sein Meisterstück. Abweichungen von den wahren Werten fallen nicht Humboldt zur Last, sondern gehen auf die damals mangelhafte Technik der Zeitübertragung zurück, bei der man sich auf die Angabe einer Uhr verließ, während man später drei und mehr Chronometer gebrauchte. Humboldt hat die Methode der Zeitübertragung bahnbrechend verbessert, indem er das auf Schiffsreisen übliche Verfahren auf das Festland übertrug.

Charakteristisch ist nun, daß er nicht bei den astronomischen Ortsbestimmungen stehenblieb, sondern sie mit barometrischen Messungen verband; denn die Lage im Gradnetz sagt noch nichts über die Höhe eines Ortes im Verhältnis zu seiner Umwelt oder zu einer festgelegten Marke wie dem Meeresspiegel aus. Neben Spiegelsextant und Chronometer gebrauchte Humboldt am häufigsten das Barometer. FÖRSTER nannte Humboldts spanische Reise mit Recht einen »barometrischen Meßzug«[212], der sich erstmals nicht auf die Messung einzelner Gipfelhöhen beschränkte, sondern deren Bezug zu den Längen- und Breitenkoordinaten beachtete. Damit wurde zuerst die Bedeutung der dritten Dimension, der Höhe, nicht nur erkannt, sondern ihre Eigenart wurde auf einer Strecke von 1000 km untersucht. Humboldt benutzte Instrumente Ramsdens, die Alexis Bouvard mit den Barometern der nationalen Sternwarte in Paris verglichen hatte, um sie auf diese Weise zu reduzieren. Er folgte den Vorschriften von de Luc[213], so daß seine Ergebnisse später aufgearbeitet werden konnten[214]. Das Resultat war eine geographische Entdeckung von großem Wert: Die Ebenen des Inneren Spaniens hingen zusammen und vereinigten sich zu einer Hochebene, der Meseta. *Erstmals war damit der Plateaucharakter eines größeren Gebietes nachgewiesen worden.*

Das Ergebnis dieser wichtigen Messungen veranschaulichte Humboldt in der Zeichnung eines *Profils, das erstmals das Relief eines europäischen Landes im Vertikalschnitt zeigte*[215]. Seine Erkenntnisse werden erst aus dem Entwicklungsstand der damaligen Wissenschaft verständlich. Er vollzog den notwendigen Schritt durchaus eigenwillig und vor allem von den Profilen der Bergleute, der Wasserbauer, der Reliefdarstellung von Pfyffer und den Profilen von Giraud-Soulavie und Lasius angeregt, indem er nicht wie seine Vorgänger ein Gebirge oder einen Kanal allein der Messung unterwarf, sondern erstmals ein größeres Gebiet, das sich dabei als Hochebene erwies. So genügte es denn nicht mehr, nach Pasumots Beispiel nur Gipfelhöhen wie große

Sägezähne aneinanderzureihen, vielmehr mußte das ganze Relief in seinem Auf und Ab dargestellt werden. – Profile werden heute nach der Karte hergestellt, die sich auch insofern als Voraussetzung geographischer Arbeit erweist. Humboldt mußte sich die Karte als Grundlage erst schaffen. Er war an die Reiseroute gebunden und mußte deshalb Richtungsänderungen innerhalb des Profils in Kauf nehmen, während unsere heutigen Querschnitte stets ein und derselben beliebigen Richtung folgen können, die wir in ihrem Verlauf mit dem Lineal auf der Karte festlegen, ehe wir mit der graphischen Darstellung beginnen, deren Werte wir aus der Karte ablesen. Eine große Zahl von Reisenden wie z.B. v. Eschwege, Parrot, Engelhardt und v. Oeynhausen folgten Humboldt auf diesem Weg[216], dessen ursprüngliche Schwierigkeiten uns nicht mehr bewußt sind. So werden sehr oft Humboldts Verdienste übersehen, weil sie schon längst zum geographischen Rüstzeug gehören, mit dem jeder umgeht, ohne oft zu wissen, wer es schuf.

Humboldt hatte die Grundzüge der Bodengestalt Spaniens erkannt und bereits geahnt, daß die innere Hochfläche mit 51 % des gesamten Areals in ihrem Gegensatz zu den Rändern ein anthropogeographisch bedeutsames Faktum darstellen mußte. Erst langsam sind die Erkenntnisse ins allgemeine Bewußtsein eingedrungen, da er seine Ergebnisse erst 1825 ausarbeitete[217]. So sah Antillon noch 1813 alle Formen Spaniens als Verzweigungen der Pyrenäen an[218]. Humboldt wies selbst später immer wieder auf seine in Spanien angestellten Beobachtungen hin und unterstrich stets die Bedeutung der dritten Dimension, der Höhe, *die der Geographie »erst das heutige Gepräge gegeben« hat*[219].

Im Zusammenhang mit diesen Leistungen müssen auch Humboldts orometrische[220] Vorstellungen berücksichtigt werden, die zum Teil hier wurzeln und erst viel später vertieft wurden. In der Landschaft La Mancha erstaunte er über mehrere gleiche Gipfelhöhen, die er barometrisch festgestellt hatte. Seine damalige Deutung dieses Phänomens der »Gipfelflur« kennen wir nicht; später beschrieb er sie als Folge hebender Kräfte, die auch A. Penck bei der Erklärung berücksichtigt wissen wollte[221]. Ebenso sind seine geologischen Beobachtungen erst 1825 zugänglich geworden[222]. Sie sind darum so aufschlußreich, weil sie beweisen, daß er nicht bei den »geometrischen Hilfsoperationen« der Messungen stehenblieb, sondern gleichzeitig auf die Erforschung des geographischen Rauminhaltes zielte.

Dabei interessierte ihn vor allem das »Gesetz des Loxodromismus«, das sich zu bestätigen schien. Halurgische Interessen leiteten ihn auch in Spanien. Damals entstand ein besonderes Manuskript über »Salzgebirge«[223]. So mißtrauisch Humboldt den geologischen Theorien der Zeit gegenüberstand, er selbst kam nicht ohne sie aus. Sein naturwissenschaftliches Weltbild war sicher nicht von dem Neptunismus Werners beherrscht, konnte sich aber auch nicht von ihm lösen. Sein Gesetz des Loxodromismus war eine großartige theoretische Konzeption, die er sogar mit ursprünglichen Erscheinungen bei der Weltentstehung nicht ungeschickt erklären wollte. Aber er trennte wohltuend scharf Theorie und sichere Beobachtung.

So weit damals eigentlich erdgeschichtliche Fragen erörtert wurden, glaubte er mit Recht an Übereilungen und Konstruktionen. Um so erstaunlicher erscheinen die erdgeschichtlichen Bemerkungen seiner Frühzeit, die ihm mehr oder weniger ungewollt und fast nur in Briefen entschlüpften[224]. Es sind nicht einmal wenige Feststellungen, die angeführt werden könnten. Alle zeugen von einem oft allerdings mehr intuitiven Verständnis erdgeschichtlicher Zusammenhänge. So schilderte Humboldt die Landschaft in der Nähe La Coruñas als wahres Granitplateau, das nicht in Gneis übergeht. Er schrieb später auf Grund seiner damaligen Beobachtungen: »Diese Granite, welche sich anscheinend früher mit denen der Bretagne und Cornwallis berührten, sind vielleicht die Trümmer einer zerstörten und durch die Flut versenkten Bergkette.«[225] Er wies auf die Zinnfunde im Granit der erwähnten Regionen hin und hielt ihren ehemaligen Zusammenhang für wahrscheinlich. So rechnete also auch Humboldt mit erheblichen Änderungen auf der Erdoberfläche, ohne systematisch rekonstruktiv zu denken. Eine seiner wichtigsten methodischen Forderungen, die er in jener Zeit klar formulierte, war der von Buffon stammende Gedanke, daß eine Erdgeschichte aus einer Erdbeschreibung erwachsen müßte[226]. Ein für ihn sehr bezeichnender Gedanke, der dann von Alfred

HETTNER in unserer Zeit neu aufgegriffen wurde, ohne daß man von den älteren Meinungen wissen konnte[227].

Aus späteren Veröffentlichungen Humboldts wird deutlich, daß viele seiner klimatologischen, pflanzen- und anthropogeographischen Vorstellungen auf Spanien zurückweisen. Der Gegensatz der inneren baumlosen Hochebene zu den besser entwickelten Randzonen war ihm in pflanzengeographischer Hinsicht bereits aufgefallen; er führte ihn auf das Klima zurück und lernte die Charakterpflanzen verschiedener spanischer Zonen kennen. Die Huertas beschrieb er als Äcker, die »wie Gartenland bebaut« sind, und beobachtete die Bewässerung, die den Wert des Landes auffällig steigert. Wirtschaftsgeographisch interessant sind seine Bemerkungen über spanische Salpeterplantagen: Kalkhaltige Erde, pflanzliche und tierische Abfallstoffe ließ man jahrelang gären und oxydieren, um Salpeter zu gewinnen. Humboldt besuchte solche Plantagen bei Quintamar del Orden und bemerkte auch die beachtliche Salpeterproduktion der Pulvermühle von Alcazar de San Juan.

Die erdkundlichen Forschungen in Spanien sind das Vorstadium seiner späteren Arbeit und erbrachten erstmals eine unverkennbare geographische Leistung. Sie wiesen Alexander v. Humboldt als einen Reisenden aus, der die besten Forscher seiner Zeit bereits hinsichtlich Methode und Präparation überflügelt hatte, noch ehe seine eigentliche Unternehmung begann.

Die politische Situation, die ihm alle Pläne zu verderben schien, hatte ihn zu immer neuen Wartezeiten von Monaten und Jahren gezwungen; sie führte ihn allerdings in die wichtigsten kulturellen und wissenschaftlichen Zentren der Zeit, nach Göttingen, Genf, Weimar, Jena, Dresden, Wien und Paris, Städte, die wir als Stationen seiner speziellen und allgemeinen Reisevorbereitungen kennenlernten. *Während ihn dauernde Verzögerungen zur Verzweiflung bringen wollten, hatte ihn das Schicksal begünstigt, indem es ihm eine Form der wissenschaftlichen Präparation abverlangte, wie sie kein anderer Reisender bis dahin aufweisen konnte.* Er beherrschte die verschiedensten Instrumente infolge der unausgesetzten Schulung und ständigen Übung vollkommen. Seinen Resultaten gab er schon in Spanien die Form, die später ihre Auswertung gestattete.

# 18. Die Verwirklichung der Forschungsreise in Madrid

## *Humboldt spricht spanisch und erreicht alles*

Auf seiner Spanienreise verfügte Humboldt zunächst nur über die Mittel zu einer Afrikaexpedition, da es ihm nicht gelungen war, in Spanien einen Kredit zu eröffnen. Er hatte dann von Barcelona aus Kunth gebeten, ihm einen unmittelbaren Kredit bei einer soliden spanischen Bank zu beschaffen. Der alte Familienfreund hinterlegte bei einem Berliner Haus den Gegenwert in sicheren preußischen Staatspapieren und erklärte sich auch mit jeder anderen Deckung einverstanden. Doch die Bank meinte, man müsse erst das Pfand prüfen. Wieder schien sich ein Mißerfolg anzukündigen, als das Haus Mendelssohn und Friedländer, von echter kultureller Verantwortung geleitet, sich erbot, »sofort ohne Unterpfand und Bürgschaft für Hrn. von Humboldt jede beliebige Summe an eins der ersten Häuser in Madrid, an den Marquis d'Iranda, in Firma Simon d'Arragora, anzuweisen. Der mehr als 70jährige Marquis hatte sich zwar persönlich schon aus dem Geschäft zurückgezogen, überhäufte Humboldt aber mit Wohlwollen und Liebe, ordnete die finanziellen Einrichtungen seiner Reise auf das Beste und Uneigennützigste, ohne die geringste Provision und honorirte auch später seine Anweisungen.«[228] Humboldt hielt Iranda für einen »der ausgezeichnetsten Menschen« und schrieb, dieser habe ihn »ungemein lieb gewonnen«, die Bekanntschaft sei ihm unendlich wichtig, »Anstand, Politik, Ansehen, Verwandte ... und ungeheurer Reichthum« hätten dem Bankier »in beiden Indien« Einfluß verschafft[229]. In dieser angenehmen Regelung wirkte auch Humboldts Freundschaft zu den jüdischen Kreisen in Berlin nach, die ohne viel Worte helfen wollten und ihm damit auch in der Hauptstadt Spaniens die nötige Sicherheit im Auftreten verschafften.

So erscheinen die Spanienreise Humboldts und der Besuch Madrids nicht als zufällig. Gewiß wollte Humboldt versuchen, von Cartagena oder Cadix aus, wo die »Jaramas« repariert wurde, nach Afrika zu kommen, um die »Zwischenzeit« bis zur Westindienreise zu überbrücken. Er selbst hat es stets so dargestellt und ist nur ein einziges Mal davon abgewichen, als er in einem kurzen Lebenslauf, den er der spanischen Regierung vorlegte, schrieb, er sei in die Hauptstadt gekommen, um nach Amerika reisen zu können[230]. Schon bald muß er Möglichkeiten für ein diplomatisches Eingreifen in Madrid erkannt haben. Bereits am 28. Februar 1799 schrieb er aus Madrid an Reinhard v. Haeften: »Seit 5 Tagen bin ich hier und schwelge in allen Pflanzen des südlichen Amerikas, die der botanische Garten enthält. Ich denke (ich weiß, daß Dich das freut) nicht mehr an Afrika und reise von hier mit dem Paketboot nach Teneriffa und wahrscheinlich in die gesunden dänischen West Inseln zum Keutsch ...«[231]

Seit der Regierung Karls IV. (1788–1808) herrschten Mätressenwesen und Günstlingswirtschaft am spanischen Hofe. Die Naturforschung lebte zum großen Teil von den Verbesserungen, die Karl III. (1759–1788) zugestanden hatte, doch waren die damals errichteten Neubauten und Sammlungen jetzt von Geldmangel bedroht. 1788 wurden die liberalen Minister Karls III. ins Exil geschickt. Die Ansätze zu aufgeklärtem Absolutismus wurden unterdrückt. Die Kolonien waren für Europäer praktisch gesperrt. Die wenigen Ausnahmen der Naturforschung zeugten davon, daß sich in den Kolonien selbst Kräfte entwickelt hatten, welche die Wissenschaften förderten. Alexander Malaspina, der 1789–1794 als Italiener in spanischem Dienst eine Expedition geleitet hatte, die mit den Unternehmungen Bougainvilles und Cooks verglichen werden konnte, saß im Gefängnis. Thaddäus Haenke hingegen war in den Kolonien geblieben, bereiste große Teile des Landes, entdeckte die Victoria regia, erforschte einige Salpeterlager und erscheint als Vorläufer Alexander v. Humboldts in der geographischen Erschließung Südamerikas.

Humboldt besuchte die preußische Gesandtschaft in Madrid und legte großen Wert auf die Begegnung mit offiziellen Persönlichkeiten, welche ihn in der Art seines Auftretens decken konnten. Der Gesandte Graf v. Rhode war nicht anwesend und ließ sich von dem einzigen Beamten seiner Dienststelle, dem

Legationssekretär v. Tribolet-Hardy, vertreten. Der Verkehr zwischen diesem und Humboldt nahm sehr bald freundschaftliche Formen an[232]. Da »am spanischen Hof alles auf lediglich persönlichen Einfluß ankam«[233], versuchte Humboldt, zunächst Voraussetzungen für eine Audienz beim König zu schaffen. Es erwies sich als sehr glücklich, daß er dem Bruder des sächsischen Gesandten, Baron Philipp v. Forell, schon in Dresden begegnet war. Seine Familie stammte aus Neufchâtel in der Schweiz. Er gab sich betont demokratisch[234]. Wilhelm v. Humboldt, der Spanien 1799–1800 besuchte, beschrieb ihn folgendermaßen: »Nicht ohne Kenntnisse und Kopf. Auch hat er den Verstand gehabt, sich um Spanisch zu bekümmern, mit Spaniern umzugehen, und auf gelehrte Anstalten hat er einen wohltätigen Einfluß. Uebrigens ist er ein äußerst pedantischer und eigenliebiger Mensch, und immer ein Sachse in Madrid.«[235] Alexander kam aber auch mit v. Forell, der übrigens eine wissenschaftlich wertvolle Mineraliensammlung besaß[236], bald in ein freundschaftliches Verhältnis. Mit zwei offiziellen diplomatischen Vertretern im Rücken konnte er es nun wagen, mit der spanischen Regierung zu sprechen.

Alexander besaß in Spanien auch andere Bekannte. In Barcelona hatte er John Gille, einen Engländer, gesprochen, der das Land gut kannte und einst mit ihm bei Büsch in Hamburg studiert hatte. Von dem Mineralogen Prof. Herrgen hatte er schon in Dresden oder Salzburg gehört und konnte so leichter mit ihm ins Gespräch kommen[237].

In Madrid suchte er die Nähe des Ministers der auswärtigen Angelegenheiten, Don Mariano Luis de Urquijo. Er hatte ihn zusammen mit Georg Forster als Gesandtschaftssekretär in London kennengelernt[238]. Wilhelm v. Humboldt sagte von ihm, er habe weder Gabe noch Lust gehabt, einem Fremden interessant zu erscheinen[239]. Forell stellte auf Wunsch Alexanders die Verbindung zu ihm her. Dabei zeigte sich auch der Wert der ersten vielleicht nur geringfügigen Bekanntschaft, und zudem besaß Humboldt einen solchen wissenschaftlichen Ruhm, daß es durchaus keine Unehre bedeutete, ihn erneut kennenzulernen. Urquijo selbst verdankte seine Stellung seinen Beziehungen zur Königin und seiner »stattlichen Figur«, welche diese mehr als seine Verstandeskräfte schätzte. Er gab sich, wenn es günstig war, einen liberalen Anstrich, wandte sich gegen die Inquisition und war ein typischer Vertreter jener untüchtigen Kaste, die Spaniens Weltreich verschleuderte[240]. Mit großer Gewandtheit erblickte Humboldt die günstige Gelegenheit, gab Urquijo die Chance, ihm zu helfen, und drängte ihn auf die Bahn, die ihm notwendig erschien. Alexander, der nicht katholisch war und vorsichtig vorgehen mußte, erhielt im März 1799 eine Audienz bei Karl IV. und der eigentlich herrschenden Königin Maria Louise (v. Parma). Er gewann das Vertrauen der königlichen Familie, die sich seiner noch gern erinnerte und an seinem weiteren Geschick Anteil nahm, als sich Wilhelm v. Humboldt im November 1799 am Hof vorstellte[241]. Der König nahm Alexander »äußerst wohlwollend auf« und ließ sich die Gründe darlegen, die ihn bewogen, seine Reise zu unternehmen[242], wobei es angenehm auffiel, daß der »Preuße« spanisch sprach. Er dürfte Humboldt auch veranlaßt haben, »dem Staatssekretär [= Urquijo] eine darauf bezügliche Denkschrift« einzureichen[243], die im Entwurf erhalten blieb[244]. Humboldt betonte in einer kurzen zurückhaltenden Autobiographie klugerweise besonders seine bergmännischen Arbeiten und seine Vorbereitungen und meinte am Schluß, er sei nach Spanien gekommen, um den Schutz »Seiner katholischen Majestät für eine Reise nach Amerika zu erhalten«.[245]

Urquijo ebnete Humboldt mit erstaunlicher Höflichkeit den Weg. Er übersandte dem Baron v. Forell den Entwurf eines Passes, mit der Bitte, Humboldt möchte dazu seine Wünsche äußern[246]. Dieser hatte bereits in Spanien selbst erfahren, wie schwierig der Gebrauch der Instrumente sein konnte. Aus Erzählungen des jungen Chaix wußte er, daß der Klerus Meßgeräte nicht liebte. Darum versuchte er nun, seine Expedition nach allen Seiten zu sichern. In fünf Punkten faßte er seine Wünsche zusammen[247]. Er verlangte u. a., daß seine Instrumente genau bezeichnet würden, um sich vor Eingriffen abergläubischer Beamter zu schützen. Bonpland sollte ohne ihn wissenschaftlich arbeiten dürfen, damit ihm nicht im Falle seines Todes eine engherzige Behörde Hindernisse in den Weg legen könnte, nur weil seine Tätigkeit im Paß nicht erwähnt wurde. Alexander bezeichnete Bonpland als seinen »Freund« und »Sekretär«[248]. Den Reiseweg gab er möglichst genau an, und zwar sollte er von La Coruña über Puerto Rico, Kuba und Mexiko nach dem Königreich Neu-Granada (= Kolumbien), von da über Peru, Chile und Buenos Aires führen. Auch die Philippinen sollten erwähnt werden, da sich vielleicht infolge von Wirren in den Kolonien der Rückweg über Ostindien empfehle. *Das entsprach weitgehend der späteren Route.* Die Möglichkeit einer Teilnahme an Baudins Expedition erwähnte er nicht.

Daraufhin ließ ihm die Regierung einen speziellen Paß des Rates von Indien mit der Unterschrift des Ministers Caballero ausstellen[249]. Um sich Spanien gegenüber dankbar zu bezeigen, wollte Humboldt Gesteine und Pflanzen für Naturalienkabinette und botanische Gärten sammeln. Er schlug diesbezüglich zwei Fassungen vor und deutete an, es sei ihm recht, hierzu »eingeladen« oder »beauftragt« zu werden. Urquijo entschied sich für eine Beauftragung. Damit erhielt Humboldts Expedition allerdings keineswegs einen offiziellen Charakter[250]. Ein Vergleich des Entwurfes mit dem von Urquijo ausgestellten Paß ergibt, daß sich dieser fast wortwörtlich Humboldts Vorschlägen anschloß[251]. Die am Schluß von Alexander gewünschte Genehmigung, »überall« spanische Schiffe benützen zu dürfen, wurde durch besondere Befehle an die Kolonialbehörden gewährt.

»Nie war einem Reisenden mit der Erlaubniß, die man ihm ertheilte, mehr zugestanden worden, nie hatte die spanische Regierung einem Fremden größeres Vertrauen bewiesen«, konnte Humboldt mit berechtigtem Stolz schreiben. »Um alle Bedenken zu beseitigen, welche die Vizekönige und Generalcapitäne, als Vertreter der königlichen Gewalt in Amerika, hinsichtlich des Zwecks und Wesens meiner Beschäftigungen erheben könnten, hieß es in dem Paß der primera secretaria de estado: ›ich sey ermächtigt, mich meiner physikalischen und geodätischen Instrumente mit voller Freiheit zu bedienen; ich dürfe in allen spanischen Besitzungen astronomische Beobachtungen anstellen, die Höhen der Berge messen, die Erzeugnisse des Bodens sammeln und alle Operationen ausführen, die ich zur Förderung der Wissenschaft vorzunehmen gut finde‹. Diese Befehle von seiten des Hofes wurden genau befolgt, auch nachdem infolge der Ereignisse Don d'Urquijo vom Ministerium hatte abtreten müssen. Ich meinerseits war bemüht, diese sich nie verläugnende Freundlichkeit zu erwiedern.«[252] Humboldts Wünsche wurden so weitgehend berücksichtigt, daß er glaubte, ein Märchen zu erleben. Er hatte als Protestant, der sich von einem »citoyen« begleiten ließ, einen großen Erfolg errungen und warf sich nun wieder mit aller Energie auf die spezielle Präparation. Die Welt schien sich zu öffnen, und die Freude darüber steckte auch Bonpland an, der von Anfang an im Schatten Humboldts stand. Alexander galt als befähigter Bergmann, und der König mochte an die Silberminen in Potosi denken und auch daran, daß Humboldt neue entdecken könnte. Solche Erwägungen scheinen bei ihm und Urquijo wesentlich mitgesprochen zu haben.

## 19. Letzte Vorbereitungen in Madrid

### *Leistungen spanischer Forscher*

In Madrid besuchten die beiden Reisenden den botanischen Garten und fanden in seinem Direktor, dem Abbé Cavanilles, einen Brieffreund Willdenows und den »Verkündiger« des Ruhmes des großen Botanikers José Celestino Mutis (Bogotá) in Europa[253]. Er war »ein Mann, gleich geistreich wie mannigfaltig unterrichtet.«[254] Er arbeitete an einem mehrbändigen Werk, das Bilder und Beschreibungen der Pflanzen enthielt, die in Spanien und seinen botanischen Gärten wuchsen[255]. Schon in der Vorrede des ersten Bandes vom Januar 1791 hatte er Mutis gefeiert, der Humboldt kein Unbekannter war und allein schon von der wissenschaftlichen Leistungsfähigkeit der Spanier in Südamerika zeugte. Sie sprachen mit Don Casimir Ortega, Francisco Antonio Zea (vgl. S. 219) und dem Abbé Pourret und sahen oft »die gelehrten Verfasser der Flora von Peru, Rúiz und Pavon«, die ihnen »ihre reichen Sammlungen zur unbeschränkten Verfügung« stellten[256]. Humboldt stellte fest, seit der Regierung Karls III. und Karls IV. hätten die Naturwissenschaften in den spanischen Kolonien große Fortschritte gemacht. »Keine europäische Regierung hat beträchtlichere Summen geopfert, um die Kenntnis der Pflanzen zu verbessern, als die spanische. Drei botanische Expeditionen, die nach Peru, Neu-Granada und nach Neu-Spanien [= Mexiko], die von den Herren Rúiz und Pavon, von Don José Celestino Mutis und von den Herren Sessé und Moziño geleitet wurden, haben den Staat mehr als 2 Millionen Franken gekostet.«[257] Hippolyt Rúiz und José Pavon hatten 1781 bis 1788 botanisch in Peru und Chile gearbeitet und veröffentlichten in Madrid das amtliche Werk ihrer staatlichen Expedition, die *Flora peruviana et chilensis* in vier Bänden. Humboldt konnte die Einleitung, die 1794 in Madrid erschienen war, und die beiden folgenden Bände (Madrid 1798) benutzen. Rúiz und Pavon hatten auch Beschreibungen von Mutis übernommen, den sie ebenfalls lobend erwähnten[258]. Von der mexikanischen Expedition Sessés und Moziños waren nur wenige Pflanzen, dafür mehr Abbildungen in das naturhistorische Museum gelangt[259], die sie »zum Teil« untersuchten[260].

Humboldt kam mehreren Teilnehmern der Reise Malaspinas (1789–1794) nahe: José Espinosa y Tello, Felipe Bauzá, dem späteren Direktor des hydrographischen Instituts, und Née, »der mit Haenke die Expedition Malaspinas als Botaniker mitgemacht und allein eine der größten Kräutersammlungen, die man je in Europa gesehen, zusammengebracht hat«.[261] Auch Haenkes Herbarien waren ihm zugänglich[262]. Der Historiker Juan Bautista Muñoz zeigte Humboldt wichtige Dokumente der amerikanischen Entdeckungsgeschichte, die er auf Befehl Karls IV. in verschiedenen Archiven gesammelt hatte[263]. Europa öffnete sich bereits in Richtung auf die amerikanischen Kolonien, und Humboldt konnte sich überzeugen, daß es auch in Spanien Männer gab, welche die Wissenschaften um ihrer selbst willen liebten und Beachtliches leisteten.

Die Schwierigkeiten der objektiven Naturforschung zeigten sich, als er den jungen Chaix kennenlernte[264], dessen Verdienste bereits in England und Frankreich gewürdigt wurden, während ihm der Abbé Ximenes die notwendigen Beobachtungsinstrumente vorenthielt, als seien sie Teufelswerk. Chaix hatte Méchain bei der Gradbogenmessung Barcelona–Dünkirchen auf spanischem Gebiet unterstützt, und Humboldt suchte ihm wie einem Deutschen namens Focke durch Empfehlung beim sächsischen Gesandten zu helfen[265]. Mit Chaix, der an den Sternwarten von Paris, Greenwich und Oxford ausgebildet worden war, besprach er gemeinsam seine Beobachtungstechnik und stellte auch praktische Übungen mit ihm an[266]. Er bildete den Deutschen Wilhelm Thalacker in einem regelrechten Kursus an magnetischen und anderen Instrumenten aus und berichtete v. Forell gern von den großen Fortschritten seines Hausgenossen[267].

Sehr oft arbeiteten Humboldt und Bonpland im naturhistorischen Museum. Alexander schrieb: »In dieser großen Anstalt, die unter der Leitung Clavijos stand, des Herausgebers einer gefälligen Übersetzung der Werke Buffons, fanden wir allerdings keine geologischen Suiten aus den Cordilleren; aber Proust, der sich durch die große Genauigkeit seiner chemischen Arbeiten bekannt gemacht hat, und ein ausgezeichneter Mineralog, Herrgen, gaben uns interessante Nachweisungen über verschiedene mineralische Substanzen Amerikas[268]. Mit bedeutendem Nutzen hätten wir uns wohl noch länger mit den Naturprodukten der Länder beschäftigt, die das Ziel unserer Forschungen waren, aber es drängte uns zu sehr, von der Vergünstigung, die der Hof uns gewährt, Gebrauch zu machen, als daß wir unsere Abreise hätten verschieben können. Seit einem Jahr war ich so vielen Hindernissen begegnet, daß ich es kaum glauben konnte, daß mein sehnlichster Wunsch endlich in Erfüllung gehen sollte.«[269] – Es war immer noch unsicher, ob die Reise durchgeführt werden konnte, da die Engländer die Küste Spaniens blockierten.

Mitte Mai 1799 verließen Humboldt und Bonpland Aranjuez und Madrid und erreichten »die Höhen messend« über Villalpando, Astorga und Lugo den Hafen von La Coruña[270]. Alexander sah den schlechten Zustand der Herbergen und führte die große Armut der Bevölkerung auf den fehlenden Ackerbau und die Industrie zurück. Angesichts der Not meinte er philosophisch, die Bequemlichkeit sei nicht immer die Frucht der Arbeit[271]. Urquijo hatte Humboldt an den Brigadier Don Rafael Clavijo empfohlen, »der seit kurzem die Aufsicht über die

Seeposten hatte«.[272] Er war als ausgezeichneter Schiffsbauer bekannt und richtete in La Coruña neue Werften ein. Clavijo half den Reisenden, wo es ihm möglich war, und riet ihnen zur Korvette »Pizarro«, die nach Havanna und Mexiko segeln sollte und die Post für Juni an Bord hatte. Das Schiff war nicht sehr schnell, aber sein Kapitän, Don Manuel Cagigal, galt als besonders tüchtig. Clavijo veranlaßte auch, daß an Bord Vorbereitungen getroffen wurden, die den Reisenden während der Fahrt chemische Versuche über die atmosphärische Luft, ozeanographische und andere Beobachtungen erlaubten. Ebenso befahl er dem Kapitän, in Teneriffa mehrere Tage zu ankern, um den Reisenden wissenschaftliche Ausflüge zu ermöglichen.

Vor dem Hafen La Coruña lagen zwei britische Fregatten und ein Linienschiff. So mußte ein günstiger Augenblick abgewartet werden, um die Blockade zu brechen. Inzwischen sammelten Humboldt und Bonpland in den »schönen, noch von keinem Naturforscher betretenen Thälern Galiziens« Pflanzen und untersuchten Weichtiere und Tang, welche die Flut ans Ufer warf[273]. Sie ließen sich von La Coruña nach El Ferrol übersetzen. Thermometersonden im Meerwasser bestätigten Benjamin Franklins und Jonathan Williams Messungen der Temperaturabweichungen über Untiefen oder seichten Stellen; eine Sandbank kündigte sich durch rasches Sinken des Thermometers an. Sie erstaunten über die weit ins Land eingeschnittene, kanalartige, von Felsmauern eingeschlossene Einfahrt ins weite Hafenbecken von El Ferrol.

## 20. Die letzten Tage in Europa. Ausblick

*»Der Mensch muß das Große und Gute wollen!«*

Ein aufkommender stürmischer Nordwest zwang sie zur Einstellung ihrer Messungen und vertrieb die Engländer von der Küstennähe. Don Manuel Cagigal wollte die Gelegenheit nützen. Instrumente[274], Bücher und Gepäck wurden an Bord gebracht, aber infolge des scharfen Westwindes konnte der Anker noch nicht gelichtet werden. Den kurzen Aufschub benutzte Alexander, um mehrere Briefe zu schreiben, darunter auch einen an Baudin. Er versprach darin, sich dessen Weltumsegelung anzuschließen; wenn sie, wie einst geplant, um die Spitze Südamerikas führe, wollte er sich ihr in Montevideo, Chile, Lima oder einer anderen Stadt anschließen. Eine folgenreiche Zusage!

Zwei Tage brachten Humboldt und Bonpland noch in La Coruña zu. Es war für Alexander eine Zeit der Besinnung. Er war erst 30 Jahre alt und doch schon eine europäische Berühmtheit. Er hatte Interesse für alle Naturwissenschaften bewiesen und sich in Botanik, Physik, Chemie und Geognosie Spezialkenntnisse erworben, die sich auf mehreren Reisen bewährten. Sein Ruf als Bergmann war schon nach Spanien gedrungen, ehe er die Pyrenäenhalbinsel betreten hatte, und erleichterte maßgeblich die Genehmigung seiner Reise durch den König und Urquijo. Im Vulkanismusstreit hatte er eine kluge Stellung bezogen und schließlich mit Einschränkung Werner beigepflichtet, während er den wichtigen Phlogiston-Disput in der Chemie durch seine frühe Parteinahme für Lavoisier mitentschieden hatte. Von eigenen Interessen und von den Ansätzen Tourneforts und Giraud-Soulavies angeregt, hatte er in Zusammenarbeit mit Willdenow klarere Vorstellungen von einer Pflanzengeographie entwickelt. Er hatte darüber hinaus bemerkenswerte medizinisch-geographische, klimatologische und allgemein gültige anthropo-geographische Hinweise und Beobachtungen mitgeteilt und als Einzelwissenschaftler und Geograph, der verschiedene Disziplinen chorologisch verband, mit konsequent empirischer Methode Bedeutendes geleistet. Seit 1791/92 verfolgte er die Gesetzmäßigkeit des Streichens und Fallens und der Identität der Schichten.

*Diese raumwissenschaftlichen, geographisch-geognostischen Pläne, die er durch seine Konzeption einer Pasigraphie noch verfeinert und abgerundet hatte, waren bedeutender als seine zahlreichen Publikationen bis 1799.* In den zum Teil noch schnell veröffentlichten Werken hatte er sich vor der Reise von einigen Fragestellungen befreien, sie gleichsam abschütteln wollen, um die Schultern frei zu haben. Die bis 1799 im Druck vorliegenden Werke haben so der Nachwelt den Blick für seine eigentlichen Ziele verdeckt, über die er noch nichts veröffentlichen konnte, weil sie so weitläufig waren und Reiseforschungen und jahrelanges Bemühen voraussetzten.

Diese Bemühungen hatten 1796 in der Bezeichnung »physique du monde« das raumwissenschaftliche Leitmotiv erhalten, dem sich alle Arbeiten unterordneten. »Physique du monde« war nicht Geophysik, sondern bedeutete eine Darstellung des gesamten physisch-geographischen Wissens der Zeit in einem Werk, das sich nicht auf einmal verwirklichen ließ. Alle Forschungen mußten diesem Vorhaben zugute kommen und in ihm aufgehen. So erschien Humboldt auch 1796 immer noch das Buch über die Konstruktion des Erdkörpers als wichtigstes zunächst zu lösendes Ziel, weil es in besonderer Weise Vorarbeit einer »physique du monde« war, in der sich die Physikalische Geographie erstmals vergegenständlichte.

Die Meßtechnik hatte er vollkommen beherrschen gelernt, um in fremden Ländern die Grundlagen ihrer künftigen Erforschung zu legen. Überall war er auf Männer mit geographischen Interessen gestoßen, die seinen Blick weiteten für eine der größten Aufgaben, die dem Jahrhundert abverlangt wurden: die Erforschung der Erde nach geographisch-wissenschaftlichen Grundsätzen.

Die durch die politische Unsicherheit der Napoleonischen Kriege erzwungenen Verzögerungen hatten Humboldt sehr belastet, erwiesen sich aber letztlich als Vorteil. Erst seine infolgedessen vervielfachten Vorbereitungen sicherten den Erfolg. Sie wurden von einem Hauptziel bestimmt, erwuchsen auf der breiten Grundlage seiner gesamten Studien und erhielten seit 1793 die spezielle Wendung.

Vor der Abreise schrieb Humboldt »zu Giteris« vor La Coruña sein literarisches Testament. Er fügte ihm ohne Vorlage aus dem Kopf einen Entwurf eines Profils von Genua bis zum St. Gotthard bei[275]. Sein ausgezeichnetes Gedächtnis erlaubte ihm die augenblickliche Reproduktion seiner Ergebnisse aus dem Jahre 1795. Humboldt bestimmte Freiesleben zum Vollstrecker seines zunächst wichtigsten wissenschaftlichen Zieles, des Werkes über die Konstruktion des Erdkörpers, und schrieb ihm die Art der Ausführung vor[276]. Nach seinem Tode sollten nur die Materialien dem Publikum mitgeteilt werden. Dabei gab er erstmals Hinweise auf seine Meinung über die Ursachen des gesetzmäßigen Fallens und Streichens[277]. Sein Werk sollte lediglich Ordnung in die Fülle der Ansichten der verschiedensten geologischen Veröffentlichungen bringen und über die von ihm erkannten Gesetze orientieren. Nach einer allgemeinen Übersicht sollten die Gebirge in einzelnen Abschnitten beschrieben werden, und zwar immer in Hinblick auf das gesetzmäßige Streichen und Fallen und die Identität der Schichten. Er erkannte, daß in der damaligen Geognosie der geographisch-beschreibende und der historisch-geologische Teil – »wie der Erdkörper gestaltet und wie er so geworden« – miteinander verwechselt wurden[278]. »Da zum historischen Theil keine anderen Monumente als die jetzige Beschaffenheit der Erde da sind, so kann also der historische Theil, die Erdgeschichte, erst dann geognostisch behandelt werden, wenn die Erdbeschreibung vorhanden ist.«[279] Die scharfe Trennung von Erdbeschreibung und Erdgeschichte sollte das Tatsächliche der Deskription von den Vermutungen des historischen Teils abheben.

In den Minuten besonderer Konzentration vor seiner Abreise überflog er nochmals das weite Gebiet seiner »Physik der Erde, Theorie der Erde oder Physikalischen Geographie«, die er nach Kants dreifacher Gliederung der Erfahrungserkenntnisse in der eigentlich geographischen Kategorie des Raumes vereinigt sah. Er wollte durchaus detailliert und exakt forschen, *vor allem aber den Zusammenhang der Erscheinungen im Auge behalten.*

Nie war er seiner physikalisch-geographischen Leitidee näher als kurz vor seiner Abreise, als er seine Freude in mehreren, immer wieder ähnlich lautenden Briefen hinausjubelte:

»Werfen Sie einen Blick auf den Weltteil, den ich von Kalifornien bis zum Patagonenlande zu durchlaufen (messen und zerlegen) gedenke – welch ein Genuß in dieser wunderbar großen und neuen Natur! So unabhängig, so frohen Sinnes, so regsamen Gemüts hat wohl nie ein Mensch sich jener Zone genähert. Ich werde Pflanzen und Tiere sammeln, die Wärme, die Elastizität, den magnetischen und elektrischen Gehalt der

Atmosphäre untersuchen, sie zerlegen, geographische Längen und Breiten bestimmen, Berge messen – aber dies alles ist nicht Zweck meiner Reise. Mein eigentlicher, einziger Zweck ist, das Zusammen- und Ineinander-Weben aller Naturkräfte zu untersuchen, den Einfluß der toten Natur auf die belebte Tier- und Pflanzenschöpfung. Daher die Klagen derer, welche nicht wissen, was ich treibe, daß ich mich mit zu vielen Dingen zugleich abgebe. Wir haben Botaniker, Mineralogen, aber keinen Physiker [Naturforscher], wie ihn die sylva sylvarum [= der Wald der Wälder] erheischt. Ich weiß wohl, daß ich meinem großen Werke über die Natur nicht gewachsen bin...«[280]

Immer wieder nennt er in seinen Abschiedsbriefen als Reiseziele die Küste Venezuelas, Kuba, Mexiko, den später besuchten Strich der Anden und die Kanarischen Inseln als Anlaufstationen. Auch Kalifornien, Chile (»Chili«) und die Philippinen werden erwähnt.[281] Den letzten Brief, den wir bis jetzt kennen, schrieb er wenige Stunden vor der Abreise: »Ich werde Pflanzen und Fossilien sammeln, mit einem vortrefflichen Sextanten von Ramsden, einem Quadranten von Bird und einem Chronometer von Louis Berthoud werde ich nützliche astronomische Beobachtungen machen können; ich werde die Luft chemisch zerlegen – dies alles ist aber nicht Hauptzweck meiner Reise. Auf das Zusammenwirken der Kräfte, den Einfluß der unbelebten Schöpfung auf die belebte Tier- und Pflanzenwelt, auf diese Harmonie sollen stets meine Augen gerichtet sein. Der arbeitsame Mensch muß das Gute und Große wollen. Ob er es erreicht, hängt von dem unbezwungenen Schicksale ab.«[282]

Das physikalisch-geographische Leitmotiv machte ihm im Augenblick des Scheidens nochmals die alten Lieblingspläne deutlich, wieder und wieder erwähnte er das Werk über die Konstruktion des Erdkörpers, das mit der Geschichte der Pflanzen und der Pasigraphie den Weg zur Physik der Erde oder der Physikalischen Geographie erhellt hatte.

Nun konnte er tatsächlich, wie er es dem Freund Freiesleben schon 1797 mitgeteilt hatte, »über Spanien und Teneriffa« nach Havanna auf Kuba in Westindien aufbrechen[283]. Voller Tatendrang rief er Willdenow und allen seinen Freunden zu: »Der Mensch muß das Große und Gute wollen.«[284]

*»An ferne Wanderungen gewöhnt, habe ich ohnedies vielleicht den Mitreisenden den Weg gebahnter und anmutiger geschildert, als man ihn finden wird. Das ist die Sitte derer, die gern andere auf den Gipfel der Berge führen.«*
*Alexander v. Humboldt:* Kosmos. Entwurf einer physischen Weltbeschreibung I, 1845

*»Alles, was angesichts der Objekte selbst, die man schildern will, geschrieben wird, trägt den Charakter der Wahrheit (fast wage ich zu sagen: der Individualität), welcher auch den unwichtigsten Dingen Reiz verleiht ... Je größer und imposanter sich die Natur in den von unermeßlichen Strömen durchzogenen Wäldern darstellt, desto mehr müssen die Naturgemälde dem einfachen Charakter treu bleiben, welcher das vorzüglichste und öfters einzige Verdienst der ersten Entwürfe ist.«*
*Alexander v. Humboldt:*
Relation historique II, 1819

# Alexander v. Humboldts Forschungsreise in den Tropen Amerikas

## 1. Geschichte und wissenschaftliche Erschließung Südamerikas im Überblick

### *Oft kompromißlose Schärfe der Urteile*

In Briefen vor seiner Abreise aus Nordwestspanien hatte Alexander v. Humboldt alle Länder Westindiens genannt, die er später tatsächlich aufsuchte[1]. Darüber hinaus hatte er das Kordillerengebiet von Kalifornien bis Chile und eine Route, die über die Philippinen schließlich nach Europa zurückführen sollte, in verschiedener Kombination erwähnt.[2]

Ursprünglich mußte ihm, dem Deutschen und »Protestanten«, die spanische Kolonisation in Südamerika wie eine fremde Kultur erscheinen. Dennoch bemühte er sich, bei aller notwendigen Härte in der Verteidigung der Menschenrechte, an Ort und Stelle ein wahres Bild zu gewinnen und dieses mit seinen Vorstudien zu vergleichen. Vor allem der Blick in seine Reisetagebücher hat die oft kompromißlose Schärfe seiner Urteile bestätigt. Offen hat er zahllose Schwächen genannt und niemanden geschont; andererseits hat er, im Unterschied zu heutigen oft einseitigen Besserwissern und Kritikern, auch die großen Leistungen der Jesuiten, einzelner Missionare, großer Autodidakten und Gelehrter und der Verwaltung anerkannt. Die offensichtlichen Grausamkeiten lagen für ihn im Schatten bedeutender Leistungen.

Die spanischen Kolonien unterstanden der Krone Kastiliens. Am 12. April 1680 hatte der Indienrat als oberste Verwaltungsbehörde ein Kolonialgesetzbuch *Recopilaciòn de leyes de los reynos de las Indias* ausgearbeitet, »wie es auch später nie wieder von irgendeinem Kolonialvolk der Erde zustande gebracht wurde«.[3] Viele dieser Gesetze wirken modern und zeugen von sittlicher Verantwortung. Man hatte z. B. eine regelrechte Indianer-Schutzgesetzgebung entwickelt. Die Arbeitszeit war bereits in der Form des Achtstundentages geregelt. Frauen- und Kinderarbeit waren verboten worden. In Mittel- und Südamerika hatten sich vier Vizekönigreiche gebildet, nämlich Nueva España (Neu-Spanien = im wesentlichen Mexiko), Neu-Granada (heutige Staaten Venezuela, Kolumbien und Ecuador), Peru (heutige Staaten Peru, Bolivien, Teile Chiles) und La Plata (Teile Argentiniens, Paraguays und Uruguays). Diese Gebiete waren in Generalkapitanien unterteilt. Ebenso wurde das System der »Audiencias«, der mittelalterlichen spanischen Gerichtshöfe, nach Amerika übertragen. An ihrer Spitze standen Präsidenten, als Beiräte und zugleich Gegengewicht der Vizekönige. Die untersten Verwaltungseinheiten waren die Stadtgemeinden, die räumlich oft beträchtliche Areale umfaßten. Um die Bindung an Spanien zu betonen und stets lebendig zu halten, waren die Beamten der Vizekönigreiche und der Audiencias stets im Mutterland geborene Spanier. In die Magistratsämter der Gemeinden dagegen konnten auch in Amerika geborene Spanier und ihre Nachkommen, die Kreolen, gewählt werden. Die Stadtgemeinden mit ihren Ansätzen von Selbstverwaltung wurden die Keimzellen der südamerikanischen Unabhängigkeitsbewegung, koloniale Verwaltungsgrenzen aber liegen zum Teil noch heute der politischen Karte Südamerikas zugrunde.

Die kirchliche Organisation verstärkte noch die Eigenart der spanischen Kolonisation. Papst Innozenz VIII. hatte 1486, nach der Vereinigung Kastiliens und Aragoniens, der kastilischen Krone für das maurische Gebiet das Recht der Präsentation auf die Bischofssitze und die kirchlichen Benefizien gewährt. Nach dem Ende der *reconquista* der Iberischen Halbinsel begann mit der Wiederentdeckung Amerikas durch Kolumbus ein neuer Abschnitt der spanischen Geschichte: die *conquista.* Gleichzeitig wurden die Privilegien von 1486 auf die Neue Welt übertragen. »Niemals im Verlauf der geschichtlichen Entwicklung aller Völker haben mit Zustimmung des Papstes Herrscher so vollständig die Kontrolle über die gesamte katholische Kirche ausgeübt, als es die spanischen Könige in ihrem Kolonialbesitz taten. Diese Vereinigung von Altar und Thron wird gewöhnlich als das ›Real Patronato de las Indias‹ bezeichnet.«[4] Alle päpstli-

*Alexander v. Humboldt, Geograph, Forschungsreisender und Kartograph (1769–1859) (Federzeichnung von Friederike Beck)*

chen Bullen, die in den Kolonien veröffentlicht werden sollten, mußten erst dem Indienrat vorgelegt werden. Die Franziskaner, Dominikaner, Augustiner und Jesuiten, die missionierend in der Neuen Welt Fuß faßten, mußten mit ihren Oberen in Rom über einen Generalkommissar verkehren, der in Madrid saß. Alexander VI. übergab der kastilischen Krone 1493 das alleinige Recht, die Eingeborenen der Neuen Welt zu bekehren. Der König mußte die Kirchen gründen und finanzieren, zugleich aber zog er den Zehnten ein, den alle Bewohner zu entrichten hatten.

Segensreich war die Missionstätigkeit der Jesuiten. Sie gründeten mehrere »Staaten«. Im Grenzvertrag zwischen Spanien und Portugal von 1750 wurden Jesuiten-Reduktionen (= Missionsniederlassungen) mit reichen Maté-Pflanzungen und 30 000 Indianern an Portugal abgetreten. Die Jesuiten wandten sich, von mehreren hohen kirchlichen Würdenträgern unterstützt, scharf gegen diese Regelung. Die Indianer erhoben sich, und Spanier und Portugiesen gingen gemeinsam gegen sie vor. 1761 wurde die Abtretung im Pardo-Vertrag annulliert. In diesen Auseinandersetzungen ist einer der Gründe zu erblicken, die 1767 zur Vertreibung der Jesuiten aus Südamerika führten. Bezeichnenderweise waren gerade die Kreolen mit dieser Maßnahme nicht zufrieden; auch Humboldt lobte die große Missionserfahrung der Jesuiten[5]. – Die Mission hätte auch der länderkundlichen Erschließung dienen können, aber die Berichte waren nicht zugänglich, und die spanische Verwaltung hütete sich ebenso ängstlich wie die Orden vor der Veröffentlichung wissenschaftlicher Ergebnisse.

Die geographisch-wissenschaftliche Erschließung Südamerikas begann im 17. Jahrhundert. 1691 veröffentlichte Pater Samuel Fritz, ein Deutscher, der seit 1684 in Südamerika lebte, die erste ausführliche Karte des Amazonas. Von Quito aus reiste er in sein Arbeitsgebiet, gründete zahlreiche Reduktionen und lernte weite Gebiete kennen. 1689 befuhr er den Amazonas bis Pará. Seine Beschreibungen der Indianerstämme des oberen Amazonas sind heute besonders wertvoll, weil sich die Bevölkerungsverhältnisse durch das Eingreifen der Portugiesen seit dem 18. Jahrhundert grundlegend geändert haben[6]. 1707 erforschte Louis Feuillée die chilenische und die peruanische, 1712 Amédée François Frézier ebenfalls die peruanische Küste.

Die wissenschaftliche Erschließung größeren Stiles setzte mit der staatlichen französischen Gradmessungsexpedition unter Charles-Marie de La Condamine (1735–1744) ein. Diese Unternehmung sollte eine wissenschaftliche Streitfrage entscheiden helfen. Newton hatte gelehrt, die Erde sei eine an den Polen abgeplattete Kugel und im Bereich des Äquators ausgebaucht. Jacques Cassini und seine französischen Anhänger wandten sich gegen diese Meinung und behaupteten, die Erde sei ein Sphäroid, das sich um seine Längsachse drehe. An den Polen sollte dieses in die Länge gezogen, am Äquator jedoch eingeschnürt sein. Seit dem Ende des 17. Jahrhunderts bemühte sich die französische Astronomie um die genaue Bestimmung eines Längengrades, u. a. auch, um diese Frage zu klären. Jean Picard maß 1670 die Bogenlänge eines Breitengrades auf einem Meridian und bestätigte Newtons Anschauung. Cassini selbst schickte Jean Richer 1672 mit einer Pendeluhr nach Guayana; sie ging langsamer, und das Ergebnis sprach damit wieder für Newton[7]. Jacques Cassini bezeichnete Richer nach seiner Heimkehr als »Verräter« und entzündete damit den Streit aufs neue.

Im Dezember 1734 beschloß die französische Akademie, je eine Expedition nach Lappland (Maupertuis) und ins äquatoriale Südamerika (La Condamine) zu senden, nachdem Ludwig XV. bei König Philipp von Spanien die Erlaubnis erhalten hatte. Unter Führung von La Condamine arbeiteten der Astronom Pierre Bouguer, der Mathematiker Louis Godin, der Zeichner de Morainville, der Botaniker Joseph de Jussieu, der Arzt Dr. Jean Séniergues, der Uhrmacher und Mechaniker Hugot u. a. Die Expedition ging in Cartagena an der Küste des Karibischen Meeres an Land und vereinigte sich dort mit zwei spanischen Kapitänen, Jorge Juan y Sanctacilia und Antonio de Ulloa. Von da aus ging die Reise über die Landenge von Panama nach Guayaquil und Quito. Für den Erfolg war die spanische Beihilfe sehr wichtig: Jorge Juan und Antonio de Ulloa waren offiziell beauftragt worden, die Franzosen zu überwachen, um zu verhindern, daß sie das Land über ihre Aufgaben hinaus kennenlernten. Sie unterstützten aber La Condamine in jeder Weise. Außerdem sollten sie insgeheim einen Bericht über den Zustand der Kolonien ausarbeiten. Dieser letzten Aufgabe haben sie sich geistvoll und überlegen gewidmet[8]. Als dritter Spanier war auf eigene Faust Pedro Vicente Maldonado y Sotomayor zu den Franzosen gestoßen. Er war Kreole und galt als guter Mathematiker und Kartograph. Seine topographischen Aufnahmen gehörten bis ins 19. Jahrhundert hinein zu den wesentlichen wissenschaftlichen Vorarbeiten in Südamerika[9]. La Condamine führte die Expedition zum Erfolg – trotz vieler Rückschläge[10]. Die spanischen Behörden bereiteten Schwierigkeiten, Jussieu verlor seine Pflanzensammlung, ein Ergebnis fünfjähriger Arbeit. Als die Franzosen die Grundlinie ihrer Triangulation durch Pyramiden markierten, entbrannte ein Streit[11].

1744 fuhr La Condamine mit Maldonado den Amazonas hinab und entwarf die erste auf astronomische Messungen gegründete Karte des Riesenstromes[12]. Die Expedition bestätigte Newtons Theorie und lenkte den Blick Europas auf Südamerika.

Im Jahre 1750 beauftragten die Spanier Don José de Iturriaga mit einer militärisch geschützten Expedition zum oberen Orinoco, um die Grenze zwischen den spanischen und portugiesischen Kolonien auf Grund astronomischer Messungen festzulegen. Iturriaga leitete einen zahlreichen Stab von Naturforschern, Mathematikern, Zeichnern und Ingenieuren. Zweiter Befehlshaber war der Ingenieur José Solano, Historiograph Pater Caulin. Fast zu gleicher Zeit hatten die Portugiesen ein entsprechendes Unternehmen unter Francisco de Mendoza Hurtado, Miguel Antonio Ceyra und Juan Angelo Bruneli ausgesandt. Trotz des politischen Auftrags haben diese Unternehmungen gleichzeitig wissenschaftlichen Zielen gedient. Der erwähnte Vertrag von Pardo vom 12. Februar 1761 regelte die Grenzfragen, noch ehe die Kommissionen ihre Arbeiten abgeschlossen hatten. Den besten Schutz der Grenzen bedeuteten damals allerdings die Missionen, die insofern auch politisch wirksam waren, wie den Spaniern bekannt war.

Diesen staatlich gelenkten Vorstößen schlossen sich die drei rein wissenschaftlichen Westindienfahrten Österreichs (vgl. S. 49 f.) und die botanischen Forschungen Per Löflings, der 1756 nach einem Fieberanfall starb, am Orinoco an[13].

Der spanische Unternehmungsgeist erwachte, seit Karl III. 1771 in Madrid das naturhistorische Museum gegründet hatte[14], und Humboldt hatte in Madrid von den Ergebnissen der großen botanischen Expeditionen in Neu-Granada (Mutis), Neu-Spanien (Moziño und Sessé), Peru und Chile (Rúiz und Pavon) erfahren (vgl. oben S. 101). Die deutschen Brüder Christian und Konrad Heuland forschten 1795 und 1796 in Argentinien und Chile[15]. 1789–1794 war Alessandro Malaspina, wie Kolumbus als Italiener im spanischen Auftrag, im Umkreis des Pazifik und an der westlichen Küste des amerikanischen Doppelkontinents

*Thaddäus Haenke*
*(Federzeichnung von Friederike Beck)*

von Chile bis Alaska tätig. An Bord waren José Bustamante y Guerra, Thaddäus Haenke, Felipe Bauzá, José Espinosa y Tello u. a. Malaspinas Reise erreichte den Rang der Unternehmungen Bougainvilles und Cooks und verband in vorbildlicher Form Land- und Seereise. Der Malaspina-Gletscher in Alaska wurde entdeckt, viele Orte wurden erstmals astronomisch vermessen.

Thaddäus Haenke[16], 1761 in Kreibitz im Sudetenland geboren, wurde nach dem Abschluß seiner medizinischen und botanischen Studien mit 28 Jahren 1789 Teilnehmer an der Expedition Malaspinas. Er verfehlte die Abfahrt der Schiffe in Cadiz um einige Stunden und reiste ihnen nach, um in Montevideo an Bord zu gehen. Bei einem Schiffbruch an der Mündung des La Plata verlor er leider seine Instrumente und Bücher. Wieder kam er zu spät und durchquerte vom 17. Februar bis zum 17. März 1790 Südamerika von Buenos Aires nach Santiago de Chile. Dort erst traf er Malaspina, nahm an der Seereise teil und wurde am 23. Juli 1793 in Callao entlassen, um im Auftrag der Regierung Forschungen auszuführen. Er erwarb ein Landgut in der Nähe von Cochabamba und bereiste viele Teile Perus und des heutigen Boliviens u. a. Er hat Südamerika nie wieder verlassen und ist 1817 dort gestorben[17].

Drei landeskundliche Texte über Chile, das Vizekönigreich Rio de la Plata und Concepción in Chile verdanken wir keineswegs ihm allein, sondern vor allem Mitgliedern der Malaspina-Expedition, wie JOSEF KÜHNEL zeigte[18], doch war er unbestritten der größte Vorläufer Humboldts in Südamerika[19].

1794 durchquerten Bauzá und Espinosa Südamerika von Valparaiso bis Buenos Aires. 1796–1797, als sich Humboldt auf seine Reise vorbereitete, war Haenke bereits unermüdlich tätig. Malaspina aber wurde um den Erfolg seiner Arbeit betrogen und wie Kolumbus gefangengesetzt[20]. Felix d'Azara erforschte von 1781 bis 1801 die Pampas vom Atlantik bis zu den Anden.

Die wissenschaftlichen Bemühungen Spaniens zur Erforschung der Kolonien sind nicht weniger bedeutend als die in anderen Ländern, wenn auch die konservative Tradition dabei den Schwung der Forschungen hemmte und die Ergebnisse in Archiven verstauben ließ. Überall in den spanischen Besitzungen gab es Ansätze echten wissenschaftlichen Bemühens. Humboldt bemerkte schon während der Überfahrt zur Neuen Welt, daß der Geist Maldonados weiterlebte. Er sollte nun eine neue Form der Landreise verwirklichen. Wie auf seinen vorbereitenden Exkursionen und kleineren Routen vereinigten sich auch jetzt die adäquaten Teile der Naturwissenschaften in der Geographie, um über dem notwendigen Koordinatensystem der Messungen die konkrete Raumerfüllung von Landschaften und Ländern anschaulich zu entwerfen und das menschliche Leben zu würdigen.

## 2. Die Kanarischen Inseln und die Überfahrt

### *Erstmals auf außereuropäischem Boden*

Am 5. Juni 1799 lichtete die »Pizarro« den Anker unter Kapitän Manuel Cagigal. Der Abschied von Europa fiel Humboldt nicht leicht, und Trauer ergriff ihn, während sein Blick auf das Schloß San Antonio fiel, »wo ... der unglückliche Malaspina als Staatsgefangener saß. Im Augenblick, da wir Europa verließen, um Länder zu besuchen, welche dieser bedeutende Forscher mit so vielem Erfolg bereist hat, hätte ich mit meinen Gedanken gern bei einem minder traurigen Gegenstand verweilt.«[21] Zudem sorgte er sich um die englische Blockade. »Das Heimathland« versank, es war Europa, wie Humboldt jetzt aufging, und die von ihm vertretenen Naturwissenschaften waren, nach den Worten seines Bruders, »noch ein allgemeines Band Europas, indes Kunst und Philosophie es in ganz heterogene Stücke« schnitten[22]. Das Schiff fuhr an Kap Finisterre vorüber und mußte vom Kurs abweichen, um einem englischen Konvoi zu entgehen.

Beim Schein der Blendlaterne las Humboldt in den Nächten die Skalen der astronomischen Instrumente und Thermometer zur Meerwasserbeobachtung ab, um seine Meßreihen nicht zu unterbrechen. Wie sein Bruder wurde er nie seekrank und fühlte sich an Bord des Schiffes besonders arbeitsfreudig. Er beobachtete die Meeresströmung zwischen den Azoren, Portugal und den Kanarischen Inseln. Daraus entwickelte er später eine großzügige Betrachtung der atlantischen Strömungen. Er dachte an die Ursachen der Meeresbewegungen überhaupt und nannte z. B. die Passatwinde und das »zeitweise Schmelzen des Polareises«[23]. Er beobachtete die Wolkenformen und die Färbung des Himmels wie Goethe, der wie er von Howards Forschungen angeregt wurde[24].

An Bord der »Pizarro« waren mehrere Bewohner der Kanarischen Inseln, unter ihnen der junge Don Francisco Salcedo,

»unendlich zutraulich und lebendigen Geistes«[25], mit dem sich Alexander anfreundete und den er über die Natur seiner Heimat ausfragen konnte. Am 11. Juni 1799 stand das Schiff fast still, als ein riesiger Schwarm von Medusen (Quallen) vorbeizog. Bonpland untersuchte an Bord eine Wasserprobe und erkannte mehrere verschiedene Arten von Medusen; darunter fand er auch Bündel der *Dagysa notata*[26], eines Weichtieres, das Sir Joseph Banks zuerst beschrieben hat. Milde Winde und Kalmen zwischen Madeira und Afrika erleichterten Alexander magnetische Beobachtungen. Er staunte über den immer zunehmenden Sternschnuppenregen. 40 Meilen ostwärts von Madeira setzte sich eine Schwalbe auf die Marsstange. »Was mag einen Vogel veranlassen, in dieser Jahreszeit und bei stiller Luft so weit zu fliegen?«[27]

Befehlsgemäß lief Cagigal zunächst Lanzarote an, eine der sieben Hauptinseln der Gruppe der Kanaren, um zu erfahren, ob Engländer Teneriffa blockierten. Man war vom Kurs abgewichen. Die Steuerleute hatten die Längenbestimmung vernachlässigt, die Alexander fast immer morgens und abends durchführte, ohne bei den Seeleuten Anklang zu finden. Als Lanzarote am 16. Juni 1799 gesichtet wurde, wußte er, wie genau Louis Berthouds Chronometer arbeitete und wie zutreffend seine Beobachtungen waren. Am 17. Juni morgens untersuchten sie den wenig befahrenen Archipel nördlich von Lanzarote und fuhren, dauernd das Senkblei auswerfend, durch den Kanal zwischen den Inseln Alegranza und Montana Clara. Humboldt glaubte sich in die Euganeen oder ins Siebengebirge bei Bonn versetzt. Damit zeigte er eine bestimmte Art des geographischen Vergleichens, die sich bei allen Reisenden findet, die notwendigerweise das Unbekannte mit dem Bekannten konfrontieren, um es vertraut werden zu lassen. Der westliche Teil Lanzarotes erschien schwarz und dürr. In verschiedenen Abständen bestimmte Alexander den Höhenwinkel des Vulkans Temanfaya, um seine absolute Höhe zu erhalten. Sie schien nicht viel über 300 Toisen zu betragen[28]. Auf der kleinen Insel Graciosa gingen sie an Land. Von einem Fischer erfuhren sie, daß seit Wochen kein englisches Schiff gesehen worden war. Bei Sonnenuntergang gingen sie wieder an Bord, mußten aber günstigen Segelwind abwarten. Die Inseln im Mondlicht boten einen Anblick von berückender Schönheit. Sie »schwelgten ... lange im Anblick einer wilden, großartigen Natur«. Die unfruchtbare Landschaft empfand Humboldt voraussetzungslos als schön, stellte aber um so freudiger einen kleinen bebauten Landstrich fest: »Die letzten Strahlen der Sonne beleuchteten das zur Ernte reife Korn.«[29] Am nächsten Morgen fuhren sie wieder durch den gleichen Kanal zwischen den Inseln. Den Pico de Teide konnten sie wegen dunstigen Wetters nicht erblicken. Im Nebel liefen sie an vier englischen Schiffen vorbei und warfen Anker auf der Reede von Santa Cruz de Tenerife.

Der Hafen von Santa Cruz war eine »große Karawanserei« auf dem Wege nach Amerika und Indien. Während Cagigal der Erlaubnis des Statthalters harrte, an Land gehen zu dürfen, bestimmte Humboldt die Lage des Hafendammes und die Inklination der Magnetnadel. Seine Ergebnisse wichen von älteren Messungen ab, wurden aber später von anderen bestätigt. Einige Einwohner waren an Bord gekommen, um politische Neuigkeiten zu erfahren. An Land begegnete Humboldt und seinen Begleitern zunächst »ein hochgewachsenes, sehr gebräuntes, schlecht gekleidetes Frauenzimmer, das die Capitana hieß. Hinter ihr kamen einige andere in nicht anständigerem Aufzug; sie bestürmten uns mit der Bitte, an Bord des Pizarro gehen zu dürfen, was ihnen natürlich nicht bewilligt wurde. In diesem von Europäern so stark besuchten Hafen ist die Ausschweifung disciplinirt. Die Capitana ist von ihresgleichen als Anführerin gewählt, und sie hat große Gewalt über sie.«[30] Zum ersten Mal bewährten sich für Humboldt und Bonpland die spanischen Pässe: Der Generalkapitän gestattete ihnen den Besuch der Insel. Oberst Armiaga nahm sie in sein Haus auf; sie bewunderten die Gewächse seines Gartens, die sie nur aus Treibhäusern kannten.

Wegen der Blockade hatten sie nur wenig Zeit. Darum beeilte sich Humboldt, den Pico de Teide zu besteigen, der aus dem amphitheatralischen Aufbau Teneriffas hervorragte. Nur Thermometer und Chronometer nahm er mit, um die kostbaren Instrumente vor dem eigentlichen Ziel nicht unnötig zu gefährden. Am 20. Juni 1799 gingen sie nach dem Hafen von Orotava am Westabhang des Pico. »Die das Land bauen, sind meist nicht Eigenthümer desselben: die Frucht ihrer Arbeit gehört dem Adel, und das Lehnssystem, das so lange ganz Europa unglücklich gemacht hat, läßt noch heute das Volk der Canarien zu keiner Blüthe gelangen.«[31] Dagegen kann das Inselland Frieden schenken. »Und solches wirkt nicht allein die herrliche Lage und die reine Luft, sondern vor allem das Nichtvorhandensein der Sklaverei ...«[32] Das Klima ist wegen des Meeres milde. Seltene Gewächse der Südsee und Ostindiens wurden heimisch und widerstanden gelegentlichen Frösten. »In heißen Ländern sind die Gewächse so kräftig, daß ihnen der Frost weniger schadet, wenn er nur nicht lange anhält.«[33] Das schien ihm eine pflanzenphysiologisch bemerkenswerte Feststellung. Das Tal von Tacoronte bewunderte er wegen der harmonischen Verteilung des Grüns und der Felsmassen. Die Küste war oft wie ein Garten angebaut, und der weithin aufragende Pico zeigte ein dauernd wechselndes Gesicht.

Sie besuchten den botanischen Garten unweit des Hafens von Orotava. Der Marquis von Nava hatte seit 1795 versucht, im milden Klima Teneriffas amerikanische Gewächse zu akklimatisieren, um diese dann nach dem südlichen Europa auszuführen, die Pflanzungen waren aber wegen der steigenden Kosten der Regierung abgetreten worden. Ein Schüler Aitons, des Direktors des berühmten englischen botanischen Gartens von Kew, pflegte die seltenen Pflanzen. Humboldt traf Wissenschaftler und Freunde von Musik und Literatur, so den französischen Vizekonsul Le Gros, der an Baudins Fahrt nach den Antillen teilgenommen hatte und mehrfach auf dem Pik gewesen war, dessen Seitenausbruch am 8. Juni 1798 er beobachtet und der europäischen Wissenschaft bekanntgegeben hatte. Mehrere Mitglieder der Familie Cologan in Orotava waren in London oder Paris erzogen worden. Don Bernardo Cologan nahm Alexander liebenswürdig auf. Im Garten eines Herrn Little wohnten sie später einem Fest bei. Der englische Kaufmann John Cologan hatte schon Cook, Banks und Lord Macartney bewirtet, und Humboldt staunte über »Aisance« und »Bildung der Weiber in diesen Häusern«.[34] »Da fühlten wir recht, daß der Aufenthalt in Teneriffa nicht bloß für den Naturforscher von Interesse ist.«

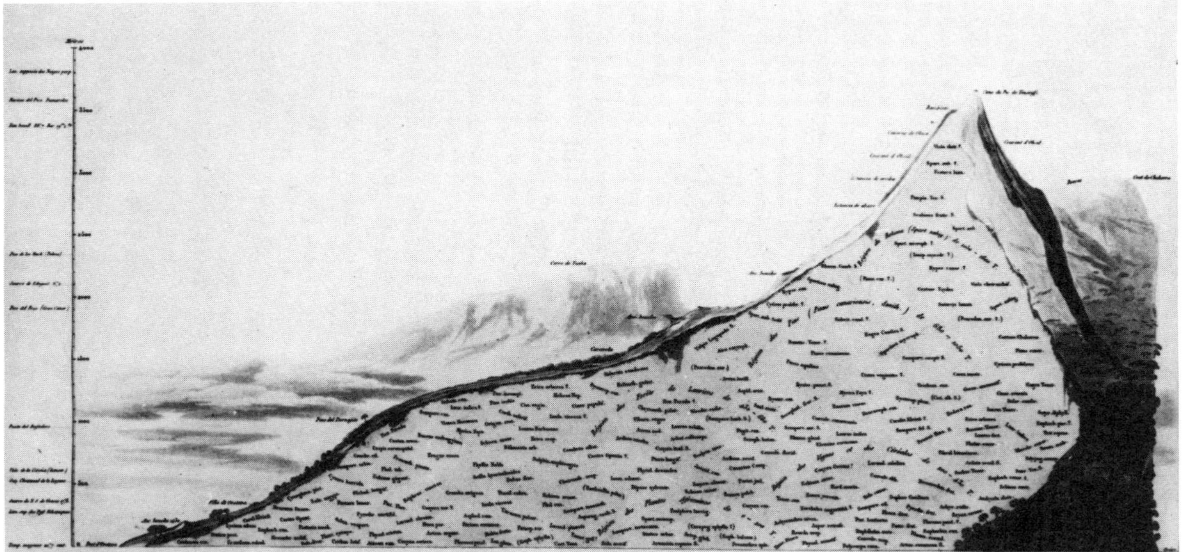

Tableau physique des Iles Canaries. Géographie des Plantes du Pic de Ténériffe.

Am 21. Juni 1799 bestiegen sie den Pico de Teide, wegen des Zeitmangels von einheimischen Führern geleitet, in Gesellschaft von Le Gros und dem englischen Gärtner. Humboldt freilich wäre lieber seine eigenen Wege gegangen. 1530 Toisen über der Küste kampierten sie unter zwei überhängenden Felsen und brachen am 22. Juni 1799 um 3 Uhr morgens nach dem Piton, dem Gipfel des Pico de Teide, auf[35]. In zwei Stunden erreichten sie ein Plateau, bis zu dem die Neveros ihre Maultiere emporzureiten pflegten, Eingeborene, die Eis und Schnee sammelten und in den Städten der Insel verkauften. Von da an begann das »Malpays«, die von Vegetation entblößte Vulkanlandschaft. Sie wichen rechts vom Wege ab und besahen die »Eishöhle«, die unter der Grenze des ewigen Schnees lag, eine »natürliche Eisgrube«. Die Sonne konnte nicht über den Eingang hinaus eindringen, und »so ist die Sonnenwärme nicht im Stande, den Behälter zu leeren«, den Humboldt auch als »unterirdischen Gletscher« bezeichnete und zu erklären versuchte. Bei Tagesanbruch verließen sie die Höhle. Der Marsch durch das ihm moränenartig erscheinende Malpays war beschwerlich[36]. Die Führer warfen hinter dem Rücken der Wissenschaftler Obsidian- und Bimssteinproben fort; noch keiner von ihnen war auf dem Gipfel gewesen. Auf dem Piton fanden sie kaum Platz, sie erstarrten vor Kälte, in heftigem Westwind. Alexander zeichnete die innere Ansicht des Kraterrandes und stieg dann so weit wie möglich hinein. Die Schwefeldämpfe brannten Löcher in die Kleider, die Lufttemperatur betrug 2° Réaumur, die Bodentemperatur aber 70° R. Der Pik erschien ihm als Basaltberg mit aufgesetztem »Porphyrschiefer« und »Obsidianporphyr«, und der Bruder Wilhelm dürfte erstaunt gewesen sein, von Alexanders Hand zu lesen: »Fast alle Laven sind geschmolzener Basalt.«[37] Damit war die Lehre Werners schon praktisch verlassen worden.

Schon beim Aufstieg hatte Humboldt verschiedene Vegetationszonen festgestellt. »Wir sahen, wie sich die Gewächse nach der mit der Höhe abnehmenden Temperatur in Zonen verteilten.« Er deutete »die Hauptzüge dieser Pflanzenkarte an« [38], um dann ausführlicher »die Pflanzengeographie« Teneriffas zu behandeln. Am steilen Abhang des Piks lagen diese Gürtel »wie Stockwerke übereinander[39]. Während man von hohen Bergen die Vegetation nicht mehr sieht, »vereinigt nun der Blick von Teneriffa die Vortheile niedriger Gipfel mit denen, wie sehr bedeutende Höhen sie bieten. Man überblickt auf seiner Spitze nicht allein einen ungeheuren Meereshorizont, der über die höchsten Berge der benachbarten Inseln hinaufreicht, man sieht auch die Wälder von Teneriffa und die beobachteten Küstenstriche so nahe, daß noch Umrisse und Farben in den schönsten Contrasten hervortreten.«[40]

Die erste Zone, die Region der Reben, reichte vom Meer bis in 200–300 Toisen Höhe; »sie ist die am stärksten bewohnte und die einzige, wo der Boden sorgfältig bebaut ist.«[41] Dattel, Banane, Zuckerrohr, Ölbaum, Getreide und Weinstock wurden angebaut. – Der zweite Vegetationsgürtel wurde nach dem Lorbeer genannt. Es war die Zone der Wälder und Quellen, ausgezeichnet durch Pflanzungen von Wild- und Edelkastanien. – Die dritte Zone erstreckte sich von 900–1300 Toisen und enthielt prächtigen Kiefernwald. – Die vierte und fünfte Zone waren die der Retama und der Gräser. »Überblicken wir die Vegetationsformen von Teneriffa, so sehen wir, daß die ganze Insel als ein Wald von Lorbeer, Erdbeerbäumen und Kiefern erscheint, der kaum an seinen Rändern von Menschen urbar gemacht ist und in der Mitte ein nacktes steinigtes Gebiet umschließt, das weder zum Ackerbau noch zur Weide taugt.«[42]

Die Kanarischen Inseln waren mehr als nur eine Station auf dem Weg in die Tropen der Neuen Welt. *Hier hat Humboldt erstmals ein volles Meßprogramm durchgespielt und – wie stets auch später – den Menschen als Problem gesehen.* Die gut gewachsenen, oft blonden und blauäugigen Alt-Kanarier waren vereinfachend Guanchen genannt worden. Sie waren kräftig und lebten als Steinzeitmenschen (Cromagnonide) mit beträchtlicher gegenständlicher und geistiger Kultur, von der Inselnatur begünstigt, bis in die Neuzeit hinein. Sie und nicht die schöne Natur hatten die Konquistadoren angelockt, die hier gleichsam das Beispiel für die künftige conquista Amerikas ausbildeten. Sie hatten das Land erobert, die Alt-Kanarier aber nicht vernichtet, wie Humboldt allerdings meinte, der hier vor allem einem Werk José de Viera y Clavijos folgte (4 Bde. Madrid 1772/83), das nur als Halbprimärquelle gelten kann. Die Alt-Kanarier wurden getauft. Ihr Adel verband sich mit der spanischen Oberschicht. Selbstverständlich haben sie um ihre Freiheit gekämpft und ihre Selbständigkeit nicht einfach feige verschenkt. Keinesfalls sind sie ausgerottet worden, wie immer wieder einmal behauptet wurde. Ihr »Verschwinden« war das Ergebnis einer beachtlichen Akkulturation, die in Sprache und archäologischen Funden dennoch genügend Spuren hinterlassen hat.

Humboldt sah Teneriffa »am Eingang der Tropen«, d. h. nicht schon in den Tropen selbst liegen; der Begriff des subtropischen Klimas Leopold v. Buchs, seines Freundes, war noch nicht geprägt worden, deutete sich aber bereits an.

Alexander stand unter Zeitdruck. Zwar war der Kapitän angewiesen, so lange zu warten, bis die beiden Reisenden den Pico de Teide bestiegen hätten, doch wegen der englischen Blockade waren sie um Abkürzung »auf höchstens vier bis fünf Tage« gebeten worden. Dennoch war der Gesamteindruck unauslöschlich und für den heutigen Leser unerwartet: »Wenn man das Tal von Tacoronte hinabsteigt, kommt man in jenes herrliche Land, von welchem die Reisenden aller Nationen mit so vielem Enthusiasmus gesprochen haben. Ich habe unter der heißen Zone Gegenden gefunden, wo die Natur noch majestätischer und reiner in der Entwicklung organisierter Formen ist; aber nachdem ich die Ufer des Orinoco, die Kordilleren von Peru und die schönen Täler von Mexiko durchwandert habe, bekenne ich, nirgends ein mannigfaltigeres, anziehenderes und in der Verteilung der Massen von Grün und Felsen harmonischeres Gemälde gesehen zu haben« – ein Urteil aus dem späteren Reisebericht, der erst einen Vergleich alles bisher Gesehenen erlaubte und immerhin in diesem Fall zugunsten einer außertropischen Landschaft ausgefallen ist!

Die gegenwärtigen Bewohner schienen ihm »als ein Gebirgsvolk und ein Inselvolk zugleich«.[43] Er hielt sie für tatkräftig und rührig, aber leider durch das Feudalsystem in ihrer Bewegungsfreiheit gehemmt. »Die Auswanderung wird abnehmen, wenn man sich entschließt, das unangebaute Grundeigenthum des Staats unter der Einwohnerschaft zu vertheilen, die Ländereien, welche zu den Majoraten der großen Familien gehören, zu verkaufen und allmählich die Feudalrechte abzuschaffen.«[45]

In wenigen Tagen entwarf Humboldt die Grundlage einer später erst ausgeführten geographischen Monographie von Teneriffa. Er hoffte, die Kanarischen Inseln wiederzusehen. Am 24. Juni nahmen sie Abschied von Orotava. Der französische Konsul in Loguna übernahm die Versendung ihrer geologischen Sammlung nach Madrid.

Die »Pizarro« verließ am 25. Juni 1799 die Reede von Santa Cruz de Tenerife. Die Überfahrt war ruhig. Am 27. Juni 1799 überschritten sie den Wendekreis des Krebses. Man fuhr, »als ginge es auf einem Fluß hinunter«.[45] Dann wechselten Windstillen mit Regenfällen ab. Sie beobachteten das durch treibende Fucus- und Tangbüschel gekennzeichnete Sargassomeer. An Bord analysierten sie die Luft einer am Kraterrand des Pico de Teide gefüllten Flasche, untersuchten die merkwürdig großen Schwimmblasen fliegender Fische und bewunderten die Schönheit der südlichen Sternbilder. In der Nacht vom 4. auf den 5. Juli 1799 sah Humboldt zum ersten Mal das Kreuz des Südens: Einer seiner frühesten Jugendträume war in Erfüllung gegangen. Das Sternbild »war stark geneigt und erschien von Zeit zu Zeit zwischen den Wolken, deren Mittelpunkt, wenn das Wetterleuchten dadurch hinzuckte, wie Silberlicht aufflammte«.[46] Humboldt war ergriffen und rezitierte Verse Dantes. – In den letzten Tagen der Seereise entwickelte sich ein bösartiges Fieber an Bord, das einen jungen Spanier dahinraffte. Es wurde unsachgemäß bekämpft, und Humboldt warf sich vor, sich nicht mit Chinarinde versorgt zu haben; »unsere Instrumente hatten uns mehr Sorge gemacht als unsere Gesundheit«.[47]

Die Steuerleute lächelten, als Alexander für den 13. Juli 1799 Land voraussagte. Er wußte allerdings über den Standort des Schiffes besser Bescheid als über seine Entfernung zum Festland, da sich die Karten als fehlerhaft erwiesen. Doch am 13. Juli gegen 6 Uhr morgens wurde Land gemeldet: die Insel Tobago. Cagigal hatte ursprünglich zwischen Trinidad und dieser Insel hindurchlaufen wollen, glaubte aber Humboldts Messungen nicht und folgte lieber einer Karte, die wie alle anderen Fehler von einigen Breitenminuten enthielt. Humboldts Angabe bestätigte sich, als das Schiff auf nordnordwestlichem Kurs blieb. Cagigal umfuhr nun das Nordkap Tobagos, das sich malerisch vor ihnen ausbreitete und als »ein sorgfältig bebauter Felsklumpen« erschien[48]. Die Seuche breitete sich aus, und mehrere Passagiere beschlossen nun, die Fahrt nicht nach der Hauptstadt Kubas und Veracruz, dem Haupthafen Mexikos, fortzusetzen, sondern an der Küste Südamerikas an Land zu gehen und später weiterzufahren.

In der Nacht vom 14. auf den 15. Juli 1799 entschieden sich auch Humboldt und Bonpland für diese Lösung. Sie entschlossen sich, einige Wochen in Terra Firma, an der Küste des heutigen Venezuelas, zu bleiben, und ahnten nicht, daß ein Jahr daraus werden sollte, ausgefüllt mit wichtigen geographischen Forschungen.

## 3. Humboldts Ankunft in Südamerika: Cumaná

### *Erstes Erlebnis tropischen Landes: Tanz mit Negerinnen*

Die schwierige Landung wurde durch das Erscheinen von zwei Pirogen mit indianischen Fischern erleichtert. Staunend bemerkte Humboldt den kräftigen Körperbau dieser Guayqueries, eines zivilisierten, spanisch sprechenden Indianerstammes. Carlos del Pino, der Patron einer der Pirogen, stieg an Bord und wies Cagigal die Richtung nach der Reede von Cumaná: Am 16. Juli 1799, 41 Tage nach der Abfahrt von La Coruña, 20 Tage nach dem Aufbruch von Teneriffa, ankerten sie vor Cumaná. Erst nach dem Besuch des Hafenbeamten durften sie sich ausschiffen. Pino, der Alexander 16 Monate lang begleitete, zeigte ihnen voll Stolz seinen Garten im Indianerviertel. Cagigal führte sie zum Statthalter der Provinz, Don Vicente Emparan. Humboldt fiel ein Stein vom Herzen, als er das naturwissenschaftliche Interesse des Gouverneurs feststellte; die Worte »Stickstoff, Eisenoxid und Hygrometer« aus seinem Mund waren Musik in Alexanders Ohren[49]. Emparan fand es gar nicht seltsam, daß Reisende in fernen Ländern wissenschaftliche Untersuchungen ausführen wollten, und begrüßte sie herzlich als seine Gäste[50].

Am Abend ließ Humboldt seine Instrumente an Land bringen

und mietete ein geräumiges Haus. »Wie die Narren« liefen sie herum[51], voll Staunen über die Wunder der Natur: Vögel, Fische, himmelblaue und gelbe Krebse, Krokodile, Palmen und Pflanzen, zutrauliche, christianisierte Indianer: Alles drängte auf sie ein. Sie konnten zunächst die Eindrücke gar nicht verarbeiten. Der alte Jacquin hatte in diesen Gegenden geforscht, aber es schien gar nicht möglich, Abschließendes über dieses Land zu sagen. Cumaná lag in einer herrlichen Bucht, ähnlich wie Toulon. »Alle Häuser sind von weißem Sinabaum und Atlasholz gebaut. Längs dem Flüßchen (Rio de Cumaná), das wie die Saale bei Jena ist, liegen sieben Klöster und Plantagen, die wahren englischen Gärten gleichen. Außer der Stadt wohnen die Kupferindianer, von denen die Männer fast alle nackt gehen; die Hütten sind von Bambusrohr, mit Kokosblättern gedeckt. Ich ging in eine. Die Mutter saß mit den Kindern, statt auf Stühlen, auf Korallenstämmen, die das Meer auswirft; jedes hatte Kokosschalen statt der Teller vor sich, aus denen sie Fische aßen. Die Plantagen sind alle offen, man geht frei ein und aus; in den meisten Häusern stehen selbst Nachts die Thüren offen: so gutmüthig ist hier das Volk. Auch sind hier mehr echte Indianer als Neger.«[52] Genau beschrieb Humboldt Lage, Vorstädte und Bewohner der Stadt. Cumaná war damals noch halb zerstört vom Erdbeben am 14. Dezember 1797. Überhaupt war diese Gegend häufig von Erdstößen bedroht und regte Humboldt an, systematisch über die Ursachen der Beben nachzudenken.

Fast täglich waren sie Gäste von Don Vicente Emparan, dem Gouverneur. Die spanischen Einwohner bemühten sich sehr um sie. Alle, auch die Frauen, konnten schwimmen. »Man hat verschiedene Bademethoden. So besuchten wir jeden Abend einen Circel sehr achtungswerther Personen in der Vorstadt der Guayqueries. Da stellte man bei schönem Mondschein Stühle ins Wasser; Männer und Frauen waren leicht gekleidet, wie in manchen Bädern des nördlichen Europa, und die Familie und die Fremden blieben ein paar Stunden im Flusse sitzen, rauchten Cigarren dazu«, plauderten, ohne sich von den Bavas, kleinen Krokodilen, die den Menschen nicht angreifen und bereits sehr selten geworden waren, stören zu lassen[53]. Indianerinnen besuchten sie neugierig in ihrem Haus und bestaunten ihre Instrumente. »Jeder will den Mond und die Sonne sehen, vor allem aber Läuse unter dem Mikroskop. Läuse sind nemlich unter den vornehmsten in gestiktem Mousselin gekleideten Damen hier so häufig, daß die Damen, so bald ich das Mikroskop hervorsuche, schon wissen, wovon die Rede ist, und sogleich eine die andere zu lausen beginnen. Ich bin oft erstaunt zu sehen, was für verschiedene Läusearten diese lokkigen Frisuren (das Negerblut und Negerhaar mischt sich hier in alle Familien!) beherbergen. Jede Läuseart hat eigene indische Namen... Seit einigen Wochen, da die Damen, nemlich Creolen, hier geborene Spanierinnen, gemerkt, daß wir uns über ihren Lausereichthum moquiren, bringen sie eine Negerin oder Mulattische Sklavin mit, an der sie die Gegenstände zum Mikroskop suchen.«[54] »Fast alle Tage« besuchte Humboldt Bälle, wo er auch mit vornehmen freien Negern zusammentraf. Er lernte steife spanische Tänze kennen und beobachtete bereits das Eindringen von Negerrhythmen in die formstrenge europäische Tanzkunst. Mit Negern und Negerinnen tanzte er »modische Tänze, el Zambo, l'animalito, theils mit Creolen Anglaisen und selbst Menuett à la reine, welches von den französischen Inseln sich hier als ganz neu übertragen hat und menuet Congo heißt. Man glaubt bald vor Steifheit Spanier mit alten spanischen Sitten von 1500 zu sehen, bald unter den naivsten Geschöpfen der Südsee zu leben.«[55]

Vor ihrem Haus mußten sie voller Empörung Sklavenverkäufe mitansehen. Es gab damals »nur« 6000 Negersklaven in den Kolonialprovinzen Cumaná und Barcelona, verhältnismäßig wenig im Vergleich zu anderen Regionen. Auf den Antillen pflegten Spanier ihre Neger sogar mit dem Glüheisen wie Vieh zu zeichnen. »So behandelt man Menschen, die anderen Menschen die Mühe des Säens, Ackerns und Erntens ersparen.«[56] Humboldt und sein Freund waren tief von diesen Vorgängen beeindruckt. Andererseits lebten viele ehemalige Sklaven bereits als Freie: Entweder hatten ihnen die Besitzer testamentarisch die Freiheit geschenkt, oder die Sklaven hatten sich selbst für die gesetzliche Summe von 300 Piaster freigekauft. Für manche Sklavenhalter stand diese Möglichkeit nur auf dem Papier. Doch hat Humboldt betont, daß die Sklaven in den spanischen Kolonien am mildesten behandelt wurden. Allerdings stellte er auch

Übergriffe fest. So hatte ein Farmer in Cariaco von seinen acht Negern sechs durch unmenschliche Hiebe getötet. Solche Taten wurden so gut wie nicht bestraft. Obgleich Gesetze bestanden, welche die Form der Peitsche vorschrieben und die Zahl der Hiebe festlegten, die auf einmal gegeben werden durften, waren die Behörden Grausamkeiten gegenüber machtlos. Sklavenhalter redeten sich leicht heraus, wenn Untersuchungen begannen. Auch der Einfluß menschlicher Statthalter vermochte nicht, diese Mißbräuche abzustellen, »die nun einmal von jedem europäischen Colonialsystem untrennbar sind«.[57]

Humboldt und Bonpland berichtigten während der ersten Wochen ihres Aufenthaltes in Cumaná ihre Instrumente, lernten auf botanischen Ausflügen die Umgebung genauestens kennen und beobachteten die Spuren des Erdbebens vom 14. Dezember 1797. Am 28. Juli 1799 begann Humboldt eine Reihe astronomischer Messungen auf dem flachen Dach seines Miethauses. Neugierige standen auf der Straße und wurden auch oft zudringlich, ohne es zu beabsichtigen. Eine gewisse halbgelehrte Schicht in den spanischen Kolonien hatte ihr Wissen aus veralteter Literatur geschöpft (Abbé Pluche, Sigaud la Fond, Valmont de Vomera, Baron Bielfeld) und betrachtete sie geringschätzig. In den großen Städten konnten sie aber feststellen, daß Haller, Cavendish und Lavoisier keine Unbekannten mehr waren.

Am 19. August 1799 besuchten sie die Halbinsel Araya und die dortige Saline, die vorzügliches Salz lieferte. In der Nacht des Sonntags tanzten die Sklaven »zur rauschenden eintönigen Musik einer Guitarre. Der Grundzug im Charakter der afrikanischen Völker von schwarzer Rasse ist ein unerschöpfliches Maaß von Beweglichkeit und Frohsinn.«[58] In einer Barke fuhr man über die Bucht von Cariaco. Jaguarfelle waren ausgebreitet worden, damit sie ruhen konnten. Doch sie froren derart, daß sie keinen Schlaf fanden, obwohl das Thermometer nur wenig gefallen war. Wie alle Tropenbewohner reagierten auch sie schon empfindlich auf jede Temperatursenkung. Gegen 8 Uhr morgens landeten sie auf der Halbinsel in der Nähe der neuen Saline, deren Salzsee einst durch einen Streifen Landes vom Meer getrennt worden war. 1726 zerstörte eine Flutwelle diesen Riegel und verwandelte den Salzsee in eine Meeresbucht. Daraufhin hatte man künstliche Behälter gebaut, in denen das Wasser verdunstete. Erst jüngst hatte man durch einen Faschinendamm das Meer wieder zurückgedrängt. Der Salzverbrauch betrug 60 Pfund pro Kopf, während man damals in Frankreich nur mit 12–14 Pfund rechnete. Doch erklärte sich die erstaunliche Menge durch den großen Verbrauch beim Einsalzen des Ochsenfleisches (Tasajo), von dem besonders Indianer und Sklaven lebten[59].

## 4. Die Kapuziner-Missionen bei Cumaná

### *Bei christianisierten Indianern*

Am 4. September 1799 brachen sie zu einer längeren Reise nach den Missionen der Chaymas-Indianer im Süden der Stadt auf. Sie nahmen einen Sextanten, einen Inklinationskompaß, einen Apparat zur Ermittlung der magnetischen Deklination, ein Thermometer und ein Saussuresches Hygrometer mit. Um das Barometer zu schützen, wurde es von nun an von einem Neger getragen. Sie gingen am rechten Ufer des Manzanares nach Cumanácoa. Ihr Blick fiel auf die Berge des Brigantin. Sie erreichten nach zwei Stunden den Fuß der hohen Bergketten des Hinterlandes. Die Landschaft erinnerte in größerer Höhe an Tirol und die Schweiz, nur daß sie von einer Sumpfvegetation überzogen wurde. Die Felder der Mestizen waren auffallend klein, lieferten aber an Nahrung das Zwanzigfache eines entsprechend großen Getreidefeldes in Europa. Die Vereinzelung der Siedlungen erzeugte ein starkes Bewußtsein von Freiheit und Unabhängigkeit, verhinderte jedoch den Zusammenschluß größerer Menschengruppen zu gemeinsamen Leistungen. Städte waren selten, und vor ihren Toren begannen sogleich die Wälder oder ein dichter »Pflanzenfilz«; der Einfluß der Menschen auf die Landschaft wurde kaum sichtbar. Der Mensch »tritt nicht als unumschränkter Gebieter auf, der die Bodenoberfläche nach Gefallen modelt, sondern wie ein flüchtiger Gast, der in Ruhe des Segens der Natur genießt«[60]. »Die wildwachsenden Pflanzen beherrschen noch durch ihre Masse die angebauten Gewächse und bestimmen allein den Charakter der Landschaft.«[61] Von einem Sandsteinhügel über einer Quelle hatten sie einen weiten Blick bis zum Meer: »Ein ungeheurer Wald breitete sich zu unseren Füßen bis zum Ocean hinab; die Baumwipfel mit Lianen behangen, mit langen Blüthenbüscheln gekrönt, bildeten einen ungeheuren grünen Teppich, dessen tiefdunkle Färbung das Licht in der Luft noch glänzender erscheinen ließ. Dieser Anblick ergriff uns um so mehr, da uns hier zum erstenmal die Vegetation der Tropen in ihrer Massenhaftigkeit entgegentrat.«[62]

Sie erstiegen die Berggruppe Impossible, durch die der Weg nach Cumanácoa lief. Auf dem Gipfel bestimmte Humboldt die Länge. Die Nächte erinnerten ihn an die Einsamkeit auf dem St. Gotthard. Waldbrände wüteten an mehreren Stellen um den Berg. Sie wurden zum Teil planmäßig von Indianern angelegt, die ihre Weiden damit verbessern wollten. Humboldt schloß sich der Meinung der Eingeborenen an, die eine steigende Trockenheit des Bodens feststellten und sie als Folge der zunehmenden Entwaldung und der häufigen Erdbeben, welche die Oberfläche zerklüfteten, bezeichneten.

Am Morgen des 5. September 1799 kamen sie vom Impossible hinab in einen dichten Urwald. Der Reisende »weiß nicht zu sagen, was mehr sein Staunen erregt, die feierliche Stille der Einsamkeit oder die Schönheiten der einzelnen Gestalten und ihre Contraste oder die Kraft und Fülle des vegetabilischen Lebens. Es ist, als hätte der mit Gewächsen überladene Boden gar nicht Raum genug zu ihrer Entwicklung. Überall verstecken sich die Baumstämme hinter einem grünen Teppich, und wollte man all die Orchideen, die Pfeffer- und Pothosarten, die auf einem einzigen Heuschreckenbaum oder amerikanischen Feigenbaum wachsen, sorgsam verpflanzen, so würde ein ganzes Stück Land damit bedeckt. Durch diese verwunderliche Aufeinanderhäufung erweitern die Wälder, wie die Fels- und Gebirgswände, das Bereich der organischen Natur. – Dieselben Lianen, die am Boden kriechen, klettern zu den Baumwipfeln empor und schwingen sich, mehr als hundert Fuß hoch, von einem zum andern. So kommt es, daß, da die Schmarotzergewächse sich überall durcheinander wirren, der Botaniker Gefahr läuft, Blüthen, Früchte und Laub, die verschiedenen Arten angehören, zu verwechseln. Wir wanderten einige Stunden im Schatten dieser Wölbungen, durch die man kaum hin und wieder den blauen Himmel sieht. Er schien mir um so tiefer indigoblau, da das Grün der tropischen Gewächse meist einen sehr kräftigen, ins Bräunliche spielenden Ton hat. Zerstreute Felsmassen waren mit einem großen Baumfarn bewachsen, der sich vom *Polybodium arboreum* der Antillen wesentlich unterschied. Hier sahen wir zum ersten Mal jene Nester in Gestalt von Flaschen oder kleinen Taschen, die an den Ästen der niedrigsten Bäume aufgehängt sind. Es sind die Werke des bewunderungswürdigen Bautriebes der Drosseln, deren Gesang sich mit dem heiseren Geschrei der Papageien und Aras mischte. Die letzteren, die wegen der lebhaften Farben ihres Gefieders allgemein bekannt sind, flogen nur paarweise, während die eigentlichen Papageien in Schwärmen von mehreren hundert Stücken umherfliegen.«[63] Seit Cumaná wurde Humboldt von einem sehr ortskundigen Führer, Don Mathias Yturbiri, begleitet[64]. Dieser, ein spanischer Schiffszimmermann, hatte sich »408 Toisen hoch« auf einer kleinen Ebene am Cocolar angesiedelt.

Die erste Kapuziner-Mission, auf die sie trafen, war das Dorf San Fernando. Die christianisierten Chaymas-Indianer wohnten in sehr reinlichen, gleichförmig gebauten Hütten an breiten gradlinigen Straßen, die sich im rechten Winkel schnitten. Die Hütten folgten in großen Abständen aufeinander. Draußen vor dem Dorf besaß jede Familie Gartenland und mußte auch noch den »conuco de la communidad« morgens und abends je eine Stunde bearbeiten. In den Missionen an der Küste war dieser Gemeindegarten meist eine Zuckerrohr- oder Indigoplantage. Der Ertrag dieser Arbeit, die der Missionar überwachte, sollte an sich nur zum Bau und der Erhaltung der Kirche oder zum Kauf kirchlicher Gewänder dienen. Die Kirche erhob sich auf dem großen freien Platz in der Mitte des Dorfes. Daneben lag die Wohnung des Missionars und ein sogenanntes »königliches Haus«, eine Art Karawanserei, in der die Reisenden Unterkunft fanden. Die Indianer kannten auch eine Selbstverwaltung: Sie hatten ihren Gobernador, ihren Alguacil Mayor (= Polizeichef) und ihre Milizoffiziere, die ihre Schützenkompanie unter eigener Fahne im Bogenschießen übten und eine eigene Bürgermiliz bildeten. Die Indianer pflegten mit 14 Jahren zu heiraten. Die Missionare wurden bei Übergriffen, etwa wenn sie eine Kirche oder ihr Wohnhaus zu pompös bauen wollten, vom Gouverneur zurechtgewiesen. Bei den arbeitenden Kolonisten waren die Missionen meistens sehr verhaßt, weil sie bestrebt waren, sich abzusperren. Dabei scheuten sich die Missionare nicht, sogar den Handel zu unterbinden, wenn sie ihre Arbeit gefährdet glaubten. Nicht der oft bestehende Wohlstand der Missionare erregte Haß, sondern das »Prohibitivsystem«.[65]

Humboldt würdigte dieses Kirchenregiment sehr objektiv. Er erkannte die Verdienste der geistlichen Hierarchie für die Anfänge der Kultur, die Urbarmachung des Bodens und die Einführung fremder Gewächse an[66]. Die Indianer wurden in den Chaymas-Missionen »mild« behandelt. »Im Allgemeinen schien uns in den Missionen der aragonesischen Kapuziner grundsätzlich eine Ordnung und eine Zucht zu herrschen, wie sie leider in der neuen Welt selten zu finden sind.« Alexander meinte, Mißbräuche dürfe man nicht den einzelnen Orden zur Last legen. In den Missionen entwickelte sich ein ausgesprochener Gemeinsinn. Der Ertrag der allgemeinen Arbeit sollte allen Indianern zugute kommen. »Diese Mönchsanstalten haben ... Ähnlichkeit mit den Gemeinden der mährischen Brüder; sie fördern die Entwicklung in der Bildung begriffener Menschenvereine, und in den katholischen Gemeinden, die man Missionen nennt, wird die Unabhängigkeit der Familien und die Selbständigkeit der Genossenschaftsmitglieder mehr geachtet als in den protestantischen Gemeinden nach Zinzendorfs Regel.«[67]

Im Vorwort des vorliegenden Buches wurde Humboldts gleichmäßiger Blick auf Natur und Mensch betont, der seine Physikalische Geographie auszeichnete. So verwundert es nicht, daß er den Chaymas- Indianern ein eigenes »Naturgemälde« (!) folgerichtig gewidmet hat, eine gestochen scharfe Momentaufnahme für jeden heutigen Ethnohistoriker: So liebten die Chaymas z. B. die Nacktheit, und wenn man sie zu früh in Kleider zwang, flohen sie in die Wälder. Männer und Frauen blieben in ihren Wohnungen nackt. Gingen sie durch das Dorf, bedeckten sie sich mit einem Hemd aus Baumwolltuch. Regnete es, so zogen sie die Kleider aus. »Sie wollten sich lieber auf den nackten Leib regnen, als ihre Kleider naß werden lassen.« Mädchen durften bis zum neunten Jahr nackt in die Kirche gehen. Beinkleider, Schuhe und Hüte waren unbekannter Luxus. Die Frauen waren nach europäischen Begriffen nicht hübsch, doch die jungen Mädchen hatten »etwas Sanftes und Melancholisches im Blick der Augen, welches gegen den einigermaßen harten und wilden Ausdruck des Mundes angenehm absticht«. Die Haare sammelten sie in zwei langen Flechten. Die Haut wurde nicht gefärbt. Sie kannten nur Hals- und Armbänder aus Muscheln, Vogelknöchelchen, Körnern und Beeren. Trotz ihres fetten, fleischigen Körpers waren beide Geschlechter muskelstark.

Einzelne Missionare schienen auch naturwissenschaftliche Forschungen anzuerkennen, obgleich sie diese als »neue Philosophie«, als Gefahr für die Religion beargwöhnten. So hatte ein junger Missionar ein Werk Chaptals über die Chemie mit in die Wälder nehmen wollen. Humboldt glaubte zwar nicht, daß dieser Bildungstrieb rege bliebe; »aber soviel ist sicher und gereicht dem Geist des Jahrhunderts zur Ehre, daß wir bei unserem Aufenthalt in den Klöstern und Missionen Amerikas nie eine Spur von Unduldsamkeit wahrgenommen haben«.[68] So wußten die Mönche aus seinem Paß, daß er aus »dem protestantischen Deutschland« stammte. Nie entstand deshalb Feindschaft, nie wurde deshalb die Gastfreundschaft verletzt. Humboldt und Bonpland hatten nicht nur ihren großzügigen Pässen vertraut, sondern bereits in Cumaná mit dem Syndikus der Missionare gesprochen; so erlaubte man ihnen stets einen längeren Aufenthalt, während Weiße sonst oft nur eine Nacht in den Rasthäusern verweilen durften. – Das Indianerdorf Arenas war keine Mission mehr und wurde lediglich von einem Geistlichen verwaltet. Die Indianer hatten die Kirche mit Tieren des Landes geschmückt und waren bereits recht kultiviert.

In der Stadt Cumanácoa kamen sie mit ihren Instrumenten beim Verwalter der Tabakregie unter. In diesem Monopol sah Humboldt einen der Gründe, die später zum Abfall der Kolonien führten. Die gesamte Tabakernte mußte der Regierung verkauft werden. Wegen des Schmuggels war der Anbau auf ein bestimmtes Gebiet beschränkt. Spanische Aufseher zerstörten jede nicht genehmigte Pflanzung und zeigten jede Übertretung an. Große Plantagen lieferten auch einen besonders begehrten Indigo. Der Landbau dieser Gegenden steckte noch in den Anfängen und wurde gefährdet, weil viele der dringend nötigen Arbeitskräfte nach den Llanos abwanderten, wo sie sich als Viehzüchter leichter ernähren konnten.

Am 12. September 1799 reisten sie weiter nach dem Berge Cocolar, wo sie drei Tage in der Einsamkeit als Gäste auf dem Hof ihres Führers, Don Mathias Yturbiri, blieben. »Ohne Nachbarschaft, im ungestörten Besitz eines Savannenstrichs von fünf Meilen, genießt er hier der Unabhängigkeit, wie die Vereinzelung sie gewährt, und der Heiterkeit des Gemüthes, wie sie schlichten Menschen eigen ist, die in reiner, stärkender Luft leben.«[69] Sie bestiegen den Gipfel des Cocolar, den Turimiquiri. Beim Aufstieg beobachtete Humboldt die übereinanderliegenden Stufen des Sandsteins. Wie die Berge der Umgebung war auch der Turimiquiri bis zu 700 Toisen nur mit Gräsern bewachsen, obgleich »die obere Baumgrenze« erst bei 1600 Toisen lag. Noch über 1000 Toisen fand Humboldt ein Wäldchen von Cedrela, Javillo und Mahagonibäumen[70]. Er glaubte auch hier, daß die Brände, welche die Indianer legten, die Landschaft wandelten. Vom Gipfel sah er im Norden mehrere parallele Bergketten, die von Ost nach West strichen und von Längstälern getrennt wurden, in welche kleinere Tälchen im rechten Winkel mündeten. – Bei Guanaguana erreichten sie den südlichsten Punkt ihrer Reise. Von da gingen sie nach Caripe, wo sie im Kloster wohnten. Humboldt erhielt die Zelle des Gardians und war überrascht, eine »ziemlich ansehnliche Büchersammlung« anzutreffen, darunter auch Abbé Jean Antoine Nollets *Traité d'électricité*. Im Gemeinde-Conuco fand er viele Küchenkräuter, Mais, Zuckerrohr und 5000 Kaffeebäume, welche die Mönche um das dreifache vermehren wollten. Der Superior der Kapuziner hatte den Kaffeeanbau eingeführt, weil der Indigo mehr Hitze verlangte und wenig Farbstoff lieferte.

Drei Meilen im Westsüdwesten von Caripe lag die »Fettgrube« oder die Höhle des Guácharo, die sie am 18. September 1799 besuchten[71]. Der Eingang öffnete sich nach Süden. Erst nach 430 Fuß mußten sie Fackeln entzünden. Die Vegetation zog sich noch viel weiter in die Höhle hinein. Da, wo die Dämmerung begann, hörte man das heisere Geschrei des Guácharo-Vogels, der von der Größe unserer Hühner ist. Alexander hat ihn erstmals gezeichnet und ihn später als *Steatornis* (= Fettvogel) *caripensis* beschrieben[72]. Das Tier verließ die Höhle nachts, um sich Körner zu suchen. Je tiefer sie eindrangen, desto mehr erhob sich das Geschrei dieser Tiere. Jedes Jahr am Johannistag erschlugen die Indianer mit langen Stangen Tausende von ihnen. »Ihr Bauchfell ist stark mit Fett durchwachsen, und eine Fettschicht läuft vom Unterleib zum After und bildet zwischen den Beinen des Vogels eine Art Knopf.«[73] Die Indianer errichteten dann Hütten am Eingang der Höhle, um das Fett der frisch getöteten Vögel am Feuer auszulassen. Diese »Fetternte« versorgte die Klosterküche von Caripe mit »Guácharoschmalz«. Öl wurde weit weniger gewonnen. – Sie konnten die Höhle nur teilweise betreten; da die abergläubischen indianischen Führer nicht weitergingen, mußten sie umkehren, bestimmten aber vorher die Temperatur. Sie wohnten noch mehrere Tage im Kloster, trockneten die gefundenen Pflanzen und zeichneten die, »welche nach unserer Ansicht neue Gattungen bildeten«[74].

Am 22. September 1799 brachen sie auf. Sie fanden im Tal von Caripe und auf diesem Wege fünf neue Arten von Baumfarnen; »zu Linnés Zeiten kannten die Botaniker ihrer nicht vier auf beiden Continenten«.[75] Auf dem Wege zum Indianerdorf Santa Cruz kamen sie in eine große Savanne, die »aus mehreren sehr ebenen Plateaus, die wie Stockwerke übereinander liegen«, bestand. Über die Mission Catuaro gingen sie nach Cariaco, wo ein großer Teil der Einwohner an Wechselfieber erkrankt war. Die Ebene war fruchtbar, aber sehr feucht. Im Herbst pflegte die Ruhr das Fieber zu begleiten.

Cariaco hatte damals etwa 6000 Einwohner, die vor allem vom Baumwollanbau lebten. Man erzeugte 10 000 Zentner im Jahr. 1792 zählte man noch 254 000 Kakaobäume in der Umgebung der Stadt. Seitdem war dieser Anbau stark zurückgegangen. Der Baum trug erst im achten bis zehnten Jahr. Nur im Inneren der

Provinz entstanden noch neue Kakaopflanzungen, die ihre Standorte langsam von Westen nach Osten verlagerten, denn »je länger ... ein Land urbar gemacht wird, desto baumloser wird es in der heißen Zone, desto dürrer, desto mehr den Winden ausgesetzt ... deßhalb gehen die Pflanzungen in der Provinz Caracas ein und häuften sich dafür westwärts auf unberührtem, erst kürzlich urbar gemachtem Boden«[76]. Etwa ein Viertel der Kakaoernte wurde nach dem englischen Trinidad geschmuggelt[77]. Der Handel und Wohlstand der Bewohner, ihr Verkehr mit dem Ausland hatten sie zu Verehrern demokratischer Ideen werden lassen und ihnen »eine entschiedene Vorliebe für die Regierungsform der Vereinigten Staaten« eingeflößt[78]. »Hier hörten wir zum erstenmale in diesem Himmelsstriche die Namen Franklin und Washington mit Begeisterung aussprechen. Neben dem Ausdruck dieser Begeisterung bekamen wir Klagen zu hören über den gegenwärtigen Zustand von Neu-Andalusien, Schilderungen, oft übertriebene, des natürlichen Reichthums des Landes, leidenschaftliche, ungeduldige Wünsche für eine bessere Zukunft. Diese Stimmung mußte einem Reisenden auffallen, der unmittelbarer Zeuge der großen politischen Erschütterungen in Europa gewesen war. Noch gab sich darin nichts Feindseliges, Gewaltsames, keine bestimmte Richtung zu erkennen.«[79] – Seit Trinidad 1797 englisch geworden war, waren in den gegenüberliegenden Küsten neue Ideen lebendig geworden. Kaffee-, Zuckerrohr- und Baumwollanbau waren neu eingeführt worden, die Bevölkerung hatte zugenommen. Humboldt meinte, seit 1797 sei »eine geistige Umwälzung eingetreten«.[80] Von Cariaco fuhren sie mit dem Schiff längs der Küste zurück. Sie blieben wieder einen Monat im Cumaná und entschieden sich nun endgültig für eine Fahrt auf dem Orinoco und die Erforschung des Casiquiare.

## 5. Publizistische Wirksamkeit Humboldts in Reisebriefen

### *Publicity – Jägerlatein – Abenteuer*

Hatte Humboldt inzwischen die ferneren Reiseziele geändert? Am 15. Oktober 1799 schrieb er einen bemerkenswerten Brief an Ludwig Bollmann, einen Jugendfreund aus der Hamburger Zeit, der seit 1796 in den Vereinigten Staaten lebte. Er führte seine Reisepläne an und nannte den Orinoco, Kuba, Mexiko, Quito, die Philippinen und das Kap der Guten Hoffnung oder Buenos Aires. »Dies Unternehmen«, meinte er, »ist für einen Privatmann etwas groß, aber einem großen Plane unterliegen ist keine Schande.«[81] Die Begleitung Bonplands und königliche Empfehlungen machten zwar »manches erträglich. Aber so geläufig ich auch spanisch rede, so sehr ich auch die Biederkeit des spanischen Charakters zu schätzen weiß, so ist ein freidenkendes deutsches Gemüth auf spanischem Boden in sich eingeengt und vergraben«.

»Der sittliche Zustand von Europa« sei »fürchterlich« gewesen, als er es verließ, schrieb Humboldt weiter. »Ein fühlender Mensch wußte [nicht], ob er die mehr verachten sollte, die dem menschl[ichen] Geiste Fesseln anlegen od[er] den Haufen derer, welche im Besitz der Freiheit, sie mit Gleichgültigkeit von sich stoßen. Ich unterscheide Individuen von den Massen, aber als Masse betrachtet ist republikan[ische] Denkart jetzt in Frankreich ebenso viel als in China od[er] Indostan. Wer dieses Land 1789 sah u[nd] der Geschichte der Revol[ution] gefolgt ist, hat davon kaum einen Begriff, und bei einem Volksfeste, wo das Volk die Sinnbilder der Freiheit zu verhöhnen zusammengekommen scheint, sagte Sieyès mit Recht die fürchterlichen Worte: Freiheit diesem Volke, nein, ein gold'nes Kalb! So ist es jetzt, aber es wird nicht immer so sein, u[nd] die Abschaffung des Feudalsystems, das geheiligte Recht der Gleichheit, wird die Menschen glücklicher u[nd] besser machen.«[82]

Die eigentliche Ursache seines Briefes war der Wunsch, sich einem Bekannten gegenüber auszusprechen, der Hoffnung, diesen vielleicht wiederzusehen, Raum zu geben und Bollmann zu veranlassen, Nachrichten über seine Reise »in 1 od[er] 2 der gelesensten amerikan[ischen] Zeitungen« einrücken zu lassen, und zwar solchen, »die nach England gehen«. Damit wollte er die augenblickliche Postsperre geschickt umgehen. – So wie Humboldt hatte bis dahin kein Reisender an die »Publicity« seines Unternehmens gedacht. Er bat Bollmann, seine Hinweise so abzufassen, als kämen sie allein von ihm; er solle schreiben »daß H[umboldt], nachdem er physikal[ische] u[nd] mineralog[ische] Beobachtungen auf dem Gipfel des Pico von Teneriffa angestellt, sehr gesund und glücklich Anfang Juli mit der Sammlung seiner physikal[ischen] u[nd] astronomischen Instrumente in dem Hafen von Cumaná angelangt sei, von wo aus er (ich habe Gründe zu diesem Zusatz) under the protection of his Cathol. Majesty bereits seine Arbeiten in den Gebirgen von Paria u[nd] Nueva Andalucia angefangen. Er wird von hier nach Mexiko abgehen.«[83]

Es verging kein Jahr während Humboldts Reise, in dem nicht Nachrichten über ihn in Zeitungen erschienen. Dabei verstand er es auch, in seinen Briefen seltsame Erscheinungen aus dem Raritätenkabinett der Natur mit Behagen wie Jägerlatein auszumalen. So teilte er am 1. September 1799 v. Zach mit, er solle doch ja dem Hofrat Blumenbach in Göttingen melden, daß in der Provinz Neu-Andalusien ein Mann lebe, der so viel Milch habe, daß er, da seine Frau ihr Kind nicht selbst stillen könne, dasselbe seit fünf Monaten ganz allein ernähre. »Seine Milch unterscheidet sich auch nicht im geringsten von Frauenmilch. Die Böcke der Alten gaben auch Milch.« – »Wir sind hier von Tigern und Krokodilen (Alligatoren) umgeben, die sich gar nicht genieren, auch nicht ekel sind und einen weißen oder schwarzen Mann für einen gleich guten Bissen halten. Sie geben auch an Größe den afrikanischen Raubtieren nichts nach. Und – welches Pflanzenreich! wahre organisierte Kolosse. Ein Ceiba, aus dem man vier Kanuts macht!«[84]

Andererseits gab er sich sehr bescheiden, wenn er schrieb, man müsse Nachsicht mit ihm haben, er sei nur ein Privatmann, dessen Expedition nicht mit staatlichen Unternehmungen verglichen werden könne. Hätte er »etwas Großes« in der Astronomie ausrichten wollen, so hätte er Burckhardt als Reisegefährten mitnehmen sollen, schrieb er an v. Zach, dessen Schüler der genannte Astronom war[85]. Das alles waren geschickt gesetzte Lichter, die ihn bewußt oder unbewußt selbst beleuchteten. Aber auch solche menschlichen Züge hoben Humboldt hervor, und man ist oft verwundert festzustellen, daß sie seinen Erfolg sichern halfen[85]. Er ließ sich keine Gelegenheit entgehen, die Phantasie der Menschen seiner Zeit zu beschäftigen, um sie für sich zu gewinnen.

Wegen des klaren Himmels und wegen einer Ende Oktober 1799 zu erwartenden Sonnenfinsternis schien der Aufenthalt in Cumaná vor allem den astronomischen Messungen günstig, die Humboldt selbst einmal als den »Hauptzweck« seiner Reise bezeichnete[87], weil er in einer genauen Karte die Grundlage der Geographie erblickte.

Am 27. Oktober 1799 wollten sie das Kommen der Flut an der Küste beobachten, als sie überraschend von einem Zambo mit einer Keule angegriffen wurden. Humboldt konnte einem Schlag ausweichen, während Bonpland niedergestreckt wurde. Gemeinsam griffen sie nun den Gegner an. Handelsleute kamen ihnen zu Hilfe und stellten den Strolch. Er war wegen schlechter Behandlung von einem Schiff entsprungen und hatte sich an den beiden Forschern, die französisch sprachen, rächen wollen. Verbrecher mußten damals bis zu acht Jahren warten, bis ihr Fall vor den Richter kam, und Humboldt freute sich, als er hörte, der Zambo sei entflohen. Am 4. November 1799 erlebte er das erste Erdbeben und in der Nacht vom 11. zum 12. November 1799 einen wahren vierstündigen Regen von Sternschnuppen und Tausenden von Feuerkugeln[88].

## 6. Caracas und die Täler von Aragua

### *Blick aus der Theaterloge in den Sternenhimmel*

Am 18. November 1799 begannen Humboldt und Bonpland die Seereise von Cumaná an der Küste entlang nach La Guaira, dem Hafen von Caracas. Humboldt plante, dort das Ende der Regenzeit abzuwarten, dann durch die Llanos zu den Missionen am Orinoco zu reisen, den Casiquiare zu befahren und über Angostura nach Cumaná zurückzukehren. Sie konnten auf die Unterstützung von Don Vicente Emparan und der Franziskaner-Mönche in den Orinoco-Missionen rechnen. Für die Wahl ihres Zieles war die Bekanntschaft mit einem gebildeten Laienbruder, Frai Juan Gonzales, in Cumaná entscheidend. Er hatte lange in Esmeralda, der letzten Mission am oberen Orinoco, gelebt und bestärkte die Reisenden, »die vielbestrittene Gabelung des Orinico zu untersuchen«.[89]

Am 20. November 1799 legte das Boot bereits in dem kleinen Hafen Higuarote an. Viele Passagiere waren seekrank, auch Bonpland, und die Angst, von englischen Kreuzern aufgebracht zu werden, war groß. Humboldt hatte vorsichtshalber dem englischen Gouverneur nach Trinidad geschrieben und ihm den rein wissenschaftlichen Zweck der Reise umrissen; die Antwort war »sehr befriedigend«[90]. Humboldt fuhr mit dem indianischen Steuermann allein weiter, die anderen Passagiere zogen den Landweg vor. Alexander begrüßte es, daß sich ihnen auch Bonpland anschloß, der unterwegs viele neue Pflanzen sammeln konnte.

Humboldt landete am 21. November 1799 im Hafen von La Guaira (6000–8000 Einwohner). Die Stadt erschien ihm trübselig, der Lage nach war sie mit Santa Cruz de Tenerife vergleichbar. Man kannte dort erst seit zwei Jahren das Gelbe Fieber und suchte nun nach den Ursachen. 1797 war der Hafen auch fremden Schiffen geöffnet worden, und man behauptete, Nordamerikaner hätten die Seuche eingeschleppt.

Bonpland traf vier Tage später in La Guaira ein. Die Reisenden brachen nun nach Caracas, der Hauptstadt einer Generalkapitanie mit 900 000 Einwohnern, auf. Humboldt verglich die Route mit dem Weg über den St. Gotthard oder den Großen St. Bernhard; an zwölf Punkten hat er sie barometrisch vermessen und dann ein Profil gezeichnet. Vor einem kleinen Wirtshaus traf er Bewohner aus Caracas, die über den Aufstand zur Befreiung des Landes stritten. Selbst in Fragen, »über die Landsleute nie verschiedener Meinung seyn sollten«, gingen sie auseinander, und in der Wirtsstube wies ein besonnener Mann darauf hin, wie unklug es sei, offen politisch zu diskutieren, da man nicht vor Angebern sicher sei, ein Hinweis, den Humboldt später noch des öfteren vernahm und der ihm jetzt im Vergleich zu Europa großen Eindruck machte.

Caracas (40 000 Einwohner) war Sitz eines hohen Gerichtshofes. Es besaß damals acht Kirchen, fünf Klöster und ein Theater, das 1500–1800 Zuschauer faßte. Die Straßen waren breit und schnitten sich im rechten Winkel wie in allen spanischen Gründungen. Das Parterre des Theaters, in dem Frauen und Männer getrennt saßen, war nicht gedeckt. Humboldt hat dieses Theater oft besucht. Das neblige Wetter vereitelte seine astronomischen Messungen, und er konnte von der Loge aus abschätzen, ob der Jupiter sichtbar würde oder nicht. Die Witterung war sehr unbeständig, es gab schroffe Übergänge von trockener zu feuchter und nebliger Luft. Der Himmel war oft auffallend blaß gefärbt, wenn der Wind von Petare wehte. Die Landschaft erhielt durch die hohen Berge Avila und Silla einen düsteren Anstrich. In der Umgebung pflanzte man den Kaffeebaum, das Zuckerrohr gedieh, noch höher wuchsen Ananas, Pfirsiche und Äpfel.

Humboldt und Bonpland blieben zwei Monate. Sie bewohnten ein großes, fast ganz freistehendes Haus im höchsten Teil der Stadt[91]. Wieder waren sie erstaunt über die Gastfreundschaft, die ihnen der Generalkapitän, Don Manuel Guevara y Vasconcellos, gewährte[92]. Humboldt freute sich über den politisch aufgeschlossenen Sinn vieler Bewohner. Der Handel mit Europa und Nordamerika hatte den Wohlstand gefestigt und den Sinn freier werden lassen. Er stellte »zwei Menschenklassen«, »zwei streng geschiedene Generationen«, fest[93], die das politische Bild bestimmten. Die einen hielten an den spanischen Überlieferungen fest, die meisten aber lebten mehr in Gegenwart und Zukunft und neigten zur politischen Unabhängigkeit. Ähnlich war der Adel gespalten: Er fußte auf seinen europäischen Vorrechten oder berief sich auf Verdienste der Konquistadorenzeit, wenn er mehr am amerikanischen Boden haftete. Im ganzen aber waren die Weißen mehr und mehr Anhänger der Idee der Gleichheit. Die Unabhängigkeit war vielen gleichbedeutend mit der Abschaffung der Sklaverei, und so deutete Humboldt das Andauern des gegenwärtigen Zustandes als Ausdruck eines Kompromisses zwischen den herrschenden Ansichten. – Er stellte viele Ansätze echter Bildung fest. In mehreren Familien las man französische und italienische Schriftsteller und liebte die Musik. Naturwissenschaften wurden dagegen vernachlässigt. Trotz der landschaftlich anregenden Gegend hatte niemand botanisch oder mineralogisch geforscht. Lesen war dennoch nur wenigen ein Bedürfnis; »es wäre aber unbillig, den Colonisten zur Last zu legen, was das Werk einer argwöhnischen Staatskunst ist«.[94] Erst 1806 eröffnete ein Franzose die erste Druckerei. »Es ist in unserer Zeit gewiß eine auffallende Erscheinung, daß das kräftigste Mittel des Gedankenaustausches nicht vor einer politischen Umwälzung eingeführt wird, sondern erst nachher.«[95]

Am 1. und 2. Januar 1800 bestiegen Humboldt und Bonpland die Silla; sie konnten nicht einen Einwohner finden, der auf dem Gipfel dieses Berges gewesen war. Wieder beobachtete Alexander die Ausbildung verschiedener Vegetationszonen. Er bestimmte die Höhe des Sattels zwischen den zwei abgerundeten Spitzen der Silla (= Sattel) und fand den Gipfel 1350 Toisen hoch. Sie waren 15 Stunden unterwegs und zogen sich beim Heruntersteigen die Schuhe aus, um glatte vegetationsfreie Stellen barfuß sicher zu überwinden.

Hier erlebte Humboldt erstmals die kalte Hochregion eines tropischen Gebirges und schwelgte förmlich im Einsatz seiner Instrumente, die ihm die Abnahme der Temperatur, der Luftbläue (gemessen mit dem Cyanometer), die Luftfeuchtigkeit (gemessen mit dem Dulecschen Fischbeinhygrometer) und die elektrische Spannung (gemessen mit dem Elektrometer Voltas) anzeigten. Die barometrische Messung ergab eine Höhe von 2564 Metern. Gerollte Quarzkiesel konnten in dieser Höhe selbst nicht entstanden sein. Darum erwog er die tektonische Heraushebung des Gebirges. Von Stufe zu Stufe erlebte er die vertikale pflanzengeographische Zonierung. Er dachte über Pflanzenwanderungen nach, über die später »Anpassungsformen der Vegetabilien« genannte Erscheinung, über die Höhenlage der Schnee- und der Baumgrenze. »Große Bäume scheinen auf beiden Felsgipfeln der Silla nur deshalb zu fehlen, weil der Boden zu dürr und der Seewind so heftig ist und die Oberfläche, wie auf allen Bergen unter den Tropen, so oft abbrennt.« *Dieses klassische Resultat Physikalischer Geographie aus Beobachtungskunst und geistiger Kombination führte in diesem Augenblick zur Begründung der Hochgebirgsgeographie der Tropen.*

## 7. Fahrt zum Orinoco

### *Zitteraale sind »lebendige elektrische Batterien«*

Für die Fahrt zum Orinoco, die am 7. Februar 1800 begann, wählte Humboldt einen großen Umweg: Sie wandten sich von Caracas zunächst nach Südwesten, gingen nördlich am Valenciasee vorbei und reisten nordwärts zur Küste nach Porto Cabello, dann kehrten sie um und wanderten an der Südseite des Sees entlang; von da stießen sie nach Süden vor. Man hatte ihnen in Caracas empfohlen, diesen schönsten und landwirtschaftlich entwickeltsten Teil der Provinz, die Täler von Aragua, zu besuchen. Humboldt führte unterwegs mehrere Ortsbestimmungen aus; er beobachtete verschiedene Landschaften und bemühte sich auch, sie zu erklären. Auf dem Berge Las Cocoyzas fiel ihm auf, daß die umliegenden Gipfel ein flaches wellenförmiges Relief aufwiesen. Er führte es nicht auf die Gesteinsbeschaffenheit, sondern auf lange Wasserbedeckung und Wirkung von deren Strömungen zurück. Er sah Dörfer, die mehrere tausend Einwohner zählten und absichtlich nicht als Städte anerkannt wurden, um ihnen Rechte vorzuenthalten. Sie sahen große Zuckerrohr- und Kakaoplantagen in den Tälern Araguas.

Verheiratete Negersklaven bebauten am Sonnabend und Sonntag, den freien Tagen in der Woche, das Land, das ihnen ihre Herren zur eigenen Nutzung angewiesen hatten. Diese rühmten, wie gut es ihre Sklaven hätten, »wie im nördlichen Europa die gnädigen Herren den Wohlstand der leibeigenen Bauern rühmen«.[96] Die regelmäßige Bauart der Dörfer verriet, daß ihre Keimzellen Missionen waren. Die reinblütigen Indianer wurden mehr und mehr aufgesaugt. Immer mehr Mischlinge, Mestizen oder Zambos, erschienen in der Bevölkerung. Von Cura aus besuchten sie viele Felseninseln im See von Valencia und freuten sich in der Umgebung über die fleißige arbeitsame Bevölkerung, der die Mittel zur Sklavenhaltung fehlten. Graf Tovar hatte mehrere seiner Besitzungen an seine Sklaven verteilt, um die Unfreiheit zu bekämpfen. Die Neger wurden so zu Pächtern, die allerdings oft in Bedrängnis gerieten. Sie mußten ihre Ernte zu billigen Preisen abgeben oder sie vor der Frucht schon verpfänden und gerieten so wieder als Tagelöhner in die Abhängigkeit eines Herrn. Immerhin erkannte Humboldt solche Bestrebungen an, weil sie bewiesen, »daß die unglücklichen Sklaven Bauern, Pächter und Grundbesitzer werden können«.[97]

Der Valenciasee schien Humboldt im Umriß dem Genfer See sehr zu ähneln; beide Seen lagen fast in gleicher Meereshöhe. Die Nordseite war lieblich und voller Plantagen, die Südseite wüst, kahl und verschlossen. »Dieser Contrast zwischen den beiden Ufern des Sees von Valencia«, der größer als der Neuenburger See ist, erinnerte ihn »oft an das Seegestade des Waadtlandes, wo der überall angebaute, überall fruchtbare Boden dem Ackerbauer, dem Hirten, dem Winzer ihre Mühen sicher lohnt, während das savoyische Ufer gegenüber ein gebirgiges, halb wüstes Land ist«.[98] Unzweifelhaft war der Seespiegel gesunken. Humboldt glaubte nicht an einen neu entstandenen unterirdischen Abfluß, sondern wies auf die zunehmende Entwaldung und vor allem auf den Wassermangel der kleinen Bäche und Flüsse hin, die von vielen Bewässerungskanälen angezapft wurden und oft ausgetrocknet waren, wenn sie den See erreichten. Er riet, zur Kontrolle des Wasserstandes einige Granitsäulen aufzustellen, um an ihnen von Jahr zu Jahr den mittleren Wasserstand zu bestimmen. Er wunderte sich über die geringe Tiefe des Sees, der im Gebirge lag, im Verhältnis zu den Alpenseen. Dafür waren die Inseln mit üppigem Pflanzenwuchs überzogen; zum Teil wurden sie landwirtschaftlich genutzt. Bei Porto Cabello fielen ihm die reichen Tabakplantagen auf; sie könnten wie Kuba sämtliche europäischen Märkte versorgen, wenn nicht das Prohibitivsystem den Anbau hemmte. So konnte der Schleichhandel blühen und z. B. aus Brasilien über den Rio Negro und Orinoco Tabak ins Land einführen.

In Porto Cabello wohnten sie vom 27. Februar bis 1. März 1800 bei einem französischen Arzt, der in Montpellier studiert hatte. Humboldt fand in seinem kleinen Haus schöngeistige und naturwissenschaftliche Literatur, meteorologische Notizen und Aufzeichnungen über das Gelbe Fieber. Der Hafen war ausgezeichnet und stark befestigt. Allerdings fehlte es an Soldaten. Der Schmuggelverkehr mit den Inseln Curaçao und Jamaica blühte. So wurden jährlich über 10 000 Maultiere ausgeführt. Am 1. März 1800 verließen sie die Hafenstadt. Auf dem Rückweg untersuchten sie den sogenannten »Kuhbaum«, der trinkbare »vegetabilische Milch« lieferte; Humboldt und Bonpland tranken selbst zweimal davon, ohne nachteilige Wirkungen zu bemerken, und schickten Fourcroy in Paris zwei Flaschen dieser Milch über den französischen Konsul auf der Insel Sankt Vincent. Die Eingeborenen zapften den Baum an und fingen in großen Näpfen Milch auf, die doch »ein ausschließliches Produkt der thierischen Organisation« zu sein schein. »Die einen trinken die Näpfe unter dem Baum selbst aus, andere bringen sie ihren Kindern. Es ist, als sähe man einen Hirten, der die Milch seiner Herde unter die Seinigen vertheilt.«[99]

Von Barbula gingen sie nach Guacara zurück und verzichteten auf einen Besuch der Kordilleren von Neu-Granada, um zum Orinoco aufzubrechen. Über Guige und Cura verfolgten sie den schon einmal begangenen Weg in umgekehrter Richtung. In Cura wohnten sie bei einer Familie, die nach der Revolution in Caracas 1797 verfolgt worden war. Ein Sohn saß in Havanna als Gefangener. Seine Mutter gab Humboldt ihr erspartes Geld, fünf Piaster, da er noch Kuba besuchen würde[100]. – Auf der Fahrt durch die Llanos, die von Raubgesindel unsicher gemacht wurden, schlossen sich ihnen mehrere Reisende an. »Der einförmige Anblick dieser Steppen hat etwas Großartiges, aber auch etwas Trauriges und Niederschlagendes. Es ist, als ob die ganze Natur erstarrt wäre; kaum daß hin und wieder der Schatten einer kleinen Wolke, die durchs Zenith eilend die nahende Regenzeit verkündet, auf die Savanne fällt.«[101] Barometerbeobachtungen zeigten ihnen, daß die Llanos sich nicht hoch über dem Meeresspiegel erhoben. Die Flüsse hatte nur ein geringes Gefälle. Der Wind konnte ihren Lauf rückwärts drängen. Humboldt wollte die Ebenheit der Llanos auf längere Bedeckung durch Wasser zurückführen. Sie wurde durch bancos und mesas gestört. Diese Bänke wurden oft drei bis vier Meilen lang, waren waagerecht und bestanden meist aus Schichten von festem Sand- oder Kalkstein. Mesas sind konvexe Erhöhungen, »die unmerklich zu einigen Toisen Höhe ansteigen«.[102] Farbige Peones llaneros, die kaum den Sattel verließen, weideten die großen Herden ihrer Herren.

Sie ritten zwei Nächte und suchten tags vergeblich vor den sengenden Strahlen der Sonne Schutz. In einem Hof reichte man ihnen schmutziges Wasser zur Erfrischung. Es sollte für Monate ihr wichtigstes Getränk bleiben. In Calabozo (5000 Einwohner), einer Stadt mit steigendem Wohlstand, trafen sie einen Bewohner, Carlos del Pozo[103], der sich »mitten in den Llanos eine Elektrisiermaschine mit großen Scheiben, Elektrophoren, Batterien, Elektrometern« gebaut hatte, »fast so vollständig«, wie ihn die damaligen Physiker Europas besaßen. »Und all dieß war nicht in den Vereinigten Staaten gekauft, es war das Werk eines Mannes, der nie ein Instrument gesehen, der Niemanden zu Rathe ziehen konnte.« Er hatte allerdings das Werk Sigaud de la Fonds und Benjamin Franklins Denkwürdigkeiten gelesen. Voll Staunen sah Carlos del Pozo Humboldts Elektrometer der verschiedensten Ausführung. Die Namen Galvani und Volta waren hier noch unbekannt. Dafür hatte Pozo Versuche mit den »lebendigen elektrischen Apparaten«[104], den Zitteraalen, angestellt. Humboldt kannte die europäische Literatur über den *Gymnotus electricus* gut und hatte 1797 auch in seinem zweibändigen Werk über die gereizte Muskel- und Nervenfaser diese Erscheinungen behandelt. Noch viele Jahre später beschaffte der preußische Konsul und vorzügliche Orientalist Wetzstein dem wißbegierigen Humboldt erläuternde Belege aus der arabi-

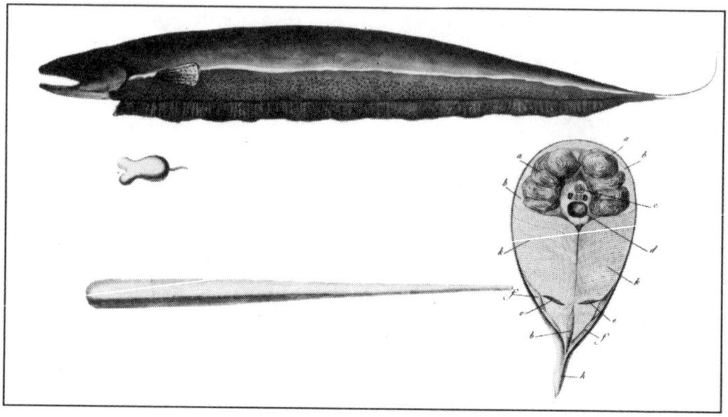

*Gymnotus aequilabatius*

schen Literatur[105]. Die Indianer konnten ihm leider kein kräftiges Exemplar verschaffen. Am 19. März 1800 trieben sie deshalb ungezähmte Pferde und Maultiere in einen Bach, um mit »Pferden Zitteraale zu fischen«, wie sie es nannten. Die Gymnoten wehrten sich gegen den vermeintlichen Angriff der Vierbeiner durch das Entladen ihrer elektrischen Batterien. Waren sie erschöpft, ließen sie sich von den Indianern fangen. Humboldt erhielt so fünf große Zitteraale zur Untersuchung. – Auch hier führte er die ersten astronomischen Beobachtungen aus und korrigierte die Breitenangaben der Karte um ein Viertelgrad.

Am 24. März 1800 verließen sie Calabozo. Sie waren zufrieden mit ihrem Aufenthalt und ihren astronomischen Beobachtungen, die ihnen die Ungenauigkeit des Kartenbildes enthüllten. Lange Trockenheit hatte den Boden der südlichen Llanos, die sie nun betraten, ausgedörrt und staubig werden lassen. Nach und nach schwanden die Palmen.

Gegen 16 Uhr fanden sie ein etwa 13 Jahre altes nacktes Indianermädchen. Es lag auf dem Rücken. Erschöpfung und Durst hatten es entkräftet. Augen, Nasenlöcher und Mund waren voller Staub. Es atmete röchelnd und konnte ihre Fragen nicht beantworten. Ein umgestürzter, halb mit Sand angefüllter Krug lag neben ihr. Glücklicherweise führten Humboldt und

Bonpland ein Maultier mit sich, das Wasser trug. Sie wuschen das Gesicht des Mädchens, nötigten es, einige Tropfen Wein zu trinken und entrissen es damit der Lethargie. Es war erschreckt, sich von jeder(M)ann umgeben zu sehen, beruhigte sich aber nach und nach und unterhielt sich mit den Führern. Am Sonnenstand las es ab, es müsse mehrere Stunden dahingedämmert haben. Es ließ sich nicht bewegen, eines ihrer Lasttiere zu besteigen, und wollte nicht nach Uritucu zurückkehren, wo es auf einer benachbarten Farm gedient hatte. Seine Herren hatten es entlassen, weil es nach einer langen Krankheit nicht mehr arbeiten konnte wie früher. Drohungen und Bitten führten zu nichts, das Mädchen wollte sich nun einmal in eine Indianermission in der Umgebung Calabozos begeben. Die Reisenden schütteten den Sand aus seinem Krug und füllten ihn mit Wasser. Es verfolgte seinen Weg durch die Savanne, ehe Humboldt und Bonpland auf ihre Pferde gestiegen waren.

Unterwegs nach Süden stellte Humboldt erneut roten Sandstein fest, dessen große Ausdehnung ihm eine der auffallendsten geologischen Erscheinungen dieser Tropen zu sein schien. Am 27. März 1800 kamen sie nach San Fernando, dem Hauptort der Kapuziner-Missionen der Provinz Barinas. Damit waren die Llanos durchmessen, und die Fahrt auf den Strömen durch den Tropischen Regenwald – oder, nach dem von Herodot abgeleiteten Ausdruck Humboldts, durch die *Hyläa* – konnte beginnen. Von hier aus besuchten sie die kleine Stadt San Francisco und wohnten beim Missionar, einem sehr wohlhabenden Kapuziner, an den sie der Bischof von Caracas empfohlen hatte. Der Ort verdiente kaum die Bezeichnung Stadt. Aber die Missionare wollten in Europa auf ihre Verdienste hinweisen, und infolgedessen erschienen Dorf- und Stadtnamen sogar vor der eigentlichen Gründung und Missionierung bereits auf Karten. Der Missionar hatte Uferbauten beginnen lassen, um die Siedlung in der Regenzeit zu schützen. Sehr oft waren die Missionen in Flußnähe angelegt worden, weil man glaubte, daß die Ufer die Besiedlung begünstigten. So waren die meisten Stationen trotz der Moskitoplage in den Flußniederungen angelegt worden.

# 8. Auf dem Orinoco zur brasilianischen Grenze

## *Ernte von Schildkröteneiern – Die Leiden einer indianischen Mutter*

In San Fernando erbot sich ein Spanier, die Reisenden durch ein fieberverseuchtes Gebiet auf dem Landweg bis in die Gegend nördlich von Carichana zu bringen. Doch die Regenzeit kündigte sich schon an. Sie entschieden sich deshalb für den längeren Weg: den Rio Apure hinab zum Orinoco. Sie mieteten eine breite, geräumige Piroge, einen Steuermann (el patron) und vier Indianer. Am Heck wurde in wenigen Stunden eine Blatthütte gebaut, die Tische und Bänke schützte. Verpflegung nahmen sie für einen Monat an Bord: z. B. Eier, Bananen, Maniokmehl, Kakao. Die Indianer vertrauten ihren Angeln. Sehr wichtig war, daß sie während der Fahrt zum Rio Negro von dem Hauptmann Don Nicolas Sotto, dem Schwager des Statthalters der Provinz Barinas, und Frai José de Malaga, einem Kapuziner, begleitet wurden. Sotto war erst vor kurzem aus Cadix zu einem Besuch gekommen und hatte sich gerade in San Fernando aufgehalten.

Am 30. März 1800 begann die Reise auf den großen Strömen, die in Europa nur dem Namen nach bekannt waren. Besonders die Region der Katarakte von Atures sollte auf dieser Reise erstmals erforscht werden. 1750 war die Grenzexpedition spanischer Offiziere unter Iturriaga und Solano mit astronomischen Instrumenten weit nach dem Süden vorgestoßen, und einige Patres hatten über den Orinoco berichtet, aber keiner von ihnen war über den Raudal (Wasserfall) von Maipures vorgedrungen. Pater Caulin hatte bereits richtige topographische Vorstellungen vom Orinoco und Casiquiare verbreitet[106]. Diese natürliche Verbindung mußte Humboldt besonders interessieren, weil er die Lehren der französischen Geographie, vor allem Ph. Buaches Ansichten von den »Flußgebieten« kannte. Jean Nicolas Buache de Neuville hatte die Existenz des natürlichen Kanals zwischen Orinoco und Rio Negro bestritten, weil Flußgebiete für ihn selbständige Landschaftszellen bildeten, die untereinander nicht verbunden sein konnten. Die Verlockung war groß, diese Region kennenzulernen.

Während die Piroge den Apure hinabglitt, versuchte Humboldt, vom Schiff aus die wechselnden Aspekte der Uferlandschaft festzuhalten. Jeden Abend führte er sein Tagebuch. Er beobachtete die Krokodile und Lamantins (Seekühe), zeichnete und sezierte Fische, welche die Indianer an Bord zogen, botanisierte mit Bonpland, wenn sie die Nacht am Ufer oder auf einer der vielen Flußinseln verbrachten. Sie spannten ihre Hängematten zwischen Bäumen oder an den Rudern ihrer Piroge auf und wurden bald unaufhörlich von den Moskitos gequält. Humboldt sah diese Wälder und ihr Tierleben keineswegs nur in den zarten Farben Bernardin de Saint Pierres, dessen Roman er mit sich führte, sondern bemerkte auch den unerbittlichen Existenzkampf von Pflanze, Tier und Mensch. Er sah die eingeborenen Indianer nicht mehr als Idealwesen, die einen Zustand paradiesischen Wohlbehagens und Unschuld verkörperten, sondern als Menschen, die sich noch entwickelten. Anfangs waren sie noch nicht an den Lärm in den nächtlichen Urwäldern gewöhnt, doch die Sorglosigkeit der schlafenden Indianer steckte sie an. Stets wurde ein Feuer entzündet, das die Jaguare dem Lager fernhalten sollte. – Am Mittag des 3. April 1800 gingen sie an einem unbewohnten Ort, Algodonal genannt, an Land. Humboldt schlich sich nahe an eine Gruppe schlafender Krokodile heran. Kleine schneeweiße Reiher spazierten auf ihnen herum, »als wären es Baumstämme«. Während er Glimmerblättchen im Ufersand des Apure sammelte, bemerkte er die frische Fährte eines Jaguars, der nur 80 Schritte von ihm entfernt unter einem Baum lag. Ohne seine Unruhe zu verraten und sich umzusehen, kehrte er zur Piroge zurück.

Am 4. April 1800 erreichten sie den Zusammenfluß von Apure und Orinoco. Die Anschwemmungen hatten das Gefälle so gemildert, daß sie oft aufliefen und sich am Ufer mit dem Tau flußabwärts ziehen lassen mußten. Die Regenzeit hatte noch nicht begonnen. Mit einem »Gefühl der Rührung« sahen sie den Orinoco und fühlten sich »in ein ganz anderes Land versetzt«.[107] »So weit das Auge reichte, dehnte sich eine ungeheure Wasserfläche, einem See gleich, vor uns aus. Das durchdringende Geschrei der Reiher, Flamingos und Löffelgänse, wenn sie in langen Schwärmen von einem Ufer zum anderen ziehen, erfüllte nicht mehr die Luft. Vergeblich sahen wir uns nach den Schwimmvögeln um... Die ganze Natur schien weniger belebt. Kaum bemerkten wir in den Buchten der Wellen hie und da ein großes Krokodil, das mittelst seines langen Schwanzes die bewegte Wasserfläche schief durchschnitt. Der Horizont war von einem Waldgürtel begrenzt, aber nirgends traten die Wälder bis ans Strombett vor. Breite, beständig der Sonnengluth ausgesetzte Ufer, kahl und dürr wie der Meeresstrand, glichen in Folge der Luftspiegelung von weitem Lachen stehenden Wassers. Diese kleinsandigen Ufer verwischten vielmehr die Grenzen des Stromes, statt sie für das Auge festzustellen... Diese zerstreuten Landschaftszüge, dieses Gepräge von Einsamkeit und Großartigkeit kennzeichnen den Lauf des Orinoco, eines der gewaltigsten Ströme der neuen Welt.«[108]

Bei Encaramada schienen die infolge der Verwitterung zerklüfteten Granitwerke aus dem Flußbett zu steigen. Die Mission war 1749 von Pater Gili gegründet worden, der hier 18 Jahre (1749–1767) bis zur Vertreibung der Jesuiten gelebt hatte. Humboldt traf dort die ersten Kariben-Indianer, die ihm später noch verschiedentlich auffielen (vgl. S. 181).

Am 6. April 1800 erreichten sie die Insel Boca de la Tortuga. Sie fanden über 300 Indianer, die sich unter Palmblatthütten gelagert hatten und unter der Leitung ihres Missionars die diesjährige Ernte an Schildkröteneiern einbringen wollten. Der Missionar mißtraute ihnen zunächst und hielt sie wahrscheinlich für Händler: »Wie soll einer glauben..., daß ihr euer Vaterland verlassen habt, um euch auf diesem Flusse von den Moskitos aufzehren zu lassen und Land zu vermessen, das euch nicht gehört?«[109] Durch ihre Empfehlungen und das Eintreten des Schwagers des Statthalters von Barinas konnten sie das Mißtrauen zerstreuen. Der Missionar zeigte ihnen das sandige Ufer, in dem die Schildkröten weithin ihre Eier ablegten. Er führte ihnen vor, wie man mit einer Stange (vara) feststellte, wie weit die Eierschicht reichte. Man stieß die vara senkrecht in den Boden; hörte der Widerstand auf, wußte man, daß man das lockere Erdreich oder die Höhle, in welcher die Eier lagen, erreicht hatte. Die Indianer versicherten Humboldt, es gäbe von der Mündung des Orinoco bis zum Einfluß des Apure keine bessere Fundstelle als diese Insel. Die Jesuiten hatten stets ein Stück liegengelassen, das nicht ausgebeutet werden durfte, um den Schildkröten Nachwuchs zu sichern. Jetzt wurde das ganze Ufer rücksichtslos umgewühlt. Die »Ernten« schienen geringer zu werden. Ein Beauftragter des Paters der Mission steckte die Erntefelder ab. Dann gruben die Indianer den Boden mit den Händen auf und sammelten die Eier in Körben. In großen Trögen, die mit heißem Wasser gefüllt waren, wurden sie mit Schaufeln zerdrückt, umgerührt und der Sonne ausgesetzt, bis das Eigelb oben schwamm und dick wurde. So wurde das geruchlose und ein wenig gelbe Schildkröteneieröl gewonnen. Jährlich wurden etwa 1000 Krüge dieses Öls »geerntet«. Während der Ernte kamen auch weiße Händler ins Binnenland.

In der Playa de Huevas ergänzten die Reisenden ihre Lebensmittel. Der Steuermann wollte den Indianern ein Segelkunststückchen zeigen. Der Wind blies aber so heftig, daß das Schiff beinahe gekentert wäre. Dabei wurden sie »wie durch ein Wunder« vor dem Ärgsten bewahrt – vor allem Humboldt, der nicht schwimmen konnte, während Bonpland »kaltblütig« die Lage übersehen hatte.

Humboldt rettete sein Tagebuch, aber Bücher, Papiere und getrocknete Pflanzen schwammen auf dem Orinoco. Zum Glück büßten sie nur Schrebers *Genera plantarum* ein. »Dergleichen Verluste thun weh, wenn man auf so wenige wissenschaftliche Werke beschränkt ist.«[110] Die Nacht verbrachten sie »auf einer kahlen Insel mitten im Strom in der Nähe der Mission Uruana«. »Bei herrlichem Mondschein, auf großen Schildkrötenpanzern sitzend, die am Ufer lagen, nahmen wir unser Abendessen ein.«[111]

Am 7. April 1800 passierten sie die Einmündung des Rio Arauca, und am 9. April erreichten sie die Mission Pararuma. Sie war 1733 von den Jesuiten gegründet worden, aber infolge einer Pockenepidemie unter den Salivas-Indianern eingegangen und nicht mehr erneuert worden. Auch die sogenannte »Jesuitenschanze« erinnerte sie an die »Societas Jesu«, die hier die Missionsarbeit eröffnet hatte. Die Schanze sollte die Missionen

*A. v. Humboldts nächtliche Szene am Orinoco (1807 nach Gottlieb Schick)*

vor Überfällen der Kariben schützen. Außerdem sollte ihre Besatzung den Einfluß der Missionen gewaltsam vergrößern; in einem Zwangssystem versuchte man, das Christentum mit Feuer und Schwert auszubreiten. Humboldt betonte, diese »die Menschheit schändenden Grundsätze« seien nicht von allen Mitgliedern dieser um Kultur und Wissenschaft verdienten Gesellschaft bejaht worden. »Aber die Entradas, die geistlichen Eroberungen mit dem Bajonett, waren einmal ein von einem Regiment, bei dem es auf rasche Ausbreitung der Missionen ankam, unzertrennlicher Gräuel.«[112] Es erschien tröstlich, daß Franziskaner, Dominikaner und Augustiner, die damals einen großen Teil Südamerikas beherrschten, menschlicher verfuhren. Gewalttätige Übergriffe wurden von den Ordensoberen mißbilligt. – Die Indianer am oberen Orinoco galten als arbeitsam und stark. Sie wußten, daß man sie schätzte. Wären die Missionen nicht gewesen, hätten sie wohl ihre Produkte selbst verkauft und in voller Freiheit unter den Weißen gelebt.

In Pararuma weigerte sich der indianische Steuermann weiterzufahren, denn er war mit den Stromschnellen nicht vertraut. Der Missionar von Carichana trat ihnen aber eine geeignete Piroge ab, und der Missionar von Atures und Maipures bei den großen Katarakten des Orinoco, Pater Bernardo Zea, wollte sie gar bis zur brasilianischen Grenze begleiten, obgleich er fieberkrank war. Die Piroge war ein mit Axt und Feuer ausgehöhlter Baumstamm, 40 Fuß lang, drei Fuß breit. Diese Boote waren beweglich, kenterten aber leicht; nur zwei Personen konnten nebeneinander sitzen. »Man macht sich nur schwer einen Begriff davon, wie übel man auf einem solchen elenden Fahrzeug daran ist.«[113] Am Morgen des 10. April 1800 konnten sie weiterfahren. Auf dem Heck war ein niedriges Blätterdach gebaut worden, an ihm und am Vorderteil des Bootes hingen die Käfige mit Vögeln und Affen, die »Reisemenagerie«; sie brachten 14 lebende Tiere zurück, viele andere waren eingegangen. Sextant, Inklinationskompaß und meteorologische Instrumente engten den Raum ein. Die Schwierigkeiten wurden mit Humor getragen. Humboldt gewöhnte sich leicht an das Unvermeidliche und bedauerte nur, daß manche Beobachtungen nicht ausgeführt werden konnten. Die Moskitoplage mußte jetzt noch störender empfunden werden.

Bezeichnend für die Behandlung der Eingeborenen war eine Szene vor der Abfahrt: »Man besorgte, nicht genug Macos- und Guahibos-Indianer zur Hand zu haben, die mit dem Labyrinth von kleinen Kanälen und Wasserfällen, welche die Raudales oder Katarakten bilden, bekannt wären; man legte daher die Nacht über zwei Indianer in den Cepo, das heißt man legte sie auf den Boden und steckte ihnen die Beine durch zwei Holzstücke mit Ausschnitten, um die man eine Kette mit Vorlegeschloß legte. Am frühen Morgen weckte uns das Geschrei eines jungen Mannes, den man mit einem Seekuhriemen unbarmherzig peitschte. Es war Zerepe, ein sehr verständiger Indianer, der uns in der Folge die besten Dienste leistete, jetzt aber nicht mit uns gehen wollte. Er war aus der Mission Atures gebürtig. Nur mit Mühe brachten wir es dahin, daß der junge Mann begnadigt wurde... Ein Regiment, das sich auf die Vernichtung der Einheit der Eingeborenen gründet, tötet die Geisteskräfte oder hemmt ihre Entwicklung. Wenn man sagt, der Wilde müsse wie das Kind unter strenger Zucht gehalten werden, so ist dieß ein unrichtiger Vergleich. Die Indianer am Orinoco haben in den Äußerungen ihrer Freude, im raschen Wechsel ihrer Gemüthsbewegungen etwas Kindliches; sie sind aber keineswegs große Kinder, so wenig als die armen Bauern im östlichen Europa, die in der Barbarei des Feudalsystems sich der tiefsten Verkommenheit nicht entringen können... Die menschliche Geisteskraft ist nur dem Grad und der Entwicklung nach verschieden.«[114] Zwang als alleiniges Mittel der sittlichen Bildung lehnte Humboldt auch in der Jugenderziehung ab. »Wie schwach und tief gesunken auch der Mensch seyn mag, keine Fähigkeit ist ganz erstorben.«[115]

Die Mission Carichana lag in einer der grasbewachsenen Ebenen, die sich von Encaramada bis über die Wasserfälle von Maipures fortsetzten. Aus ihnen erhoben sich die gleichen Felsbänke aus Granit, die hier oft den Lauf des großen Tropenflusses störten. Ihr Umfang betrug bis zu 800 Fuß. Sie erhoben sich »kaum ein paar Zoll« über die umgebende Grasflur. Waren Erde und Gewächse hier weggerissen, »weil sich die Keime des Lebens noch nicht auf allen Punkten entwickelt haben«? »Auf den Felsplatten bei Carichana hat man, was sehr interessant ist, den Gang der Vegetation von ihren Anfängen durch die verschiedenen Entwicklungsgrade vor Augen. Da sieht man Flechten, welche das Gestein zerklüften und mehr oder weniger dicke Krusten bilden; wo ein wenig Quarzsand sich angehäuft hat, finden Saftpflanzen Nahrung; endlich in Höhlungen des Gesteins haben sich schwarze, aus zersetzten Wurzeln und Blättern sich bildende Erdschichten abgesetzt, auf denen immergrünes Buschwerk wächst.« Mit diesen Beobachtungen kehrte Humboldt zur Vorstellungswelt seines ersten »Naturgemäldes« (1795) vom Vierwaldstättersee in der Schweiz zurück (siehe HANNO BECK: *Alexander von Humboldt*, I, S. 78 f.) und verdeutlichte jetzt die Idee der Pflanzensukzession (plant succession). Damit haben keinesfalls Auguste Dureau de la Malle (1825), Eugen Warming (1896), HENRY CHANDLER COWLES (1899) und FREDERICK EDWARD CLEMENTS (1916) diesen wichtigen Prozeß erstmals gesehen. Zwar fehlten noch die Begriffe »Pioniervegetation« für die Erstbesiedlung und »Klimaxstadium« (für die Ausbildung eines stationären Ökosystems) – dennoch ist der Vorgang der Aufeinanderfolge und Anreicherung von einwandernden Pflanzen bereits erkannt. So hat die dynamische Pflanzenökologie, die H. C. COWLES nach Untersuchung der Sanddünen des Michigansees 1899 eröffnete, ihre deutlichen Wurzeln in den frühen Vorstellungen Humboldts, der schon vorher in der (Feucht-)Savanne von Atures die gleichen Granitplatten beschrieben hatte. So sprach er jetzt auch wieder von »Geschichte der Pflanzen«, »das heißt ihrer allmählichen Entwicklung auf nackten kahlen Bodenstrecken«.

In Carichana machte Bonpland mehrere Ausflüge zu Pferde und sammelte viele Pflanzen. Pater Caulin hatte 1759 300 Indianer gezählt, Humboldt fand kaum 150. Unter den Indianern fanden sie eine Frau weißer Abkunft, die Schwester eines Jesuiten aus Neu-Granada. Die Indianer zeigten Humboldt in einer Granitwand, die den Orinoco einengte, Standlinien der letzten Hochwässer in einer Höhe von 42 Fuß. Darüber stellte er in über 100 Fuß Höhe »schwarze Streifen und Auswaschungen« fest, »die bewiesen, daß das Wasser einmal so hoch gestanden«.[116] Dieses »Stromprofil« gab ihm sehr zu denken.

Auf der Weiterfahrt von Carichana bemerkten sie immer mehr

Granitblöcke im Fluß. Am 12. April 1800 passierten sie einen 600 Toisen langen Raudal. Sie liefen durch schmale Kanäle, und die Piroge blieb manchmal zwischen Granitblöcken stecken. Um 9 Uhr waren sie vor der Einmündung des Meta. Sie verweilten zwei Stunden auf einem großen Felsen mitten im Fluß. Humboldt konnte seine Instrumente aufstellen und Länge und Breite der Einmündung des Meta bestimmen. Seine Längenbeobachtung stimmte fast mit d'Anvilles Karte von Südamerika überein, deren Breitenfehler allerdings einen Grad betrug! Je weiter sie den Fluß hinauffuhren, desto malerischer wurden die Ufer. Am 13. April 1800 brachen sie schon früh von San Borja auf, da über dem Fluß weniger Insekten waren als über dem Ufersaum. Einen Tag später erblickten sie wilde Guahibos. Der Missionar ließ einige blinde Schüsse abfeuern, um ihnen zu zeigen, daß sie sich wehren könnten.

Die kleine Mission San Juan Nepomuceno de los Atures war 1748 gegründet worden. Es war die letzte Gründung der Jesuiten in Richtung auf die brasilianische Grenze. Alle nun noch folgenden Missionen verdankten Mitgliedern des Franziskaner-Ordens ihr Dasein. Der Missionar Bernardo Zea hatte sich neben der Kirche seiner Mission ein kleines Zimmer auf Palmstämmen errichtet. Hier ergänzte Humboldt abends sein Tagebuch und trocknete mit Bonpland Pflanzen. Zea hatte richtig beobachtet, daß sich die Insekten in 15–20 Fuß Höhe aufhielten und hatte seine Wohnung entsprechend höher gebaut. – Zur Zeit der Grenzexpedition lebten noch 520 Indianer hier, Humboldt zählte nur noch 47 (!), und der Missionar versicherte, daß es in jedem Jahr weniger würden. Es waren Guahibos- und Macos-Indianer. Wie erklärte sich diese Entvölkerung? Humboldt sah die Ursachen im Widerwillen der Indianer gegen die Missionszucht. Er führte das Klima an, schlechte Nahrung, Verwahrlosung der Kinder »und die schändliche Sitte der Mütter, giftige Kräuter zu gebrauchen, damit sie nicht schwanger werden«.[117] Zum Glück seien solche Mittel in Europa noch unbekannt; »durch die Einführung von dergleichen Tränken würde vielleicht die Sittenverderbniß in den Städten noch gesteigert, wo ein Viertheil der Kinder nur zur Welt kommt, um von den Eltern verstoßen zu werden«.[118]

Bei Atures und Maipures verstopfte ein Labyrinth von Klippen und Felsblöcken den Orinoco, der »das ergreifende Schauspiel eines eingeengten und wie völlig in Schaum verwandelten großen Stromes« bot[118], ein Landschaftsaspekt, den Humboldt nie vergaß. Der Raudal von Atures und Maipures sperrte den gesamten Strom von Ufer zu Ufer durch Inseln, palmbewachsene Granitblöcke und Felsdämme. Humboldt fühlte sich an die Moränen der Schweizer Gletscher erinnert. Am 16. April 1800 meldete man ihnen, ihre Piroge sei in weniger als sechs Stunden durch die Stromschnellen geschleust worden und liege nun sicher in einer Bucht: Die Stromschnellen von Atures waren überwunden, die von Maipures galten als noch gefährlicher. Die Indianer meisterten sie am liebsten in der Regenzeit.

Auf einem schmalen Weg erreichte man die Piroge oberhalb der Katarakte von Atures. Die Felsen bei der Höhle von Ataruipe ließen sie rechts liegen. Am 17. April 1800 konnten sie wieder die Piroge betreten, die inzwischen von acht Indianern für den geringen Lohn von 30 Sous pro Kopf durch die Stromschnellen laviert worden war. Der Orinoco war zunächst klippenfrei, aber schon einen Tag später erreichten sie den Raudal de Guahibos. Der Fluß stürzte sich über ein natürliches Wehr. Instrumente und Proviant mußten ausgeladen werden. Die Weiterfahrt war nicht ungefährlich wegen des starken Gefälles und des Soges des Raudals, aber sie erreichten noch am selben Abend den »Hafen« von Maipures. Humboldt nahm einen Plan auf, »um dem Generalkapitän in Caracas den Beweis zu liefern, daß sich der Raudal umgehen und die Schiffahrt bedeutend erleichtern ließe, wenn man zwischen zwei Nebenflüssen des Orinoco, in einem Thal, das früher das Strombett gewesen zu seyn scheint, einen Canal anlegte«.[120] Der Katarakt von Maipures verstopfte auf einer Flußstrecke von 3000 Toisen ähnlich wie der Raudal von Atures das Bett des Orinoco durch viele Inseln und zwischen ihnen befindliche Felsendämme. Humboldt erkletterte einen Hügel, »um diese wilde Landschaft in ihrer ganzen Großartigkeit mit einem Blicke zu umfassen ... Hat man den Gipfel des Felsens erreicht, so liegt auf einmal eine Meile weit eine Schaumfläche vor einem da, aus der ungeheure Steinmassen eisenschwarz aufragen. Die einen sind, je zwei und

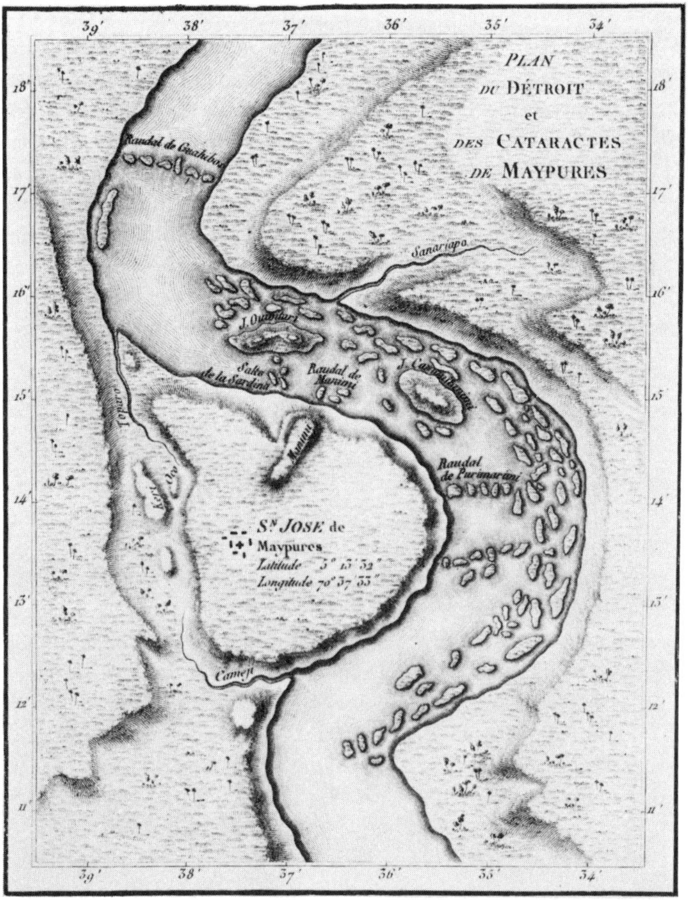


zwei beisammen, abgerundete Massen, Basalthügeln ähnlich, andere gleichen Thürmen, Castellen, zerfallenen Gebäuden. Ihre düstere Färbung hebt sich scharf vom Silberglanze des Wasserschaums ab. Jeder Fels, jede Insel ist mit Gruppen kräftiger Bäume bewachsen. Vom Fuß dieser Felsen an schwebt, so weit das Auge reicht, eine lichte Dunstmasse über dem Strom, und über dem weißlichen Nebel schießt der Wipfel der hohen Palmen empor ... Zu jeder Tagesstunde nimmt sich die Schaumfläche wieder anders aus. Bald werfen die hohen Eilande und die Palmen ihre gewaltigen Schatten darüber, bald bricht sich der Strahl der untergehenden Sonne in der feuchten Wolke, die den Katarakt einhüllt. Farbige Bogen bilden sich, verschwinden und erscheinen wieder, und im Spiel der Lüfte schwebt ihr Bild über der Fläche.«[121] Der Hügel, von dem er beobachtete, bildete die östliche Grenze einer Ebene. Wie einst am Vierwaldstätter See dachte er auch jetzt wieder an die »Geschichte der Pflanzen«, an die »allmählige Entwicklung« des Pflanzenwuchses »auf nackten, kahlen Bodenstrecken«.[122] In der Regenzeit war Dammerde auf dem Granit zusammengeschwemmt worden, auf dem sich Pflanzen angesiedelt hatten.

Die Hütten der Eingeborenen der Mission Maipures waren auffallend sauber und erschienen ihm reinlicher als die meisten Häuser der Missionare. Die Indianer bauten Bananen und Maniok an. Humboldt erlebte, wie sie unter freiem Himmel große Tongefäße brannten und mit Mäanderlinien, Figuren von Krokodilen und Affen nach alter Überlieferung bemalten. Aber auch hier glaubte er, eine Abwärtsentwicklung festzustellen, wie er überhaupt dazu neigte, den Jesuiten in der Mission größere Verdienste einzuräumen. – Die meisten Einwohner schliefen nachts auf den Inseln zwischen den Stromschnellen, um mehr Ruhe vor den Moskitos zu haben, die eine förmliche »Schicht« in Bodennähe bildeten. Andere entzündeten Rauchwerk in den Hütten und hängten die Hängematten mitten in den Qualm.

Am 21. April 1800 fuhren sie weiter flußabwärts und spürten jetzt, wie sich eine noch unbekanntere Welt im Süden der Stromschnellen, die eine Kulturschranke bildeten, erschloß. Beim Einfluß des Rio Vichada verließen sie die Piroge und sammelten am Ufer Pflanzen. Beim Zufluß des Rio Zama begann der Bereich der Schwarzwasserflüsse (= aguas negras). Sie glichen den Schweizer Seen, wenn der Wind ihren Spiegel kräuselte[123]. Die Moskitoplage nahm ab, andere Insekten traten auch hier auf. Die Wasseroberfläche reflektierte die Sternbilder wunderbar scharf; Humboldt konnte sie als künstlichen Horizont verwenden.

Inmitten der malariaverseuchten Gebiete blieben nur die Ufer der Schwarzwasserflüsse (z. B. Rio Atabapo, Rio Guainía, Rio Negro) ungefährdet. Ihr Wasser ist wie konzentrierter Tee rotbraun gefärbt und von säuerlichem, aber angenehmem Geschmack. Die Pflanzenwelt der Ufer spiegelt sich kaum in ihnen, und sie ist karg.

Der genaueste Landschaftskenner dieser Zonen war seit 1939 der emigrierte deutsche Arzt Max Stern geworden (siehe die Einführung). Er hat die Beobachtungen Humboldts bestätigt. Dieser machte bereits biologisch-chemische Ursachen für die Verschiedenheit dieser Flüsse verantwortlich und dachte damit in die zur Lösung führende Richtung. Der auf sich gestellte Max Stern schilderte die Armeen der Stechmücken der Weißwasserflüsse ähnlich wie Humboldt. Deren Farbe ist weißlich-gelbtrübe, ihre Ufer sind fruchtbar. Stern hat 1950, 1966 und 1970 in Publikationen gezeigt, daß sie von den Bergen herabkommen, während die Schwarzwasser in den Ebenen entstehen. Diese aguas negras enthalten so gut wie keinen Sauerstoff. Sie reagieren stark sauer (pH Werte zwischen 5 und einmal sogar nur 3,7). Ihre Ufer sind unfruchtbar. Ein hoher Säuregehalt (vor allem Huminsäuren) verhindert die Entwicklung der Mückenlarven. Ton-, Kaolin- und Quarz-Bleichsand-Böden ihrer flachen Entstehungszonen und Pfannen, in denen das Laub und die Rinde der Schwarzwasser-Flora modert, fermentiert und ausgelaugt wird, tragen zur Entstehung der Huminsäuren, der Saponine und Flavone im langsam fließenden Wasser bei. Unter ähnlichen Bedingungen hat Stern Schwarzwasser auch künstlich hergestellt. Ebenso hat er mit Pflanzensäften ohne weiteres Felszeichnungen und Steinäxte zustandebringen können.

Am 24. April 1800 mußten sie leider »einige Bücher« zurücklassen[124], als sie ein starker Regen schon um 2 Uhr zur Weiterfahrt zwang. In der Nacht fuhren sie, fast ohne es zu bemerken, in die Mündung des Guaviare und in den Rio Atabapo ein. Sie übernachteten in San Fernando de Atabapo, wo der Präsident der nach Süden folgenden Mission wohnte. Im Gespräch wurde der Reiseplan verfeinert. San Fernando lag am Zusammenfluß von Orinoco, Guaviare und Atabapo und war die denkbar günstigste Stelle, um die Weiterreise zu planen.

Humboldt entschied sich für die Fahrt auf dem Atabapo. Das eigentliche Ufer des Flusses sahen sie nirgends, da es sich hinter der weit vordringenden Vegetation versteckte. Krokodile erblickten sie nicht mehr, aber große Wassernattern und Delphine. Am 28. April 1800 goß es in Strömen, so daß sie für ihre Sammlungen fürchteten. Die Indianer zeigten ihnen die Trümmer einer seit langem verlassenen Mission. Am 29. April 1800 erreichten sie nachts die Mission San Balthasar. Der Missionar stammte aus Katalonien. In seinem »schönen Garten« standen Feigen- und Zitronenbäume. Das Dorf war regelmäßig gebaut. Die Pflanzungen der Indianer schienen gepflegter als anderswo[125]. In der Hütte des Missionars saß ein Indianer und verwandelte die geronnene Milch (= Dapicho) der Hevea in schwarzen Kautschuk. »Er hatte mehrere Stücke auf ein dünnes Holz gespießt und briet dieselben wie Fleisch. Je weicher und elastischer das Dapicho wird, desto mehr schwärzt es sich... Der Indianer klopfte die erweichte schwarze Masse mit einem vorne keulenförmigen Stück Brasilholz, knetete dann den Dapicho zu Kugeln von 3–4 Zoll Durchmesser und ließ ihn erkalten.«[126] Diese Kugeln brauchte man hier nicht zum indianischen Ballspiel, sondern man schnitt sie zylindrisch zu und verwandte sie als Stöpsel, da Kork in Südamerika fehlte.

Am 30. April 1800 passierten sie den »Felsen der Guahiba-Indianerin« oder den »Felsen der Mutter«. Pater Zea konnte über diese merkwürdige Bezeichnung keine Auskunft geben. Erst später erfuhr Humboldt von einem Missionar eine Geschichte, die er in diesen Einöden »für den Europäer doppelt demüthigend« empfand. Einer der Vorgänger des Missionars in San Fernando war mit seinen Indianern ausgezogen, um heidnische Eingeborene zu fangen, obgleich Christentum und spanisches Gesetz solche »Entradas« verboten. Sie fanden in einer Hütte eine Indianerin mit drei kleinen Kindern, die zunächst fliehen konnten. Indianer ergriffen sie, banden sie und brachten sie nach San Fernando, wo sie mehrfach mit ihren Kindern zu fliehen versuchte. Ihr Mann hatte die anderen Kinder mit auf die Jagd genommen; die Mutter wollte zu ihnen zurück. Der Missionar ließ sie mehrfach unbarmherzig peitschen und schickte sie schließlich nach Norden in eine andere Mission, um sie von

*Skizze 1944 von Max Stern*

den Kindern zu trennen. Doch die Indianerin sprang aus dem Boot und schwamm ans Ufer. Der Missionar ließ sie verfolgen. »Am Abend wurde sie zurückgebracht, auf den Fels (Piedra de la madre) gelegt und mit einem Seekuhriemen, die hier zu Lande als Peitschen dienen und mit denen die Alcalden immer versehen sind, unbarmherzig gepeitscht.«[127] Man brachte die Guahiba in die Mission Javita, wo sie erneut fliehen konnte und sich nachts durch den Urwald nach San Fernando zu ihren Kindern schlug. Als man sie nun endgültig von diesen trennte, wies sie jede Nahrung von sich und starb. Humboldt schrieb, es sei ihm nicht darum zu tun, »bei der Schilderung einzelner Unglücksszenen zu verweilen. Dergleichen Jammer kommt überall vor, wo es Herren und Sklaven gibt, wo civilisierte Europäer unter versunkenen Völkern leben, wo Priester mit unumschränkter Gewalt über unwissende wehrlose Menschen herrschen. – Wenn ich beim Fels der Guahiba länger verweilt habe, geschah es nur, um ein rühmendes Beispiel von Mutterliebe bei einer Menschenart beizubringen, die man so lange verleumdet hat, und weil es mir nicht ohne Nutzen schien, einen Vorfall zu veröffentlichen, den ich aus dem Munde von Franciskanern habe und der beweist, wie nothwendig es ist, daß das Auge des Gesetzgebers über dem Regiment der Missionäre wacht.«[128]

Sie verließen den Atabapo und liefen in den Rio Temi ein, um dem Rio Negro möglichst nahe zu kommen. In der Mission Javita trafen sie »einen sehr geisteslebendigen, vernünftigen und gefälligen Mönch«.[129] Sie blieben hier vier bis fünf Tage. Während dieser Zeit wurde ihre Piroge auf einer bekannten Portage über das Land zum Orinoco geschafft.

In Javita regnete es fast dauernd. Vom 29. April bis 4. Mai 1800 konnte Humboldt keinen Stern sehen. Dafür reparierte er sein Barometer. Als am 4. Mai 1800 die Sonne einige Minuten schien, konnte er mit dem Chronometer und auf Grund der Stundenwinkel die Länge bestimmen.

Die 160 Indianer der Mission trieben Schiffbau. Sie höhlten oft über 150 Fuß hohe Sassafras-Bäume mit Feuer und der Axt aus; ein Kanu kostete nur 16 Piaster. Während Humboldt und Bonpland die Gegend untersuchten und Pflanzen sammelten, rollten 23 Indianer ihre Piroge auf einem seit 1795 angelegten Weg durch den Wald zum Rio Pimichin, einem kleinen Nebenfluß des Orinoco. Ein Pater hatte bei der Vermessung dieser Portage nicht den geraden Weg eingehalten. So steckte Humboldt die kürzeste Verbindung mit dem Kompaß ab und ließ in Abständen in die Bäume Marken schlagen. Der Boden war völlig eben. Alexander schlug dem Ministerium Karls IV. einen Kanalbau vor[130], der nach seiner barometrischen Messung von Nord nach Süd durchschnittlich 30–40 Toisen Gefälle aufweisen müßte. Er riet, den jetzigen Weg zu verbessern und Brücken zu schlagen; die Pirogen sollten auf Wagen geführt werden.

Am 5. Mai 1800 nahm Humboldt den Lauf des Pimichin mit dem Kompaß auf; nach fünfeinhalb Stunden liefen sie in den Rio Negro ein, um den »Hauptzweck« dieser Reise zu erreichen[131], die astronomische Aufnahme des Casiquiare, der natürlichen Gabelung zwischen Rio Negro und Orinoco, die Buache de Neuville als »eine geographische Ungeheuerlichkeit« bezeichnete. In der Mission Maroa kauften sie »schöne lebende Exemplare einiger Tucanarten (Piapoco)«.[132] Auf der Insel Dapa, die malerisch im Strome lag, sahen sie angebaute Grundstücke und Indianer, die eine Art weißen, schwarzgefleckten Teig aßen: »Es waren Vachacos, große Ameisen, deren Hintertheil einem Fettknopf gleicht. Sie waren vom Feuer getrocknet und vom Rauch geschwärzt. Wir sahen mehrere Säcke voll über dem Feuer hängen.«[133] Pater Zea wurde mit Jubel begrüßt, beteiligte sich am Essen der Indianer und ruhte nicht eher, bis auch Humboldt Maniokmehl und zerdrückte Vachacos kostete. Zea sprach von vortrefflicher »Ameisenpaste«.

In San Carlos fanden sie Quartier beim Kommandanten des Forts, Don Juan Escovar, einem Milizleutnant, der 17 Soldaten an der Grenze befehligte. Auf der anderen Seite, im portugiesischen Brasilien, hielten 25–30 allerdings besser ausgerüstete Soldaten die Schanze San José de Maravitanos besetzt. Der Kommandant ließ Humboldt und Bonpland jedoch das »Fort« nicht besichtigen, da in ihren Pässen das Betreten fester Plätze nicht genannt wurde. Don Nicolas Sotto konnte als spanischer Offizier dagegen alles sehen und Humboldt informieren, der nun »die Anfänge eines Erdwerkes«, das nach der Vollendung 500 Verteidiger erfordert hätte, beschreiben konnte; 14–15 Geschütze, meist ohne Lafette, wurden von zwei Mann bewacht.

Ohne daß es Humboldt wußte, hatten die Portugiesen von seiner Anwesenheit Kenntnis erhalten. Am 2. Juni 1800 hatte Don Rodrigo de Souza Coutinho den Gouverneur der Statthalterschaft Ceará veranlaßt, ihn zu verhaften, wenn er brasilianisches Gebiet beträte, da er vielleicht hinter wissenschaftlichen

Scheinvorwänden das Ziel verfolge, die »treuen Untertanen dieser weiten Gebiete mit neuen Ideen und verfänglichen Prinzipien zu überraschen«.[134] Außerdem sei ja auch jedem Fremden ohne besondere Erlaubnis der Aufenthalt in Brasilien untersagt. Der portugiesische Staatsmann Antonio de Araujo e Azevedo wandte sich gegen dieses kleinliche Vorgehen und veranlaßte, diesen Befehl zu widerrufen, »um sich nicht vor ganz Europa zu blamieren«. Man solle anordnen, Humboldt zu unterstützen[135].Tatsächlich wollte Humboldt auch den Rio Negro bis Barcellos hinunterfahren, gab aber den Plan auf, als man ihm abriet. In San Carlos traf er portugiesische Zivilisten und Offiziere, die ihm die Flußfahrt von Barcellos bis Pará, die 20–25 Tage zu dauern pflegte, beschrieben. Humboldt glaubte damals, das portugiesische Kolonialsystem entschädige die Eingeborenen »für den Verlust der Freiheit, wenigstens durch etwas mehr Wohlstand und Cultur«.[136] Bei den Portugiesen hielten sich weltliche und geistliche Führung die Waage, während in den spanischen Missionen die Patres alle Gewalt in einer Hand vereinigten. Die politischen Grenzen lagen nicht genau fest[137]; die Portugiesen pflegten heimlich ins spanische Gebiet einzudringen, um Sarsaparille und die aromatischen Samen des Puchery-Lorbeers zu sammeln. Sarsaparille wurde gegen die unter Weißen und Farbigen sehr verbreiteten, aber meist nicht gefährlichen Geschlechtskrankheiten gebraucht.

Humboldt durchwachte in San Carlos drei Nächte, ohne einen Stern zu sehen. Die Instrumente standen dauernd bereit. Die Inklination der Magnetnadel wurde, wie stets, beobachtet: Noch nie waren solche Messungen näher am magnetischen Äquator ausgeführt worden; »sie dienten somit dazu, die Lage dieses Äquators zu bestimmen«[138], und führten im Zusammenhang mit allen anderen magnetischen Beobachtungen zur Entdeckung eines wichtigen Naturgesetzes: »Im Allgemeinen steht fest, was für mich aus der ganzen Reihe meiner Beobachtungen hervorgeht, daß die Intensität der Kraft vom magnetischen Äquator gegen den Pol zunimmt.«[139]

# 9. Rückreise vom Casiquiare über Nueva Barcelona

## *Moskitoplage – Schwüle – Curare*

Am 10. Mai 1800 begann die Fahrt auf dem Rio Negro zum Casiquiare. Don Sotto und Pater Zea waren reisemüde und wären gern auf demselben Weg zurückgekehrt, aber Humboldt und Bonpland beharrten auf der Erforschung des Casiquiare. Sie fürchteten nicht die Moskitoplage, sondern den trüben Himmel, der ihre astronomischen Messungen verhindern könnte. In der Mission San Francisco Solano am Casiquiare kauften sie einen Tucan und einen Ana, eine Art Ara; ihre »wandernde Hausmenagerie« enthielt vor allem Affen, darunter auch den Cacajao mit kurzem Schwanz, den Humboldt zeichnete[140].

*Cacajao*

Die Tiere lebten in Holzkäfigen oder frei auf der Piroge. Humboldt nahm die Flußkrümmungen auf und verzögerte die Fahrt, um sich nicht zu weit von der Einmündung des Casiquiare in den Rio Negro zu entfernen. Sie hofften, den Durchgang eines Sterns durch den Meridian beobachten zu können. Alexander pflegte mit Vorliebe diese Beobachtungen an einer Flußmündung oder am Fuß eines auffallenden Felsens anzustellen, um Nachfolgern die Überprüfung zu erleichtern und die Grundlagen des Entwurfs einer geographischen Karte zu klären. In der Nacht vom 10. zum 11. Mai konnte er die Breite astronomisch, die Länge chronometrisch bestimmen. Daraus ergab sich, daß das Fort von San Carlos nicht auf dem Äquator errichtet war, wie man bisher angenommen hatte (eine auch politisch folgenreiche Entdeckung[141]); er lag vielmehr 25 Meilen weiter südlich. – Vor der Mission Mandavaca durchliefen sie ungestüme Stromschnellen. Die Missionen am Casiquiare befanden sich meist in schlechtem Zustand; es lebten nur etwa 200 Menschen in ihnen. Feuchte Luft und die große Zahl der Insekten verhinderten den landwirtschaftlichen Anbau. Ein Missionar, der Salat oder europäische Küchenkräuter ziehen wollte, mußte »seinen Garten gleichsam in die Luft hängen«, d. h. ein altes Kanu mit Erde füllen und über dem Boden an Stricken befestigen oder auf ein Gerüst stellen, um seine Pflanzen vor Unkraut und Ameisen zu schützen. Am 13. Mai 1800 gelangen Alexander die letzten Sternbeobachtungen am Casiquiare. Am 14. Mai wurden sie von Ameisen und Moskitos aus den Hängematten in die Piroge getrieben. Die Gegend war so verlassen und sumpfig, daß Bonpland nur mit Mühe botanisieren konnte. Die Mission Vasiva lag auf einer Insel, abseits vom Flußbett. Humboldt entwarf einen Grundriß. Vom 14. bis 21. Mai nächtigten sie unter freiem Himmel: In der Mitte ihres Lagers stand stets der lederne Behälter mit dem Proviant, dann kamen die Käfige mit den Tieren, ihre Hängematten, dann die der Indianer, außen brannten die Lagerfeuer. Am 18. Mai 1800 sahen sie, daß Kakaobäume die Ufer säumten. Sie litten sehr unter der Insektenplage und der Schwüle. Die Uferhänge waren oft stark unterhöhlt. Der Gedanke, bald wieder in einem bewohnten Ort schlafen zu können, »erheiterte« sie. Im letzten Nacht-

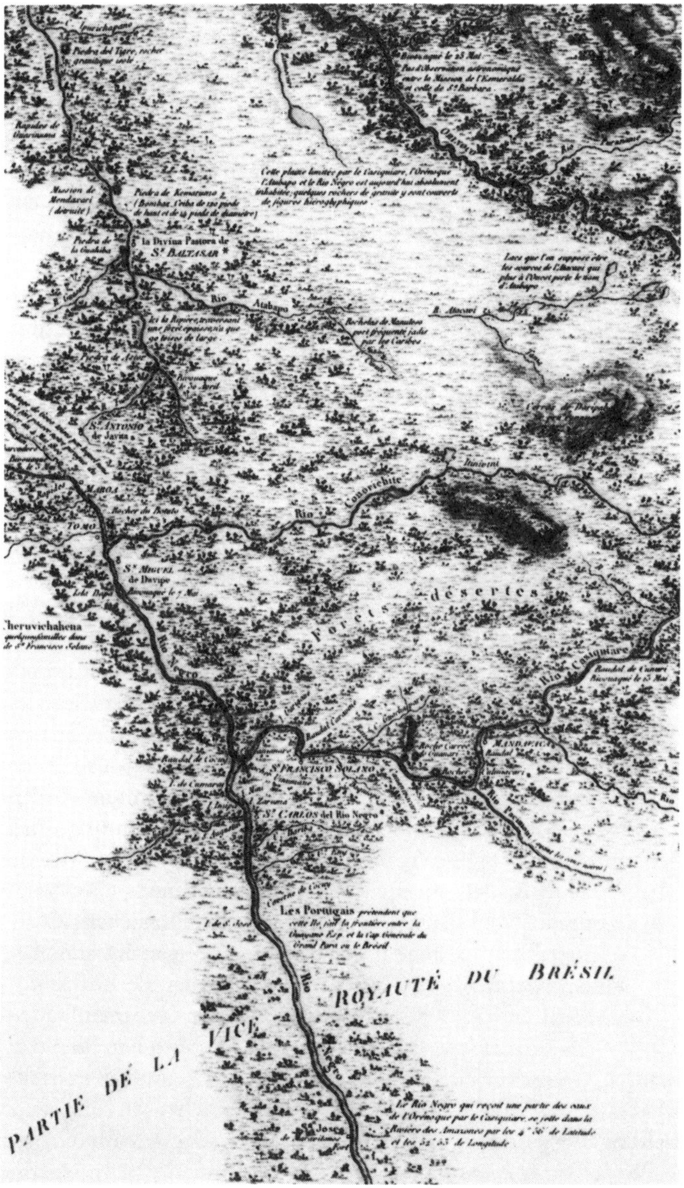
Piedra del Tigre, rocher granitique isolé
Cette plaine limitée par le Casiquiare, l'Orénoque l'Atabapo et le Rio Negro est aujourd'hui absolument inhabitée; quelques rochers de granite y sont couverts de figures hiéroglyphiques
la Divina Pastora de
S.t BALTASAR
Rio Atabapo
Lacs que l'on suppose être les sources de l'Atacavi qui plus à l'Ouest porte le nom d'Atabapo
S.t ANTONIO de Javita
Rio Conorichite
MAROA
TOMO
S.t MIGUEL de Davipe
Forêts désertes
Cheruvichahena
Rio Negro
Rio Casiquiare
MANDAVACA
S.t FRANCISCO SOLANO
S.t CARLOS del Rio Negro
Les Portugais prétendent que cette Ile soit la frontière entre la Guayane Esp. et la Cap. Générale du Grand Para ou le Brésil
ROYAUTÉ DU BRÉSIL
PARTIE DE LA VICE
Le Rio Negro qui reçoit une partie des eaux de l'Orénoque par le Casiquiare, se jette dans la Rivière des Amazones par les 4° 56' de Latitude et les 52° 53' de Longitude

lager holte wahrscheinlich ein Jaguar die große Dogge, die sie von Caracas ab treu begleitet hatte. Auf dem Wege zum oberen Orinoco zerbrach leider Humboldts Barometer. Während des starken Regens hatte er in den Nachtlagern das Instrument nicht vor Feuchtigkeit schützen können, und die ungleichmäßige Ausdehnung des Holzes hatte die Röhre zerbrochen. »Der Unfall war mir desto verdrießlicher, weil wohl nie ein Barometer größere Reisen mitgemacht hat.«[142] Das gleiche Instrument hatte er schon in Europa benutzt.

Am 21. Mai 1800 liefen sie wieder in den Orinoco ein. Der Blick fiel auf den amphitheaterähnlichen Berg Duida, der Einmündung des Casiquiare gegenüber auf dem rechten Ufer des Orinoco. Er hatte nach Süden und Westen steile Abhänge; die Wälder an ihnen hingen förmlich in der Luft. Esmeralda (80 Einwohner), die einsamste und abgelegenste Mission am oberen Orinoco, lag am Fuß des Duida. Der Missionar saß in Santa Barbara und schaute nur vier- bis fünfmal im Jahr nach dem Rechten. Er ließ sich von einem alten Soldaten vertreten. Dieser bediente »sich zuweilen seines Küsterstocks in einer Weise, die den Eingeborenen schlecht behagte«.[143] Esmeralda lag in einer herrlichen, von Bächen durchzogenen Ebene. Dem Duida zu wandelte sich die Wiesenregion zur Savanne, in der ungemein wohlschmeckende und große Ananas wuchsen. Sie trafen viele Farbige: Zambos und Mulatten; es waren meist »Verwiesene« (desterrados), die hier zwangsweise angesiedelt wurden, als Solano während seiner Grenzexpedition das spanische Gebiet durch Ansiedlungen bezeichnen und den Anspruch der spanischen Krone Portugal gegenüber betonen wollte. Wegen der »furchtbaren Insektenmasse« war Esmeralda bei den Missionaren verrufen. Doch glaubte Humboldt an eine Besserung, wenn das Monopol der Mönche gebrochen sei. Die Zurückdrängung der Wälder müßte die Insektenplage vermindern.

Bei einem Indianer konnte Humboldt die Zubereitung des Curare-Pfeilgiftes kennenlernen[144]. Nur wenige Familien verstanden diese Kunst, die sich vom Vater auf den Sohn vererbte. Das Gift wurde aus frischen oder getrockneten Zweigen eines Schlinggewächses, Bejuco de Mavacure, einer Liane, hergestellt[145]. Die mit einem Messer abgeschabte Rinde der Zweige wurde mit einem Stein zerstoßen. Die zermahlene, gelb gefärbte faserige Masse kam in trichterförmig gerollte Bananenblätter, die in ein Gestell von Blattstielen und Fruchtspindeln einer Palme gestellt wurden. Darauf wurde kaltes Wasser gegossen. Die unten abtropfende gelbliche Flüssigkeit war das Gift. Sie wurde wie Melasse in einem großen tönernen Gefäß erhitzt und eingedickt. Dem kochenden, schon dickflüssig gewordenen Giftsaft wurde der ungiftige klebrige Saft des großblättrigen Kiracaguero-Baumes beigegeben, um ihn an den Pfeilspitzen haften zu lassen. Das Ganze gerann zu einer teer- oder sirupartigen Masse, zu dem Curare, wie es in den Handel kam. Es »schmeckt sehr angenehm bitter, und Bonpland und ich haben oft kleine Mengen verschluckt. Gefahr ist keine dabei, wenn man nur sicher ist, daß man an den Lippen oder am Zahnfleisch nicht blutet.«[146] Bejuco de Mavacure und den Kiracaguero-Baum konnten die Reisenden leider nicht botanisch bestimmen, da sie augenblicklich weder Blüten noch Früchte trugen. Das Curare, welches Humboldt und Bonpland an verschiedenen Orten ihrer Reise untersuchten, war von recht verschiedener Qualität und galt meist als nicht so gut wie das von Esmeralda. Sie nahmen Proben nach Europa mit. Pater Zea tötete jeden Morgen mit einem Curare-Pfeil das Huhn, das gegessen werden sollte; der Tod trat nach einem Stich in den Schenkel nach zwei bis drei Minuten ein; bei einem Schwein dauerte es zehn bis zwölf Minuten.

Die Indianer der Mission feierten die Ernte der Juvias, der Früchte des Almendron *(Bertholletia excelsa).* Sie brieten Affen am offenen Feuer. – »Sieht man die Eingeborenen Arm oder Bein eines gebratenen Affen verzehren, so kann man sich kaum des Gedankens erwehren, die Gewohnheit, Thiere zu essen, die im Körperbau dem Menschen so nahe stehen, möge im gewissen Grade dazu beitragen, daß die Wilden so wenig Abscheu vor Menschenfleisch haben. Die gebratenen Affen, besonders solche mit sehr rundem Kopf, gleichen auf schauerliche Weise Kindern, daher auch Europäer, wenn sie sich von Vierhändern nähren müssen, lieber Kopf und Hände abschneiden und nur den Rumpf auftragen lassen.«[147] Die Missionen hatten die Anthropophagie sehr zurückgedrängt, ohne sie schon gänzlich ausrot-

*Skizze 1943 von Max Stern*

CASIQUIARE
M/1943

ten zu können. Humboldt konnte Nachrichten über ihr gelegentliches Auftreten sammeln. – In der Festhütte sahen sie seltene pflanzliche Produkte. Die dreieckigen Samen des Juvia waren damals schon in Europa bekannt, es sind die Paránüsse. Die Indianer hatten auch eine Piroge voll Rohr mitgebracht, aus dem sie Blasrohre herstellten. Die Rohre hatten eine sehr glatte Oberfläche und dienten einem Jäger meist sein Leben lang. Über die Art der Pflanze konnten sie nur ungefähre Angaben sammeln. Auch der sogenannte »Hemdbaum«, der am Fuße des Duida 50 Fuß hohe Stämme bildete, ließ sich nicht klassifizieren. Aus seiner Rinde stellten die Indianer ein capeartiges Kleidungsstück her, das sie bei sehr starkem Regen trugen.

Am 26./27. Mai 1800 waren sie wieder in San Fernando de Atabapo. Dem Präsidenten der Mission der Franziskaner waren inzwischen Zweifel gekommen. Er befürchtete kritische Bemerkungen Humboldts über den Zustand der Siedlungen und wollte ihm ein schriftliches Zeugnis abverlangen, daß er »die christlichen Niederlassungen am Orinoco in guter Ordnung angetroffen und daß die Eingeborenen im Allgemeinen milde behandelt würden«.[148] Humboldt entzog sich diesem Ansinnen. Er wies den Präsidenten auf den Schaden der Entradas hin und fand es unbillig, daß man den Indianern die Früchte ihrer Arbeit vorenthielte. Auch sei es notwendig, die jungen Missionare auf einem besonderen Kolleg heranzubilden. »Der Präsident schien mich freundlich anzuhören; indessen glaube ich doch, er wünschte im Herzen (ohne Zweifel im Interesse der Naturwissenschaft), Leute, welche Pflanzen auflesen und das Gestein untersuchen, möchten sich nicht so vorlaut mit dem Wohl der kupferfarbigen Race und mit der Angelegenheit der menschlichen Gesellschaft befassen. Dieser Wunsch ist in beiden Welten gar weit verbreitet; man begegnet ihm überall, wo der Gewalt bange ist, weil sie meint, sie stehe nicht auf festen Füßen.«[149]

Der Transport der Piroge durch den Katarakt hielt sie zwei Tage in Maipures fest. Vor dem Raudal von Atures besuchten sie die Höhle von Ataruipe, in der sie an die 600 gut erhaltene Skelette, die in korbähnlichen Gebilden aus Palmblattstielen (mapires) lagen, zählten[150]. Daneben sahen sie Gefäße aus halbgebranntem Ton von drei Fuß Höhe und über vier Fuß

Länge. »Sie sind graugrün, oval, von ganz gefälligem Ansehen, mit Henkeln in Gestalt von Krokodilen und Schlangen, am Rand mit Mäandern, Labyrinthen und mannigfach combinirten geraden Linien geschmückt.«[151] Sie öffneten zum Ärger ihrer Führer mehrere mapires, um die Schädel zu untersuchen, und nahmen schließlich einige Schädel sowie die Skelette eines Kindes und zweier Erwachsener mit. In Atures verabschiedeten sie sich von Pater Bernardo Zea, der sie seit zwei Monaten begleitet hatte. In Carichana sezierte Bonpland eine neun Fuß lange Seekuh. In Uruana konnten sie einige Sternbeobachtungen ausführen und Länge und Breite der Mission bestimmen.

Hier beschrieb Humboldt als Augenzeuge die Geophagie der Otomaken. Er sah in ihren Hütten »pyramidalisch aufgesetzte, 3–4 Fuß hohe Kugelhaufen, die Kugeln hatten 3–4 Zoll im Durchmesser«.[152] Er nahm eine Probe dieser Erde mit; Vauquelin fand drei bis vier Prozent Kalk darin und mehr Kiesel- als Alaunerde. Die Otomaken aßen mehrere Monate täglich dreiviertel Pfund »die fetteste, am feinsten anzufühlende Erde«, die vorher am Feuer ein wenig gehärtet und vor dem Essen benetzt wurde. Wenn der Orinoco weniger Wasser führte, lebten die Otomaken von Fischen und Schildkröten, wenn sich der Fluß hob, entstand ein gewisser Nahrungsmangel. Sie aßen dann die Erdkugeln, die Poyas hießen. Inwieweit »Erde essen« mit »sich von Erde nähren« identisch sei, entschied Humboldt nicht. Er konnte auch nicht feststellen, wieviel Pflanzennahrung sie nebenher verzehrten, da er nur einen Tag in Uruana blieb. – Die Otomaken waren ungezügelt und unruhig und ließen sich schwer regieren. Ihr Missionar, Pater Ramon Bueno, war einer der wenigen, der mit Interesse die Gebräuche der Eingeborenen beobachtete.

Auf der Insel Cucuruparu konnte Humboldt drei Durchgänge von Sternen durch den Meridian beobachten. Am 8. Juni 1800 gingen sie dem Einfluß des Rio Apure gegenüber an Land, wo sie vor zwei Monaten auf dem entgegengesetzten Ufer astronomische Messungen ausgeführt hatten. »Diese Bestimmungen waren jetzt von Werth, um den Gang meines Chronometers zu controliren und die Beobachtungsorte am Orinoco mit denen an der Küste von Venezuela in Verbindung zu bringen.«[153] Sie übernachteten bei einem Franzosen, der bei seinen zahlreichen Herden lebte und seine Muttersprache verlernt hatte. Als ihm Humboldt von der französischen Revolution erzählte, verstand er sie »nur« als Empörung gegen Klerus und Mönche. Am 9. Juni 1800 begegneten ihnen viele Segelboote, die Waren zum Rio Apure brachten! Don Nicolas Sotto verließ sie, um auf dem Rio Apure zu seinen Verwandten zurückzukehren. Die äußerlich elenden Missionen zwischen Rio Apure und der Stadt Angostura führten alle die Bezeichnung »villa«. Auf dem Wege zur Hauptstadt Guayanas sahen sie mehr Weiße, Neger und Mischlinge als Indianer. Die Armut ihrer Herren war nach Humboldts Meinung daran Schuld, daß sie nicht besser behandelt wurden. In Caicara war vor kurzem ein Weißer zu vier Jahren Gefängnis verurteilt worden, weil er eine Negerin an sein Pferd gebunden und zu Tode geschleift hatte. »Mit Vergnügen« bemerkte Humboldt, »daß die Audiencia (Gericht) allgemein getadelt wurde, weil sie eine so schändliche Handlung nicht härter bestraft hatte«.[154]

Am 13. Juni 1800 kamen sie in Angostura (6000 Einwohner), der Hauptstadt von Spanisch-Guayana, an. Sie stellten sich in ihren strapazierten Reisekleidern sofort dem Statthalter der Provinz Guayana, Don Felipe de Ynciarte, vor. »Sich wieder im Schoß der Kultur zu wissen, ist ein großer Genuß, aber er hält nicht lange an, wenn man für die Wunder der Natur im heißen Erdstrich ein lebendiges Gefühl hat.«[155] Zum ersten Mal aßen sie wieder Weizenbrot und freuten sich über die geringsten Errungenschaften der Zivilisation. Ynciarte kam ihnen sehr entgegen und brachte sie beim Sekretär der Intendanz unter[156]. Hier erkrankten Humboldt und Bonpland fast gleichzeitig an Fieber. Alexander überwand die Krankheit leicht, Bonpland aber kam dem Tode nahe. »Während der ganzen schmerzlichen Krankheit behielt Bonpland die Charakterstärke und die Sanftmuth, die ihn auch in der schlimmsten Lage niemals verlassen haben. Mich ängstigten trübe Ahnungen«, schrieb Humboldt[157]. Er dachte an den Schweden Pehr Löfling[158], den Schüler Linnés, der 1751–1754 auf der Pyrenäen-Halbinsel gearbeitet hatte und dann in Cumaná gelandet war. 1756 war er am Ufer des Carony, in der Nähe Angosturas, »ein Opfer seines Eifers für die Naturwissenschaft geworden. Wir hatten noch kein volles Jahr im heißen Erdstrich zugebracht«, meinte Humboldt voller Sorgen, und sein »nur zu treues Gedächtniß vergegenwärtigte« ihm »alles, was« er »in Europa über die Gefährlichkeit der Luft in den Wäldern gelesen hatte«.[159]

Zu besserer Genesung brachte Alexander seinen Begleiter aus der Stadt in die höher gelegene Pflanzung des ihm befreundeten Dr. Felix Fareras. Sie mußten bis zum 10. Juli 1800 in Angostura bleiben. Indessen entwarf Humboldt auf Grund seiner Messungen eine topographische Skizze als ersten Versuch einer kartographischen Auswertung der bereisten Gebiete. Er stellte Länge und Breite Angosturas fest und bestimmte an zwei Stellen die Breite des Orinoco trigonometrisch. Wie stets zog er auch Erkundigungen über die Umgebung, besonders über die Kapuziner-Mission am Rio Carony, ein.

Sie hatten fast vier Wochen in Angostura verbracht. Nun mußten Maultiere ihre Pflanzensammlungen und das Reisegepäck auf dem Wege durch die Kariben-Missionen in den Llanos, im Hinterland von Nueva Barcelona, befördern. In Cari wohnten 500 Kariben-Indianer. Humboldt bemerkte Körperkraft und Stolz dieses einst mächtigen Stammes. Überall lebten die Erinnerungen an Karibeneinfälle fort. Diese Indianer schienen ihm besonders bildungsfähig. Aus ihren schwarzen Augen schien »Nachdenklichkeit« zu sprechen. In Europa nahm man damals an, sie seien auf den Antillen und überall ausgerottet worden. Alexander konnte auf die immer noch nach Tausenden zählende karibische Bevölkerung im Binnenland verweisen. Er lobte Ordnung und Reinlichkeit in den Hütten. Den kleinsten Kindern wurden die Beine vom Knöchel zum Schenkel umwickelt, daß das Fleisch ringförmig hervorwulstete und eine Wellenlinie erzeugte.

Zu seiner Überraschung sah Humboldt nicht einen erratischen Block in den Llanos. Er glaubte nicht, daß diese Landschaften jemals von Menschen »getilgt« werden könnten. Doch meinte er, daß ein großer Teil dieser Regionen ihr »wildes Aussehen«, das sie seit der conquista bewahrten, verlören.

In der Umgebung der Kariben-Mission von Cari war der Boden weniger von Trockenheit aufgerissen als in den Llanos

*Skizze 1944 von Max Stern*

AÇARI, CASIQUIARE

von Calabozo. Einige Güsse hatten die Pflanzenwelt belebt, und so bildeten kleine Grasarten einen dichten Rasen. Die Mauritia-Palme zeigte stets einen feuchteren Standort an. An der Küste war sie »das ganze Besitztum« der Guaranos-Indianer. Humboldt fand sie noch 160 Meilen weiter südlich in den Wäldern des oberen Orinoco und in den Grasfluren um den Granitgipfel des Duida. Die mitgeführten Affen reckten sich nach den Büscheln ihrer wie Tannenzapfen aussehenden roten Früchte, deren gelbes Fleisch wie ein überreifer Apfel schmeckte. Während ihnen eine Luftspiegelung das Schwanken der Ebene vortäuschte, näherten sie sich Palmstämmen, die wie Maste wirkten. Sie sahen »mit Überraschung, wie viele Dinge an das Dasein eines einzigen Gewächses geknüpft sind«. Der Wind häufte Sand um die Stämme. Früchte und frisches Grün lockten von weither Vögel an. Im Windschatten fanden sie feuchten Boden. In ihm fühlten sich Würmer und Insekten wohl, während sie sonst in den Llanos selten waren. So konnte ein einziger Baum Leben um sich verbreiten.

Hier wurde ihnen ein ökologisches Bilderbuch aufgeschlagen, und wieder hätte Humboldt wie angesichts des Kuhbaums sagen können: »Nichts zeigt sich isoliert... Ein gemeinsames Band umschlingt die gesamte organische Natur.«

Am 23. Juli 1800 erreichten sie Nueva Barcelona, »weniger angegriffen von der Hitze in den Llanos, an die wir längst gewöhnt waren, als von den Sandwinden, die auf die Länge schmerzhafte Schrunden in der Haut verursachen«.[160] Sie wohnten im Hause von Don Pedro Lavie. Dieser reiche Handelsmann aus Frankreich war nach Caracas in Haft gebracht worden, weil er 1796 den Freiheitskämpfer José España bei sich aufgenommen haben sollte. Durch die Freundschaft des Statthalters in Cumaná und seine Verdienste um das Gewerbe erlangte er seine Freilassung. Humboldt und Bonpland hatten ihn während ihres Aufenthaltes in Caracas im Gefängnis besucht und ihm Mut zugesprochen[161]. Lavies Leiden hatten sich im Kerker verschlimmert, aber er nahm die Reisenden besonders herzlich auf. Sie trafen auch den Franziskaner Frai Juan Gonzales wieder, der ihnen die Reise zum Casiquiare nahegelegt hatte. Er wollte nach Europa heimkehren und schloß sich nun Humboldt für sieben Monate als stets hilfsbereiter und geistreicher Begleiter an. Bonpland war wiederhergestellt, doch jetzt kränkelte Humboldt. Nach seiner Genesung besuchten sie die warmen Quellen (aguas calientes) im Südosten der Stadt. Indianer sahen sie selten. Sie gehörten einem Mischvolk an, »von kleinem Wuchs, untersetzt, arbeitsscheu und dem Trunk ergeben«.[162] Sie lebten einen Monat in Nueva Barcelona »im Genuß aller Bequemlichkeiten, welche die aufmerksamste Freundschaft bieten kann«.[163]

Die Paketboote aus La Coruña waren seit drei Monaten ausgeblieben. So mieteten sie ein Kanu ohne Verdeck (lancha)[164], um schnell nach Cumaná und damit nach Havanna und Veracruz in Mexiko zu kommen. Der Besitzer der lancha glaubte sich vor den englischen Kapern sicher, weil er Kakao geladen hatte und Schleichhandel mit dem britischen Trinidad trieb. Doch schon im Kanal zwischen der Küste und den Inseln Borracha und Chimanas trafen sie auf ein bewaffnetes englisches Schiff, dessen Matrosen zu einem Kaper aus Halifax gehörten. Unter ihnen entdeckte Humboldt auch einen Ostpreußen aus Memel. »Seit ich in Amerika war, hatte ich nicht mehr Gelegenheit gehabt, meine Muttersprache zu sprechen, und ich hätte mir wohl einen erfreulicheren Anlaß dazu gewünscht.«[165] Sie wurden an Bord des Kapers gebracht, Sammlungen und Instrumente schienen verloren. Ihre Pässe, darunter auch ein Schreiben des britischen Gouverneurs von Trinidad, übersah man. Humboldt forderte, an der Küste abgesetzt zu werden, um dem Transport nach Neu Schottland in Kanada zu entgehen. Inzwischen war aber eine englische Korvette aufgekreuzt, deren Kommandant, Kapitän Garnier, Humboldt freundlich aufnahm. Garnier hatte Vancouvers Reise an der Nordwestküste Amerikas mitgemacht und nannte mehrere seiner Offiziere, die mit Lord Macartney in China gewesen waren; begierig lauschte er seinerseits Humboldts Reiseberichten. Die Engländer wußten von seinen Plänen aus englischen Zeitungen. Jetzt zeigte sich der Wert der Publicity, die Alexander seiner Unternehmung bewußt verschafft hatte. Er verbrachte die Nacht in Garniers Zimmer. »Seit einem Jahr war ich«, so schrieb er, »nicht mehr mit so vielen unterrichteten Männern beisammen gewesen … Beim Abschied wurde ich mit den Jahrgängen der astronomischen Ephemeriden beschenkt, die ich in Frankreich und Spanien nicht hatte bekommen können.«[166] So erhielt er die Möglichkeit, nun jenseits des Äquators »Trabantenbeobachtungen« ausführen zu können[167]. »Ich schied vom englischen Schiff mit Empfindungen, die in mir unverwischt geblieben sind und meine Anhänglichkeit an die Laufbahn, der ich meine Kräfte gewidmet, noch steigerten.«[168] Am nächsten Tag konnten sie ihre Reise fortsetzen.

Man empfing sie in Cumaná mit herzlicher Freude, weil ein Gerücht sie totgesagt hatte. Don Vicente Emparan verschaffte ihnen mitten in der Stadt ein Haus, dessen Höhe günstig für astronomische Beobachtungen war. Der Hafen wurde leider immer strenger blockiert. Durch das Ausbleiben der Postschiffe wurden sie dreieinhalb Monate in Cumaná festgehalten. Wieder dachte Humboldt an seine Freunde, die Brüder Keutsch von der Insel Sankt Thomas. »Oft fühlten wir uns versucht, auf die dänischen Inseln überzusetzen, die einer glücklichen Neutralität genossen; wir besorgten aber, hätten wir einmal die spanischen Colonien verlassen, möchte es schwer halten, dahin zurückzukommen.«[169] Auch fürchteten sie, die spanischen Behörden zu kränken, die ihnen doch entgegengekommen waren. So erforschten sie die Flora von Cumaná, untersuchten die östliche Hälfte der Halbinsel Araya geognostisch und beobachteten in der Zeit vom 28. Juli bis 17. November 1800 »eine ansehnliche Reihe von Trabantenimmersionen«[170], die ihre älteren Längenbestimmungen mit anderer Methode bestätigten.

## 10. »Skizze einer geologischen Schilderung des südlichen Amerika«

### *»Ein Riß vom Gezimmer der Erde«*

Ein wichtiger Abschnitt der Reise war nun vollendet, und Humboldt verarbeitete die frischen Eindrücke in einer größeren geologischen Schilderung. Zusammen mit einer geologischen Sammlung sandte er sie den Direktoren des Naturalienkabinettes zu Madrid; Delamétherie in Paris erhielt einen Auszug, der 1800 in Deutschland unter dem Titel *Skizze einer geologischen Schilderung des südlichen Amerika* erschien[171]. Auch manche Briefe Humboldts aus Amerika hatten den Charakter von Abhandlungen und Forschungsberichten, niemals aber hatte Alexander in ihnen versucht, der Auswertung der Reise vorzugreifen. Der erwähnte Aufsatz ist das einzige Beispiel, das in dieser Beziehung von der Regel abweicht[172]. Unterwegs hatte Humboldt bereits von Caracas und Nueva Barcelona aus geologische Skizzen nach Europa gesandt. Jetzt schrieb er: »Bey dem ungeheuern Umfang dieses Erdstrichs muß ich mich begnügen, mit groben Zügen zu mahlen, und das Detail zu vermeiden, das Gezimmer der Erde, die Abdachung des Landes, die Richtung und Neigung der Gebirgslagen, ihr relatives Alter, ihre Ähnlichkeit mit den Bildungen in Europa... kenntlich zu machen. Diese Umstände zu erfahren, ist das dringendste Bedürfnis der Wissenschaft; man muß sich in der Mineralogie orientiren, wie man sich in der Geographie orientirt: wir kennen Steine, aber keine Berge; wir haben die Materialien, aber wir kennen das Ganze nicht, von dem sie Theile sind. Dürfte ich mir schmeicheln, daß unter der Menge von Gegenständen, die mich auf dieser Reise um die Welt beschäftigen[173], der Bau der Erde durch meine Untersuchungen einiges Licht erhalten werde! Die mühsamen Reisen, die ich seit 8 Jahren in Europa gemacht habe, hatten keinen andern als eben diesen Zweck, und wenn ich das Glück haben werde, nach Europa zurückzukehren und meine geologischen Manuskripte, die ich in Teutschland und Frankreich zurückgelassen habe, wieder unter die Hände zu bekommen, so darf ich hoffen, mich an die Zeichnung eines Risses vom Gezimmer der Erde wagen zu können. Es wird sich dann zeigen, was ich schon lange gesagt habe, daß die Richtung und Neigung, das Streichen und Fallen der primitiven Erdlagen, der Winkel, den sie mit dem Meridian des Orts und mit der Erdachse machen, unabhängig sey von der Richtung und dem Abfall der Berge, und daß sie sich nach Gesetzen richten, daß sie einen allgemeinen Parallelismus beobachten, der nur in der Anziehung und im Umschwung der Erde gegründet seyn kann... All diese Ideen sind von der größten Wichtigkeit, nicht nur für den

Philosophen, der sich zu allgemeinen Begriffen zu erheben sucht, sondern auch für den Bergmann, der das, was er nicht vor Augen hat, im Geiste voraussehen und sich auf die Analogie richtiger Erfahrungen stützen muß. Sie begründen ein neues und zuverlässiges Wissen, denn sie beschränken sich auf die Beobachtung; das Bild der Erde wird gezeichnet, so wie es ist, und wie alles so wurde, gehört nicht hierher. Die Geologie wurde nicht eher ein schwankendes und unsicheres Wissen, als da sich die Phantasie der Menschen besonders mit der Geschichte der Erde befaßte, zu der es an Urkunden und an verständlichen Denkmalen fast gänzlich fehlt.«[174]

Das ist ein eindeutiges Bekenntnis zur geographischen Betrachtungsweise des Forschungsreisenden. Humboldt wollte einen Überblick über das Ganze gewinnen und nicht beim Einzelnen stehenbleiben, weil er bei der Größe des Areals die ihm wichtigen Fragen so am ehesten beantworten konnte. Daraus spricht auch unzweifelhaft, daß er sein Werk über das Streichen und Fallen nicht aus dem Auge verloren hatte; ebenso die beiden anderen Ziele seines raumwissenschaftlichen Forschungsprogrammes, die Pflanzengeographie und die Pasigraphie. Noch während der Reise führte er später diese Pläne literarisch weiter. Wieder schied er streng zwischen Sein und Werden, Beschreibung und Geschichte und hielt an der Erkenntnis fest, daß erst die physische Grundlage bekannt und dargestellt sein müsse, ehe die Geologie wirklich weiterkommen könne. Diesen Verzicht hat Humboldt zwar ausgesprochen, aber erst später konsequenter befolgt. Er wagte einen orographischen Überblick, bei dem es ihm darauf ankam zu zeigen, daß die Nord-Süd-Richtung der Kordilleren nicht die einzige sei.

Gerade die genetische Betrachtungsweise fällt auf. Wie Johann Reinhold Forster und Kant wies er auf den parallelen Verlauf der südamerikanischen und afrikanischen Küsten hin. Der Atlantische Ozean sei »nichts als ein Thal«.[175] Er glaubte an die pyramidalische Form des Aufbaus aller Kontinente und forderte eine staatliche Expedition, die »Streichen und Fallen und das Verhältnis der Gebirgslagen an den ein- und auswärtsgehenden Winkeln von Amerika und Afrika« untersuchen sollte; »man würde hier vor allem die Analogie wiederfinden, die man am

Kanal von Calais und am Sund, an den Säulen des Herkules und am Hellespont bemerkt hat...«[176] Dabei strebte er zur Wirklichkeit des Formenbildes hin. Seine Übersicht lebte von einem ständigen Vergleich, dessen Voraussetzungen ein umfassendes Literaturstudium und ein frisches Gedächtnis waren.

Humboldt ging von einer »allgemeinen Ansicht von der Gestalt« Südamerikas aus. La Condamine und Ulloa hätten auf der Höhe der Anden vergessen, daß es noch andere Kordilleren gäbe, die parallel zum Äquator von Osten nach Westen strichen. Das Land zwischen den westlichen Kordilleren und der Küste Guayanas und Brasiliens bezeichnete man »als eine niedrige Ebene, die den Überschwemmungen der Flüsse ausgesetzt« sei[177]. Selbst die Bewohner der Küste von Caracas dächten, die Llanos zögen sich bis zu den Pampas hin; das sei »weit gefehlt«. Die Llanos »sind keine ununterbrochenen Ebenen, vielmehr sind sie dasselbe Phänomen, was uns Canada und Yucatan, die Insel St. Domingo, der Norden der Sierra von S. Martha, die Provinz Barcelona und das Land zwischen Monte Video und Mendoza; Neuholland, der östliche Theil von Ungarn und das Hannöversche Gebiet – zeigen. Sie sind durch die Cordilleren voneinander geschieden und liegen eben so wenig in einer Ebene als die Wüsten (Llanos) von Afrika und die Steppen der Tartarey, die sich stufenweise erheben, so wie man sich vom Meer entfernt.«[178] Wenn man von den Einbrüchen des Mittelmeeres, der Nordsee u. a. absähe, gäbe es auch in der Alten Welt zwei nordsüdlich verlaufende Kordilleren, von denen andere ausgingen, die ostwestlich verliefen. Für zwei große Gebirgszüge in Meridianrichtung hielt er:

1. die Granite und Glimmerschiefer von Norwegen, Schottland, Wales, Bretagne, Galizien, Ober-Guinea, Kongo und Tafelberg;
2. die Urgebirge von Orenburg, des Kaukasus, des Libanon, Abessiniens und Madagaskars.

Er glaubte, daß die von ihm beschriebenen äquatorparallelen Gebirge Südamerikas sich in der Alten Welt unter derselben Breite fortsetzten, »wie... die Urgebürge von Fernambouc [Pernambuco], Minas [Gerais], la Bahia, und [Rio de] Janeiro denen von Congo entsprechen, wie die ungeheure Ebene beim

Amazonenflusse den Ebenen vom untern Guinea gegen über liegt...« [179] Südamerika wurde demnach von drei Urgebirgs-Kordilleren in westöstlicher Richtung durchzogen:

1. Die Kordillere von Venezuela;
2. die Kordillere der Katarakte des Orinoco;
3. die Kordillere von Chiquitos; sie vereinigt die Anden von Peru und Chile mit den Gebirgen Brasiliens und Paraguays.

Die Llanos waren nach Humboldt zwischen diesen drei Kordilleren eingelagert. Alle seien nach Osten hin offen und liefen in eine »niedrige und sandige Küste« aus[180]. Nach Westen zu würden sie von den Anden abgeschlossen. Es seien »Buchten«, die von Osten nach Westen gingen »und sich desto tiefer ins Innere des Landes erstrecken, je breiter der Continent ist«.[181] Im Anschluß an ein Wort von Tralles möchte er von Südamerika sagen, daß man sich weniger über die Höhe der Berge als über die tiefliegenden Llanos wundern müsse, die weit im Innern neben 3000 Toisen hohen Bergen kaum 50 Toisen hoch lägen. Der höchste Llano, den er bei den Flüssen Temi und Pimichin sah, hatte 180 Toisen Höhe.

Streichen und Fallen sei gesetzmäßig wie in Europa. »Die Untersuchung dieser Erscheinung und der Identität der Schichten«, schrieb er, »war einer meiner Hauptzwecke bey der Unternehmung dieser Reise nach Indien [= Amerika].«[182] Das Fallen der Urgebirgsschichten der Kordillere von Venezuela habe einen großen und traurigen Einfluß auf die Fruchtbarkeit der Provinzen Caracas, Cumaná und Barcelona; »das Wasser, das sich an der Spitze der Berge infiltrirt, fließt nach der Richtung der Schichten herab, deswegen mangelt es an Wasser in dem ganzen großen Landstrich, der auf der Südseite dieser Cordillere liegt, daher entspringen so viele Quellen und kleine Flüsse am nördlichen Abhang, der durch diese zu große Feuchtigkeit und den Überfluß an Bäumen (die neben den langen Nächten fast den ganzen Tag vor den Sonnenstrahlen gesichert sind) ebenso fruchtbar, als ungesund wird«.[183]

Dann charakterisierte er die Gebirgsarten, die er fand, nach Urgebirge[184], Übergangsgebirge[185] und Flözgebirge[186]. Über den Vulkanismus mochte er noch nicht urteilen, da er noch Beobachtungen sammeln wollte[187].

Das Ganze ist ein Beispiel philosophischer Naturforschung, wie Alexander und Wilhelm v. Humboldt sie sich vorgestellt hatten, als sie von einer Betrachtungsweise sprachen, die »sich zu allgemeinen Begriffen erhebt«[188]; in der Menge der Erscheinungen soll nach dem ruhenden Pol, nach dem Regelhaften und Gesetzmäßigen gesucht werden. So glaubte Alexander, die großen Gebirge der Erde fielen nach Süden und Westen jäher ab. Buffon hatte die Frage gestellt, ob Südamerika Versteinerungen enthielt, nachdem La Condamine in Peru keine gefunden hatte. Humboldt hatte bereits eine »Unmenge« von Fossilien (Landkonchylien) in einem kalkigen Sandsteinflöz nachgewiesen; eine Tatsache, die im Sinne dieser Anschauung besagte, daß Südamerika keine Ausnahme von der Regel bildete.

Das fehlende genetische Element in Humboldts Orographie wurde ausgeglichen von der Einsicht, daß die Verhältnisse selbst zunächst geklärt werden müßten. Wer konnte sich anmaßen, die Frage nach der Kausalität vielfältiger Erscheinungen zu stellen? »Wir wissen die Ursache nicht; fahren wir lieber fort, die Phänomene zu erforschen!«[189] *Das ist trotz allen gewagten genetischen Denkens, trotz der später mehr betonten Erforschung der Ursachen eine der tiefsten Einsichten Humboldts gewesen, weil nur sie dem damaligen Stand der Wissenschaft entsprach und am klarsten die Methode seiner geographischen Forschung umriß.*

## 11. Abreise von Cumaná

### *Französische Soldaten verbreiten revolutionären Geist*

Die Ankunft eines französischen Schiffes, das die Insel Curaçao vergebens angegriffen hatte, brachte neues Leben nach Cumaná. Humboldt und Bonpland entschlossen sich, Affen und Vögel, die sie aus den Urwäldern mitgebracht hatten, der Menagerie des Jardin des Plantes in Paris zu übergeben. Sie vertrauten die Tiere General Jeannet und Kommissar Bresseau, »Agent der vollziehenden Gewalt« auf den französischen Antillen, an. Leider gingen die Tiere auf Guadeloupe ein, und nur drei Affenbälge gelangten nach Europa. Die vielen französischen Soldaten, die ihre politischen und religiösen revolutionären Ansichten nicht verleugneten, riefen in der Bevölkerung »gewaltige Aufregung« hervor. Emparan behandelte die Verbündeten höflich und entgegenkommend; das Bündnis zwischen Frankreich und Spanien ließ keine andere Wahl. »Auf den Straßen sah man die Farbigen sich um den Agenten des Direktoriums drängen, der reich und theatralisch gekleidet war; da aber Leute mit ganz weißer Haut, wo sie sich nur verständlich machen konnten, mit unbescheidener Neugier sich auch danach erkundigten, wie viel Einfluß auf die Regierung von Guadeloupe die französische Republik den Colonisten einräume, so entwickelten die königlichen Beamten doppelten Eifer in der Verproviantirung der kleinen Escadre. Fremde, die sich rühmten, frei zu seyn, schienen ihnen überlästige Gäste, und in einem Lande, dessen fortwährend steigernder Wohlstand auf dem Schleichverkehr mit den Inseln beruhte und auf einer Art Handelsfreiheit, die man dem Ministerium abgerungen, erlebte ich es, daß die Hispano-Europäer sich nicht entblödeten, die alte Weisheit des Gesetzbuchs (leyes de Indias[190]), demzufolge die Häfen keinen fremden Fahrzeugen geöffnet werden sollen außer in äußersten Nothfällen, bis zu den Wolken zu erheben. Ich hebe diese Gegensätze zwischen den unruhigen Wünschen der Colonisten und der argwöhnischen Starrheit der herrschenden Kaste hervor, weil sie einiges Licht auf die großen politischen Ereignisse werfen, welche, von lange her vorbereitet, Spanien von seinen Colonien oder – vielleicht richtiger gesagt – von seinen überseeischen Provinzen losgerissen haben.«[191]

Sie hatten die Hoffnung, mit dem regulären Schiff nach Kuba und Veracruz zu fahren, aufgeben müssen. Humboldt verabschiedete sich dankbaren Herzens von Emparan, der ihm großzügig Geld vorgeschossen hatte, und reiste am 17. November 1800 nach Nueva Barcelona zurück. Bei günstigem Wind erreichten sie diesen Hafen in sechs Stunden. Bei ihrer Ankunft lag das amerikanische Schiff, das Salzfleisch nach Kuba bringen sollte, schon segelfertig vor ihnen im Hafen.

# 12. Der Aufenthalt in Kuba

## *Begegnung mit John Fraser und seinem Sohn*

Am 24. November 1800 gingen sie nach Kuba in See. Die Passage verlief ungünstig, da Stürme und Windstillen wechselten. Unterwegs konnte Humboldt die Lage einiger Inseln, Klippen und Vorgebirge genauer bestimmen. Selbst in einer so befahrenen See – Humboldt nannte sie bereits richtig »Mittelmeer« – wurde die Navigation durch die mangelhaften Seekarten erschwert. Am 19. Dezember 1800 landeten sie in Havanna[192]. Schon während des Einlaufens bewunderten sie den Anblick der großen Stadt, die von Mauern geschützt wurde[193]. Der Gunst des Klimas entsprach die »Majestät der Pflanzenformen«[194]. Der ökonomische Entwicklungsstand der Großen und Kleinen Antillen war bedeutend. Auf diesen Inseln war unter Verwendung von Negersklaven die Plantagenwirtschaft eingeführt worden. 1762 hatten die Engländer Kuba besetzt, gaben es aber schon 1764 im Austausch für die Halbinsel Florida den Spaniern zurück. 1740 hatten spanische Kaufleute aus Cadiz das Tabakmonopol gepachtet. Zuckerrohrfelder waren entstanden, und Humboldt erlebte den Ausbau der Kaffeeplantagen durch royalistische Pflanzer aus Haiti. – Dort war die Sklaverei seit dem Ausbruch der französischen Revolution beseitigt worden. Seitdem aber war eine Unruhe entstanden, die Humboldt mit Interesse beobachtete. Der Generalkapitän, Don Luis de las Casas, war fortschrittlichen Ideen aufgeschlossen und bemühte sich um die kulturelle und wirtschaftliche Förderung des Landes. Er unterstützte das Schulwesen und gründete eine Landwirtschafts- und Handelskammer, um die Ausfuhr zu steigern. Humboldt wohnte bei der Familie Cuesta, die zusammen mit Don Santa Maria eines der größten Handelshäuser Amerikas besaß[195]. Sammlungen und Instrumente brachten sie in dem palastähnlichen Haus des Grafen O'Reilly unter, dessen Terrassen für astronomische Messungen günstig waren[196]. Während ihrer Forschungen im

Hinterland wohnten sie bei Graf Jaruca und beim Marques del Real Socorro. In Havanna lernten sie einen Bruder des berühmten Astronomen de Mendoza kennen, der ihnen sehr nahe gekommen zu sein scheint[197]. Er war Kapitän des Hafens Valparaiso.

1799 hatte Humboldt in Madrid von Don José Espinosa y Tello, einem Teilnehmer der Expedition Malaspinas und Direktor des »Deposito hidrografico«, astronomische Messungen Churrucas erhalten[198]. Dabei war auch eine Bestimmung der Hafenfestung Morro gewesen, die Humboldt und Bonpland schon während der Einfahrt nach Havanna aufgefallen war. Alexander hatte die Freude, in der Person des Schiffskapitäns Don Dionisio Galiano einen »der geschicktesten Offiziere der spanischen Marine« zu treffen[199]. Auch er hatte an Malaspinas Fahrten teilgenommen. Zusammen mit Galiano, dem Astronomen Robredo und Brigadier Montes bestimmte er nun die Lage der Festung Morro möglichst genau. Im Dezember 1800 und besonders im Januar und Februar 1801 besuchten die Reisenden die Umgebung Havannas und die »schönen Ebenen« von Guines. Dabei bestimmte Humboldt die Lage von Rio Blanco, el Amirante und mehrerer Orte im Innern der Insel. In Havanna arbeitete er in den Archiven und wertete in mühevoller Arbeit Statistiken aus: In Gesprächen und unzähligen Einzelbeobachtungen, die sich zu einem Bild der Landschaft vereinten, schuf er planmäßig die geographischen Voraussetzungen zu einer Monographie der Insel. Diese Arbeit veröffentlichte er im dritten Band seines Reiseberichts und später als selbständiges Buch[200]. Die Vegetation Kubas zeigte Formen der äquatornächsten Gebiete. Sie waren überrascht, in den Tälern Pflanzen der gemäßigten Klimate zu finden, auf den Bergen Gewächse Mexikos[201].

Der internationale Verkehr Havannas erlaubte Humboldt auf sehr originelle Art, die nötigen Mittel für mehrere Jahre zu sichern; er hatte sich in Havanna mit Don Ignacio O'Farrill y Herrera, einem Bruder des spanischen Gesandten in Berlin, des Generals Gonzalo O'Farrill, angefreundet. Da Alexanders Vertrauenswürdigkeit feststand, händigte man ihm einen Teil der Einkünfte des Generals auf der Insel gegen die Verpfändung des Gegenwertes eines entsprechenden Teiles seines Vermögens in

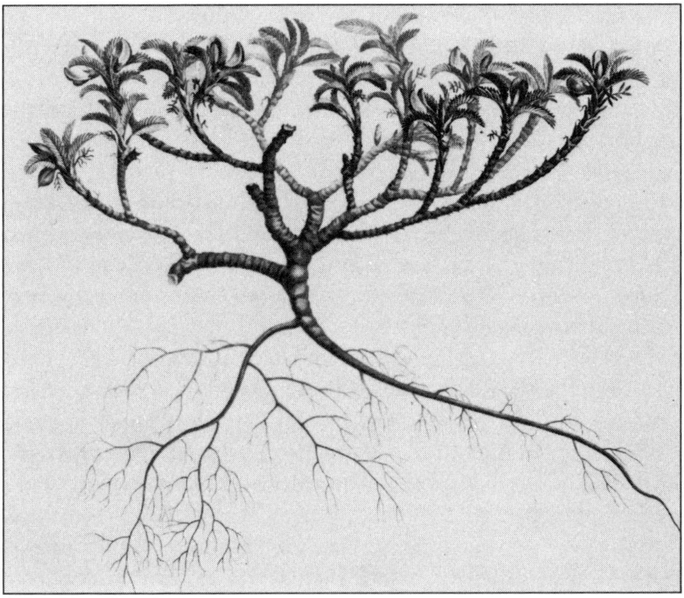

*Astragalus geminiflorus*

Preußen aus. Seit seiner Ankunft in Havanna unterstützte Ignacio O'Farrill »alles, was meine neuen Pläne begünstigen konnte«, schrieb Humboldt selbst[202].

Auf Kuba versuchte er erneut, die Ergebnisse seiner Reise der Nachwelt zu sichern. Die Verbindungen nach Europa waren unsicher. Wie oft hatte er Briefe doppelt geschrieben, um ein Lebenszeichen zu geben und auf seine Forschungsreise hinzuweisen. Noch nie hatte er bis jetzt eine Antwort erhalten. Aus dem gleichen Grund waren Pflanzen doppelt, ja möglichst dreifach gesammelt worden. Um die Grenzen der persönlichen Auffassung sichtbar zu machen und ein möglichst objektives Ergebnis zu erhalten, hatten beide Reisende oft neu gefundene Pflanzen getrennt – jeder für sich – beschrieben, um der Wahrheit möglichst nahe zu kommen. Humboldt hielt es für richtig, das Herbar dreifach zu gliedern, um sich vor dem gänzlichen Verlust der großen Pflanzensammlung zu schützen. Bonpland arbeitete Tag und Nacht, um die Sammlungen zu teilen und zu ordnen. Frai Juan Gonzales war mit ihnen nach Kuba gesegelt und sollte nun von hier bereits ein Herbar, das Bonpland gehörte, sämtliche von diesem gesammelten Insekten und die Skelette aus der Höhle von Ataruipe über Cadiz nach La Rochelle, Bonplands Heimatstadt, senden[203]. Ein Herbar ließ Humboldt in Havanna. »Sämtliche« Manuskripte und Karten ließ er bei seinem Freund, dem Chemiker Don Francisco Remirez, zurück, der sie nach Beendigung des Krieges nach Europa bringen und Wilhelm v. Humboldt von ihrer Ankunft benachrichtigen sollte[204].

Durch einen glücklichen Zufall lernte Humboldt damals den bedeutenden englischen Botaniker John Fraser, der im Auftrage des Zaren Pflanzen sammelte, und dessen Sohn James kennen. Fraser hatte schon fünf botanische Reisen in Labrador und Kanada ausgeführt und 1799 seine fünfte Expedition zum Ohio, nach Kentucky und Tennessee unternommen[205]. Auf dem Mississippi war er nach New Orleans gefahren, um in Kuba botanisch zu arbeiten. Schiffbrüchig war er von Fischern an Land gebracht worden, ohne mit den spanischen Verhältnissen vertraut zu sein; und ohne königliche Erlaubnis hätte er sich nicht in den spanischen Kolonien aufhalten dürfen. Außerdem führte sein Land Krieg mit Spanien. Humboldt lud ihn als Gast in sein Haus ein, unterstützte ihn auch mit Geld und verschaffte ihm die Erlaubnis, die Insel bereisen zu dürfen. Humboldt wollte gern den jüngeren Fraser auf der weiteren Reise mitnehmen, doch dieser entschied sich für die Heimkehr nach London, um dort seine in Kentucky gesammelten Pflanzen auszuwerten. Am 21. Februar 1801 übergab Humboldt das zweite, für Willdenow bestimmte Herbar, darunter Kryptogamen und Gräser, 1600 Species meist aus der Gegend zwischen Rio Negro und der brasilianischen Grenze, James Fraser, der es glücklich nach London brachte. Die gesamte Pflanzendeskription wurde abgeschrieben. Ein Exemplar behielten die Reisenden, das andere sandten sie über die französischen Vizekonsuln nach La Rochelle zu Bonplands Bruder.

Damals entwarf Humboldt in einem Brief an Willdenow den Plan seines Reisewerkes. Er beabsichtigte, zunächst einen allgemeinen Bericht vorzulegen. Dann sollten in besonderen Bänden die Gebiete behandelt werden, die nicht alle Leser interessieren würden. Im ersten Band dieses speziellen Teils wollte er seine Lieblingsidee, das Buch über die »Construktion des Erdkörpers« verwirklichen. »Astronomische Beobachtungen«, »Physik und Chemie«, »Beschreibung von neuen Spezies« der Tiere sollten folgen. Die botanischen Ergebnisse wollte er gemeinsam mit Bonpland publizieren. Alle Humboldt gehörigen Pflanzen sollte Willdenow erhalten, wie er es ihm versprochen hatte; allerdings hielt er daran fest, diese selbst zu veröffentlichen. Es schadete dabei nichts, wenn Willdenow schon die eine oder andere, »nur nicht viele und alle«, bekanntgäbe. Getrocknete Exemplare ließen sich nie so gut beschreiben wie Pflanzen in der Natur selbst. Er hielt es nun doch für möglich, daß nur drei Fünftel aller Pflanzenspecies bekannt seien. Er hatte es nicht glauben wollen, obgleich er diese Möglichkeit »schon aus Ruiz, Pavon, Nées und Henkens [= Haenkens] Herbarien ahnte«. Er sei entschlossen, während der nun folgenden Reisejahre nichts zu veröffentlichen[206].

Wie ein Testament wirken die folgenden Zeilen dieses inhaltreichen Briefes: »Sterbe ich, so wird Delambre meine astronomischen, Freiesleben oder Buch meine geognostischen, Scheerer meine physikalischen und chemischen, Blumenbach meine zoologischen Manuscripte und Du, mein Guter, (so hoffe ich) meine botanischen unter Bonplands und meinem Namen ediren. Mein Bruder wird jedem die Manuscripte zukommen lassen.«[207]

Humboldts weitere Reisepläne standen noch nicht fest, als er nach Havanna kam. Zunächst wollte er nach Nordamerika gehen und bis zu den großen Seen vordringen, dann wollte er sich entweder dem Geschwader des Admirals Ariztizabal anschließen, welches nach Veracruz, dem wichtigsten Hafen Neu-Spaniens [= Mexiko] segelte, oder wie Fraser über Ohio und Mississippi nach Louisiana gehen und zu Lande nach Mexiko gelangen[208]. Er plante, Mexiko zu durchqueren und über die Philippinen nach Europa zurückzukehren[209].

Da lasen sie in verschiedenen Zeitungen, Baudin werde Kap Hoorn umsegeln und die Küsten Chiles und Perus berühren. Humboldt erinnerte sich sofort an sein Wort, das er Baudin gegeben hatte, und verzichtete auf die Reise durch den Pazifik. Er fühlte sich verpflichtet, Baudin an der Westküste Südamerikas zu erwarten. Seine kubanischen Freunde wiesen ihn dagegen auf das Studium der Insel und Mexikos hin und rieten ihm, er solle die Fahrt nach Südamerika unterlassen. Inwieweit ist nun Humboldts Entscheidung als Verzicht zu werten? 1799 hatte er in La Coruña, später in Cumaná Routen genannt, die der nun gewählten gleichkamen. Er hat selbst gesagt, daß ihn die große Landmasse Südamerikas lockte. Eine Seereise führte nur zu Küsten und einigen Inseln. Er wollte aber z. B. die Änderungen der magnetischen Intensität in Richtung auf den Äquator feststellen, das gesetzmäßige Fallen und Streichen überprüfen u. v. a.[210] So entschloß er sich nun, in der Nähe der pazifischen Küste zu bleiben, um Baudin nicht aus dem Auge zu verlieren. Er wollte die Landenge von Panama erforschen und, wie La Condamine und Bouguer, über den Isthmus nach Guayaquil gehen.

Während Bonpland das Herbar teilte, suchte Humboldt vergeblich nach einem Schiff nach Portobello oder Cartagena[211]. Nach seinen Erfahrungen fand er es besser, sich einem Neutralen anzuvertrauen. Das Schiff, das er endlich nehmen mußte, schien ihm zu klein, doch waren angeblich solche Fahrzeuge für die Passage nach Cartagena, die gewöhnlich sechs bis acht Tage dauerte, üblich. Am 6. März 1801 erfuhren sie, das gemietete Fahrzeug liege in Batabano an der Südküste Kubas bereit[212]. Viele Freunde, darunter de Mendoza, der Bruder des spanischen Astronomen, begleiteten sie durch die Ebenen von Guines zu den Pflanzungen von Rio Blanco, deren Besitzer, der Graf de Jaruco y Mopox, sehr gastfreundlich war. Von da führte der Weg durch unkultiviertes Land, das zur Hälfte mit Wald bedeckt war[213]. Sie sahen Indigo und Baumwolle in verwildertem Zustand. Die Freunde gingen bis zum Portrero de Mopox mit ihnen. Weiter südlich fanden Humboldt und Bonpland eine neue Palme *(Corypha maritima)*[214], die einen Teil der Südküste bewuchs. Batabano war ein »armes Dorf«[215]. Humboldt ließ sich mit großen Kosten einen Kaiman und ein Krokodil fangen, die in einem großen Saal untergebracht wurden, wo er ihre Bewegungen und Gewohnheiten studierte und zusehen konnte, wie sie starke Hunde angriffen[216].

# 13. Cartagena. Humboldts Vermessungsmethode

## *»Barbarisches Schauspiel« in Cartagena*

Am 9. März 1801 gingen sie unter Segel, hatten aber bald unter Windstille zu leiden und liefen wegen Wassermangels La Trinidad an. Der Gouverneur, ein Neffe von Antonio de Ulloa, nahm sie gern auf. Er bewirtete sie zusammen mit mehreren französischen Emigranten aus Santo Domingo. Sie brachten einen Abend bei Don Antonio Padron, einem wohlhabenden Bürger, zu, wo sich die »gute Gesellschaft« versammelt hatte[217], und verlebten »zwei angenehme Tage in einer schönen und romantischen Gegend«.[218] In der Nacht des 15. März 1801 segelten sie weiter. Sie waren nun schon sechs Tage unterwegs und trieben in der Windstille in Richtung auf die Kaiman-Inseln, von denen Humboldt zwei der Länge nach chronometrisch bestimmte, ebenso wie »einige Sandbänke und Klippen«.[219] Schließlich kamen sie in den Golf von Darien[220], wobei Humboldt mit seinen Messungen wieder einmal gegenüber dem Kapitän recht behielt. Dann mußten sie längs der südamerikanischen Küste in östlicher Richtung gegen einen orkanartigen Ostwind fahren. Sie ankerten bei der »krokodilreichen Mündung« des Rio Sinú und botanisierten zwei Tage an seinen Ufern, die noch kein Wissenschaftler untersucht hatte[221]. Auf einer Lichtung trafen sie unter mehreren Zambos bei der Palmweinernte einen Deutschen[222]. Er hatte als dänischer Deserteur in der Nähe von Santa Cruz de Lorcia eine zweite Heimat gefunden und sprach kaum noch deutsch, warnte aber Humboldt vor dem tückischen Klima dieser Küste. Die Darien-Indianer waren »klein, breitschultrig, platt und überhaupt ganz das Gegenteil der Cariben; aber ziemlich weiß und fetter, fleischiger und stärker an Muskeln, als ich bisher Indianer gesehen habe. Sie lebten ungezwungen und unabhängig.«[223] Als sie »gegen den Wind mit Gewalt« in den Hafen von Cartagena [im heutigen Kolumbien] einlaufen wollten[224], schlug das Schiffchen um. Die gefährliche Lage wurde erst gemeistert, als man ein Segel kappte und eine Welle das kleine Boot emporhob.

Während der totalen Mondfinsternis in der Nacht vom 29. auf den 30. März 1801 gingen sie an Land, um besser beobachten zu können. Als sich aber »baumlange Neger«, die aus dem Gefängnis von Cartagena entkommen waren, mit Dolchen auf sie stürzten, eilten sie schnell wieder zum Boot. Am 30. März 1801 liefen sie bei Windstille in den Hafen ein[225].

In Cartagena trafen sie eine wissenschaftliche Kommission, welche seit 1792 damit beschäftigt war, die karibische Küste zu vermessen. Sie stand »formell noch unter dem Oberbefehl Joaquin Francisco Fidalgos«[226], des Hafenkommandanten von Cartagena. Seit 1787 hatte José Espinosa, Dionisio Galiano und José de Lanz das Ministerium Valdés angeregt, Fidalgo und Churruca mit der Erforschung der karibischen Küsten zu betrauen, um den Atlas Tofiños zu erweitern[227]. Am 4. Juni 1792 waren vier Brigantinen ausgelaufen, die sich aber schon vor der Insel Trinidad infolge persönlicher Streitigkeiten getrennt hatten[228]. Churruca hatte 1795 umkehren müssen und war in der Schlacht von Trafalgar gefallen. Fidalgo und Manuel de Castillo hatten mit Noguero und Cislar die Arbeit allein und mit bestem Erfolg fortgeführt[229].

Humboldt hatte schon 1799 in Madrid von José Espinosa y Tello und in Cumaná von Gouverneur Vicente Emparan einige astronomische Bestimmungen der Kapitäne Joaquin Francisco Fidalgo und Cosme Damian de Churruca einsehen können. Nach Humboldts Angaben war diese Expedition mit fünf englischen Chronometern, vielen Theodoliten und großen Quadranten von Ramsden ausgerüstet. Nachdem sie einen Meridian festgelegt hatten, übernahm es Fidalgo, »die ganze Küste des festen Landes bis Cartagena zu bestimmen«, während Churruca die Vermessung der Inseln durchführte[230].

Humboldt hatte seine astronomischen Beobachtungen im Innern Südamerikas auf eigene Messungen in den Küstenstädten bezogen. Astronomische Aufnahmen waren die Hauptgrundlagen der Karten und mußten angesichts eines derart großen Gebietes am schnellsten zum Ziele führen. Alexander schildert seine Methode folgendermaßen: »Man suchte einige Punkte an den Küsten und im Innern absolut zu bestimmen, das heißt nach Himmelserscheinungen oder Reihen von Monddistanzen. Man stellte die Lage der bedeutendsten Orte nach den drei Coordinaten der Breite, der Länge und der Höhe fest. Die dazwischenliegenden Punkte wurden mit den Hauptpunkten auf chronometrischem Wege verknüpft. Durch den sehr gleichförmigen Gang der Chronometer in *Canoes* und durch die sonderbaren Krümmungen des Orinoco wurde diese Anknüpfung erleichtert. Man brachte die Chronometer zum Ausgangspunkt zurück, oder man beobachtete zweimal (im Hinweg und im Herweg) an einem dazwischen liegenden Punkte, man knüpfte die Enden der chronometrischen Linien[231] an sehr weit auseinander liegende Localitäten, deren Lage nach absoluten, d.h. rein astronomischen Erscheinungen bestimmt ist, und so konnte man die Summe der etwa begangenen Fehler schätzen. Auf diese Weise (und vor meiner Reise war im Binnenlande die Länge keines Punktes bestimmt worden) habe ich Cumaná, Angostura, Esmeralda, San Carlos del Rio Negro, San Fernando de Apure, Porto-Cabello und Caracas astronomisch verknüpft. Diese Beobachtungen umfassen eine Bodenfläche von mehr als 10 000 Quadratmeilen. Das System der Beobachtungspunkte auf dem Küstenland und die werthvollen Ergebnisse der Aufnahme bei Fidalgos Seereise wurden mit dem System der Beobachtungspunkte am Orinoco und Rio Negro durch zwei chronometrische Linien in Verbindung gebracht, deren eine über die Llanos von Calabozo, die andere über die Llanos von Pao läuft. Die Beobachtungen in der Parime bilden einen Streifen, der eine ungeheure Landstrekke (73 000 Quadratmeilen), auf der bis jetzt nicht ein einziger Punkt astronomisch bestimmt ist[232], in zwei Theile theilt. Durch diese verschiedenen Arbeiten, die ich mit geringen Mitteln, aber nach einem allgemeinen Plane unternommen, wurde, wie ich mir wohl schmeicheln darf, der erste astronomische Grund zur Geographie dieser Länder gelegt.«[233]

Nun ergab sich die glückliche Möglichkeit für Humboldt, seine Ergebnisse mit den Meßwerten Fidalgos zu vergleichen. Er bezeichnete dies als die wichtigste Beschäftigung während seines Aufenthaltes in Cartagena[234]. »Wir fanden eine wunderbare und durchgängige Übereinstimmung in den Längenbeobachtungen« und »daß die Magnetnadel seit 1798 auf dieser Küste ebenso westlich als in Europa östlich abweicht«.

Mit seinen zahlreichen astronomischen Ortsbestimmungen hat Humboldt das Kartenbild Südamerikas oft regelrecht entzerrt. Instrumente, die ihm die Messungen ermöglichten, behandelte er deshalb mit der größten Vorsicht. Dennoch haben notwendige spätere Vergleiche und neue Vermessungen Abweichungen ergeben. Wieso? Zur geographischen Breitenmessung bestimmte Humboldt den Winkel von Alpha Crucis, eines hellen Doppelsterns am Fuß des Kreuzes des Südens, über dem Horizont. Die Werte sind recht genau und waren noch einfach zu erhalten. Bei der Längenmessung dagegen mußte die Zeit mit möglichst genau gehenden Uhren (= Chronometern) übertragen werden. Daher ließ Alexander keine Gelegenheit vergehen, die ihm einen Zeitvergleich ermöglichte. Eine Überprüfung, die L. A. McIntyre im Gebiet des heutigen Venezuelas anstellte, ergab denn auch für eine Humboldtsche Breitenbestimmung einen »erstaunlich präzisen« Wert, nur »eine Gewehrschußweite« von der wirklichen Position entfernt. Zur Diskussion der Längenmessung schloß McIntyre zunächst eine Laufänderung von zwei Flüssen aus. Während Alexanders Längenbestimmung in Cumaná noch fehlerfrei gewesen war, lag der Wert für Caracas 21 km zu weit westlich, in Calabozo (Zitteraale!) war der Fehler bereits auf 50 km angewachsen, an der brasilianischen Grenze auf 71 km. Der von Humboldt oft gelobte Chronometer von Louis Berthoud und seine anderen Uhren gingen eben auch infolge des tropischen Klimas nicht genau. »Wer sich plus oder minus nur um eine Minute irrt, gerät in äquatorialen Regionen um beinahe 28 km weiter westlich oder östlich. Als Humboldt am Zusammenfluß von Apure und Orinoko ein Sonnenbesteck nahm, muß sein Chronometer um eine Minute und 40 Sekunden vorgegangen sein.«[235]

Im Hause des Ingenieurs Domingo Esquiaqui sah Humboldt Modelle von Maschinen, Mineralien Neu-Granadas und eine Sammlung kostbarer Zeichnungen, darunter den Entwurf einer Karte des Vizekönigreichs, von der er eine Kopie erhielt[236]. Der Gouverneur von Cartagena, Anastasio Zejudo, »Fidalgos vielgereister Gehülfe Fernando Maria Noguera und Pedro Martinez de Penillos« gewährten ihm weitere Einblicke in die Zustände des Landes.

Während einer Oster-Prozession beobachteten die Reisenden Kultur und Brauchtum der Bevölkerung in Cartagena. Die Altäre waren mit einer »ungeheuren Menge Blumen« geschmückt worden. Die Kostüme der wichtigsten Teilnehmer waren so wunderlich, daß es schwer hielt, sie zu schildern. Bettler, die ein Kruzifix in der Hand hielten und eine Dornenkrone trugen, baten um Almosen. Gegen Zahlung einiger Piaster erhielten sie vom Pfarrer das Recht, in den Häusern sammeln zu dürfen. Pilatus trug ein Kleid aus gestreifter Seide. Die Apostel saßen an einem großen Tisch, der mit Konfekt bedeckt war, und wurden von Zambos auf den Schultern getragen. Bei Sonnenuntergang wurden in den Hauptstraßen Puppen, die Juden darstellten, an Stricken »in der Art unserer Straßenlaternen« aufgehängt. Die Bevölkerung wartete mehrere Stunden, bis die »Juden« verbrannt wurden. »Diese ›heiligen Belustigungen‹ (das ist der Name dieses barbarischen Schauspiels)«, schrieb Humboldt voll Zorn, »sind nicht dazu angetan, die Sitten zu mildern.«[237]

Der Vorsteher des Konsulates (= Handelskammer), José Ignacio Pombo, »der einzige hervorragende Kaufmann der neugranadinischen Colonialzeit«[238], und Ignacio Cavero, der ehemalige Sekretär des fortschrittlichen Vizekönigs Caballero y Góngora, gaben ihm »werthvollste Mittheilungen« über das Innere des Landes[239]. Pombo wirkte für eine Belebung des Verkehrs durch Kanal- und Straßenbauten und war 1767 nach der Vertreibung der Jesuiten für eine Schulreform eingetreten. Er hatte die Verbindung zu George Washington hergestellt und korrespondierte mit Mutis, d'Elhuyar und Caldas[240]. In seinem Tagebuch sagte Humboldt: »Neben Cavero ist Pombo ein Exemple südamerikanischen Genies. Er war kurze Zeit in Cadix, spricht alle Sprachen, kennt alle europäischen Literaturen und – ein großes, in Amerika einziges Verdienst – erziehet seine sehr schönen Kinder selbst.«[241]

In Cartagena schlecht untergebracht, nahmen die Reisenden, zumal bei dem ungesunden Klima der Hafenstadt, gern eine Einladung an und gingen am 6. April 1801 nach Turbaco, wo sie zehn Tage Pombos Gäste in dem von ihm gekauften ehemaligen Besitztum des Vizekönigs Caballero waren[242]. Humboldt besuchte häufig mit Bonpland den »wegen der Dicke seiner Bäume berühmten Wald« in der Umgebung. Jacquin hatte hier bereits botanisiert, aber seiner Aufmerksamkeit waren »Stämme von 8 Fuß im Durchmesser«, drunter die *Cavanillesia Mocando*, entgangen[243]. Schlangen krochen in die Häuser und jagten Ratten. Die »vulkanitos« in der Nähe Turbacos waren Schlammvulkane, wie geschaffen, Vulkanisten und Neptunisten auszusöhnen[244].

Am 12. April 1801 schrieb Humboldt an Baudin, er hoffe im Juni oder Anfang Juli in Quito zu sein, um dort die Ankunft der Expedition in Guayaquil zu erwarten. Sollte er sich nicht Baudin anschließen können, so wolle er allein nach Lima weitergehen, dann von Callao nach Acapulco in Mexiko segeln, dieses Land besuchen und über die Philippinen, Surate, Bassora und Palästina nach Marseille zurückkehren; aber er hoffe doch sehr, Baudin noch zu treffen[245]. – Humboldt wollte zunächst vom Rio Sinú nach Porto-Cabello und von da auf dem Rio Chagre nach Panama fahren, um die Landenge geognostisch zu erforschen. Von der Stadt Panama am Pazifik wollte er dann auf dem Seewege nach Guayaquil und Quito gelangen. Als er aber erfuhr, daß der günstige Segelwind im Pazifik nicht mehr wehte und die Fahrt unter Umständen zwei bis drei Monate dauern könnte, entschied er sich auf Anraten des gastfreundlichen Pombo für den beschwerlicheren Landweg über Bogotá, Popayan und Quito[246]. Dieser Entschluß wurde mitbestimmt durch die Möglichkeit, den berühmten Botaniker Mutis in Bogotá zu besuchen, die Kordilleren kennenzulernen und zu übersteigen und so ein neues Kartenbild Südamerikas nördlich des Amazonas zu entwerfen. Schon von Turbaco aus hatte Humboldt dem greisen Mutis einen klug abgestimmten Brief geschrieben, um seinen Besuch vorzubereiten. Humboldt meinte, »nur die jetzt zehnjährige Begierde, ihn zu sehen und seine Werke zu bewundern«, habe ihn veranlaßt, »den Landweg nach Guayaquil der unendlich kürzeren Reise über Panama vorzuziehen«.[247]

Als er seine schweren Instrumente verpackte, um sie mit entbehrlichen Büchern und Sammlungen auf dem Seewege nach Quito abzusenden, bat ihn Pombo um einen Birdschen Zirkelquadranten für den Naturforscher in seiner Heimatstadt Popayan: Francisco de Caldas y Tenorio, der während Humboldts Reise noch eine wichtige Rolle spielen sollte (vgl. S. 232).

*Schlammvulkane in der Nähe Turbacos*

# 14. Auf dem Magdalenenstrom nach Bogotá

*»Eine schreckliche Tragödie« – »Schneekoppe plus Brocken«*

Wie alle spanischen Kolonien, so wurde auch das Vizekönigreich Neu-Granada möglichst abgeschlossen gehalten, und Fremde waren nicht gern gesehen, vor allem unter dem Vizekönig Mendinueta y Musquiz. Schon hatte der Franzose Jean-Baptiste Leblond die Verhältnisse Neu-Granadas in Europa geschildert und kritisiert[248]. Die Gesellschaft, der sich Humboldt und Bonpland für diese Reise hatten anschließen müssen, war zudem keine Empfehlung: Es gehörten zu ihr ein Arzt, Louis de Rieux, der außer seinem Sohn seine Mätresse bei sich hatte, sodann Mariano Montenegro, ehemaliger Präfekt im Choco-Gebiet, der Humboldt als Landeskenner viele Anregungen vermitteln konnte[249]. Sein kleiner Neffe Gregorito war ein Sohn des »unglücklichen Nariño«.[250] Schließlich reiste José de la Cruz mit ihnen, der sie seit der Landung in Cumaná oft begleitet hatte[251].

Louis de Rieux war als Arzt des Vizekönigs Espeleta ins Land gekommen. Humboldt hatte ihn schon in Havanna getroffen und kannte seine Lebensgeschichte recht genau[252]. 1794 war der Franzose wegen Hochverrats in Honda verhaftet worden (vgl. S. 220). In Ketten hatte man ihn auf dem Magdalena nach Cartagena in das Inquisitionsgefängnis geschafft, konnte ihm aber nichts nachweisen. Endlich hatte Urquijo eingegriffen, ihn rehabilitiert und zum Leiter der Chinabaumpflanzungen in Honda ernannt. 1800 wurde er Generalinspektor dieser Plantagen. Sein Sohn Louis Francisco zeichnete nach der Natur, und seine Bilder erregten Humboldts Beifall[253]. Rieux hatte in Spanien und Frankreich die Freiheit der Sklaven verfochten. In Honda erwarb er eine Kakaoplantage mit 80 Negern, die er vor sich auf die Knie fallen ließ. So sehr Humboldt an seinem Schicksal teilgenommen hatte, dieses heuchlerische Verhalten entschuldigte er nicht und schrieb zornig in sein Tagebuch: »Elendes Menschengesindel, die ihr in Europa die Philosophen spielt!«[254]

Humboldt und Bonpland bestiegen mit ihren Begleitern am

21. April 1801 in Barancas Nuevas ein Schiff auf dem Rio Magdalena. Wochenlang fuhren sie den Fluß hinauf. Vorbei an den menschenleeren Wäldern, von Moskitos und fast dauernden Gewittern und Stürmen geplagt, erreichten sie Honda. An vielen Stellen hatte Humboldt die Zusammensetzung der Luft untersucht, den Flußlauf topographisch aufgenommen und barometrische Messungen ausgeführt. Sie hatten sich wie üblich mit einem Feldbett und einem Baumwolltuch (toldo) ausgerüstet. In den seltenen Dörfern am Fluß rieten ihnen die Indianer, sich zu ihnen beim großen Platz in der Nähe der Kirche auf Ochsenhäute zu legen. Das Vieh stand im Kreis um diese Lagerstätten herum. Dicht bei den Tieren fanden die Menschen mehr Ruhe vor den Moskitos. »Unsere Magdalena-Reise«, schrieb Humboldt, »bildete eine schreckliche Tragödie; von den zwanzig dunklen Ruderknechten ließen wir acht auf dem Wege zurück, ebensoviel langten gleich und mit stinkenden Geschwüren bedeckt in Honda an... Welch glücklicher Zufall, daß meine Natur allen Fiebern so glücklich widersteht. In den 2½ Jahren bei so vielen Reisen durch dichte Wälder, auf Sümpfen und Flüssen, unter den ansteckendsten Krankheiten: immer blieb ich vom Fieber frei.«

Die Flußfahrt nach Honda gehört zu den heute meist übersehenen Kulminationspunkten der Expedition Humboldts. Im Unterlauf des Flusses fand er noch die Feuchtsavanne vor, sehr bald aber erneut die immerfeuchten Tropen (Tropischer Regenwald), wie wir heute in der Terminologie Fritz Jaegers und Carl Trolls sagen dürfen (siehe Anmerkung S. 23). Ähnlich wie Sven Hedin Ende 1899 auf dem Tarim nahm Humboldt den Verlauf des Stromes, der größer als der Rhein ist, während der Fahrt und während der Pausen am Ufer mit dem Kompaß und aufgrund astronomischer Bestimmungen auf. Seinem Tagebuch vertraute er die topographische Aufnahme des Flusses in vier Blättern an. Ein großes Schiffshindernis, die Enge von Carare, die er mit einem Stollen entschärfen wollte, hob er besonders hervor. In der Stadt Mompós (alte Schreibung: Mompóx, 25. April–5. Mai 1801) beobachtete er wie vorher in den Städten Angostura und Nueva Barcelona eine besonders große Moskitoplage, weil infolge der Gleichgültigkeit der Behörden Straßen,

Plätze und das Innere der Höfe mit Gesträuch bedeckt waren. In Mompós hatte er mit Bonpland in einem geräumigen, von einer Mauer umgebenen Hof mehr als 40 junge Krokodile untergebracht. Sie beobachteten den listigen Kampf dieser 15 bis 20 Tage alten Tiere gegen Geier, die sie oft packten und in die Luft entführten.[255]

In Honda, unweit von Bogotá, wo sie das Schiff verließen, besuchten sie das Bergwerk, in dem Juan José, der ältere der Brüder d'Elhuyar, als Oberberghauptmann den Tod gefunden hatte. Humboldt sah hier mehrere deutsche Bergleute, die sich zu seiner Begrüßung eingefunden hatten[256]. Ehe er die eigentliche Hochgebirgswelt der Anden und ihre Vulkane kennenlernte, wurde Humboldt so noch einmal an seinen Lehrer Werner erinnert. Nun erhielten sie auch Antwort von Mutis. Es waren, nach Humboldts Tagebuch, »sehr artige Schreiben«, in denen Mutis meldete, »daß er uns gutes Quartier bereitet habe und alle seine Schätze gern zeigen wolle. Die Mutis dargebrachte Huldigung wiederholte ich in einem Briefe an den Vicekönig und verfehlte meinen Zweck nicht. Für den einsam lebenden Gelehrten war es viel, daß seine Mitbürger einen Menschen aus dem fernen europäischen Norden kommen sahen, um ihn zu besuchen: ihn, den ein großer Theil des Bogotáer Publicums mit affectirter Gleichgültigkeit behandelte... Wir hatten die Silberminen von Mariquita und Santa Ana, die ehemaligen Wohnsitze von Mutis, besichtigt; dort ist er reich geworden, dort starb der arme d'Elhuyar; solch ein Besuch gab wieder Gelegenheit, gefällige Briefe zu schreiben. Sodann kündigte ich ihm manche Pflanzenart von Schreber oder Swartz an, welche wir im Magdalena-Thale gesehen hatten und er, wie ich berechnen konnte, kaum dem Namen nach kannte. Das waren gute Mittel, auch seine wissenschaftliche Neugierde zu spannen und den einsilbigen Mann zu einem wissenschaftlichen Verkehr mit uns gleichsam zu zwingen. Ich mußte dem alten Herrn mich nähern mit Freundschaft für Cavanilles, mit Haß gegen Ortega und mit Mißachtung der Flora Peruana, deren Herausgeber er beneidete; ich nannte diese Flora denn auch einen Staatskalender, da in ihr die Namen aller Minister und Staatsräthe paradiren. Mein Vorgehen glückte; Alle, die wir auf dem Gebirgsritte trafen,

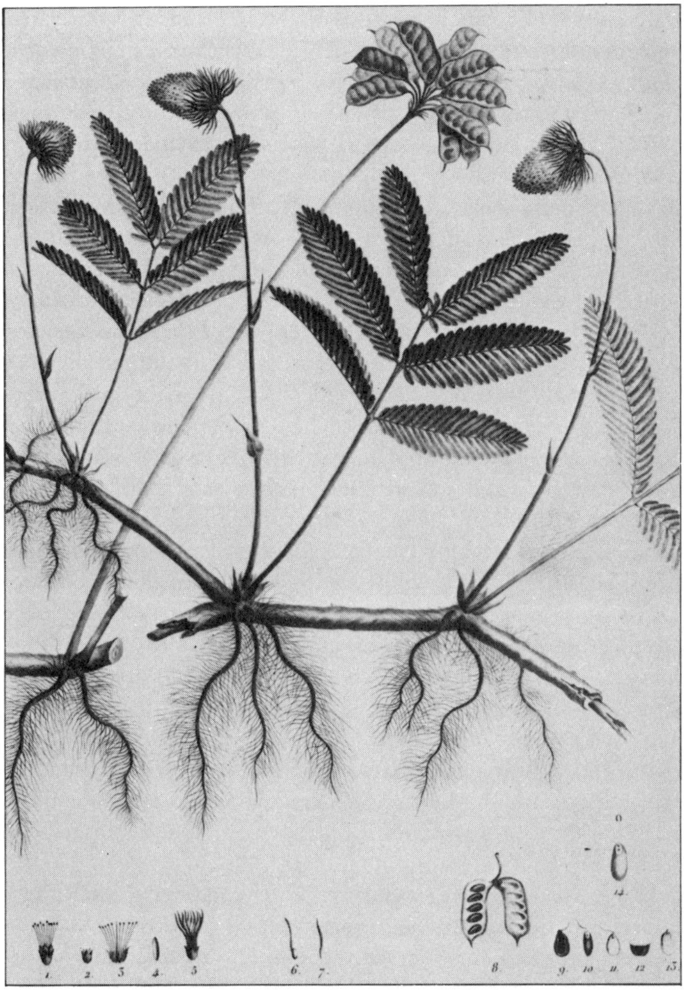

*Mimosa lacustris*

versicherten, der alte Mutis laufe wie toll durch die Straßen, um den hohen Besuch zu verkünden und Anstalten zum Empfang zu treffen; er sei geradezu verjüngt. Wirklich hegte er, ehe er uns noch gesehen, so gütige Gesinnungen für uns, daß er ernstlich daran dachte, wenn Bonplands Fieber dauernder würde, mit seinem alten Freund Escallon den gefährlichen Gebirgsritt bis nach Guaduas hinab zu unternehmen: für einen kränklichen Greis geradezu ein Wagestück.«[257]

Von Honda fuhren sie am 23. Juni 1801 mit einem Kanu bis Las Bodegitas und stiegen dann über Guaduas 1370 Toisen aufwärts nach Bogotá. Kleine, in den Fels gehauene Stufen bezeichneten den schlechten Weg. Wieder konnten sie die wechselnden Vegetationszonen beobachten. Auf der baumlosen Hochebene fanden sie die europäischen Getreidearten. Sie sahen eine große Zahl indianischer Dörfer. Das Erlebnis des neuen Landschaftsbildes der Hochebene faßte Humboldt in folgender Beschreibung zusammen: »Ist die letzte Höhe des Gebirges erstiegen, dann übersieht man alsbald eine weite Fläche, deren Ende das Auge kaum erreicht. So sehr ich auf diese Naturszene vorbereitet war, erstaunte ich doch nicht wenig, in solcher Höhe eine meeresähnliche Ebene zu treffen. Vier Tage lang war ich in Hohlwegen eingeschlossen gewesen, in denen kaum der Körper des Maulthieres Platz fand; mein Auge war an des Waldes Dickicht, an Abgründe und Felsklippen gewöhnt: plötzlich sehe ich nun fast grenzenlose Felder in leerer Fläche vor mir. Gerade hier, also in der Höhe der Pyrenäen-Gipfel (Schneekoppe plus Brocken), in dieser luftdünnen Atmosphäre, haben die Conquistadoren eine Stadt angelegt! So freundlich auch den Europäer Weizenäcker anlächeln, dieser flache Boden eines alten abgelaufenen Sees hat doch wegen der gänzlichen Baumlosigkeit und der Reinheit der Luft einen einförmigen, einen ernsten, ja traurigen Charakter.«[258]

Der erste Ort, den sie auf der Hochebene erreichten, hieß Facatativá. Sie ließen die Maultiere zurück und ritten zu Pferde weiter. Vor den »aus Bambusrohr und Lehm zusammengekleisterten Häusern« trockneten überall Chinarinden-Stücke[259]. Humboldt schrieb in seinem Tagebuch:

> »In diesem Orte erwarteten uns zwei Partien von Bogotáern: sämmtlich nach Landessitte in wollene Ruanas gekleidet; man glaubte lauter Bettler zu sehen, deren Köpfe aus Säcken hervorragten. Die eine Partie, von der Pedro Groot der Angesehenste war, wollte eigentlich nur unsern Reisegenos-

*Vintera granatensis*

sen Nariano Montenegro begrüßen, indem seine Frau eine Montenegro war; er suchte aber, da er mit dem Mutis'schen Kreise in geheimer Feindschaft lebte, mich für sich zu gewinnen. Zu solchem Zwecke hatten diese Leute einen schändlich stockernden Wagen nach Facatativá kommen lassen, außerdem auch schöne Reitzeuge und Reitpferde. Als Abgesandte von Mutis waren dort Carbonel, sein Secretär, nebst einigen der berühmten Pflanzenmaler, sowie der junge Rublas, der Sohn jenes dicken und reichen Herrn, den wir zu Nare, am Ufer des Magdalena-Flusses getroffen hatten. Diese Abgesandten verkündeten mir, daß der 70jährige Herr mich durch seine Freunde einholen lassen werde, und zwar so feierlich wie möglich. Ich lehnte daher jenen Wagen ab, aber auch das Ansinnen, Uniform anzulegen.

Nach einer Nacht, in der das Thermometer auf 3° R sank und die Dünne der Luft uns sehr beschwerlich wurde, ritten wir trotz der Kälte ohne Winterkleidung nach Fontibón, der letzten Station vor der Hauptstadt.

Der Weg geht immer durch die baumlose Ebene voll Kartoffeln, Weizen und Hafer. An der Landstraße überall die Datura arborea, deren weiße Blüthen am Abend einen herrlichen Geruch verbreiten; es ist die gefährliche Borachera, aus deren Samen ein Zaubergetränk gegohren wird, nicht bloß um Mädchen willenlos einzuschläfern, sondern auch um die Guacas, die Schätze bergenden Grabstätten der Vorfahren, leuchten zu sehen.

In Fontibón wies auch noch Nichts auf die ganz nahe Residenz hin; wir fanden aber glänzende Aufnahme. Die Vornehmsten Bogotás hatten sich hier versammelt, um uns nach spanischer Sitte zu bewillkommnen. Da war vom Vicekönige ein Assessor entsendet und vom Erzbischof ein Secretär; sodann trafen wir den Rector der Bogotáer Hochschule, Fernando de Vergara y Caicedo, und den nächsten Freund von Mutis, Escallon. Ferner waren da: der Marquis von San Jorje, José Maria Lozano, reich, in Spanien erzogen, bescheiden und sehr unterrichtet, sowie dessen Bruder Jorge Tadeo Lozano, in Naturwissenschaft wohl bewandert, namentlich ein Schüler von Proust in antiphlogistischer Chemie[260]. Nun hielt man von allen Seiten schöne Reden über das Interesse der Menschheit und über die Aufopferung für die Wissenschaft; Complimente erfolgten im Namen von Vicekönig und Erzbischof. Alles klang unendlich groß, nur fand man mich selbst sehr klein und sehr jung. Man hatte statt

*Bambusa guadua*

eines dreißigjährigen einen fünfzigjährigen Menschen sich gedacht, einen steifen und unbeholfenen. Außerdem waren die widersprechendsten Nachrichten von Cartagena aus verbreitet worden: ich könnte nicht frei spanisch reden, beobachtete die Sterne stets in tiefen Brunnen, hätte einen Caplan und eine Maitresse in meiner Begleitung – jener war Bonpland im schwarzen Rock mit abgeschnittenem Haar, diese die Gefährtin von Rieux, welche den armen Mutis, der so stolz auf unsere Ankunft war, etwas außer Fassung gebracht hat, bis das Räthsel sich löste. Alles lief gut ab, aber unendlich förmlich. Wir aßen im Hause des Pfarrers und bewunderten nach Tisch beim Spazierengehen die seltsame Vegetation.

Der dann folgende, in Bogotá lang erwartete Einzug war sonderbar, fast possierlich. Ich mit den Lozanos und dem geistlichen Rector im ersten sechsspännigen Wagen, einer in London verfertigten, mit Ressorts versehenen Kutsche, Bonpland in dem zweiten, ebenfalls sechsspännigen Gefährte; um uns her ein Schwarm von Reitern, der noch durch die von Bogotá Entgegenkommenden sich vermehrte. In der Stadt die Fenster voll Köpfe; Gassenbuben und Schulknaben liefen schreiend und mit Fingern auf mich weisend eine Viertelmeile weit neben den Kutschen her; Alles versicherte, daß in der todten Stadt seit langen Jahren nicht solch eine Bewegung und solch ein Aufstand stattgefunden habe. Wir sind ja Ausländer und sogar wunderbare Ketzer: Leute, welche die Welt durchlaufen, um Pflanzen zu suchen, und ihr Heu nur mit dem des alten Mutis vergleichen wollen; mußte das nicht die Neugierde reizen? Dazu der Umstand, daß der Vicekönig unsere Ankunft als einen Act von Wichtigkeit betrachtet und befohlen hatte, uns aufs Feinste zu behandeln. Mutis hatte die Wittwe seines Bruders, die seit einiger Zeit von Bucaramanga hierher gekommen ist und von seiner Gnade lebte, ausziehen lassen; wir trafen daher ein eigenes Haus mit Hof, Garten und Küche an.

Vor dieser Wohnung erwartete uns mit seinen Freunden der alte Kron-Botanicus, eine ehrwürdige, geistreiche Gestalt in priesterlichem Kleide. Wie ich mit dem Barometer in der Hand ausstieg und das Instrument niemandem anvertrauen wollte, lächelte er; mit vieler Herzlichkeit umarmte er uns und war bei dieser ersten Zusammenkunft fast verlegen bescheiden. Wir sprachen sofort von wissenschaftlichen Dingen; so begann ich von den Pflanzen, die wir heute gesehen hatten, er aber lenkte das Gespräch geschickt auf allgemeine Gegenstände, damit es den Umstehenden verständlicher werde. In den für uns bereiteten Zimmern war ein prächtiges Essen aufgetischt, und – hätte ich es glauben können – der berühmte Salvador Rizo, dem Cavanilles eine Pflanze gewidmet hat, erschien als Bedienter und wartete auf.

Mutis hatte die Absicht, die ersten acht Tage in Diners und Ceremonien zu verschwenden, damit die Stadt sehe, wen er zu bewirthen habe und wie er zu bewirthen vermöge; daher wünschte er auch, daß in der ersten Zeit von Botanik und dergleichen gar keine Rede sei.«[261]

Der Verkehr zwischen Mutis und den Reisenden war sehr herzlich. Sie führten ein sehr gehaltvolles Herbar, obgleich es erst seit der Abreise von Kuba entstanden war, sowie Beschreibungen aller bisher gesammelten Pflanzen bei sich. »Er hat 2–3000 Zeichnungen in Großfolio, welche wie Miniaturgemälde scheinen. Nebst der Banksischen in London habe ich nie eine größere botanische Bibliothek als die Mutisische gesehen«, schrieb Humboldt[262]. Mutis zeigte ihnen die von ihm zuerst beschriebene Liane Vejuco del Guaco *(Mikania Guako)*, die als stärkstes Gegengift gegen den Schlangenbiß galt[263]. Humboldt und Bonpland hatten während der Fahrt am Casiquiare die »gewaltigen Gräser« einer Bambusa-Art »mit sehr breiten Blättern« gefunden, und zwar blühend, wie sie Mutis in 20jähriger Arbeit nie nachweisen konnte[264]. Später schickten sie ihm aus den Tälern von Popayan die ersten Bambusa-Ähren[265]. Mutis schenkte Humboldt an die hundert prächtige Zeichnungen neuer Pflanzenarten im Großfolio aus seinem Manuskript über die Flora von Bogotá. Alexander übergab die farbschönen Blätter dem Institut National, um sie Jussieu, Lamarck und Desfontaines zugänglich zu machen[266].

# 15. José Celestino Mutis. Die Lage der Wissenschaft in Bogotá

## *Der größte Gelehrte Südamerikas*

José Bruno Mutis war 1732 in Cadiz geboren worden[267], hatte in Sevilla Medizin studiert, dort und in seiner Geburtsstadt praktiziert und war 1757 nach Madrid gegangen. Dort hatte er seine Studien auf die gesamten Naturwissenschaften ausgedehnt. Besonders hatte er sich mit Botanik beschäftigt und oft mit Clas Alströmer gesprochen, einem Schüler Linnés, der in Spanien arbeitete. Mutis wirkte als außerordentlicher Lehrer für Anatomie an der Universität und zählte zu den jungen Gelehrten, die in Paris, Bologna und Leiden studieren sollten, um im Auftrag des Staates die Naturschätze des kolonialen Spanien zu untersuchen. 1760 nahm der Vizekönig Pedro Mejia de la Zerda den hochbegabten Mutis mit nach Neu-Granada. Sofort nach seiner Ankunft (November 1760) in Cartagena begann er mit seinen botanischen Forschungen. Er führte einen Briefwechsel mit Linné über den China- und Kautschukbaum und unterrichtete Mathematik am Colegio de Nuestra Señora del Rosario in Bogotá, einer Art Hochschule, die von einer eigenen Bruderschaft geleitet wurde[268]. Anfang 1765 rechtfertigte er das Newtonsche Weltsystem gegenüber den in Bogotá herrschenden veralteten Anschauungen. Gegen den Klerus nahm ihn der Vizekönig Mejia in Schutz, besonders nach der Vertreibung der Jesuiten, die in den Missionen, in den Schulen und für die Wissenschaft viel geleistet hatten. Er betraute den Kreolen Francisco Moreno, das Beste aus ihrer Hinterlassenschaft zu machen. Mutis unterstützte diese Pläne und begrüßte z. B., daß in Bogotá Bücher der Jesuiten in einer öffentlichen Bibliothek zugänglich wurden. 1768 erhielt das Colegio del Rosario Universitätsrang. Minenuntersuchungen wurden gefördert und der Werner-Schüler Juan José d'Elhuyar ins Land gezogen. Man dachte daran, Mutis mit umfassenden botanischen Forschungen zu betrauen, vor allem aus wirtschaftlichen Gründen. Nach der Verabschiedung Mejias wurde er zum Priester geweiht, nannte

*José Celestino Mutis*

sich seitdem José Celestino Mutis und konnte nun als Kleriker seine naturwissenschaftlichen Pläne noch besser verfolgen[269]. Der neue Vizekönig Manuel de Guirior (1771–1775) setzte die Reformen seines Vorgängers fort und förderte Mutis weiterhin. In seiner Begleitung war auch der Kreole Sebastian Lopez, der in Lima und Spanien studiert hatte, nach Bogotá gekommen. Diesen beauftragte der folgende Vizekönig Manuel Antonio de Flóres (1776–1782) damit, die fiskalische Nutzung des Chinabaumes einzuleiten. Mutis fühlte sich mit Recht zurückgesetzt, zumal man seine Vorarbeiten nicht erwähnte. Es entstand daraus ein unerquicklicher Gelehrtenstreit, der leider ins Persönliche übergriff, wie Humboldt schon in Madrid erfahren hatte. – 1782 bis 1788 wurde Antonio Cabellero y Góngora, der im Vorjahr einen Volksaufstand im Norden Bogotás unterdrückt hatte[270], Erzbischof und gleichzeitig Vizekönig. Er war Mutis gewogen und wollte ihn, eingedenk der Forschungen von Rúiz, Pavon und Dombey, die seit 1777 in Peru und Chile arbeiteten, mit einer botanischen Expedition für Neu-Granada betraut wissen, »die von vorneherein seßhaften Charakter tragen sollte«.[271]

*So tauchte in Südamerika sehr früh der Gedanke auf, das Zentrum der botanischen Erschließungen eines Landes in dessen Gebiet selbst aufzubauen.* Damit wurde in einer fernen Region und unter anderen Voraussetzungen eine Forschungsweise angewendet, die der Saussures und Pictets entsprach. Caballero erließ am 1. März 1783 die Konstitution der »Botanischen Expedition«, die am folgenden 1. November von König Karl III. genehmigt wurde. Mutis arbeitete einen wissenschaftlichen Plan aus. Der Vizekönig-Erzbischof ernannte ihn zum Leiter und seinen Schüler, den Kreolen Eloy de Valanzuela, zum zweiten Vorsteher. Mutis bestimmte Mariquita als Sitz der Expedition, brachte ein großes Herbarium zusammen und verfolgte gleichzeitig die Idee, eine Kollektion von gemalten und gezeichneten Pflanzenbildern in natürlicher Größe herstellen zu lassen[272]. So arbeiteten bald mehrere Maler für ihn. Zwei Kreolen, Salvador Rizo und Francisco Xavier Matiz, traten als Künstler und daneben als Verwalter der Expedition bzw. als Botaniker hervor. 1791 verlegte Mutis die Expedition endgültig nach Bogotá, um die Fertigstellung seines Werkes *Flora Bogotana* zu fördern. Die Ergebnisse der Forschungen von Rúiz, Pavon und Dombey in Peru und Chile und die Fortschritte Sessés und Moziños, deren botanische Expedition seit 1786 in Mexiko stationiert war, trieben ihn zur Eile. Mutis' Wohnung erhielt den Namen »Botanisches Haus«. Er beschäftigte zwölf Maler, und in einer besonderen Zeichenschule wurden 32 Schüler für die Mitarbeit ausgebildet[273].

Mutis aber war alt geworden. Seine pedantischen Anforderungen an die Genauigkeit der Maler erschwerten die künftige Veröffentlichung. Außerdem konnte er, der einst die Gedanken eines wissenschaftlichen Weltbildes vertreten hatte, nun selbst den politischen Anschauungen der Jugend nicht folgen. – Fort-

*Mutisia grandiflora*

schrittliche Vereine waren entstanden, so eine Kasino-Gesellschaft in Bogotá und in Quito unter Eugenio Espejo und Juan Montúfar eine »Schule der Eintracht«.[274] Francisco Antonio Zea aus Medellin, den Humboldt wohl schon in Madrid kennengelernt hatte[275], erschien Mutis als ein Sprecher dieser jungen

Generation. Darum entfernte er ihn, um Schwierigkeiten zu vermeiden, aus der Hauptstadt, obwohl Zea zu ihm als einem wissenschaftlichen Vorbild aufblickte[276]. »Was der Alte [= Mutis] für Jugenddummheiten hielt«, schreibt SCHUMACHER, »trug in Wirklichkeit einen ganz anderen Charakter. Bereits gärten neue, in dem stillen Bogotá unerhörte Elemente. Höchst auffällig war es, daß man in einer viceköniglichen Residenz immer lebhafter politisirte; die kleinen Pressen der Regierungs-Druckerei hatten damit angefangen, indem sie vorsichtig präparirte Artikel über die europäischen Tagesfragen veröffentlichten, welche sofort jedermann mit Gier verschlang... über Frankreich mußte gesprochen, geschrieben und debattirt werden. Da hatte natürlich das einzige amtliche Organ von anderen Dingen zu reden als von China-Rinde und Gelehrten-Streit; solche Artikel entsprachen aber wenig den Ideen der Jugend, diese dachte und fühlte ganz anders als der vicekönigliche Hof.« – Der Finanzbeamte Antonio Nariño besaß eine Druckerpresse und verbreitete die Ansichten der Kasino-Gesellschaft im Volke; »geistige Aufrührerei war offenbar vorhanden und die jungen Mitglieder des botanischen Hauses waren nicht die einzigen Revolutionäre; es geschah das Ungeheuerliche, daß am Sitze eines Vicekönigs von Santafé [de Bogotá] die Pariser Menschenrechte von 1789 veröffentlicht wurden...«[277]

Als ein Aufstand bevorzustehen schien, leitete der Vizekönig José de Ezpeleta (1789–1797) im August 1794 eine Untersuchung ein. Nariño wurde zu Gefängnis und Verbannung verurteilt. Das gesamte junge Bogotá schien angeklagt: Nariño, Zea und ein Neffe von Mutis wurden nach Cadiz gebracht. Einige große Talente mußten außer Landes gehen. Louis de Rieux war als einer der Haupträdelsführer erschienen. *Der Zusammenhang von naturwissenschaftlicher Arbeit und revolutionärer Gesinnung schien offensichtlich zu sein,* und unter dem Einfluß der Kirche bekämpfte besonders der Vizekönig die Ideen der jungen Leute.

Dies waren die Bedingungen der Arbeit von Mutis, der als Priester unbehelligt blieb, und unter diesen Aspekten stand der Besuch Humboldts. Der Vizekönig Pedro Mendinueta y Músquiz (1797–1802) bemühte sich vergeblich, sein Mißtrauen hinter der Etikette zu verbergen. Humboldt erfuhr, daß er die Haft von Antonio Nariño gemildert hatte, als er sich mit dessen kleinem Sohn Bogotá näherte. Er konnte diesen nicht im Gefängnis besuchen und begegnet ihm erst 1820 in Paris[278]. Auf der Fahrt von Cartagena über Honda bis Bogotá hatte Mendinueta Humboldt durch einen militärischen Aufpasser heimlich beobachten lassen, damit dieser sich nicht in Dinge einließe, die außerhalb seiner wissenschaftlichen Aufgaben lägen[279]. Er nahm Alexander mit der Höflichkeit auf, die ein Reisender mit offiziellen Pässen erwarten durfte.

## 16. Humboldts Forschertätigkeit in Bogotá

### *Geograph und Forschungsreisender*

Bonpland war schon auf dem Wege von Honda nach Bogotá wieder an Fieber erkrankt und mußte sich schonen. Humboldt bestimmte indessen die Höhen umliegender Berge, von denen einige 2000–2500 Toisen hoch waren. Er besuchte und zeichnete den See Guatavita, den Wasserfall des Tequendama, der von der Region immergrüner Eichen in eine Kluft stürzt[280]. Er war überrascht, in so großer Höhe Steinkohlenflöze und mächtige Steinsalzschichten und das Campo de Gigantes, ein mit Mastodontenknochen überfülltes Feld anzutreffen. Zwei volle Monate konnte er auf der Hochebene von Bogotá arbeiten[281].

Die Stadt hatte damals 21 500 Einwohner. Sie wirkte ungepflegt. Die Hauptgebäude verfielen. Einige Mitglieder der Oberschicht lebten dagegen in einem erstaunlichen Luxus. Der Rektor des Colegio del Rosario, Miguel de Isla, lehrte Medizin und verhalf Humboldt zu vielen Auskünften. Matiz war Führer bei mehreren Stadtbesichtigungen. »Bald hatte Humboldt auch in der eigenen Wohnung ein kleines Museum eingerichtet, das von halb Bogotá neugierig besichtigt wurde, namentlich von den schönäugigen Töchtern der Stadt.«[282].

Humboldt kam nicht mit leeren Händen: Diplomatisch wies

*Basaltfelsen und Wasserfall von Regla (Mexiko)*

er alles vor, was für Mutis günstig war. Er brachte ihm die ersten Druckproben einer Arbeit Zeas über die Cinchona-Arten aus Madrid mit. Dieser hatte die Meinung seines Lehrers verteidigt und Rúiz und Pavon angegriffen[283]. Humboldts Erzählungen aus Madrid, seine Kenntnis der spanischen Expeditionen, seine guten landeskundlichen Erfahrungen, die schon zum Teil auf Materialien beruhten, die er in Südamerika selbst erhalten hatte, erregten Staunen. Dazu besaß er, der Ausländer, die Karte von Domingo Esquiaqui, die des Carlos de Cabrer hatte er in Honda erhalten. Aus Europa hatte er die große kartographische Darstellung de la Cruz' mitgebracht, die 1785 in London herausgekommen war und »in der viceköniglichen Kanzlei noch wie ein Regierungsgeheimnis« gehütet wurde[284]. Jeder Vizekönig, der das Land verließ, war verpflichtet, einen Rechenschaftsbericht vorzulegen[285]. Ignacio Cavero hatte diese Arbeit als Sekretär für Góngora ausgeführt. Sie war umfangreich, klar gegliedert und enthielt viele geographische und statistische Angaben. Humboldt hatte bereits in Cartagena von Cavero selbst Auszüge daraus erhalten, in Bogotá verschaffte er sich »das ganze Schriftstück«.[286] Mit Takt und Geschick erschloß er die geheimsten Archive und sammelte seltenste Dokumente. Kein Reisender hatte dies bis dahin auch nur annähernd zu erreichen vermocht. So leistete Humboldt mit feinem Spürsinn und wenig Aufwand viel für die geographische Kenntnis des Landes. Dem französischen Nationalinstitut sandte er damals zwei Kisten, von denen eine die Studie über den Chinabaum von Mutis, Zeichnungen der sieben Cinchona-Arten, trockene Rinden und ein Herbar enthielt[287]. In seinem Begleitschreiben vertrat er die Ansichten von Mutis.

Im Auftrag des Vizekönigs untersuchte Alexander die Kron-Salzwerke von Zipaquirá, die aber im Verhältnis zu europäischen Lagerstätten nichts Neues bedeuteten. Alexander wies selbst auf den »Freimuth« hin, der ihm eigne, und hielt diese Anlage für verfehlt; sie sei nur ein »Tagesschurf« und sehe an der »Hauptstelle ... einem verpfuschten Steinbruch ähnlich«[288]. Er erörterte technische Probleme, gab genaue Verbesserungen an, behandelte die geologischen Verhältnisse und stellte die Frage, ob das tiefe Salzlager im Hochgebirge »etwa Niederschlag eines ehemaligen Meeres sein könnte«[289]. Ebenso begutachtete er die seit Fausto d'Elhuyars Tod verlassenen Silbergruben bei Mariquita[290]. Er lobte dabei die Vorrichtung des Grubenbaues und bestätigte nach Schumachers Untersuchung Elhuyars letzte Vorschläge, ohne von ihnen wissen zu können. Alexander widersprach der in Neu-Granada verbreiteten Ansicht, Elhuyar habe für die Krone einen viel zu teuren Bergbau begonnen, und schrieb, dieser Spanier werde in seinem Vaterland bewundert; er und sein Bruder seien die einzigen gewesen, die in Spanien wirklich etwas von Chemie verstanden hätten[291].

Humboldt übergab Mutis und dem Vizekönig »eine auf vier Blättern befindliche Zeichnung des Magdalena-Flusses von der Mündung bis zu den Hondaer-Stromschnellen. Das war die erste Aufnahme, welche man von der großen Verkehrsader des Innern besaß.« – »Bei der Überreichung der Karte« hob Humboldt hervor, »daß er seine Arbeit besonders deshalb zweimal habe copiren lassen, weil sie außer ihrem wissenschaftlichen Interesse auch darzuthun vermöge, wie ungünstig der Magdalena, ein nicht mit dem Gebirgszuge gehender, sondern denselben durchschneidender Fluß, für regelmäßigen Schiffahrtsverkehr sei. Ich habe vorgeschlagen, dem größten Schiffshindernis, der Enge von Carare, durch einen Stollen abzuhelfen; einen unterirdischen Canal.« In einer zweiten Karte legte er »den topographischen Zusammenhang zwischen der Hochebene von Bogotá und den Grassteppen des Orinoco« dar. »In Bogotá wußte man von dem Lande jenseits der Ost-Cordilleren fast nichts«; das war um so erstaunlicher, weil hier »die wichtigsten Berichte der portugiesisch-spanischen Grenz-Commissäre« aufbewahrt wurden, die man völlig unbeachtet ließ[292]. Eine dritte Karte Humboldts galt der Hochebene von Bogotá. Dazu kam ein Profil, das von Cartagena bis zur Hauptstadt reichte und bereits 1803 ohne sein Wissen in Spanien publiziert wurde[293].

In fleißiger Archivarbeit untersuchte Humboldt die Goldproduktion. In Mutis' Bibliothek verschaffte er sich Einblick in seltene neu-granadinische Veröffentlichungen. Er forderte die regierungstreue »Patriotische Gesellschaft«, welche die Kasino-Sozietät vergessen machen sollte, auf, arme Landsleute, die erfolgreich Cochenille auf »Cactus-Stämmen« zogen, zu unterstützen und die Kulturen durch Prämien zu heben[294]. Er wies auf die Notwendigkeit einer guten Verbindung nach Honda hin und meinte, man müsse der Hauptstadt über den Meta einen Zugang zum Orinoco öffnen. Er erkannte freilich, daß der Eigennutz Cartagenas einem solchen Plan hinderlich war.[295] Dazu kamen

*Epidendrum grandiflorum*

magnetische, astronomische und barometrische Messungen, insbesondere auch pflanzengeographische Beobachtungen sowie der Beginn von Chinabaumforschungen.

In Kuba hatte Alexander ein Manuskript zu einer Selbstbiographie zu schreiben begonnen.[296] Er stellte darin die Frage, wie es gekommen sei, daß er sich jetzt hauptsächlich als Botaniker fühle. Sein ganzes Leben zog an ihm vorüber. Der Name

Willdenows leuchtete auf. Von der Beschäftigung mit der Pflanzenwelt war seine Reisesehnsucht ausgegangen. Dabei verstand er unter Botanik die räumlichen Verhältnisse der Vegetation, die Pflanzengeographie[297]. Vor allem fesselten ihn jetzt die Probleme der Hochebene mit den beiden Kapellenbergen sowie die scharf gegliederte Vegetation beim Auf- und Abstieg. Mutis, den Humboldt als Autorität anerkannte, hatte das Barometer ebenfalls verwandt, um Standorte von Pflanzen wissenschaftlich zu fixieren. Ebenso hatte er die Lage Bogotás bestimmt. Aber in der Vielfalt des Einsatzes der Instrumente zur Erhellung des physisch-geographischen Charakters ging Humboldt einen eigenen Weg, der nicht in Mutis' Sinn gelegen hatte.

Weder Mutis noch der Vizekönig oder der Erzbischof wagten, Humboldt vorzuwerfen, daß er mit als aufrührerisch geltenden Personen verkehrte. Auf seinen Gängen in die Umgebung ließ er sich gern von José Ayala y Vergera begleiten, der wie de Rieux und Zea im Gefängnis gesessen hatte; »überhaupt umgab ihn auf den von Bogotá unternommenen Ausflügen fast immer eine Schaar von Männern, die weder dem Vicekönige noch dem Erzbischofe wohlgefällig waren«.[298] Bisher waren Ortsaristokratie und Regierungspartei meist zusammengegangen – in Bogotá gab es auch in dieser Beziehung Spannungen. Die Lozanos erzählten Humboldt Greuel, die ihn erregten. Er schrieb in seinem Tagebuch: »Ein besonderes Edict forderte vor Kurzem dazu auf, etwaige Klagen an das indische Ministerium zu richten, und versprach volle Verschwiegenheit sowie Befreiung von etwaiger Strafe; der Vater meiner Freunde verfaßte eine gegen die vicekönigliche Regierung gerichtete Anklage, diese wurde aber von Spanien dem Angeklagten eingesandt und der alte Lozano drei Jahre lang in Cartagena eingekerkert. Seine Söhne wollten nach Europa, um ihre Klagen vorzubringen – da erhielt ihr Vater die Erlaubnis, mitzureisen; gleich nach der Freilassung starb er, und das Publicum wußte den Tod zu deuten.«[299]

»Konnte solche Gewaltthat bei einem so hochgestellten und verdienten Manne geschehen, wie der verstorbene Marques de San Jorge gewesen war: was mochte dann bei geringeren Leuten möglich sein!« schrieb SCHUMACHER[300].

Auf Grund der Forschungen Schumachers konnte Humboldts geographische Arbeit bis in Einzelheiten verfolgt werden. Josef und Renée Gicklhorn, wohl die schärfsten Kritiker Humboldts zugunsten von Thaddäus Haenke, stellten u. a. fest, dieser sei »weiter wie Humboldt in einer Reihe von umfassenden Projekten vorgeschritten, die nicht nur die Zusammenhänge aufdecken, sondern auch eine künftige Planung der Wirtschaftsräume in großem Stil vorsehen«.[301] Dieser Kritik ist z. B. der Hinweis auf Humboldts Vorschläge zur Verbesserung des Verkehrs aus wirtschaftlichen Gründen entgegenzuhalten. Im allgemeinen läßt sich sagen, daß Humboldt in der Kürze der Zeit eine erstaunlich geniale produktive Kraft entfaltete. Seine Forschungen im Hochland von Bogotá zielten auf die physisch-geographischen Grundlagen und schlossen bio- und anthropogeographische Feststellungen ein. *Es gab damals keinen Forschungsreisenden, der in so vollendetem Sinne Geograph war wie Humboldt.* Berücksichtigt man die große gesellschaftliche Beanspruchung, der er sich, da sie den Erfolg verstärkte, nicht entzog, so bleibt es ein Rätsel, wie er in der kurzen Zeit eine solche Leistung vollbringen konnte.

## 17. Überquerung der Anden von Popayan nach Quito

### *Ablehnung des Mißbrauchs der Menschenwürde*

Wegen Bonplands Krankheit konnten sie erst am 8. September 1801 weiterreisen. Humboldt bemerkte in seinem Tagebuch: »Unser sechswöchentlicher Aufenthalt konnte Mutis leicht lästig werden, denn er beherbergte uns; außerdem wuchs die Gefahr, daß wir die Weltumsegelungs-Expedition in Guayaquil verfehlen möchten ... Die letzten Tage in Bogotá sind fürchterlich gewesen; wir waren mit sehr vielen Menschen in Verbindung getreten; während ich noch die Denkschrift über Zipaquirá zu Ende bringen mußte, machten diese Alle ohne Ausnahme Besuche. Wir erhielten Empfehlungsbriefe für sämtliche Stationen des Weges bis nach Popayan, wo Caldas zu treffen ist. Von allen Seiten bot man uns Baargeld an[302], so Tejada wie Mutis selber. Am 6. September schrieb ich an Wilhelm [v. Humboldt]; am 7. erhielt ich den ersten Brief aus Europa, der mich in diesem Lande erreichte. Er sprach die Besorgnis aus, ob auch der Sturz des Ministeriums Urquijo meiner Reise hinderlich sein werde.«[303] »Dies war die erste Kunde von der großen reactionären Umwälzung, die in Spanien sich vollzogen hatte; am Tage ihres Eintreffens sollte nach Humboldts astronomischen Handbüchern eine Sonnenfinsternis stattfinden, jede halbe Stunde wurde die Sonne beobachtet; die Flecke, welche drei Tage zuvor auf ihrer Scheibe erschienen waren, zeigten sich nicht mehr, aber die Verfinsterung war für Bogotá nicht sichtbar«, schrieb SCHUMACHER[304]. »Am nächsten Tage geschah unser Ausritt mit elf Lastthieren; der Abschied im Mutis'schen Hause war rührend. Der alte Mann überhäufte uns mit Güte und mit Wohlthaten; er gab uns Speisevorrath mit, den drei stämmige Maulthiere kaum fortschleppen konnten. Unser Abzug war fast so glänzend wie unser Einzug. Eine große Schaar von Reitern begleitete uns bis zur Brücke von Boza, wo Abschied genommen wurde; nur José Ayala y Vergara ritt weiter mit. Wir erreichten nicht Cibaté, wo wir schlafen sollten, blieben vielmehr in Puente Grande. Am 9. September ging es über die unwirthliche Hochebene von San Fortunato und dann durch einen unendlich schönen Wald zu dem lieblich gelegenen Ort Fusagasugá, der schon der wärmeren Zone angehört; dort besitzt Lozano ein hübsches Landhaus.«[305]

Sie reisten nach Westen, überschritten den Magdalena und kamen über Contreras nach Ibagué, wo sie sorgfältig Länge und Breite bestimmten. Hier ließen sie sich einige hundert Vijaoblätter schneiden[306], die aneinandergereiht wurden und unterwegs als Zelt und Regenschutz dienten. In der wilden weglosen Landschaft, die sie bald betreten sollten, brachten sie oft Tage unter diesem wasserdichten Zelt zu, ohne naß zu werden.

Die Route führte über die östliche Kordillere, über den Paß von Quindíu. Wie andere Reisende führten auch sie Lebensmittel für etwa vier Wochen mit, da der Weg durch menschenleere

Gegenden und meist durch Schneefelder lief. Der Pfad war nur 30–40 cm breit und glich »größtentheils einer offenen durch Felsen gehauenen Galerie«.[307] Abfließendes Schmelzwasser hatte den Boden ausgespült und den »Weg« mit Morast ausgefüllt. Die sonst üblichen Maultiere waren hier durch Ochsen und Menschen ersetzt worden. Spanier ließen sich von stämmigen Indianern, die einen Stuhl auf den Rücken banden, bequem sitzend und für wenig Geld über die schlimmsten Strecken tragen. Voller Empörung bemerkte Humboldt später, daß Bergwerksdirektoren sich ein bis zwei Indianer hielten, die sie ihre »Pferdchen« (= cavallitos) nannten. Auch Humboldt waren unter den cargueros und cavallitos besonders tüchtige und leichtfüßige empfohlen worden. Es tat ihm weh, »von den Eigenschaften eines Menschen in Ausdrücken reden zu hören, mit denen man den Gang der Pferde und Maulthiere bezeichnet«.[308] Darum hatte er diesen Mißbrauch der Menschenwürde abgelehnt und lieber die Strapazen auf sich genommen. Zwölf Ochsen trugen ihr Gepäck. Sie fanden viele neue Pflanzen. Während des Abstiegs auf dem westlichen Abhang der Kordillere mußten sie sich oft vor heftigem Platzregen unter das dichte Schutzdach ihrer Vijaoblätter flüchten. Der Boden war sumpfig und mit Bambusschilf bedeckt. Sie sanken oft bis zu den Knien im Schlamm ein. »Die Stacheln, womit die Wurzeln dieser gigantesken Grasart bewaffnet sind, hatten unsere Fußkleidung so sehr zerrissen, daß wir genötigt waren, wie alle Reisenden, die sich nicht von Menschen auf dem Rücken tragen lassen wollten, barfuß zu gehen.«[309]

Von Cartago führte der Weg über Buga »durch das herrliche Thal des Caucaflusses« nach Popayan, wo sie im November 1801 blieben. Popayan wirkte verschlafen und verfallen. Humboldt schrieb: »Boden und Klima sind freundlicher als in Bogotá; allein hier hat das Goldsuchen den Ackerbau nicht aufkommen lassen, ist doch Popayans Umgebung kaum mehr als eine große Weide mit schlechtem Viehstande. Die Stadt holt nicht bloß Rindfleisch, sondern auch einen großen Theil des Cacaos aus dem Magdalena-Thale sowie Mehl aus den Bergen von Pasto.«[310] Auf dem Markt fiel ihm auf, daß Kalkerde feilgeboten wurde, die mit Koka gegessen wurde. Er stellte in Popayan besonders

*Simia Leonina*

erdmagnetische Beobachtungen an, die ihn länger dort festhielten. Außerdem bereitete er »umfangreiche Mineralsammlungen« zur Absendung nach Madrid vor.[311] Vom Landsitz Antonio Varelas aus besuchte er »die Basaltgebirge von Julusuito; den Schlund des Vulkans von Puracé, der mit entsetzlichem Getöse Dämpfe eines durch geschwefeltes Wasserstoffgas geschwängerten Wassers ausstößt; und die porphyrartigen Granite von Pisché, welche fünf- bis siebeneckige Säulen bilden, denjenigen gleich«, die er »in den Euganeen in Italien« sah[312]. – Auf dem Puracé drangen sie am 18. November 1801 trotz starken Hagelwetters bis zur Schneegrenze vor und untersuchten drei Krater[313]. In seinem Tagebuch bemerkte Humboldt: »Dem Hauptschlunde entfuhren damals rothgelbe Schwefeldämpfe mit einem Gezisch, das stärker war als der Lärm von vierzig Schmiede-Essen in vollem Gebläse und ähnlich dem Ton einer Dampfmaschine, deren Ventil am Cylinder plötzlich geöffnet wird; man hat lange Zeit Mühe, seinen Sinnen zu trauen, und ist stets geneigt, den Schwefeldampf für Flammen zu halten. Im südlichen Theile des Schlundes sah man deutlich einen siedenden, mit Schwefelhaut bedeckten Wasserspiegel.«[314]

Unter den Spaniern und Kreolen in Popayan bestand kein großes Interesse an Naturwissenschaften. Wenige nur fragten ihn nach der Bedeutung seiner Instrumente oder nach der Art der gesammelten Mineralien. Der Gouverneur Diego Nieto war einst zusammen mit Mutis nach Amerika gegangen. Ihr Wirt war der Tabak-Administrator Francisco Diego, der mit dem Reformer Moreno nach Neu-Granada gekommen war. Der Münzmeister Joaquin Valencia war ein Bruder des Grafen de la Casa Valencia in Madrid, dessen Familie Humboldt kannte. Kreolen ihrer Bekanntschaft waren Manuel Alvarez, ein Schwager der Lozanos in Bogotá, und der Provisor des Bistums, Manuel Maria Arboleda, ein Verwandter von Caldas, »entschieden der angenehmste Mann der ganzen Stadt, einfach, launig, thatkräftig, völlig uneigennützig und von dem besten Weltton im geselligen Leben, aber ein Gegner des Gouverneurs, wie denn solche persönlichen Gegnerschaften hier im Lande überall sich zeigten«, vertraute Humboldt seinem Tagebuch an.[315]

Er und Bonpland verließen Popayan am 27. November 1801. »Die Jahreszeit verlangte es, daß der Weg über Almaguer genommen wurde; so begann denn bald der schwere, Tag für Tag mehr ermüdende Gebirgsritt, der über die gefrorenen Hochebenen und durch die wilden Schluchtentäler der Provinz Pasto führte; die Öde trieb zu möglichst schnellem Weiterreisen, ebenso der Wunsch, bald von Baudin Nachricht zu erhalten[316]. So ritten sie über die Paramos von Pasto und vermieden das fieberberüchtigte Patiotal.

»Paramo heißt in den Anden jeder Ort, wo auf einer Höhe von 1700–2000 Toisen die Vegetation stillsteht und eine Kälte ist, die bis in die Knochen dringt.«[317] Der An- und Abmarsch nach und von Pasto war besonders schwierig. »Dicke Wälder liegen zwischen Morästen; die Maulthiere sinken bis auf den halben Leib ein; und man muß durch so tiefe und enge Klüfte, daß man in Stollen eines Bergwerks zu kommen glaubt. Auch sind die Wege mit den Knochen der Maulthiere bepflastert, die hier vor Kälte oder aus Mattigkeit umfielen. Die ganze Provinz Pasto, mit Inbegriff der Gegenden von Guachucal und um Tuqueres, ist eine gefrorene Gebirgsfläche fast über den Punkt herauf, wo die Vegetation aushalten kann, und mit Vulkanen und Solfataren umringt, woraus beständige Rauchwirbel dampfen. Die unglücklichen Bewohner dieser Wüsteneien haben keine andere Nahrung als Pataten [= Bataten]; und wenn diese ihnen fehlen, wie im letztverwichenen Jahr, so gehen sie ins Gebirge, um den Stamm eines kleinen Baumes zu essen, der Achupalla heißt *(Pourretia pitcarnia)*. Da aber der nehmliche Baum auch den Bären der Anden zur Speise dient, so machen diese ihnen oft die einzige Nahrung streitig, welche dieses hohe Land den Menschen darbeut.« Die Einwohner von Pasto nahmen sie gastfreundlich auf. Humboldt führte mehrere Exkursionen in die Umgebung aus. Er besuchte den Vulkan von Pasto und fand an seiner Nordseite in einem kleinen indianischen Dorf Porphyr, der ihn an den Serpentin des Heidbergs erinnerte; er zeigte zwei magnetische Pole, aber keine Anziehung. Trotz einer Mitteilung Alexanders an seinen Bruder erlebten er und Bonpland das Weihnachtsfest nicht in Pasto.[318]

Der Weitermarsch forderte ihnen wieder alle Kräfte ab. Häufig waren sie bis auf die Haut durchnäßt. In der Nähe der Stadt Ibarra wären sie beinahe ertrunken, als nach einem Erdbeben das Wasser stieg.

## 18. Treffen mit Caldas und Aufenthalt in Quito

### *Der begabteste junge Naturforscher Südamerikas*

Am 2. Januar 1802 trafen Humboldt und Bonpland in Ibarra verabredungsgemäß mit Caldas, der ihnen von Quito entgegengeritten war, zusammen. Schon in Popayan hatten sie ihn in seiner Wohnung überraschen wollen, jedoch erfahren, daß der junge Gelehrte sich wegen eines Prozesses nach Quito habe begeben müssen und auf dem Weg dorthin Messungen ausführe.

Immer wieder war Humboldt auf den jungen Caldas hingewiesen worden, besonders auch von Arboleda in Popayan, aus dessen Erzählungen sich das Bild eines bewunderungswürdigen wissenschaftlichen Autodidakten ergeben hatte. So schrieb Humboldt schon am 15. November 1801 über Caldas in seinem Tagebuch: »Geradezu ein Wunder in der Astronomie, arbeitet er hier im Dunkel einer abgelegenen Stadt seit Jahren; bis vor Kurzem hat er von dieser ultima Thule aus kaum weitere Reisen als nach Bogotá unternommen. Sich selber hat er die Instrumente für Messungen und Beobachtungen hergestellt. Jetzt zieht er Meridiane, jetzt mißt er Breiten! Was würde solch ein Mann in einem Lande leisten, wo mehr Unterstützung ihm zu Theil würde! Es geht doch durch dieses Südamerika ein wissenschaftliches Drängen, das daheim [= in Spanien] ganz unbekannt ist, hier aber große Umwandlungen zur Folge haben wird.«[319] Caldas war wie sein Altersgenosse Zea in Popayan von Felix Restrepo unterrichtet worden. Er hatte in Bogotá widerwillig Jura studiert und in Francisco Antonio Ulloa einen Freund gewonnen. Der reiche Pombo in Cartagena hatte ihn selbstlos unterstützt und ihm Instrumente verschafft (vgl. oben 203). Nach SCHUMACHER war es Humboldt, der die Bogotáer Gelehrten aufforderte, die Verbindung nach Popayan herzustellen. So hatte auch Mutis schließlich dem jungen Mann geschrieben.[320]

Caldas selbst konnte seine freudige Erregung kaum verbergen, als er von Humboldts Reise hörte. Schon im Dezember 1801 schrieb er ihm aus Quito, begrüßte seine Ankunft und stellte fest, es sei »beinahe die einzige Möglichkeit«, die sich in seinem Leben biete, »mit einem wirklich berühmten Mann zu verhandeln«, der seine Zweifel lösen und ihn über vieles belehren könne, das in der Neuen Welt wissenschaftlich noch unbekannt sei. Er nannte Humboldt den »freiwilligen Märtyrer des Galvanismus« und wollte ihn in Ibarra erwarten, um ihn nach Quito zu geleiten. Eine sehr bemerkenswerte Stelle dieses Briefes lautete: »Die Lage der Städte und unserer Häfen, der Lauf, die Geschwindigkeit und die Enge der Flüsse, die Richtung unserer Gebirge und ihre Erhebung, die Vulkane, die Seen, unsere Mineralien, der Charakter und die Reinheit unserer Atmosphäre, die Entfernungen, die Transportwege, alles das wird sich Ihrem Blick bieten, im Zusammenhang mit unserer [sic!] Reise.«[321] Indem Caldas hier plötzlich nicht von Humboldts, sondern von »unserer Reise« sprach, hatte er seinen geheimen Wunsch verraten: Er wollte Humboldt begleiten. Würde Alexander zustimmen? Caldas hatte unermüdlich gearbeitet. 1796 hatte er bei seinem zweiten Aufenthalt in Bogotá erstmals das astronomische Werk Lalandes durchgearbeitet. Obgleich ihm seine wirtschaftliche Lage Sorge bereitete, hatte er einen Kompaß, ein Schiffsbarometer, zwei normale Barometer und einen Reflexions-Oktanten gekauft und Messungen ausgeführt. 1797 hatte er eine Karte der Timaná-Gegend gezeichnet, welche die strittigen Gerichtsgrenzen enthielt. 1798 hatte er die Ruinen von San Agostín zwischen Cauca und Magdalena entdeckt.

In Ibarra führte Caldas, »dessen schöner, geistvoller Kopf als Ideal des noch Zukunft verheißenden Kreolentyps gelten« konnte[322], die Reisenden zum Corregidor, José Antonio Parco, »wo er, ungemein gesprächig, alle Mittel aufwandte, um Ibarra, eine der freundlichsten Ortschaften des Anden-Hochlandes, als eine geschäftlich vielversprechende Stadt und als den besten Anhalt für größere wissenschaftliche Unternehmungen herauszustreichen«.[323] Er hätte es gern gesehen, wenn Humboldt hier geblieben wäre, wo ein großartiger Rundblick zu Hochgebirgsforschungen lockte. Caldas war durch seinen Prozeß an Quito gebunden, hatte aber die Zwischenzeit zu Untersuchungen genutzt. Als erstes überreichte er Humboldt eine Denkschrift, in der er forderte, daß die als Marken gesetzten Pyramiden der Expedition von La Condamine wieder hergestellt werden müßten. Humboldt schrieb in Ibarra in sein Tagebuch: »Die Werke von Bouguer und de la Condamine haben doch auf die Amerikaner von Quito bis Popayan einen sonderbaren Einfluß gehabt; seit Bouguers Durchreise scheint der Boden dieses Landstrichs classisch geworden zu sein; was auf die Heimath [= Südamerika] sich bezieht, will man lesen. Wohl hat die Regierung zu Quito vor einigen Jahren die Pyramiden der französischen Akademiker zerstören können, sie hat aber nicht den Funken des Geistes zu vernichten vermocht, der im Volke entflammt ist.«[324]

Am 6. Januar 1802 ritten Humboldt, Bonpland und Caldas auf der Heerstraße von Ibarra nach Quito. Diese Stadt war mit 35 000 Einwohnern der wichtigste Platz von Neu-Granada, »äußerlich prächtiger als Bogotá«.[325] Die Einwohner litten freilich noch an den Folgen des großen Erdbebens vom 4. Februar 1797, bei dem sehr viele Menschen umgekommen waren. Es gab eine große Zahl spanischer Adeliger, in deren Kreis Humboldt durch Empfehlungsschreiben des Vizekönigs u. a. einge-

*Francisco José de Caldas*
*(Federzeichnung von Friederike Beck)*

führt wurde. Er verkehrte mit dem Regierungspräsidenten José de Carondelet y Calderón und mit den angesehenen Familien der Herzöge von Selva-Alegre, Miraflores, Casa-Jiron, Villa-Orellana, Solando, Maenza und den Grafen von Guerrero, Puñonrostro, Sanjosé und vielen anderen. Der Herzog von Selva-Alegre, Juan Pio Montúfar, nahm Humboldt zunächst »in seinem großen, am Hauptplatz gelegenen Hause auf, in welchem Bequemlichkeiten sich fanden, wie man sie nur in Paris und London hätte erwarten können«,[326] und richtete ihnen dann ein eigenes Gebäude ein[327]. Sein Sohn, Carlos Montúfar, ließ sich von Humboldts Gespräch und seinen Instrumenten bezaubern. Auch politisch hatte er wie sein Vater ein offenes Ohr und bejahte Humboldts Kritik an den kolonialen Zuständen. Er stand Humboldts wissenschaftlichen Arbeiten näher als sein Vater. Dessen liberale Gastfreundschaft entsprang lediglich politischen Motiven. Die wohlhabenden Spanier und Kreolen Quitos gingen meist auf in den Veranstaltungen des gesellschaftlichen Lebens. So folgte auch Humboldt oft Einladungen, oder er empfing Besuche, darunter besonders auch Carlos Montúfar und Urqinaona. Der Marquis von Selva-Alegre ließ ihn porträtieren und lud ihn in sein Landhaus nach Chillo ein, eine halbe Tagesreise von Quito entfernt. Von hier aus führte Humboldt botanische und geognostische Untersuchungen aus. In den Hausgesellschaften lernte er auch eine der schönsten Frauen Quitos kennen, Rosa, die Schwester von Carlos Montúfar. Sie fand Humboldt »immer galant und liebenswürdig« und erzählte von ihm: »Bei Tisch verweilte er ... nie länger, als notwendig war, den Damen Artigkeiten zu sagen und seinen Appetit zu stillen. Dann war er immer wieder draußen, schaute jeden Stein an und sammelte Kräuter. Bei Nacht, wenn wir längst schliefen, guckte er sich die Sterne an. Wir Mädchen konnten all das noch viel weniger begreifen als der Marquis, mein Vater.«[328] Humboldt lernte auch den Bischof José de Cuero y Caicedo kennen. Er war wie Caldas von Felix Restrepo erzogen worden; infolge Arboledas Empfehlung unterstützte er Caldas.

Die Universität war in einem Kloster untergebracht. Sie kreierte zwar Doktoren und Bakkalaurei, tat aber nichts zur Förderung der angewandten Naturwissenschaften. In einem Bildungsverein »Schule der Eintracht« waren praktisch nützliche Verbesserungen besprochen worden, aber man war über einige Ansätze nicht hinausgekommen. So hatte etwa der Herzog von Selva-Alegre europäische Früchte eingeführt. An der ehemaligen Jesuitenkirche sah Humboldt eine Tafel, die an die Expedition La Condamines erinnerte. Im Archiv der Audiencia fand er »das wichtigste, was Quito besaß«, eine Kartensammlung von Pedro Maldonado (1740–1750) über Teile der Präsidentschaft Quitos und von Francisco Requena mit Darstellungen des Amazonasgebietes, wertvollsten Ergebnissen der Grenzexpedition Iturriagas. Von Caldas ließ sich Humboldt eine Kopie der Karte vom oberen Magdalenatal geben, ebenso seine astronomischen und barometrischen Ergebnisse. Er verschaffte sich Ortskarten der Gegend jenseits des Imbabura und des Pichincha und vollendete die eigenen kartographischen Arbeiten über den Orinoco und Cauca. Am 10. Januar 1802 erlebte er in der Begleitung von Caldas erstmals die Hochgebirgswelt Quitos. Alexander faßte die wichtigsten Arbeiten seiner Vorgänger zusammen und bemühte sich um ein topographisch richtiges Bild der gesamten Landschaft. So entwarf er eine zeichnerische Darstellung der Gegend unfern Chillo, die man von der Grasflur Cochabambos aus erblickte.[329]

## 19. Die Besteigung des Pichincha

### *»Stechender Geruch von schwefliger Säure«*

Acht Monate blieb Humboldt in Quito und erledigte ein umfassendes Programm geographischer Hochgebirgsforschung, das ihm allgemeine Bewunderung eintrug. Er hatte gelernt, daß der Mensch nur auf das rechnen kann, »was er durch eigene Energie schafft«.[330] Das hochgelegene Gebiet der Provinz Quito erschien ihm wie ein einziger Vulkan, von dem man nur die höchsten Spitzen, etwa Cotopaxi und Pichincha, wie Schornsteine, die mit dem gemeinsamen Herd in Verbindung standen, sah.

Am 14. April 1802 scheiterte ein erster Versuch, den Pichincha zu ersteigen. Vor dem Gipfel befielen Humboldt Schwindel und Ohnmacht, doch schien es ihm »schimpflich, die Hochebene von Quito zu verlassen, ohne mit eigenen Augen den Zustand des Kraters von Pichincha erforscht zu haben«.[331] Am 26. Mai 1802 versuchte er es von neuem. Dabei waren diese Besteigungen und alle folgenden klaren wissenschaftlichen Zielen untergeordnet. Nebengedanken, etwa im Sinne der späteren Alpinistik, kannte Humboldt nicht. Er bestand stets darauf, alle geeigneten Instrumente, vor allem das Barometer, mitzuführen.

Sein zweiter Versuch, den Krater des Pichincha zu ersteigen, schien wieder zu scheitern. Die Führer, welche die großen Instrumente trugen, hatten sie zurückgelassen. Urquinaona, ein sehr gebildeter Kreole, ein Indianer und Humboldt stiegen weiter, mußten aber umkehren, nachdem der Indianer, den abergläubische Furcht vor der Nähe des »Feuerschlundes« plagte, schon verunglückt schien. Nach kurzer Beobachtung des Geländes stieg Humboldt mit dem Indianer auf einem günstiger erscheinenden Weg wieder hinauf. Sie erreichten das nackte Gestein, kletterten über schmale Simse und zapfenartige Vorsprünge und wurden bald von geruchlosem Dampf eingehüllt. Der Anstieg flachte sich ab. Sie sahen zum Glück nur einzelne Schneeflecke von zehn bis zwölf Fuß Länge und »kaum 8 Zoll Dicke«.[332] Eine feste Decke gefirnten Schnees brauchten sie diesmal nicht zu überwinden. »Stechender Geruch von schwefliger Säure« verriet die Nähe des Kraters. Sie überschritten ein Schneefeld und gelangten auf einen Stein, der balkonartig in den Krater vorsprang. »Ein Teil des hier senkrecht abgestürzten Schlundes war mit wirbelnden Dampfsäulen erfüllt. Gesichert über unsere Lage, fingen wir bald an zu untersuchen, wo wir uns befanden. Wir erkannten, daß die schneefreie Steinplatte, auf die wir uns geworfen, von der schneebedeckten Masse, über die wir gekommen waren, durch eine kaum 2 Fuß breite Spalte getrennt wurde. Die Spalte war aber nicht ganz bis zu ihrem Ende mit gefrorenem Schnee brückenartig überdeckt. Eine Schneebrücke hatte uns, so lange wir in der Richtung der Spalte gingen, mehrere Schritte weit getragen.«[333] Nach einer späteren Barometermessung Humboldts befand sich die Steinplatte 14 940 Fuß über dem Meer. Während der Indianer Urquinaona holte, bemerkte Humboldt, wie seine mit Schneewasser durchtränkten Schuhe infolge der warmen Luft aus dem Krater trockneten. Das Thermometer, das weiter unter 4° R zeigte, stieg – wenn er es liegend über den Krater hielt – bis auf 15,3° R. Als Urquinaona kam, wurden sie von dichtem Wasserdampf eingehüllt. Eine Stunde vor Sonnenuntergang eilten sie zurück. Gegen Mitternacht waren sie wieder in Quito, nach 18stündiger Exkursion, davon 14 Stunden anstrengendem Fußmarsch. Schon einen Tag später, am 28. Mai 1802, stand Humboldt wieder über dem Krater auf dem Felsbalkon, der um 13.30 Uhr durch heftige

Erdstöße erschüttert wurde; er zählte in 36 Minuten 15 Stöße. Ängstliche und abergläubische Einwohner Quitos führten diese Erschütterungen auf die »fremden Ketzer« zurück, die ein Pulver in den Krater geschüttet und den Vulkan damit gereizt haben sollten. Am 16. März erstieg Humboldt den Antisana, dann den Cotopaxi (28. April), und führte barometrische Messungen aus[334].

La Condamine und Bouguer hatten erst nach siebenjährigem Aufenthalt 1742 den Pichincha besucht, ohne Instrumente mitzunehmen; sie hatten sich kaum eine Viertelstunde am Krater aufgehalten. Das Verdienst dieser Franzosen wollte Alexander nicht bestreiten; aber sie hatten über astronomischen Messungen das Bild der Landschaft vernachlässigt, das der Europäer und teilweise auch der Südamerikaner bis heute mit Humboldts Augen sieht. Alexander zeichnete stundenlang das Panorama der andinen Hochgebirgslandschaft, sprach mit den Indianern, bewunderte die alte indianische Hochkultur und strebte selbst nach dem Detail als Akzent des Ganzen.

In seinem Hause in Quito sammelte Alexander die Ergebnisse und führte sein Tagebuch, wenn er nicht gesellschaftlich in Anspruch genommen war. So half ihm z. B. Caldas kurz vor seiner Abreise bei der Verpackung einer Kiste, die vor allem Gesteinsproben der umliegenden Vulkane für das Naturalienkabinett von Madrid enthielt. Alexander bemerkte darüber: »Die Vulcan-Productionen der hiesigen Gebirge haben bis jetzt kein europäisches Cabinet geziert; heute schicke ich sie. Ich habe die Topographie der meisten dieser Colosse aufgenommen, sie barometrisch und geometrisch gemessen und sorgsam die Gesteinsformationen untersucht.«[335]

# 20. Humboldts Verhältnis zu Caldas

### *Caldas will Humboldts Begleiter werden*

Mutis hatte Caldas geraten, die Botanik nicht zu vernachlässigen. Dieser Rat führte diesen mit Bonpland zusammen, der ihn gern beriet und ihm Willdenows *Species plantarum* gab[336]. Er packte einen Teil seines Herbars aus, um Caldas die Art der Behandlung und Aufbewahrung zu zeigen. *In Wahrheit aber rang Caldas um Humboldts Anerkennung. Weil Alexander nicht bedingungslos auf ihn einging, kritisierte er ihn bald scharf. Die tiefste Ursache seiner Kritik aber war gekränkte Zuneigung. Für ihn bedeutete Humboldt fast alles.* Nicht ganz zu unrecht hatte er sich in den Gedanken hineingesteigert, Humboldt könne ihn als Begleiter mitnehmen. Caldas erkannte in Humboldts Kommen seine große Chance. Er war willensstark; aber wie viele geniale Autodidakten, die ihrem Bildungsweg alles opfern mußten, um die großen Fähigkeiten, die in ihnen schlummern, zu entfalten, war er nicht lebensklug. Er hatte die eigene Umwelt leicht beherrscht. Jetzt trat ihm ein Europäer gegenüber, der in seiner eigenen Welt lebte und nicht geneigt war, sich unterzuordnen. Humboldt schätzte ihn auch, half ihm mit Instrumenten und erteilte ihm förmliche wissenschaftliche Lektionen. Beide haben ihre gegenseitige Hochachtung ausgedrückt. Die scharfe Kritik von Caldas läßt sich in jedem Fall mit seiner ehrlichen Anerkennung aufwägen. Es wäre für Caldas besser gewesen, wenn er Humboldt schon in Popayan getroffen hätte. In Ibarra schon war ihm klar, daß er nur fern von Quito Einfluß auf Humboldt haben konnte; in der Hauptstadt würden ihm die Honoratioren im Wege sein. Zudem verkörperte Caldas den gleichen Forschertyp wie Saussure und Pictet in Europa. Er wollte wie diese seine Umwelt und darüber hinaus große Teile der Anden erforschen, ohne daß ihn die Zeit, welche dazu nötig war, bekümmerte. Humboldt war zwar von der europäischen Hochgebirgsforschung sehr angeregt worden und hatte deren Ziele mit seinen eigenen Plänen verschmolzen. Caldas aber sah nicht, daß Humboldt ein Forschungsreisender war, der über das intensive Studium bestimmter Abschnitte der Erdoberfläche hinaus einen Überblick »über das Ganze« gewinnen wollte, der also nicht unbeschränkte Zeit auf begrenzte Ziele verwenden durfte. Humboldt wußte wohl, daß er bei längerem Verweilen noch mehr neue Pflanzenarten hätte nachweisen können. Wichtiger waren ihm aber die Vegetationszonen und ihr pflanzengeographischer Inhalt. Seine Arbeit bedeutete ihm mehr als bloße räumliche Durchdringung: Sie mußte eine geistige Über- und Zusammenschau werden. Es galt, Europa ein wissenschaftlich exaktes und zugleich künstlerisches Bild südamerikanischer Landschaften zu entwerfen. Das gelang ihm so überzeugend, daß noch die Gegenwart unter dem Eindruck seiner Forschung steht. Llano, Chimborazo, Pik von Orizaba waren bis dahin leere Worte. Seit Humboldt vermitteln sie Vorstellungen und bildlichen Inhalt. – Die Kritik von Caldas an Humboldt wird verständlich, wenn man berücksichtigt, welch verschiedene Forschertypen beide verkörperten.

Erst spät scheint Caldas den Mut gefunden zu haben, sich Humboldt gegenüber klar auszusprechen. Er war auch überrascht zu hören, daß Humboldt auf Baudin wartete. Damit wurden seine geheimen Wünsche ohnehin zwecklos, denn die Franzosen hätten ihn gewiß nicht an Bord genommen. Da gab es plötzlich in dieser Beziehung eine entscheidende Wendung: Die französische Akademie teilte Humboldt am 27. Mai aus Paris mit, Baudin werde die Westküste Südamerikas nicht anlaufen, sondern um das Kap der Guten Hoffnung nach Ostindien segeln[337]. Das bedeutete eine große Änderung von Humboldts Plänen, brachte ihm aber kaum eine Enttäuschung, denn schon in seinen Briefen vor Reisebeginn aus La Coruña hatte er neben Neu-Granada Peru, ja sogar Chile einbezogen. Nach seiner Kenntnis von Baudins Persönlichkeit wäre eine Reise mit diesem ohnehin ein Wagnis gewesen, und diese Zweifel sollten sich bestätigen. Baudin, von Napoleon abweichend von den ersten Plänen mit einer Entdeckungsreise nach den »terres australes« beauftragt, ging am 19. Oktober 1800 mit zwei Expeditionsschiffen, »Géographe« und »Naturaliste«, in See. Auch der Sohn Bougainvilles war an Bord. Afrika wurde in der Rekordzeit von sechs Monaten umschifft, aber auf Isle de France blieben etwa zehn Kranke, Gelehrte und Offiziere zurück; 46 Mann desertierten. Im Juni 1801 lief man die Ostküste Australiens an. Nach Fahrten längs der Westküste, nach Krankheiten und Entbehrungen segelte Baudin dank großzügiger englischer Hilfe wieder Isle de France an, dort starb er am 16. September 1803. Péron, der Historiograph der Expedition, und Freycinet, die den Reisebericht verfaßten, haben bezeichnenderweise nicht einmal den Namen ihres Führers erwähnt[338]. Humboldt konnte dankbar sein, seinen eigenen Weg eingeschlagen zu haben.

Das alles brachte Caldas seinen Wünschen plötzlich wieder näher. Hätte er sie Humboldt in geschickter Form dargelegt, hätte er sich Alexanders Vorhaben verständnisvoll eingefügt, wären sie vielleicht erfüllt worden. So aber mußte er erkennen, daß im Leben oft nicht der Klügere erfolgreich ist. Carlos Montúfar, der Sohn von Humboldts Gastgeber, wollte seine militärische Ausbildung in Spanien fortsetzen. Wie sein Vater stand er der Wissenschaft zunächst abwartend gegenüber, aber Humboldts Art beeindruckte ihn. Ihm gegenüber erkannte Humboldt Aufgaben. Als Montúfars Interesse geweckt war, suchte er Alexanders Belehrungen, und als Humboldt vom Herzog von Selva-Alegre »auf das lebhafteste« gebeten wurde[339], war er bereit, Carlos Montúfar mit nach Europa zu nehmen. Da der sehr reiche Vater die Kosten übernahm und Humboldt ihm verpflichtet war, wurde dieser Entschluß erleichtert[340]. Dabei hatte sich Humboldts Begegnung mit der Familie Montúfar ungesucht und zwanglos ergeben. Alexander hatte von dem Herzog schon in Bogotá gehört und war ihm wahrscheinlich bereits angemeldet gewesen. So konnte er keinesfalls mit Caldas in Ibarra bleiben und durfte nun die Gastfreundschaft nicht verletzen. Caldas war arm und erschien kränklich. Montúfar dagegen besaß eine höchst einflußreiche Verwandtschaft, welche Alexander die Ausführung der weiteren Forschungsreise erleichtern konnte. – Jedoch wissen wir zuwenig über diesen jungen Mann. Sollte der großartige farbige Stadtplan, der 1982 von Loren A. McIntyre publiziert wurde, wirklich von ihm stammen, dann wäre schon allein deshalb Montúfar nicht mehr das unbeschriebene Blatt. Politischer Einklang mit dem Vater, dem Marqués de Selva-Alegre, könnte dem Sohn den Weg geebnet haben; denn jener kämpfte später auf der Seite der Aufständischen für die Unabhängigkeit, war erster Präsident der Republik Ecuador, wurde nach Spanien verbannt und starb dort.

Caldas hatte inzwischen alle Hebel benutzt, um von Humboldt mitgenommen zu werden. Er gewann Mutis für seinen Plan, der mit Freunden für die Unkosten aufkommen wollte. Es war alles vergeblich. Vielleicht störte Alexander auch der große Ehrgeiz, der in Caldas glühte? In einem Brief an Mutis beklagte sich der Südamerikaner, das Benehmen des Barons müsse sich seit Quito und Popayan verändert haben. Die Atmosphäre in Quito sei vergiftet, die Tugend sei in Gefahr, der Tempel der Venus sei in diese Stadt versetzt worden. Humboldt beträte dieses Babylon, schlösse Freundschaft mit ausschweifenden obszönen jungen Männern, die ihn in die Häuser unreiner Liebe schleppten. Beschämende Leidenschaften hätten sein Herz ergriffen und den jungen Wissenschaftler geblendet bis zu einem unglaublichen Grad. Humboldt sei Telemachos auf der Insel der Kalypso.

Hatte Caldas sich zunächst noch selbstkritisch gesehen und z. B. anerkannt, Humboldt arbeite schneller als er, so beanstandete er nun dessen flüchtiges Forschen in der Natur, um nur bald zu seinen Geliebten zurückzukommen. Er wünschte die Wiederauferstehung Newtons, der nie eine Frau gehabt habe...

So konnte es nicht ausbleiben, daß Caldas sich, obwohl ihn Humboldt an mehreren Unternehmungen beteiligte, gegenüber Montúfar zurückgesetzt fühlte. Das geht auch aus einem langen Brief an Mutis hervor, dessen Inhalt bei SCHUMACHER überliefert ist[341]. Anerkennung der Forschungen von Humboldt und Bonpland hält sich hier die Waage mit dem eigenen Ehrgeiz, die Reisenden zu übertreffen und genauer als sie zu arbeiten[342], denn wie viele gebildete Kreolen war auch Caldas beschämt, daß erst Europäer kommen mußten, um das Land zu erschließen. Die Anregungen der beiden Forscher führten Caldas dazu, seine eigenen Reisepläne auszubauen; freilich fürchtete er auch, Humboldt könne ihm absichtlich Ergebnisse vorenthalten haben. – »... Wer weiß, ob nicht die Furcht, daß ich irgendeine neue Art an mich reißen könnte, den Baron bei seiner abschlägigen

Antwort beeinflußt hat.«[343] – Caldas plante, im Juli 1801 von Guayaquil nach Acapulco zu gehen, dann von Veracruz nach Havanna zu reisen und 1803 nach Bogotá zurückzukommen: »...dann besäßen wir etwas, um der Geringschätzung Humboldts zu begegnen.« Er beklagte die Zeit und das Geld, das Humboldt, wie er meinte, auf den wissenschaftlich unfähigen Montúfar verwendete[344]. Er, Caldas, habe von Humboldt gelernt, aber im Vergleich mit dessen Forschungen auch die Qualität der eigenen Arbeiten schätzen gelernt. Entdeckungen wie die, daß der Mond das Barometer beeinflusse, gebührten nach Caldas nicht Humboldt, sondern Mutis[345].

Humboldt wollte nach Lima gehen, dann aber zurückkommen und in Guayaquil Station machen. Das bezog Caldas sofort in neue Überlegungen ein, um doch noch Humboldt folgen zu können. Die Reise nach Peru mußte Monate dauern. Das gab ihm Zeit, zwei hochinteressante geographische Forschungspläne auszuarbeiten und Mutis zu unterbreiten[346]. In 16 Abschnitten legte er die Aufgabe einer Reise dar. Er forderte die weitere Erforschung der Provinz Quito und verlangte neue Gradmessungen, um die zerstörten Pyramiden der französischen Akademiker wieder errichten zu können. Dann schlug er Untersuchungen im Amazonas- und Chimborazo-Gebiet vor. Eine andere Route sollte über Guayaquil nach Loja führen und dort dem Studium der Chinarinde gewidmet sein. Es sei eine topographische Karte der Provinz Quito herzustellen, die Gestalt der Berge müsse von verschiedenen Seiten aus gezeichnet werden; »Humboldt habe einige solche Pläne und Bilder angefertigt, aber nicht ausreichende.«[347] Dies war für Caldas die Vorbereitung auf die schon genannte größere Forschungsreise, bei der er Humboldts Begleitung erwartete. »Caldas plante die Route: Guayaquil–Sonzonate–Guatemala–Soconusco–Ciudadreal–Guajaca–Puebla–Mexiko–Veracruz–Havanna–Jamaica–Puerto Rico–Cartagena–Bogotá. Seine Denkschrift vermied jeden Hinweis auf ein Zusammentreffen mit Humboldt und Bonpland, sie enthielt aber auch keine Erklärung darüber, weshalb jene große Reise von Guayaquil bis Cartagena so schnell gemacht werden solle. Zwar wird darauf hingewiesen, daß durch sie für ein großes kartographisches Werk die Lage der Hauptpunkte Südamerikas festgestellt werden könne; zwar heißt es auch, daß vielfach interessante Vergleichungen zu ermöglichen seien, z. B. für den Niederstieg von Quito zur See durch den von Mexiko nach Veracruz führenden Weg und über den Aufstieg von der See nach Bogotá durch die Route Sonzonate–Mexiko; gelegentlich findet sich der Nutzen erwähnt, welchen in Mexiko das Studium der Botanik bei Martin de Sessé und das der Mineralogie bei Fausto d'Elhuyar stiften könne; aber keines dieser Momente ist das entscheidende. Die Hauptrücksicht galt der raschen Verwertung der Humboldtschen Arbeiten zum Besten des Verständnisses von Neu-Granada.«[348]

Caldas plante weiter eine politische und eine botanische Karte von Neu-Granada, deren letztere, mit Rücksicht auf Mutis, möglichst vor dem Werk von Rúiz und Pavon erscheinen sollte[349], und eine Topographie des Weges von Popayan nach Quito sowie des oberen Magdalena, zu denen er schon Materialien besessen haben soll. »Dem Baron habe ich nichts von diesen Sachen gezeigt, ausgenommen meine Karte von Timaná, einen meiner ersten Versuche. Zu den Eigentümlichkeiten, welche ich in den geographischen Arbeiten dieses Gelehrten bemerkt habe, gehört die Liebhaberei, daß er Gewisses mit Zweifelhaftem vermischt; beseelt von dem Wunsche, alles zu umfassen, stellt er neben ein Meisterwerk eine Skizze von unwissenden Leuten. Ich bin nicht der Zoilus dieses großen Mannes; ich verachte es, die Leistungen anderer herabzusetzen, allein die Wahrheit muß gesagt werden; die nachfolgenden Geographen werden, glaube ich, genug zu verbessern haben, nicht an den Orten, welche der berühmte Reisende selbst besucht hat, wohl aber an denen, welche bloß nach Erzählungen von ihm gezeichnet worden sind. Mir tut derartige Vermischung der Quellen leid; ich hoffe, daß bei der Veröffentlichung durch irgend eine Notiz das Ungewisse von dem Gewissen getrennt wird, denn sonst können wir nicht die Fortschritte erkennen, welche die Geographie durch diese Reisenden gewonnen hat.« Bei der Entwicklung seiner botanischen Pläne wies Caldas auch auf Bonpland hin; besonders aber verstand er es, überall die Autorität von Mutis hervorzuheben. Entsprechend dem Unterschied von zwölf Zoll am Barometer zwischen Schneegrenze und Meeresufer schlug er vor, die vegetationsfähige Zone in zwölf Zonen zu teilen und diesen die Gewächse zuzuordnen. Ähnlich wollte er auch die Zoologie bearbeiten. Die Mineralogie bezog Caldas gleichfalls in sein Reiseprogramm ein[350], ebenso Astronomie, Barometer-, Thermometer- und Magnetnadelbeobachtungen. Da Humboldts Instrumente mit denen von Fidalgo in Cartagena verglichen worden waren, wollte auch er durch eine solche Vergleichung den Zusammenhang zwischen seinen geplanten und Humboldts Messungen herstellen.

Die Weitläufigkeit dieser Pläne, mit denen Caldas Humboldt übertreffen wollte, weckt noch nachträglich Zweifel an ihrer Ausführbarkeit, wenn man am Schluß liest: »Ferner soll die Geschwindigkeit des Schalls untersucht werden. Ackerbau, Gewerbe, Handel, Kunst und Wissenschaft, Staatseinrichtung, Landesbrauch, Wohnweise, Volkscharakter dürfen nicht unbeachtet bleiben, noch auch irgend etwas, was Mutis hinzufügen möchte; der Titel aber des großen Werkes, das viele Bände umfassen soll, wird lauten: ›Bericht über eine Reise in beiden Amerikas, geplant unter der Leitung des berühmten Directors José Mutis, und glücklich ausgeführt durch seinen Schüler Francisco Caldas und N. N.‹.«[351]

Caldas glaubte, in Quito werde man ihm die nötigen Mittel bewilligen, so daß er Humboldt in Guayaquil nicht mit leeren Händen entgegenzutreten brauchte. Doch die Kolonialbehörden dachten gar nicht daran, die jüngere Generation der Kreolen aufwachen zu lassen, und waren zufrieden, daß die ältere noch »im frühern pflanzenähnlichen Dasein« dahinlebte[352]. Caldas selbst übersah auch, daß er einen solchen Plan vorher mit Humboldt abstimmen mußte. *Sein Vorgehen setzte wieder voraus, daß Alexander sich seinen Ideen anpaßte.*

Auch noch nach der Abreise von Humboldt, Bonpland und Montúfar hoffte Caldas, eines Tages die Europäer wiederzusehen. Er ging nach Ibarra und erforschte die Bergwildnis von Imbabura, welche Humboldt und Bonpland seiner Meinung nach nicht gewürdigt hatten, und »sandte ihnen Briefe über Briefe nach und war hoch erfreut, wenn ein Schreiben von Humboldt ihn in seiner Einsamkeit erreichte. Eines datierte vom 2. September 1802 und kam aus Trujillo in Peru; es ersuchte ihn, doch den am 9. November 1802 erfolgenden Merkur-Durchgang durch die Sonne nicht zu vergessen, und machte viele interessante Mitteilungen.«[353] Am 17. Nov. 1802 schrieb Caldas aus Otavalo bei Ibarra an Humboldt[354]. »Bewunderung und Ehrfurcht wachsen mir stündlich; ich lechze danach, die Beobachtungen und Arbeiten zu sehen, welche Sie jetzt in der Hauptstadt Perus vornehmen. Werde ich so glücklich sein, dies je zu erreichen? Nur zu sehr kenne ich den Unterschied, der zwischen uns in Kenntnissen und Verdiensten besteht, aber ich bin fest überzeugt, daß meine Wünsche von Ihrer Herzensgüte zuletzt doch erfüllt werden.« Er berichtete über seine Beobachtungen des Sommer-Solstitiums, einer Mondfinsternis und seine Messung der Mondabstände und über seine Pläne und bezeichnete seine Messungen als Versuche, die er an vorliegenden Ergebnissen prüfen wolle und auch Humboldt schicken werde, damit dieser ihn belehre. Da Humboldt und Bonpland das Land so schnell durchzogen hätten, arbeite er noch auf fast »jungfräulichem« Gebiet. Caldas spricht von seinen Bergbesteigungen: »Ich bestieg den jähen Cotacachí bis zur Schneegrenze. Die schrecklichste und beschwerlichste Tour meines Lebens war die auf den Imbabura; dies Gebirge erklomm ich am 15. September 1801 und kletterte in den weiten Krater hinunter...« – Seine Hauptbeschäftigung war unter dem Einfluß von Mutis die Botanik: »Da ich nicht die Kenntnisse eines Humboldt oder eines Bonpland besitze, habe ich es für angezeigt gehalten... möglichst alle Pflanzen zu beschreiben und zu skelettieren, sowie diejenigen zu zeichnen, welche in meinen erbärmlichen Büchern fehlen... Nächsten Januar geht meine erste Sendung nach Bogotá ab: mindestens 100 Pflanzen-Skelette, unter denen nach den Abschriften aus Willdenow, Gmelin, Schreber und der Flora Peruana viele neue Sachen sich finden.«[355]

Humboldts Abschied von Quito bedeutete die endgültige räumliche Trennung von Caldas. Ist er dem jungen Kreolen gerecht geworden? Wenn man das Verhältnis nüchtern betrachtet, ist Caldas wahrscheinlich mehr an Humboldt vorbeigegangen als dieser an der entwicklungsfähigen Persönlichkeit von Caldas. Ihre Beziehungen dürfen keinesfalls dramatisiert werden; Humboldt wurde auch nach SCHUMACHERS Meinung seinem Partner durchaus gerecht[356] und zollte ihm stets seine Anerkennung. »Bei aller Befriedigung über die Caldaschen Pläne und Vorsätze darf nicht vergessen werden, daß diese nur wenig Früchte gezeitigt haben und daß die besten auf Humboldts Einfluß zurückzuführen sind.«[357] SCHUMACHER stellte als bester Kenner dieser Verhältnisse fest, Caldas sei erst von Humboldt entdeckt worden[358]. Alexander verschaffte ihm Verbindungen, die seine weitere wissenschaftliche Arbeit ermöglichten. Caldas übernahm seine Forschungsweise. Die von ihm entworfenen Profile stammen alle erst aus der Zeit nach seiner Begegnung mit Humboldt[359]. Humboldts Anregungen waren so fruchtbar, daß Caldas während seiner späteren botanischen Arbeit für Mutis aus der floristischen Richtung weg- und zur Pflanzengeographie hinstrebte. Mehrfach haben iberoamerikanische Forscher Caldas die Urheberschaft an der Pflanzengeographie zugeschrieben[360]. Man unterstellte sogar, Alexander habe von seinem Freund Gedanken übernommen. Das kann heute klar widerlegt werden, denn die Humboldtsche Pflanzengeographie und seine Bemühungen um die Darstellung der dritten Dimension sind wesentlich älter, als die genannten Historiker wissen konnten[361], entsprachen sie doch seinem ältesten Forschungsprogramm.

Nachdem Alexander eine Verbindung zu Mutis hergestellt hatte, konnte Caldas seine wissenschaftliche Arbeit als Mitarbeiter der »Botanischen Expedition« auf mehreren Reisen und in Bogotá weiterführen. In der von ihm herausgegebenen neugranadinischen Wochenschrift, die er fast zu einer physisch-geographischen Zeitschrift ausbaute, ging er stets auf Humboldts Arbeiten ein und veröffentlichte sie in kommentierter spanischer Übersetzung[362]. Er huldigte gern »den energischen, brillanten, großartigen, geistvollen Gedanken, sowie den folgereichen immer originalen Beobachtungen Humboldts«.[363] Als man ihn spöttisch »Humboldtista« nannte, wies er darauf hin, daß er jeden Fehler »des großen Preußen« hervorgehoben und verbessert habe[364]. Einmal antwortete er seinen Gegnern: »Unsere Wochenschrift, hätte sie nichts geleistet, als Humboldts Naturgemälde und Pflanzengeographie in guter Übersetzung zu veröffentlichen, so wäre sie doch des Dankes der Nachwelt sicher.«[365]

# 21. Besteigung des Chimborazo

## *»Stille Größe und Hoheit« – der Naturcharakter tropischer Landschaft*

Humboldt und seine Begleiter hatten Quito am 9. Juni 1802 verlassen und reisten an den Inka-Ruinen von Lacatunga und Ambato vorbei nach Riobamba (17.–28. Juni 1802). Von hier aus versuchten sie aus wissenschaftlichen Gründen, aber auch wegen der »geheimen Ziehkraft« hoher Berge, zwei Gipfelbesteigungen. Am 18. Juni verließen sie Riobamba zu einer Exkursion. Sie gingen über die abenteuerliche Seilbrücke bei Penipe und stiegen den Tunguragua hinauf, ohne jedoch die Spitze zu erreichen.

Die Besteigung des Chimborazo am 23. Juni 1802 bildete einen Höhepunkt in Humboldts geographischer Arbeit im Hochgebirge.[366] Er, Bonpland und Carlos Montúfar brachen am 22. Juni 1802 von der Hochebene von Tapia auf und ritten am nächsten Tage auf Maultieren über das Plateau von Sisgun. Von da stiegen sie steil hinauf zum »zirkelrunden« Kordilleren-See von Yana-Cocha[367]. Unterwegs waren Humboldt und Bonpland oft abgestiegen und hatten Pflanzen gesammelt. Trotz des sich eintrübenden Himmels war vorübergehend der Gipfel des Chimborazo zu sehen, der damals als höchster Berg der Erde galt. Sie ließen die Maultiere in 13 500 Fuß Höhe, an der unteren Grenze des in der Nacht frisch gefallenen Schnees, zurück. 900 Fuß über dem See von Yana-Cocha verschwand die Grasflur und wurde vom nackt anstehenden Gestein ersetzt. Große, steile Felsmauern erhoben sich aus dem Weiß des ewigen Schnees und leiteten sie zu einem schmalen Grat, der zum Gipfel wies[368]. Auf seinem bröckeligen Kamm kletterten sie aufwärts. Als das Klimmen immer schwieriger wurde, blieben die Indianer in 15 600 Fuß Höhe zurück: Ein Mestize aus dem nahen Dorf San Juan, Humboldt, Bonpland und Montúfar kletterten allein weiter, weil die Indianer behaupteten, mehr unter Atemnot zu leiden als sie. In Nebel gehüllt, stiegen sie langsam auf dem acht bis zehn Zoll breiten Felskamm, vorsichtig, Schritt für Schritt, vorbei an einem steilen Abgrund, aufwärts. Das Gestein wurde bröckeliger. Oft waren Lockermassen in den Felskamm eingelagert, der sich nach einer Stunde verflachte. Sie litten unter Brechreiz und bluteten aus Zahnfleisch und Lippen. Die Bindehaut der Augen war blutunterlaufen. Bei völliger Windstille lichtete sich der Nebel und gab plötzlich den Blick auf den Gipfel frei: »Wir erkannten einmal wieder, und zwar ganz nahe, den domförmigen Gipfel des Chimborazo. Es war ein ernster, großartiger Anblick.« Mit neuen Kräften gingen sie auf dem breiter werdenden Felskamm weiter, doch plötzlich kamen sie an eine steile Schlucht von 400 Fuß Tiefe und 60 Fuß Breite. Der Felskamm, der sie so gut durch den ewigen Schnee geleitet hatte, setzte sich auf der anderen Seite in derselben Richtung fort. Die Kluft ließ sich nicht überwinden, auch ein Herabsteigen schien unmöglich. Um 13 Uhr stellten sie »mit vieler Sorgfalt« das Barometer auf und errechneten nach der Laplaceschen Barometerformel eine Höhe von 18096 Pariser Fuß (= 5881 m)[369]. So hoch war noch kein Mensch gestiegen. Das Wetter verschlechterte sich. Der Nebel isolierte sie »wie in einem Luftballon«.[370] Sie stiegen den gleichen Weg zurück und sammelten unterwegs einige Gesteinsproben. In ca. 17400 Fuß Höhe begann es zu hageln. Zwanzig Minuten vor der Grenze des unteren ewigen Schnees schneite es in dichten Flocken. Um 14 Uhr erreichten sie den Rastplatz ihrer Maultiere.

Am 25. Juni 1802 war das schönste Wetter. Von Riobamba Nuevo sahen sie den Chimborazo in seiner ganzen Pracht, »in der stillen Größe und Hoheit, die der Naturcharakter der tropischen Landschaft ist«.[371] Ein zweiter Versuch, den Gipfel zu bezwingen, schien aussichtslos, und Humboldt begann, den Vulkan Tunguragua trigonometrisch zu vermessen. Als sich der Chimborazo »gegen das tiefe Blau des Tropenhimmels an einem heiteren Tage prachtvoll« abhob, vermaß Humboldt sorgfältig mit dem Sextanten den Umriß von der Hochebene von Tapia aus. In der Höhe von 2460 Toisen, der Grenze des ewigen Schnees, betrug die Dicke des domförmigen Gipfels 3437 Toisen und ergab »nahe am höchsten Gipfel, fast 150 Toisen unterhalb desselben, einen Durchmesser von 672 Toisen. Die letztere Zahl ist also der Durchmesser des oberen Theiles des Doms oder der Glocke; die erste drückt die Breite aus, in welcher die ganze

Schneemasse des Chimborazo, in Riobamba Nuevo gesehen, dem Auge erscheint.«

Erfahrene Bergsteiger wie EDWARD WHYMPER, der Erstbezwinger des Chimborazo im Jahre 1880, MAX THIELMANN und HANS MEYER haben die Angaben Humboldts mit Recht eingeschränkt. Ich glaube, daß L. A. MCINTYRE der Lösung des Problems sehr nahe gekommen ist. 1980 führte ihn MARCO CRUZ, ein namhafter ecuadorianischer Bergführer, der mit anderen Alpinisten und Historikern Humboldts Angaben im Gelände selbst verfolgt hatte. Die Höhenmessung MCINTYRES am wahrscheinlichen Endpunkt Humboldts ergab 5550 m, 328 m weniger, als Alexanders Barometer nach der La Placeschen Formel angezeigt hatte. Der Punkt, an dem Humboldt umkehrte, lag »noch viele Stunden vom Gipfel entfernt«, wie CRUZ meinte. Humboldt sagte, er habe für den Rückweg zum Lager eine Stunde gebraucht, während MCINTYRE drei Stunden benötigte. Die Irrtümer dürften wie die fehlerhaften Längenbestimmungen im Orinoco-Gebiet auf Instrumentenfehler zurückgehen. Wie viele Sachkenner haben auch MARCO CRUZ und L. A. MCINTYRE dem deutschen Forschungsreisenden großes Glück bescheinigt. Im Juni liegt in Gipfelhöhe brusthoher Neuschnee; weiter wären Humboldt, Bonpland und Montúfar ohnehin nicht gekommen, da sie keine Schneeschuhe kannten. Humboldt blieb instinktsicher auf wenn auch oft bröckeligem Felsboden und geriet nicht in den »spurenlosen Schnee«; es wäre das Ende gewesen. Er war besonders vorsichtig beim Abstieg und hatte – wieder einmal – das Glück des Tüchtigen auf seiner Seite. Trotz einer Wunde am Fuß, trotz aufgerissener Hände, trotz undichten, aufgeweichten Schuhwerks hatte er unter schwierigsten Bedingungen sein Ziel erreicht, und der Schneefall, der wirklich hätte gefährlich werden können, setzte mit dichten Flocken erst ein, nachdem der Abstieg gelungen war. Was er insgesamt zur Erfüllung seiner Aufgaben in den Hochgebirgen Südamerikas geleistet hat, ist erstaunlich und offenbart, was ein fester Wille auch ohne Training und alpinistische Ausbildung erreichen konnte[372].

# 22. Spuren der Inkas auf dem Weg nach Peru

*Reste der Inkastraße – Durch Páramos*

In Riobamba (17.–28. Juni 1802) wohnten die Reisenden bei einem Bruder Carlos Montúfars, der dort als Corregidor, als königliche Magistratsperson, lebte[373].

Die Zeugen der alten indianischen Hochkultur der Inkas beschäftigten Alexander sehr. Seine früheren Beobachtungen über Hieroglyphen am Casiquiare, die Sammlung von Indianersagen in Parime, seine Wortkataloge indianischer Sprachen hatten schon in diese Richtung gewiesen. Von Francisco Saverio Clavigero angeregt[374], dachte er über die Wanderungen der Indianer nach und glaubte, den Ursprung dieser Völker neu deuten zu können. La Condamines Urteil über die Armut der indianischen Sprachen bezeichnete er als falsch. Schon die Sprache der Kariben schien ihm »Reichthum, Anmuth, Kraft und Zartheit« zu verbinden. Er schrieb damals: »Es fehlt ihr nicht an Ausdrücken für abstrakte Begriffe: sie kann von Zukunft, Ewigkeit, Existenz u. s. w. reden; und hat Zahlwörter genug, um alle möglichen Combinationen unsrer Zahlzeichen anzugeben.«[375] In der Provinz Quito studierte er hauptsächlich die Inkasprache, die noch von Quito bis Peru vorherrschte. Sie »ist so reich an feinen und mannichfachen Wendungen, daß die jungen Herren, um den Damen Süßigkeiten vorzusagen, gemeiniglich Inka zu sprechen anfangen, wenn sie den ganzen Schatz des Kastilischen erschöpft haben. – Diese zwei Sprachen, und einige andere gleich reiche, könnten allein genügen, sich zu überzeugen, daß Amerika einst eine weit höhere Kultur besaß, als die Spanier 1492 dort fanden. Aber ich habe dafür noch ganz andere Beweise. Nicht blos in Mexico und Peru, sondern auch am Hofe des Königs von Bogotá (ein Land, dessen Geschichte man in Europa gar nicht kennt und dessen Mythologie und fabelhafte Sagen selbst schon höchst interessant sind) verstanden die Priester eine Mittagslinie zu ziehen und den Augenblick des Solstitiums zu beobachten; sie verwandelten das Mondjahr in ein Sonnenjahr, durch Einschaltungen: und ich besitze einen siebeneckigen Stein, der zu Santa-Fé [de Bogotá] gefunden ist und der ihnen zur Berechnung dieser Schalttage diente.«[376]

Bei Tixán (30. Juni 1802) besuchten die Reisenden das große Schwefelbergwerk, das die rebellierenden Indianer 1797 anstekken wollten, um einen »Vulkan« hervorzurufen, der das umliegende Land vernichten sollte. – Der Weg nach Cuenca führte durch den Páramo de Azuay (14 568 Fuß). In der Hochebene del Pullal sahen sie im sumpfigen Boden die Reste der Inkastraße. Sie hatte »einen tiefen Unterbau und war mit wohlbehauenem, schwarzbraunem Trapp-Porphyr gepflastert«.[377] Das »Riesenwerk« dieser Kunststraße in 12 440 Fuß Höhe glich durchaus den Leistungen der Römer, die Humboldt im südlichen Frankreich und Spanien gesehen hatte. Die Ruinen des Palastes von Ingapirca auf einem Berg bei Cañar lagen in der gleichen Höhe wie die Straße. Im Palast, den schon La Condamine besucht hatte, fiel Humboldt das sogenannte »Billard des Inka« auf[378]. »Es ist ein Kanapé, in den Fels gehauen, mit arabeskenähnlichen Zierathen, worin, wie man glaubt, die Kugel lief. Unsere englischen Gärten haben nichts Eleganteres aufzuweisen. Der richtige Geschmack des Inka leuchtet überall hervor; der Sitz ist so gestellt, daß man eine entzückende Aussicht genießt. Nicht weit davon in einem Gehölz findet man einen runden Fleck gelben Eisens im Sandstein. Die Peruaner haben die Platte mit Figuren geziert: denn sie glauben, daß sie die Sonne abbilde. Ich habe eine Zeichnung davon genommen.«

In Cuenca veranstaltete man ihnen zu Ehren mehrere Stierkämpfe. In Loja (23.–28. Juli 1802) vervollständigten sie ihr Wissen vom Chinabaum im Gedankenaustausch mit dem Botaniker Vicente Olmedo, der 1790 eigens dorthin geschickt worden war, um die Eigenart dieses wichtigen Baumes zu studieren. Humboldt zählte Olmedo zu den »thätigsten Männern« und Wissenschaftlern in den spanischen Kolonien[379]. Er war ihm von Mutis empfohlen. Nach einem vollen Jahr auf den Anden zwischen 4° nördlicher und 4° südlicher Breite in einer mittleren Höhe von 800–1200 Fuß freuten sie sich über das mildere Klima Lojas (23.–28. Juli 1802), einer kleinen Stadt mit Chinabaumwäldern, die wirksamste Fieberrinden lieferten. Man hatte lange gemeint, dieses wichtige Heilmittel komme von ein und derselben Baumart *(= cinchona officinalis).* Humboldt und Bonpland beschrieben den dortigen Baum als *cinchona Condaminea.* Die besten Bäume wuchsen zwei bis drei Meilen südöstlich der Stadt auf Glimmerschiefer und Gneis zwischen 5400 und 7200 Fuß, »ohngefähr gleich den Höhen des Grimselhospitals und des Großen Bernhardpasses«.[380] Der Baum wurde in der ersten Blütezeit im vierten oder siebten Jahr gefällt, »je nachdem er aus einem kräftigen Wurzelschößling oder aus Samen entstanden ist.«[381] Man gewann damals nur 100 Zentner Rinde, die aber nicht in den Handel kamen, sondern über Payta um Kap Hoorn nach Cadiz verschifft und ausschließlich am Hof als hervorragendes Medikament zur Verfügung gestellt wurden. Jährlich wurden 800 bis 900 Bäume gefällt. Ältere und dickere Stämme wurden schon seltener. Der schöne Baum wuchs aber schnell nach[382].

Die Reisenden überstiegen drei verschieden benannte Gebirgseinöden, Páramos, die man hier in den südlichen Anden Punas nannte[383]. Die meisten erhoben sich über 9500 Fuß. Oft herrschten Sturm, Hagel und Nebel, und während des Schneefalls sank das Thermometer auf 5–7° R (über dem Gefrierpunkt). Der Schnee schmolz nach einigen Stunden wieder. »Der baumlosen Vegetation der Páramos geben die sparrige Verzweigung kleinblättriger, myrtenartiger Gesträuche, die Größe und Fülle der Blüthen, die ewige Frische aller von feuchter Luft getränkten Organe einen eigentümlichen physiognomischen Charakter. *Keine Zone der Alpenvegetation in dem gemäßigten oder kalten Erdstriche läßt sich mit der der Páramos in der tropischen Andenkette vergleichen*[384] (Hervorhebung von HANNO BECK).

Damit wurde ein schon bei Albrecht v. Haller im 18. Jahrhundert vorhandenes Paradigma (= Vorbild der Forschung) widerlegt, dem der große Bonner Geograph CARL TROLL noch in unserer Zeit wiederholt entgegentreten mußte: Die vom Nordpol bis zum Äquator horizontal ausgebreiteten Pflanzen fänden sich in Hochgebirgen von oben nach unten in vertikaler Anordnung wieder. Alexander hat dem mehrfach eindeutig widersprochen, wenn auch seine Texte noch hin und wieder die ältere Vorstellung spiegeln.

Bei den »Bädern des Inka« zwischen Loja und dem Marañon,

einem der beiden großen Quellflüsse des Amazonas, sahen sie unweit Huancabamba (10.–11. August) die bisher besterhaltenen Stücke der Inkastraße mit ihren in meist regelmäßigen Abständen erbauten Rasthäusern (= Tambos), welche aus wohlbehauenen Quadern errichtet waren. Die Straßen gingen von Cuzco aus und überwanden Niveauunterschiede oft durch eingeschaltete Treppen, weil die Inkas den Wagen nicht gekannt hatten. Unverständlicherweise waren Straßen und Wasserleitungen von den Spaniern zerstört worden, die ohne Mühe Bausteine gewinnen wollten.

Von Saulaca bis San Felipe in der Provinz Jaén (14.–17. August 1802) folgten sie dem Rio Huancabamba, einem »kaum 120 bis 140 Fuß breiten Gießbach«, den sie wegen seiner vielen Krümmungen 27mal durchwaten mußten[385], während sie auch hier wieder an einer ihnen »nahen, steilen Felswand immerfort die Reste der hochaufgemauerten, gradlinigen Kunststraße der Inkas mit ihren Tambos sahen«. – »Mit unbehaglicher Spannung« warteten sie am anderen Ufer jedesmal, bis ihre 18 bis 20 Lasttiere, die Manuskripte, Sammlungen und Instrumente trugen, die Furten überwunden hatten. Schwimmende Postboten, die ihre Briefe in einem turbanartig gebundenen Tuch auf dem Kopf aufbewahrten, verbesserten die Verbindung zwischen Jaén und Truxillo; um sich das Schwimmen zu erleichtern, schlangen sie einen Arm um einen Stamm aus Balsaholz[386]. Prof. Dr. Georg Petersen glaubte nachweisen zu können, daß diese »Schwimmende Post« in den reißenden Katarakten des Flusses unmöglich ist, obgleich Humboldt den Boten begegnet sein, ja später noch in Paris Post über diesen Weg empfangen haben will[386].

Auf dem Wege zum Marañon[387], den Humboldt wie die Geographie der Zeit als oberen Amazonas bezeichnete, wurde das Klima heißer und die Vegetation üppiger. »Schönere Citrus-Bäume, meist Apfelsinen *(Citrus Aurantium Risso)*, in geringerer Zahl bittere Pomeranzen *(C. vulgaris Risso)*, hatten wir nie vorher... gesehen als in den Huertas de Pucara... Unweit davon... sahen [wir] ein Gebüsch von kleinen, kaum 18 Fuß hohen Bäumen, scheinbar nicht mit grünen, sondern mit ganz rosenrothen Blättern. Es war eine neue Species des Geschlechts

Bougainvillaea... Aus der südamerikanischen[388] Familie der Protoaceen steigt hier von den kalten Höhen des Paramo de Yamoca in die heiße Ebene von Chamaya eine einzige Art herab, *Rhopala ferruginea.* Die feingefiederte *Porlieria hygrometrica* (aus den Zygophylleen), welche durch Schließen der Blättchen eine baldige Wetteränderung, besonders den nahen Regen, mehr als alle Mimosaceen, verkündigt, haben wir hier oft aufgefunden. Sie hat uns selten getäuscht.«

Auf Flößen aus Balsaholz fuhren sie von Chamaya bis Tomependa (23.–31. August 1802). Dort und in Chuchungat, wo La Condamines Karte begann, bestimmte Humboldt die Länge und verband die Punkte mit der Küste, an der La Condamine nur die Napo-Mündung gemessen hatte. Humboldt wollte Tomependa, wo 1743 die Reise von La Condamine begonnen hatte, und dessen Ortsbestimmungen auf dem Marañon chronometrisch mit der Stadt Quito verbinden. Deshalb berechnete Humboldt in Tomependa Breite (5° 31′ 28″ südl. Breite) und Länge (80° 56′ 37″)[389]; die Breite des Marañon stellte er fest mit nur 1300 Fuß. Am folgenden Tag fuhren sie den Fluß hinab bis zu den Katarakten und der Stromenge von Rentema, wo grobkörniger Sandstein einen Damm im Fluß bildete. Der Pongo de Rentema war ein Jahr vor Humboldts Reise teilweise zertrümmert worden; und am Anfang des 18. Jahrhunderts war er wesentlich höher gewesen. »Im ganzen arbeitet der gewaltige Strom unablässig, sein Bette zu verbessern...«[390] Die Reisenden blieben 17 Tage im heißen Tal des oberen Marañon.

Folgen wir nun zunächst der weiteren Route: Am 31. August 1802 begann die Rückreise von Tomependa; sie folgte dem Rio Marañon und dem Rio Chamaya bis zu dem gleichnamigen Ort, der am 31. August erreicht wurde.

In seinen später gedruckten Werken hat Humboldt wenig von den Jíbaros-Indianern berichtet; so sah er z. B. damals »30 bis 40 Köpfe (Männer, Weiber, Kinder)«, die »gesellig« den Rio Marañon stromabwärts schwammen. Sie machten in dieser Zeit noch gelegentlich »Eroberungen« bei den Spaniern, so daß er von einer »indianischen reconquista« sprach. Zum Beispiel hatten sie vor 15 Jahren die Stadt Zamora zerstört, die Männer getötet und die Frauen entführt.

*Schwimmender Postbote*

José Ignacio Chica, Gouverneur der Provinz Jaén und Verwandter Carlos Montúfars, hatte den Reisenden augenscheinlich manches »große Fest« bereitet, und als ein besonders großes bezeichnete Humboldt eine Begegnung mit Jíbaros-Indianern, zu denen der Gouverneur ein gutes Verhältnis unterhielt. Da sie Eisenwerkzeug, insbesondere Äxte liebten, lockte Chica sie mit solchen Geschenken, und bald schwammen einige von ihnen rittlings auf einem Balsastamm sitzend auf dem Marañon nach Tomependa, als Humboldt gerade auf einer Insel im Rio Chinchipe eine Basis (Grundlinie) für eine Triangulation vermaß. Er schrieb: »Sie durchschwammen den Fluß mit der größten Geschicklichkeit. Die Strömung ist stark, aber sie lenkte sie fast nicht von der Linie ab, auf welcher sie sie schnitten. Dies sind die fröhlichsten freien Indios, die ich jemals gesehen habe. Sie haben ein lebhaftes Gesicht, das die große Lebhaftigkeit ihres Charakters anzeigt, aber sie sind klein, kaum 4 Fuß 10 Zoll hoch [ca. 1,57 m] und voll Hautausschlag. Wenn sie bei anderen Reisen mit einer schwangeren Indianerin kamen, dann nahm der

Ehemann sie beim Schwimmen durch den Chinchipe auf den Rücken, Kinder von 2 Monaten halten sich (so wie wir es auf dem Orinoco sahen) selbst am Hals der Mutter fest. Welcher Unterschied zwischen den freien Indios und dem Indio der Missionen, der Sklave der priesterlichen Ansichten und Unterdrückung ist! Welche Lebhaftigkeit, welche Wißbegierde, welches Gedächtnis, welch leidenschaftlicher Drang, die spanische Sprache lernen zu wollen und sich in ihrer eigenen verständlich zu machen! Die gleichen Leute, bei denen wir einen so großen geistigen Adel, so viele intellektuelle Fähigkeiten sehen, sind die gleichgültigsten und faulsten, was die Arbeit anbetrifft. Sie lagen Tag und Nacht herum, wenn die Jagd oder der Feind sie nicht zum Weggehen zwingt. Aber diese Gleichgültigkeit, von der einige wenig philosophische Personen soviel gesprochen haben, hat sicherlich nichts mit Stupidität zu tun. Sie zeigt bei ihnen ebensowenig Stupidität an wie der Müßiggang unserer Grandseigneurs oder unserer Gelehrten, die die Erde nicht bebauen, niemals zu Fuß gehen, sich bedienen lassen ... Die Menschen bewegen sich nur, wenn die Notwendigkeit sie dazu aufruft. Und welche Notwendigkeit besteht für den Freien der Wälder, der sich von Palmfrüchten oder Bananen nährt, die fast von selbst wachsen? Was am frei lebenden Indio erstaunlich ist, ist der Übergang, der Wechsel von einer Ruhe von 2 bis 3 Monaten zur härtesten Mühsal des Schwimmens, des Reitens ... Ich ließ die Jíbaros durch das Fernrohr meines Sextanten sehen. Die Umkehrung dieses astronomischen Fernglases amüsierte sie sehr, und sie lachten darüber aus vollem Halse. An dem Chronometer erkannten sie im Augenblick die Uhr, die sie vor vielen Monaten gesehen hatten. Sie nannten meinen kleinen Taschenkompaß, der einer Uhr sehr ähnlich sieht, einen Tac-tac und forderten, daß man ihn ans Ohr hielte. Trotz dieser Wißbegierde zeigten sie eine gewisse Zurückhaltung, den Wunsch, nicht lästig zu werden; sie hielten sich gegenseitig zurück, wenn einer zur Last zu fallen schien, indem sie ihm zum Beispiel einen Gegenstand wegnahmen, den man ihnen nicht anvertrauen wollte. Man sieht sie sehr geneigt, andere Indios aus dem Dorf zu bestehlen, aber nie haben sie im Haus des Gouverneurs etwas berührt, sei es, um die Gastfreundschaft nicht zu verletzen oder aus Furcht

*Cinchona scrobiculata*

vor der bekannten Macht des Chefs Apu [= Gouverneur]. Was mich am meisten an ihnen in Erstaunen versetzt hat, und was sie sehr von allen Indios [die Humboldt im Gebiet des heutigen Venezuelas gesehen hatte] unterscheidet, ist die enorme Leichtigkeit, mit der sie alle Sprachen aussprechen. Welche Zungenfertigkeit, welche Geläufigkeit gewährt ihnen ihr Organ! Ich habe ihnen Sätze von 4 bis 5 Worten auf Deutsch, Französisch und Englisch vorgesprochen, sie wiederholten sie beim ersten Versuch mit einer Deutlichkeit, daß man glauben mußte, daß sie an diese 3 Sprachen gewöhnt waren ...«[391]

Um an die Küste der Südsee zu gelangen, stieg Humboldt die Anden an der Stelle hinauf, wo sie nach seinen Inklinationsbeobachtungen zwischen Micuipampa und Cajamarca vom magnetischen Äquator geschnitten werden. Von einem »einsamen, mit Lama-Herden umgebenen Meierhof« stiegen sie südwärts am östlichen Abhang der Kordillere entlang und erreichten eine Hochebene, in der ihnen »der Silberberg von Hualgayoc, der Hauptsitz der weitberufenen Gruben von Chota, bei einbrechender Nacht einen wunderbaren Anblick gewährte ... Der Umriß des Berges ist durch unzählige thurm- und pyramidenähnliche Spitzen und Zacken unterbrochen« und erinnerte Humboldt an den Montserrat. Von allen Seiten sah man die Öffnung der Stollen, aber auch natürliche Spalten im kieselartigen Gestein, die sogenannten »Fenster«. »Die Sonderbarkeit eines solchen Anblicks wird noch durch viele kleine Stollhäuser und Menschenwohnungen vermehrt, die an dem Abhange des festungsartigen Berges da nesterartig hangen, wo eine kleine Bodenfläche es irgend erlaubt hat. Die Bergleute tragen die Erze auf steilen, gefährlichen Fußpfaden in Körben zu den Amalgamations-Plätzen herab.«[392] Von 1777 bis 1802 hatten die Gruben wahrscheinlich für 32 000 000 Piaster Silber geliefert. Die Ausbeutung hatte schon vor der conquista begonnen. Unter Führung eines reichen Grubenbesitzers erhielten die Reisenden einen Einblick in den rückständigen Bergbau. Sie wohnten in der Nähe der Gruben in der kleinen Bergstadt Micuipampa (11 140 Fuß), nur 6° 43′ vom Äquator entfernt (9.–12. September 1802). (Während des Aufenthaltes in dieser Bergbaulandschaft lernte Humboldt auch Timotheus Leberecht v. Nordenflycht und deutsche Bergleute kennen, die zu einer von ihm geleiteten Kommission gehörten. Darüber erfährt der Leser noch Genaueres im folgenden Text.)

In den Häusern gefror das Wasser einen großen Teil des Jahres über. Die 3000–4000 Einwohner dieser »vegetationslosen Einöde« zogen nur Kohlarten und »vortrefflichen Salat« und mußten

*Vultur Gryphus*

aus den wärmeren Tälern mit Lebensmitteln versorgt werden. »Die reichere und deshalb nicht gebildetere Menschenklasse suchte sich im Glücksspiel vor der langen Weile zu retten. Alles erinnert hier an den Kriegsmann aus Pizarros Heere, der nach der Tempelplünderung in Cuzco klagte, in einer Nacht ›ein großes Stück von der Sonne‹ (ein Goldblech) im Spiel verloren zu haben.«[393] Das Thermometer zeigte um 8 Uhr erst 1°R, um

Mittag 7° R; trotz der Höhe fand Alexander die Grubentemperatur im Cerro de Hualgayoc 15,8° R.

Auf einem engen Weg, meist zwischen 9000 und 10 000 Fuß Höhe, wanderten sie nach Cajamarca (7000–8000 Einwohner); fünf bis sechs Stunden lang befanden sie sich wieder in der Landschaft des Páramo und waren fast ununterbrochen Stürmen und scharfkantigem Hagel ausgesetzt.[394] Dabei hat dieser Weg Humboldt »zu einer magnetischen Beobachtung von allgemeinem Interesse Veranlassung gegeben: zu der Bestimmung des Punktes, wo die Nord-Inclination der Nadel in die Süd-Inclination übergeht, wo also der magnetische Äquator von dem Reisenden durchschnitten wird«.[395]

Dann sahen sie in die fruchtbare Landschaft von Cajamarca (13.–18. September 1802) hinab. Ein Flüßchen schlängelte sich durch die ovale Hochebene von sechs bis sieben Quadratmeilen Flächeninhalt; sie ähnelte dem Plateau von Bogotá und war wahrscheinlich wie dieses ein alter Seeboden. Das Land war »von der herrlichsten Fruchtbarkeit, voll Ackerfeld und Gartenbau, mit Alleen von Weiden, von großblüthigen rothen, weißen und gelben Datura-Abarten, von Mimosen und den schönen Quinuar-Bäumen (unser *Polylepsis villosa;* einer Rosacee neben Alchemilla und Sanguisorba) durchzogen«.[396] Von einer der kleinen Porphyrkuppen im nördlichen Teil der Ebene sahen sie die Ruinen der Residenz des Atahualpa. Humboldt zeichnete einige Gewölbebogen. Man zeigte ihm den Raum, in dem die Spanier Atahualpa gefangengehalten hatten.[397] Er traf noch einige Nachkommen Atahualpas, Angehörige der Familie Astorpilco. »Der Sohn des Caziquen Astorpilco, ein freundlicher junger Mensch von 17 Jahren, der mich durch die Ruinen seiner Heimath, des alten Palastes, begleitete, hatte in großer Dürftigkeit seine Einbildungskraft mit Bildern angefüllt von der unterirdischen Herrlichkeit und den Goldschätzen, welche die Schutthaufen bedecken, auf denen wir wandelten ... Die krankhafte Zuversicht, mit welcher der junge Astorpilco aussprach, daß unter mir, etwas zur Rechten der Stelle, wo ich eben stand, ein großblüthiger Datura-Baum, ein Guanto, von Golddraht und Goldblech künstlich geformt, den Ruhesitz des Inca mit seinen Zweigen bedecke, machte einen tiefen, aber trüben

Eindruck auf mich. Luftbilder und Täuschung sind hier wiederum Trost für große Entbehrung und irdische Leiden. ›Fühlest Du und Deine Eltern‹, fragte ich den Knaben, ›da Ihr so fest an das Dasein dieser Gärten glaubt, nicht bisweilen ein Gelüste in Eurer Dürftigkeit nach den nahen Schätzen zu graben?‹ ... ›Solch ein Gelüste (tal antojo) kommt uns nicht; der Vater sagt, daß es sündlich wäre. Hätten wir die goldenen Zweige samt allen ihren goldenen Früchten, so würden die weißen Nachbarn uns hassen und schaden. Wir besitzen ein kleines Feld und guten Weizen.‹«[398]

Die Reisenden blieben fünf Tage in Cajamarca (13.–18. September 1802). Sie mußten neue Führer und Maultiere für den Weg über die Kordillere zur Küste mieten. Beim Anstieg wurden sie in 9600 Fuß Höhe durch den Anblick zweier »grotesker Porphyrkuppen«, Aroma und Cunturcaga, überrascht. Von da stiegen sie im Zickzack 6000 Fuß hinab in das ostwestlich gerichtete Quertal des Magdalena, das noch 4000 Fuß über dem Meere lag. Es war kluftartig und vegetationsarm. Humboldt hielt es für eins der tiefsten Täler, die er in den Anden kennenlernte. Aus dem milden Tal mußten sie wieder 4800 Fuß hinaufsteigen. »Der Wechsel des Klimas war um so empfindlicher, als wir an der Felswand oft in kalten Nebel eingehüllt wurden.« Nach vielem Auf- und Absteigen erreichten sie den Alto de Huangamarca. Ein scharfer Südwestwind verscheuchte den Nebel, und sie sahen zum ersten Mal die Südsee, ein Augenblick, den Humboldt seit seiner Kindheit herbeigesehnt hatte, als er von Balboa gehört hatte und Schüler Georg Forsters geworden war[399].

## 23. Humboldt in Lima. Thaddäus Haenke

*»Weder prunkvolle Häuser, noch überaus luxuriös gekleidete Frauen«*

Die Reisenden hatten zum vierten Male die Anden überstiegen und zogen nun hinab zur Küste nach Trujillo, dessen Lage Humboldt bestimmte. Hier blieben er, Bonpland und Montúfar vom 24. September bis zum 7. Oktober 1802. Es ist auffällig, wie fleißig Alexander hier sein Tagebuch mit Informationen über das vor-inkaische Chimú-Reich füllte, dessen großartige Zivilisation er später der Inka-Kultur gleichstellte. In der Nähe Trujillos besuchte er Chanchán, die Metropole des genannten Reiches, die größte Stadt des alten vor-europäischen Amerikas. Er sah das Ruinenfeld, bewunderte Pyramiden, die Bewässerungskanäle, die Formschönheit der Anlage, den Ordnungssinn, der aus der Planung des Ganzen sprach, und unterhielt sich mit Antonio Chayhuac, einem Nachfahren der Chimú-Dynastie, der nun als Kazike in Mansiche lebte. Er besuchte einige der huacas (Grabkammern) unter pyramidenförmigen Hügeln beziehungsweise unter Wohnhäusern und erfuhr von den märchenhaften Goldfunden.

Längs der Küste reiste er durch die peruanische Wüste. Damals und nachher noch des öfteren hat er erstmals die kalten Temperaturen in der später nach ihm benannten Küstenströmung gemessen.

Am 23. Oktober 1802 kamen sie in Lima an, dem Sitz des Vizekönigs von Peru. Von dieser Stadt hatte Humboldt einen ausgesprochen schlechten Eindruck. In einem in Lima veröffentlichten Brief (der dort manchen Unwillen erregt hat) schrieb er an José Ignacio Chica (Checa):

»Unser Aufenthalt in Lima dauerte etwas länger als 2 Monate und war genügend, um einen Ort kennen zu lernen, den nichts anders von Trujillo unterscheidet, als daß es mehr Menschen und mehr Eitelkeit dort gibt. In Europa schilderte man uns Lima als eine Stadt des Luxus, der Pracht und der Schönheit des... Geschlechts. Nichts von alldem habe ich gesehen, wenn auch als sicher gilt, daß diese Hauptstadt mit der Vergrößerung von Buenos Aires, Santiago de Chile und Arequipa sehr zurückgefallen ist. Hinsichtlich des Benehmens und sozialer Kultur ist sie mit Havanna nicht zu vergleichen, höchstens mit Caracas. In dieser letzteren Stadt, wo der Ackerbau alles einnahm, infolge der Abseitigkeit oder des Fehlens von Bergbau, gibt es Familien, die 35 000–40 000 Pesos Rente beziehen. Heutzutage kommt in Lima niemand auf 30 000, und nur sehr wenige auf 12 000. Ich habe weder prunkvolle Häuser, noch überaus luxuriös gekleidete Frauen gesehen, und es ist mir bekannt, daß die meisten Familien vollständig ruiniert sind. Der geheime Grund dafür ist das Durcheinander in der Wirtschaft und das Spiel. Mit Ausnahme eines Komödienhauses (das nicht vorankommt und wenig besucht wird) und der Stierkampfarena (die sehr hübsch ist) kennt man keinen öffentlichen Zeitvertreib. Auf dem Korso trifft man häufig kaum drei Kaleschen. In der Nacht verbietet die Verschmutzung der Straßen, die mit Hunden und toten Eseln ausgeschmückt sind, ferner die Unebenheit des Bodens das Bewegen der Kutschen überhaupt. Das Spiel und die Uneinigkeit in den Familien (diese unglückliche Uneinigkeit, welche die Regierung fördert und welche nach und nach einen der schönsten Teile unserer Erde unbewohnbar macht) zerstört jede soziale Gemeinschaft. In ganz Lima gibt es keine Abendgesellschaft, zu welcher sich mehr als 8 Personen vereinen; und wenn das Interesse am Spielen sie zusammenbringt, wie jetzt im Hause Gaenza oder des Marques von Medina, dann dauert diese scheinbare Gesellschaft nicht länger, als bis man alles verloren hat. Damit und infolge der vollkommenen Dürre und Unfruchtbarkeit der Landschaft erzeugt die Idee, in die bis Chancay und Pisco sich erstreckende Wüste hineingesetzt zu sein, schwermütige Gedanken, ganz besonders einem Manne wie mir, der ich für die Schönheiten der Natur empfänglich bin, der die Hochsteppe von Saraguro und Tomependa den Kartenhäusern, aus denen sich die große Hauptstadt von Peru zusammensetzt, vorzieht.

Wenn auch Lima der letzte Ort von Amerika sein könnte, in welchem irgendeiner leben wollte, so konnte ich es doch nicht lassen, eine angenehme Zeit dort zu verbringen. Mit dem Empfang von Besuchern und Gegenbesuchen in der ganzen

Stadt geht die Zeit dahin. Der Herr Vizekönig und Regent, an den uns der Herr Mendinueta empfohlen hatte, der Inspektor Villar, Aguirre, Balcázar, Gaenza und man kann sagen ganz Lima haben uns mit höchster Ehrfurcht und Herzlichkeit behandelt.

Urquiza ist der gelehrteste und freundlichste Mann dieser Stadt[400], und ausgenommen das von Mutis haben wir kein gleichartiges Talent in Amerika gesehen; aber seine Mitbürger halten nicht viel von einem Mann, der nicht spielt.

Eine sehr traurige Sache, die auch ein Licht auf die Art der Regierung dort wirft, zeigt folgende Erwägung. In Lima selbst konnte ich nichts über Peru lernen. Dort beschäftigt man sich niemals mit Dingen, welche die allgemeine Glückseligkeit im Königreich betreffen. Lima ist mehr getrennt von Peru als London, und wenn man auch in keinem Teile des spanischen Amerika durch zuviel Patriotismus sündigt, so kenne ich doch keine andere Gegend, in der dieses Gefühl stärker ausgelöscht ist. Kalter Egoismus beherrscht alle Menschen, und was nicht einer selbst erleidet, das berührt keinen. Außer für Urquiza und den Baron von Nordenflicht[401] [Nordenflycht] (ein sehr gelehriger und ausgezeichneter Charakter) habe ich in Lima besonderes Interesse für den Pater Cisneros vom Escorial gehabt, einen Mann von großem Talent und einem Patriotismus, der auch unter den europäischen Spaniern nicht Allgemeingut ist.«[402]

Humboldt beanstandete die schlechte Vorbereitung einiger Forschungsunternehmungen und schrieb: »Zur Zeit verlassen drei Expeditionen Lima, um Pläne zu zeichnen von Chiloé bis Sonsonate und um die Arbeit von Malaspina zu berichtigen. Berichtigen ohne Instrumente! Denn wenn auch beide Expeditionen jährlich 80 000 Pesos kosten, so wollte die Regierung doch nicht 4000 Pesos für Instrumente ausgeben.«[403]

Mit großer Sorgfalt bestimmte Humboldt die Lage der Stadt, die auf den Karten noch sehr ungenau verzeichnet war. Er beobachtete eine Reihe von Mondabständen und konnte so die chronometrisch gefundene Länge bestätigen. Er hatte auch Glück, in dem nebelreichen Land an einem heiteren Tag, dem 9. November 1802, in Callao den Merkur-Durchgang beobachten zu können[404]. Da er auf vier Chronometerreisen den Längenunterschied zwischen Callao und einem Kloster in Lima bestimmte, wurde dieses Ergebnis auch für die genaue Längenbestimmung der Hauptstadt des Vizekönigreiches Peru und des südwestlichen Teiles des neuen Kontinentes wichtig. Damit hatte Humboldt die Resultate Malaspinas in den vom Deposito hidrografico de Madrid herausgegebenen Karten verbessert[405]. – In Callao, dem Hafen Limas, lernte er auch den Gebrauch des Guano als Düngemittel kennen. Er brachte erstmals größere Mengen nach Europa. Humboldts Berichte und die Analysen Vauquelins und Fourcroys sollten der Landwirtschaft einen wichtigen Weg weisen[406].

Während des Aufenthaltes in Lima war Humboldt einem anderen deutschen Forscher, der seit 1789 im spanischen Dienst stand, räumlich nahe: Thaddäus Haenke. Mit seinem Lehrer, dem älteren Jacquin, hatte Humboldt schon in Wien verkehrt, und in Madrid hatte er Teile seines Herbars gesehen. Haenke war zweifellos eine Persönlichkeit, die Humboldt etwas bedeutete (vgl. oben S. 117). – Man kann mit Sicherheit annehmen, daß Haenke und Humboldt gegenseitig von ihren Aufenthalten und Reisen wußten, und eine Verbindung beider, z. B. über Persönlichkeiten in Lima wie Nordenflycht und dortige einheimische Gelehrte, darf immer noch vermutet werden; erste Andeutungen haben sich ergeben. Im Rahmen seiner geologischen Skizze eines Teiles von Südamerika hat Humboldt jedenfalls Manuskripte Haenkes über die Sierra de Cochabamba benutzt, die ihm der Pater Diego Cisneros in Lima zugänglich gemacht hatte; er wies später bei dieser Gelegenheit erneut auf seinen Landsmann hin[407].

Schon 1791 hatte der junge Alexander v. Humboldt die von Haenke mitverfaßten *Beobachtungen auf Reisen nach dem Riesengebirge* (Dresden 1791) kongenial gewürdigt, als er begeistert »Scharfsinn« und »Arbeitsamkeit« des Forschers rühmte, der damals schon mit Malaspina der pazifischen Küste Amerikas folgte. Er erwartete von ihm »eine neue Pflanzenwelt« vom Rücken der Kordilleren und lobte ihn, daß er die Pflanzen des Riesengebirges nicht nach den »Classen« Linnés aufgeteilt habe, sondern der räumlichen Anordnung gefolgt sei. Infolgedessen liefere er nach dem Ausdruck J. H. Bernardin de Saint-Pierres

»ein vegetabilisches Thermometer«. Leicht hatte Alexander hier den Geist der eigenen Vorstellungen von einer Geographie der Pflanzen wiedergefunden. Haenke besaß in seiner Bibliothek die spanische Übersetzung von Alexanders umfangreichstem Jugendwerk, den *Versuchen über die gereizte Muskel- und Nervenfaser* (2 Bde. Posen 1797), so daß beide voneinander wußten.

Die Möglichkeit einer zumindest indirekten Verbindung wird u. a. durch folgende Tatsachen noch wahrscheinlicher: 1788 waren drei Gruppen deutscher Bergleute nach Südamerika gekommen[408]. Sie wurden von Fausto d'Elhuyar angeworben und waren für Neu-Spanien (Mexiko) und Neu-Granada (heutiges Kolumbien) bestimmt. Die letzteren hatte Humboldt in Honda getroffen (siehe S. 208), den anderen sollte er in Mexiko begegnen (siehe S. 284). Eine dritte Gruppe von deutschen Berg- und Hüttenleuten leitete der Berg- und Hüttendirektor Freiherr v. Nordenflycht. Zu ihr gehörten auch der Hütten- und Amalgamierdirektor Anton Zacharias Helms[409] sowie der Bergdirektor Johann Daniel Weber[410]. Alle drei hatten in Schemnitz (Niederungarn) Ignaz v. Borns Verfahren der Quecksilberamalgamation studiert. Nordenflycht hatte 1778 zu den Schülern der Bergakademie Freiberg i. S. gehört, so daß Humboldt in ihm einen Kollegen begrüßen konnte, als er ihn in Lima kennenlernte[411]. Nordenflycht hatte zunächst bei Kielce in Polen eine Kupfergrube geleitet. Mit Helms und den anderen Bergleuten war er nach einer langen abenteuerlichen Reise über Buenos Aires, Córdoba, Tucumán und Salta 1789 in Potosí im Vizekönigreich Peru angekommen, wo er »Generaldirektor des Bergbaus« wurde. »Er hat sich in Potosí und Lima theoretisch und praktisch damit befaßt, die Fässeramalgamation einzuführen, hatte hüttentechnische Laboratorien und Probieranstalten eingerichtet und die allgemeine Wasserlösung der Grubenbaue am Cerro Rico in Potosí durch den Bau eines großen Stollens (Real Socavón) verbessert.«[412]

Leider fanden der Arbeitseifer der Deutschen und ihre Ablehnung kolonialspanischer Korruption keinen Beifall. Es begann ein zeitraubender, zu keinem Ergebnis führender Federkrieg gegen Hemmnisse und Schikane, die schließlich ihre gesamten Bemühungen zunichte machten. Humboldt hat ihnen vergeblich zu helfen versucht und das Hauptübel klar bezeichnet, als er schrieb: »Pour rétablir les mines, il faut rétablir les mœurs« (Um die Bergwerke wieder in Gang zu bringen, müßte man erst die Sitten erneuern)[413].

Nordenflycht war schon vor Haenke in Südamerika angekommen und hat zumindest mit ihm Briefe gewechselt. So kannte Haenke die »Versuchsserien« Nordenflychts in Peru; außerdem war ein mineralogisches Memorandum »an die Regierung in Lima« für ihn »bestimmt«. Da es zweifellos Verbindungen zwischen beiden Männern gegeben hat und auch Humboldt über Haenke bereits recht gut Bescheid wußte, schon ehe er nach Amerika gekommen war, muß in seinen Gesprächen dessen Forschung den gebührenden Raum beansprucht haben. Nordenflycht oder Gelehrte in Lima haben Humboldt jedenfalls mit neuen Nachrichten über Thaddäus Haenke versorgt.

Renée Gicklhorn meinte, er habe »sehr viel Gedankengut von Haenke übernommen«[414], konnte aber keinen Beweis dafür erbringen. Denn Humboldt hat wie Goethe mit eigenen Gefäßen aus vielen Brunnen geschöpft. Haenkes Verdienste für die südamerikanische Landeskunde und seine Erfolge sind offensichtlich und erhalten eine eigentümliche Kontur durch sein persönliches Schicksal[415].

Seine große Bedeutung als vielseitiger landeskundlicher Forscher wird heute allgemein anerkannt[416].

Viele Feststellungen, die das Verhältnis Humboldt-Caldas betrafen, gelten auch in diesem Fall. Haenke kannte niemals die Zeitnot Humboldts, der eine einzige zusammenhängende Forschungsreise, d. h. eine geplante Expedition, in einer bestimmten Frist ausführen wollte und gemäß dem Wesen seiner Forschungsreise nach Europa zurückkehren mußte, um seine Ergebnisse in einer den dortigen Maßstäben der Wissenschaft entsprechenden Weise zu formen und zu veröffentlichen. Haenke war ein landeskundlicher Forscher, der sein Arbeitsgebiet durchaus in der Form einzelner Forschungsreisen durchstreifen konnte. Humboldt und Haenke sind beide große Forscher, nur hat ihre Größe einen verschiedenen Charakter. *Humboldt war gewiß der Erfolgreichere, der Bekanntere und ist noch heute der Anerkanntere, weil er es verstand, seine Pläne in die Tat umzu-*

*setzen. Er war gewiß der Glücklichere, aber er selbst war seines Glückes Schmied. Man darf ihm Haenkes Schicksal und den glücklichen Stern, der über seinem eigenen Forscherleben stand, nicht – mehr oder weniger stillschweigend – vorwerfen.* Der Reichtum an geographischen Ergebnissen Humboldts in knapp fünf Jahren beruht auf einem vollendeten Zusammenspiel von Vorbereitung und Ausführung bei seiner Forschungsreise. Ebenso verschieden wie eigenständig ist die Lebensarbeit Haenkes, dem das Schicksal 24 Jahre in Südamerika gewährte und auferlegte. Humboldt verdankte die Ideen der Pflanzengeographie und der Pasigraphie weder Caldas noch Haenke.[417]

Humboldt hat damals Auszüge aus einem Manuskript Haenkes über die Sierra de Cochabamba übernommen, wie wir bereits gesehen haben; dieses Manuskript war ihm von Pater Diego Cisneros übergeben worden, wie er selbst offen in seiner *Relation historique* feststellte. Nochmals: Hier etwa zu vermuten, Humboldt habe Haenke kopiert und seine physikalisch-geographische Konzeption stamme von ihm, ist haltlos.

## 24. Reise über Guayaquil nach Mexiko

### *Erster Entwurf des »Naturgemäldes der Tropenländer«*

Am 24. Dezember 1802 gingen Humboldt, Bonpland und Montúfar in Callao an Bord der spanischen Fregatte »La Castora«, um nach Guayaquil zu segeln. Unterwegs bestimmte Humboldt die Lage der Insel Pelado und einiger anderer Punkte wie z. B. die des Punta de la Aguja und leistete damit der Nautik einen wichtigen Dienst. Ebenso maß er erneut die Temperatur der kalten Küstenströmung, die man nach ihm Humboldt-Strom nannte, ohne daß er sich selbst je als ihren Entdecker bezeichnet hätte.

Am 4. Januar 1803 landeten sie in Guayaquil, wo sie anderthalb Monate blieben. Sie lernten dort Juan Tafalla kennen, der als Schüler von Rúiz und Pavon deren botanische Arbeit fortsetzte

*Balsa-Floß auf dem Rio Guayaquil*

und Professor der Botanik in Lima war. Mit Tafalla und seinem Mitarbeiter Manzanilla unternahmen Humboldt und Bonpland oft gemeinsame botanische Exkursionen. Während ihrer Unterhaltungen öffneten sie gegenseitig die Schätze ihrer Herbare, und Humboldt berichtete, daß die Spanier »mit Hingabe und Geschick« arbeiteten[418].

Besondere Erlebnisse in der Zone der immerfeuchten Tropen bedeuteten einige Exkursionen: so eine Fahrt auf dem Rio de Guayaquil (Rio Babahoyo) in das Innere des Landes, »um den Ausbruch des Cotopaxi (seit 4. Januar) zu beobachten«; zur Insel Los Cales (31. Januar), nach Samborondón (1. Februar), nach Garzal (4.–6. Februar) und nach Las Bodegas de Babahoyo (6. Februar). Am 7. Februar 1803 waren diese Unternehmungen abgeschlossen.

Humboldt wohnte im Hause »liebenswürdiger Leute«, beim Zolldirektor Camilo Montes, dem er seine Gastfreundschaft durch eine Sendung Kakao dankte, um die er den Gouverneur der Provinz Jaén, Don Ignacio Chica, bat[419].

Während dieses erneuten Aufenthaltes im Gebiet der immerfeuchten Tropen stellte Alexander zwei seiner grundlegenden Ansichten dar. Er zeichnete erstmals ein »Naturgemälde der Tropenländer« und schrieb außerdem einen ausführlichen Entwurf seiner Geographie der Pflanzen. Es waren seine Abschiedsgeschenke, die er dem »erhabenen Patriarchen der Botanik, José Celestino Mutis in Bogotá«, darbrachte und zusandte.[420]

Drei Monate später vollendete Caldas seine Arbeit über die Verbreitung der Pflanzen, welche in den Äquatorial-Gegenden angebaut wurden. Er »besprach die Zone des Weizens, der Platane, des Zuckerrohrs, des Cacaos und Mais', der Kartoffel und der Gerste«.[421] Seine Schrift, Mutis und Pombo gewidmet, enthielt eine Höhentafel von 34 Punkten und eine Profildarstellung und knüpfte »im Ideengang unmittelbar an Humboldts Pflanzengeographie an«.[422]

Am 17. Februar 1803 setzten Humboldt, Bonpland und Montúfar die Seereise fort[423]. Humboldt bedauerte besonders, daß das Handelsschiff an den Galápagos- und einigen Küsteninseln vorüberfuhr, die einer wissenschaftlichen Untersuchung wert gewesen wären. Eine staatliche Expedition hatte insofern viel mehr Möglichkeiten. Bei dieser und anderen Gelegenheiten wurde es Humboldt bewußt, daß er eben »nur« als Privatmann, wenn auch mit großen Privilegien, reiste.

Während der Fahrt an der südamerikanischen Küste sahen sie in der Ferne die dunklen Rauchwolken eines erneuten Ausbruches des Cotopaxi. Gegenüber dem Golf von Nicoya an der Küste Guatemalas überstanden sie einen heftigen Sturm. Während der Fahrt war Humboldt »ständig damit beschäftigt, durch Sonnen- und Mondbeobachtungen die Kompaßrichtungen der Karte zu verbessern. Die großen Fehler in der Längenbestimmung, die wohl durch die starke Strömung bedingt sind, sind der Navigation in diesen Breiten zeitraubend wie auch kostspielig.«[424]

Der Kapitän der »Atlante« war westlich vom Kurs abgewichen und hatte sich auch durch Humboldts Messungen nicht korrigieren lassen wollen. So kamen sie erst am 22. März 1803 in Acapulco an. Humboldt meinte, er habe wenige Orte beider Halbkugeln gesehen, die einen wilderen und dazu traurigeren und romantischeren Eindruck dargeboten hätten. Die Hafen-

*Oben: Zungaro von Tomependa (Amazonas)*
*Unten: Moxara-Fisch von Acapulco (Mexiko)*

bucht dagegen erschien ihm als eine der wunderbarsten, die ein Seefahrer überhaupt finden könne. Da es um den Fixpunkt eines künftigen Länderprofils ging, nahm er die Ortsbestimmung besonders ernst und erreichte ein gutes Ergebnis: 102° 6′, zum heutigen Wert ergibt sich nur ein Unterschied von 8′ 34″. Wie groß die Verbesserung war, ergab später eine in Humboldts *Mexico-Atlas* veröffentlichte Tafel der falschen Positionen[425].

Alexander untersuchte die Küste, botanisierte mit Bonpland und führte das übliche Meßprogramm aus. Seit dem Aufbruch von Acapulco am 29. März 1803 querte er das Gebirge und durchzog mit seinen Begleitern die vier nach Höhe und Breite zunehmenden Täler von Peregrino, Papagayo, Mexcala-Balsas und Ixtla sowie die Sierra von Chilpancingo. Anschaulich erlebten sie den Gestaltwandel von *tierra caliente, tierra templada* und *tierra fria,* Ausdrücke, die Alexander in Mexiko aufnahm und in der internationalen geographischen Literatur heimisch machte. Er wurde »Augenzeuge von dem sonderbar beängstigenden Eindruck«, den »der erste Anblick eines Kiefernwaldes« auf Don Carlos Montúfar machte. Ab Cuernavaca wurde der Weg schlechter. Am 4. April stiegen sie nach Mexcala hinab durch den Cañon del Zopilote. Der Rio Balsas wurde auf einem Floß aus Kalebassen und Rohrbündeln überwunden, das zwei schwimmende Indianer lenkten. Östlich am Lago de Tuxpan vorbei machten sie einen Umweg über Taxco (7. April). Hier wurden damals zwei Drittel der Silber-Weltproduktion gefördert. Ein Spanier, José de La Borda, war infolge der Entdeckung der Lager reich geworden. Als geschulter Bergmann betrachtete Humboldt die technisch unvollkommene, unwirtschaftliche und vor allem unmenschliche Förderung sehr kritisch. Allgemein glaubte man noch, technischen Aufwand entbehren zu können, da die Vorräte unerschöpflich schienen.

Die Reisenden bewohnten in Taxco ein einstöckiges palastähnliches Haus[426], das einst La Borda gehört hatte. Der Weg führte weiter über Kalkberge nach Cuernavaca. Dann ging der Ritt drei Tage über bewaldete Höhen, von deren Nordseite der Blick auf das Hochtal von Mexiko-Stadt fiel. Humboldt hatte die Route mit dem Kompaß aufgenommen und die Höhe immer wieder barometrisch vermessen. Diese Aufnahmen führten ihn zur Profilierung Neu-Spaniens: *Zum ersten Male wurde das Auf und Ab des Querschnittes eines großen außer-europäischen Landes sichtbar gemacht,* zumal er später die Werte auf der Route von Mexiko-Stadt nach Veracruz ergänzen konnte[427]. Von Acapulco aus hatte sich Humboldt am 28. März 1803 beim Vizekönig Don Vicente de Iturrigaray angemeldet, der ihm am 15. April 1803 außerordentlich entgegenkommend und verständnisvoll antwortete und die beantragten Pässe übersandte[428]. Ihm vor allem verdankte Humboldt den Zugang zu Archiven,

Dokumenten und Statistiken, die noch kein anderer hatte benutzen können.

Sicher erschien Humboldt als vom spanischen König bevorzugter Reisender, aber seine Fähigkeit, Menschen der verschiedensten Art richtig zu behandeln, seine Kunst als Gesellschafter, seine Urbanität waren doch die Voraussetzungen dieser erstaunlichen Erfolge. Er konnte sich mühelos nach langen Märschen auf städtisches Leben und gesellschaftliche Verpflichtungen einstellen, ohne seine wissenschaftlichen Ziele zu vernachlässigen. Er verlieh seiner wissenschaftlichen Arbeit einen vorher nie gekannten gesellschaftlichen Charme; *in seinen Mitteilungen lag etwas vom Kern eines Goethischen Gedichtes. Er würdigte die Naturwissenschaften genauso wie die Geisteswissenschaften.*

Mit Humboldts Reise sind zahlreiche Legenden verbunden. So auch der Bericht einer jungen Dame, die in der Gesellschaft als »die schöne Rodriguez« bekannt und sehr geachtet war. Sie war, wie HANS KARL SCHNEIDER feststellte, damals überhaupt nicht in der Hauptstadt anwesend. Dennoch soll sie Jahrzehnte später »alle Einzelheiten seines ersten Besuchs und seine Bewunderung ihrer Schönheit berichtet haben; daß sie damals sehr jung, obgleich verheirathet und Mutter von zwei Kindern war; daß, als der Baron einst ihre Mutter besuchte, er sie, die am Fenster nähte, anfangs nicht bemerkte, bis er in einem sehr ernsthaften Gespräch über die Cochenille den Wunsch äußerte, eine gewisse Plantage zu besuchen. ›Gewiß‹, erwiderte sie aus ihrem Fenstersitze, ›können wir Herrn von Humboldt hinführen‹, – worauf er sie ansah, erstaunt vor ihr stand und endlich ausrief: ›Valgame Dios! wer ist dies Mädchen?‹ Von der Zeit an war er immer bei ihr, und man sagt«, erzählte die Frau eines spanischen Diplomaten, »noch tiefer durch ihren Geist als durch ihre Schönheit bestrickt. Er betrachtete sie wie eine amerikanische Frau von Staël. Dies alles führte auch auf den Verdacht, daß der ernste Gelehrte bedeutend verzaubert war, und daß weder Minen noch Berge, Geographie und Geologie, versteinerte Muscheln und Alpenkalkstein ihn geschützt haben.«[429]

Kurz nach seiner Ankunft in Mexiko-Stadt (12. April 1803) erfuhr Humboldt, in Veracruz und Havanna regiere das

»Schwarze Erbrechen«, das Gelbe Fieber. Er hatte es für möglich gehalten, Ende 1804 wieder in Europa zu sein. Jetzt schien es ihm richtiger zu warten, da er seine Expedition nicht mit einer Tragödie enden lassen wollte. Er glaubte nun, im April oder Mai 1804 abreisen zu können.

DER DRITTE ABSCHNITT DER REISE

# 25. Humboldts Aufenthalt in Mexiko-Stadt

*Vorzügliche wissenschaftliche Einrichtungen – Unwissenheit ist keine Folge des Klimas*

Mexiko-Stadt war damals die Metropole des Vizekönigreiches Neu-Spanien. Die Gesellschaft war streng gegliedert. An der Spitze stand der Vizekönig, der gemäß der spanisch-höfischen Etikette regierte. Auf je 200 Einwohner kamen drei Geistliche. In der königlichen Münze, die Humboldt oft besuchte, wurden jährlich 28 Millionen Mark mehr Goldstücke geprägt als in Frankreich – während Indianer noch Kakaobohnen als Zahlungsmittel verwandten. Dieses soziale Gefälle gab Humboldt sehr zu denken. Die Zukunft konnte sicher nicht in der Erhaltung des kolonialen Zustandes liegen.

Humboldt war von Mexiko-Stadt begeistert und schrieb: »Keine von allen Städten des neuen Kontinents, selbst die der Vereinigten Staaten nicht ausgenommen, ist im Besitz so großer und fest gegründeter wissenschaftlicher Anstalten ... Ich nenne hier nur die Bergschule ..., den botanischen Garten, die Maler- und Bildhauer-Akademie.«[430] Diese »Academia de los Nobles Artes de México« rühmte Alexander besonders. Er befürwortete, daß zu der sehr vollständigen Sammlung von antiken Gipsabgüssen auch die »Reste mexikanischer Bildhauerei, die kolossalen Statuen von Basalt und Porphyr, welche mit aztekischen Hieroglyphen bedeckt sind und manche Ähnlichkeit mit dem Stil der Ägypter und Hindu haben, gesammelt« aufgestellt

*Ansicht vom Großen Platz in Mexiko-Stadt*

würden. Die architektonische Schönheit der mexikanischen Bauten führte Humboldt auf den geschmacksbildenden Einfluß der Akademie zurück. »Man gibt allen Unterricht in der Akademie unentgeltlich, und er schränkt sich nicht bloß auf Zeichnungen von Landschaften und Figuren ein, sondern ... die Akademie arbeitet mit Erfolg daran, den Geschmack an Eleganz und schönen Formen unter den Handwerkern zu verbreiten.« In dem öffentlichen (fast der gegenwärtigen Volkshochschule vergleichbaren) Zeichenunterricht der Akademie »vermischen sich (in einem Lande, wo sonst die Vorurteile des Adels gegen die Kasten so tief eingewurzelt sind), Stand, Farben und Menschenrassen völlig ... Es ist wahrhaft tröstlich zu sehen, wie die Kultur der Wissenschaften und Künste unter allen Zonen eine gewisse Gleichheit der Menschen einführt ...«

Der Padre José Antonio Pichardo hatte große Sammlungen aztekischer Bilderhandschriften erworben, obgleich er nur bescheidene Mittel besaß. Humboldt konnte ihm einige abkaufen. Er bewunderte das Haus dieses gelehrten Mannes sehr. Einige Zeugnisse der aztekischen Hochkultur hat er oft gezeichnet, so den Kalenderstein, den man bei der Kathedrale im Mittelpunkt der Stadt ausgegraben hatte. Er besuchte die Pyramiden von Teotihuacán und überschaute die nach astronomischen Messungen gegründete Tempelstadt von der Spitze der Sonnenpyramide, deren Umfang er maß.

Der botanische Garten lag innerhalb der Mauern des vizeköniglichen Palastes. Er war nicht sehr groß, war aber gut geordnet und wurde vorzüglich unterhalten, dank der Arbeit von Miguel Cervantes, eines Pharmazeuten aus Madrid, der unter Martin Sessé Professor geworden und Mitarbeiter der mexikanischen Expedition Sessés und Moziños war. »Außer seinen Herbarien« besaß Cervantes »noch eine reiche Sammlung mexikanischer Mineralien«.[431] Er hielt in jedem Jahr einen Kurs im botanischen Garten, der stark besucht wurde. Humboldt würdigte recht ausführlich die Arbeit der mexikanischen Astronomen Velázquez, Gama und Alzate. Joaquin Velázquez Cardenas y Leon erschien ihm als »ausgezeichnetster Geometer« Neu-Spaniens, der zusammen mit seinem Mitarbeiter Gama recht genaue Messungen ausgeführt und auch beim Hofe die Pläne zur

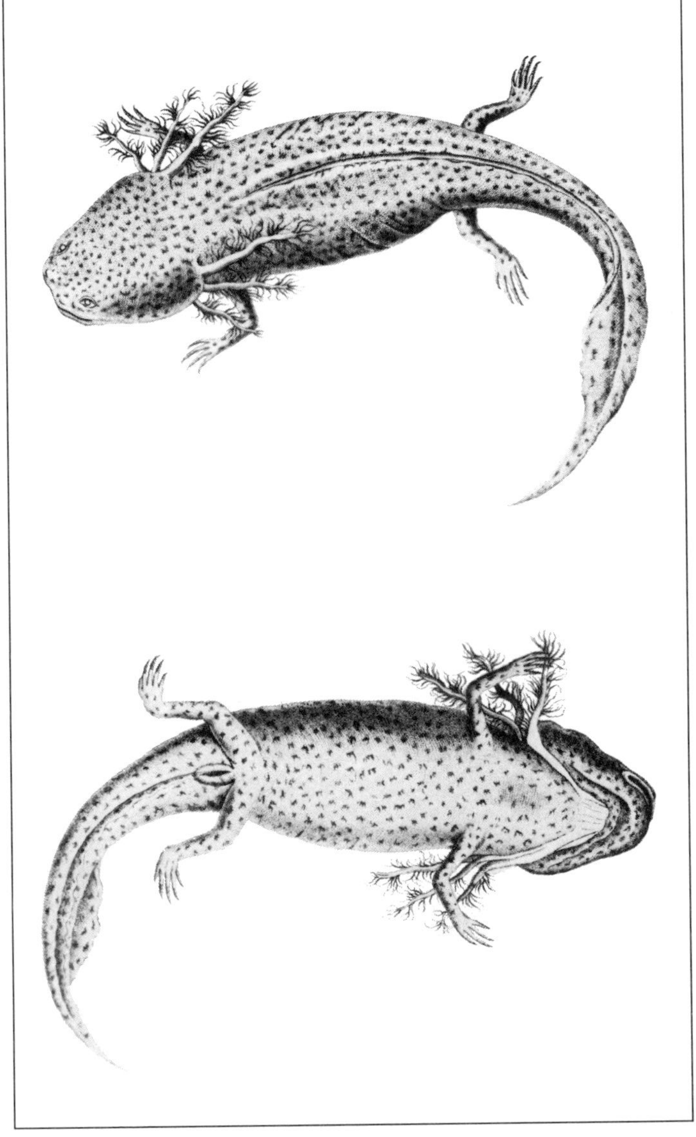

*Axolotl (Mexiko)*

Errichtung einer Bergakademie vorgelegt hatte. Humboldt begründete die eingehende Schilderung des Lebenswegs dieser Männer mit der Feststellung: »Ich habe mir erlaubt, näher in die literarischen Verdienste dieser drei mexikanischen Gelehrten einzugehen, weil ich durch Beispiele beweisen wollte, *daß die Unwissenheit, deren der europäische Stolz die Kreolen so gern beschuldigt, keine Wirkung des Klimas oder eines Mangels an moralischer Energie, sondern, wo sie noch etwa stattfindet, einzig und allein die Folge der Isolierung und der den Kolonien eigenen Fehler in ihren gesellschaftlichen Institutionen ist* (Hervorhebung von HANNO BECK).«[432]

In der Zeit vom 9. bis 12. Januar 1804 besichtigte der Vizekönig den »Desague« (Entwässerungskanal), der das Wasser des Texcoco-Sees über das Dorf Huehuetoca bis zum Rio de Tula abführte. Iturrigaray hatte Humboldt eingeladen. Dieser war entsetzt über das traurige Los der Indianer, die am Kanal wohnten. Bei Huehuetoca sammelte Humboldt Fossilien aus diluvialen Schichten, Reste von Elephas, die nach Cuvier dem *Elephas fossilis* Sibiriens ähnelten[433].

Der alte unterirdische Kanal war schon von Martinez 1607 geplant und mit 150 000 Indianern, die dabei einen unmenschlichen Blutzoll entrichten mußten, gebaut sowie von Velázquez nivelliert worden; er gehörte »zu den riesenhaftesten hydraulischen Arbeiten ..., welche je von Menschen ausgeführt worden sind«.[434] Da er nicht mehr genügte, ordnete Iturrigaray im Jahre 1804 den Bau eines neuen Abflusses an.

Der Aufenthalt in Mexiko war ein Höhepunkt der Archivforschungen Humboldts, welche neben der eigenen Arbeit die Grundlagen einer neuen Landeskunde bilden sollten. Er benutzte die Kopie eines großen handschriftlichen Werkes[435], schrieb Statistiken ab, fertigte Quellenauszüge in großer Zahl an und wies noch andere auf einige wichtige Dokumente hin, die er selbst nicht auswerten konnte[436].

# 26. Reisen in das nördliche Mexiko

*Querétaro – Guanajuato – Menschenschinderei in Manufakturen und Bergwerken*

Im Mai 1803 besuchten die Reisenden Pachuca, ebenso Regla, Atotonilco und Actópan. Am 1. August 1803 brachen sie zu einer größeren Reise auf: Sie gingen von Mexiko-Stadt nach Norden bis über Huehuetoca (erste Besichtigung des Desague) hinaus nach Tula, von wo an sie der Weg westwärts führte. Am 3. August 1803 waren sie in San Juan de Rio und am 4. August in Querétaro, »berühmt durch seine Manufakturen für grobe Tuche. Wir haben einige davon gesehen. Alles ist von höchster technischer Unvollkommenheit, besonders die Appretur und die Farbe. Aber das, was schaudern macht und wünschen, daß diese ganze Industrie nicht existierte, ist die schreckliche Behandlung, die man in diesen Manufakturen den unglücklichen Indios und anderen Farbigen, die dort arbeiten, angedeihen läßt. Die Fabriken erscheinen wie Gefängnisse. Ein Pförtner, der einem Kerkermeister ähnelt, öffnet die Tür, die (sonst) immer verschlossen bleibt. Nichts Schmutzigeres, nichts Stinkenderes, nichts Dunkleres, nichts Ungesunderes als diese Arbeitsräume. Große Haufen menschlicher Exkremente mitten auf dem Hof. Die Menschen alle nackt, mager, ausgezehrt. Man hält sie die ganze Woche eingesperrt, und man trennt sie von ihren Frauen. Die Peitsche tanzt auf ihren Rücken. Man fragt sich, wie das bei freien Menschen möglich ist. Die Lösung des Problems ist, daß sie nicht frei sind. Die Herren dieser Fabriken machen das, was man in Quito in den Werkstätten oder auf den Haciendas ganz Amerikas macht, wo es schwierig ist, Arbeitskräfte zu finden; sie schicken einige Wächter zu den armen Unglücklichen vor, die sie zugleich beim Trunk bezahlen. Schon wird der Schuldner abhängig vom Herrn, er ist Sklave, man läßt ihn arbeiten, damit er für seine Schuld bezahlt... Der Unglückliche arbeitet das ganze Jahr und wird niemals seiner Schuld ledig... Dazu kommt, daß die Indios mit den Zuchthäuslern vermischt sind, die die Justiz dort arbeiten läßt; daher rühren die Gefängnismanieren und die

Peitsche, die gleichmäßig auf allen tanzt. Die Regierung müßte sich unbedingt mit diesen Mißbräuchen befassen! Alle verständigen Menschen in Querétaro wünschen dies.« Das Haus der Zigarrenfabrik fand Humboldt »zu klein, die Säle zu warm, aber das ganze sehr sauber. Die ›Fabrikanten‹ (Arbeiter) bekleidet und sehr gut bezahlt. Welches Schweigen in den Sälen der Männer, was für ein Lärm, welches Geschwätz in den Frauensälen! Und welche Häßlichkeit der Geschlechter! Man beschäftigt dort 3000 Arbeiter, unter denen 1900 Frauen sind.«

Vom 7. August bis 10. September 1803 blieben die Reisenden in Guanajuato. Sie besichtigten die Silber-, Zinn- und Quecksilberminen und sammelten so viele Mineral- und Gesteinsproben, daß sie eine Maultier-Karawane mieten mußten, um sie nach Mexiko-Stadt bringen zu lassen.

Als »eine der ermüdendsten Epochen seines Lebens« bezeichnete Alexander die Zeit seines einmonatigen Aufenthaltes in Guanajuato. Der leichtfertige, oft regelrecht waghalsige Bergbau in diesem wichtigsten Montandistrikt Mexikos und seine »unmenschliche Sorglosigkeit« gaben ihm immer wieder zu denken. So sparte man sich Stollen zur Ableitung des Grubenwassers, das in einem Bergwerk z. B. 1780 zu einem katastrophalen Einbruch geführt hatte. Die Erzträger (= tenatores), Indianer oder Mestizen, bewältigten in einer Schicht neun bis zehn Ein- und Abstiege (»Reisen«). Sie trugen dabei circa zweieinhalb Zentner Erz im Zickzackgang, um den Luftzug zu schneiden, 1800 Stufen hinauf. Zur Steigerung ihrer Leistungsfähigkeit ließ man vor ihnen wie Lockvögel »Knaben von 10 Jahren« mit etwa dreiviertel bis einem Zentner Erz gehen. Humboldt bewunderte die Kraft, die man den Indianern damals oft genug absprach, und war über diese Zustände, die er später in seinem *Essai Politique* über Mexiko nicht verschwieg, empört. In einem noch tieferen Schacht Freibergs sei er nicht so ermüdet gewesen wie hier. Viele Weiße benutzten Indianer wie Trag- und oft als gesattelte Reittiere. Dabei gab es Beamte, die auf der Bergakademie in Mexiko studiert hatten und von Verbesserungen trotz ihres erwiesenen Könnens nur träumen konnten.

Während dieser niederdrückenden Erlebnisse schuf Alexander die Grundlagen einer thematischen Karte Guanajuatos (Darstellung der Geologie und der Siedlungen). Sie ist später leider nicht in seinem Mexiko-Atlas, sondern in einem der beiden Kartenbände, die seine *Relation Historique* begleiten, dem *Atlas géographique et physique du Nouveau Continent* (Paris 1814, Blatt 30), erschienen. Am 9. September 1803 reisten sie südwärts durch das von Basaltbergen umrahmte Tal von Santiago nach Valladolid (= heute Morelia). Obgleich die Umgebung fruchtbar war, bezeichnete Humboldt die Lage von Valladolid als schlecht. Mit dem Bischof verbrachte er dort und in Zinapecuaro »glückliche Stunden«. Bei ununterbrochenem Regen kamen sie von Pátzcuaro abwärts in die Ebene des Jorullo. In Pátzcuaro lagen die Ruinen der Pyramide nicht weit vom Palast des Königs der Tarasken entfernt. Humboldt fand lobende Worte, als er ihre Kunstfertigkeit, ihre Webwaren, Holzschnitzereien und Musikinstrumente bemerkte.

Am 19. September 1803 erstiegen Humboldt, Bonpland und Montúfar den Vulkan Jorullo »nicht ohne Mühseligkeit. Wir glaubten«, hat Humboldt selbst berichtet, »am sichersten in den damals noch mit heißen Schwefeldämpfen gefüllten Krater zu gelangen, wenn wir den schroffen Rücken des mächtigen Lavastroms erstiegen, welcher aus dem Gipfel selbst ausgebrochen ist... Der obere Rand des Kraters, an dessen südwestlichem Teile wir die Instrumente aufstellten, bildet einen Ring von der Breite weniger Fuße. Wir trugen das Barometer von dem Rande in den ovalen Krater des abgestumpften Kegels. An einer offenen Kluft strömt Luft aus von 93°,7 Cent(esimal) Temperatur. Wir standen nun 140 Fuß senkrecht unter dem Kraterrande; und der tiefste Punkt des Schlundes, welchen wir des dicken Schwefeldampfes wegen zu erreichen aufgeben mußten, schien auch nur noch einmal so tief zu sein...« Der geländekundige, hier beheimatete Don Ramón Espelde, der Erstbesteiger des Vulkans, gab Humboldt wichtige Hinweise und begleitete ihn. Über Valladolid (Morelia), Acámbaro kamen sie nach Toluca. Die »schmale und schwer zu erreichende Kuppe (den Pico del Frayle)« des Toluca-Vulkans bestieg Alexander am 29. September 1803 und bestimmte seine Höhe barometrisch. Ein Abstecher führte sie noch nach Zinantecátl, ehe sie nach Mexiko-Stadt zurückkehrten.[437]

# 27. Das Colegio de Minería und der »Essay de Pasigraphie«

## *Profile: »Höhenkarten« und »Formationskarten«*

Ein Mittelpunkt von Mexiko-Stadt war für Humboldt das »Colegio de Minería«, die Bergakademie. Seine Verbindungen wurden dadurch gefördert, daß zwei der maßgeblichen Männer wie er die gleiche Bergakademie besucht hatten: Fausto d'Elhuyar und Andrés Manuel del Río[438].

Besonders herzlich war Humboldts Wiedersehen mit del Río, der 1791/92 mit ihm zusammen bei Werner (in Freiberg) studiert hatte[439]. Elhuyar war mit einer deutschen Frau verheiratet, die wie Therese Heyne-Forster-Huber und Caroline Michaelis-Böhmer-Schlegel-Schelling zu den anregendsten Frauen ihrer Zeit gehörte, allerdings noch nicht von den Romanciers entdeckt worden ist. Johanna (Jeannette) Nepomucena d'Elhuyar war eine geborene Edle v. Raab aus Wien. Ihre ebenso temperamentvolle Schwester Eleonore hatte den spanischen Gesandten am Wiener Hof, Huerta, geheiratet. Im Haus Raab hatten Thaddäus Haenke und Georg Forster verkehrt, der seinem Tagebuch anvertraute, beide Schwestern Raab hätten hemmungslos nach Freiern gesucht. Forster »profitierte« damals weitgehend von den »Avancen«, die ihm Eleonore und Jeannette machten, weil er seine Verlobung mit Therese Heyne verheimlichte. Haenke sah die Tochter seiner Gastgeber sogar wieder, als er während der Malaspina-Expedition von Acapulco aus im November 1791 einen Abstecher nach Mexiko-Stadt unternommen hatte. Elhuyar, seine Frau und del Río sprachen deutsch ebenso wie einige der Bergleute. Mexiko war wesentlich weiter entwickelt als die bisher besuchten Gebiete. Alles bisher Erlebte vereinigte sich zum Bild eines wissenschaftlich aufstrebenden zukunftsverheißenden Landes. Das Symbol all dieser Bemühungen schien das »Colegio de Minería« zu sein, an dem auch del Río seit 1795 wirkte.

Am 4. Mai 1777 war das »Real Tribunal General del Cuerpo de la Minería« gegründet worden. Fausto d'Elhuyar war am 18. Juli

1786 zum Generaldirektor dieser Bergbaubehörde ernannt worden, während er gerade in Wien weilte, um bei Ignaz von Born die Fässeramalgamation von Schemnitz kennenzulernen[440]. Gleichzeitig war er beauftragt worden, deutsche Bergleute anzuwerben. 1788 reiste er mit drei Berg- und Hütteningenieuren, Fr. Traugott Sonnenschmidt, Franz Fischer und Louis Lindner sowie acht Steigern, Werkmeistern und Bergleuten nach Neu-Spanien[441]. Sein Bruder Juan ging mit einem Bergingenieur und sechs Bergmännern ins Vizekönigreich Neu-Granada (vgl. S. 208f.).

Am 12. Januar 1790 hatte Elhuyar den Plan zur Errichtung eines »Colegio de Minería« vorgelegt, das seine Tätigkeit am 1. Januar 1792 begann. Als Humboldt nach Mexiko kam, wurde für die Bergakademie gerade ein neues palastartiges Haus gebaut[442]. Er bewunderte den guten Zustand der teilweise kostbaren Instrumente von Ramsden, Adams, Le Noir und Louis Berthoud in der physikalischen Sammlung[443]. Die Modelle waren »in der Hauptstadt selbst mit größter Genauigkeit und in den schönsten Hölzern des Landes ausgeführt worden«. Die Mineraliensammlung war nach Werners System geordnet. Die Bibliothek enthielt z. B. das chemische Werk von Lavoisier, del Ríos Lehrer. »Die Grundsätze der neuen Chemie, welche man in den spanischen Kolonien mit der etwas zweideutigen Benennung einer neuen Philosophie (nueva filosofia) bezeichnet«, fand Humboldt in Mexiko »viel verbreiteter« als in vielen Gegenden Spaniens. Der Mathematikunterricht des Bergkollegs übertraf den der dortigen Universität. »Die Schüler... dringen tiefer in die Analysis und erhalten Anweisung im Integral- und Differentialkalkül.« – Louis Lindner hatte den Unterricht in Physik und Chemie übernommen. Franz Fischer wirkte wahrscheinlich als Lehrer der Maschinenbaukunde, verfertigte Modelle für den Unterricht und war für die Sammlungen tätig[444]. – Friedrich Traugott Sonnenschmidt stammte aus Schleiz[445] und hatte seit 1785 in Freiberg studiert, wo er Fausto d'Elhuyar 1788 kennengelernt hatte. Er blieb bis 1824 als Lehrer und Berg- und Hüttendirektor in Neu-Spanien und verfaßte Schriften, die am Colegio de Minería als Lehrbücher dienten. Sein wichtigstes Werk, *Mineralogische Beschreibung der vorzüglichsten Bergre-*

*viere von Mexiko oder Neuspanien*, konnte schon 1804 in Schleiz erscheinen. Er hat auch Gipfelmessungen ausgeführt und landeskundlich gearbeitet[446].

In den Berichten des Colegio erschien Humboldts Name zum ersten Mal im November 1803[447]. Er beteiligte sich an wissenschaftlichen Diskussionen, war vom 17. bis 21. Oktober 1803 Gast bei den Prüfungen der jungen Bergleute und hielt Vorträge über seine geognostischen und bergmännischen Reiseergebnisse[448]. Seine geologischen Mitteilungen orientierten über seine Idee eines gesetzmäßigen Streichens und Fallens, entwarfen ein Bild Südamerikas und zeugten immer noch von Werners Einfluß. Den Fossilgehalt der Schichten zog er nicht heran wie damals schon Strata-Smith, sondern beschränkte sich mehr auf ihre mineralogische Beschaffenheit. Vom Neptunismus seines Lehrers wich er ab und lehrte auch das Auftreten der Vulkane in einer Reihe im Zusammenhang mit einer Spalte.

Del Río und die Lehrer des Instituts mußten bemüht sein, den Studenten gute Unterrichtsgrundlagen zu schaffen. Da die spanische bergmännische Literatur nicht geeignet war, blickte man nach Deutschland. 1802 war del Río beauftragt worden, eine deutsche Bergbaukunde ins Spanische zu übersetzen. Arbeiten Sonnenschmidts, darunter auch Übersetzungen, dienten bereits damals der Ausbildung der Studenten. Im Gespräch mit Humboldt legte del Río seine literarischen Pläne dar und gewann ihn als Mitarbeiter. Aus Alexanders Vorträgen wußte er, daß sich sein ehemaliger Studienfreund mit einer Pasigraphie beschäftigte, und bat ihn um ein Manuskript, das er in sein Werk aufnehmen wollte[449].

Alexander hatte sich dauernd mit der Ausführung seiner pasigraphischen Gedanken beschäftigt und schrieb aus dem Gedächtnis seinen *Essay de Pasigraphie*[450]. Darin verknüpfte er die brennendsten Probleme der Geognosie seiner Zeit – Untersuchung des Charakters der Formationen und ihre relative Altersbestimmung – im Anschluß an J. G. Lehmann, John Whitehurst und Johann Jakob Ferber mit seinen eigenen Vorstellungen der Identität der Schichten und des gesetzmäßigen Fallens und Streichens, die er seit 1793 verfolgte und am klarsten in seinem literarischen Testament von 1799 umrissen hatte (vgl.

Hanno Beck: *Alexander von Humboldt*, Bd. I, S. 131 f.). Humboldt verlangte entsprechend seiner empirischen Methode von der Geognosie die Untersuchung der reinen Tatsachen; die Geognosie solle nicht über die Natur der Erscheinungen spekulieren, sondern ihre Ursachen erforschen. Er meinte, nach der Lektüre geognostischer Werke könne man sich die Aufeinanderfolge der geschilderten Schichten nicht mehr vorstellen. Dagegen würden die Zeichnungen, welche ihm vorschwebten, nur einen Blick erfordern, um alles klar wiederzugeben: anstehendes Gestein, drunter befindliche Schichten, deren Dichte, Höhenangaben der Aufschlüsse, die Höhe der Gebirge und vieles andere. Die Geognosie würde viele Fortschritte erzielen, wenn sie eine Sammlung solcher Zeichnungen anstrebte. Die bisher vorliegenden farbigen geognostischen Karten in horizontaler Projektion genügten Humboldt nicht, da sie nur die Oberfläche darstellten und nichts über die »Konstruktion des Erdballes« verrieten. In der Geologie, meinte Humboldt, sei die vertikale Projektion am sinnreichsten.

Er hatte bereits den Wert der Profile ganzer Länder in der Art, »wie man ein Bergwerk darstellt«, erkannt. Da Farben verwirren würden, wollte er mit einfachen, klaren Zeichen auskommen, die sich leicht dem Gedächtnis einprägen. Drei Farben genügten ihm für Urgebirge, Sekundär- und Trappformation. Alle seine Zeichnungen gründeten sich auf Messungen. In den Profilen großer Länder wollte er die Höhe des Bodens, die Art der Gesteine, die Schneegrenzen, die Vegetation berücksichtigen und – »schließlich alles, was den Physio-Geographen interessiert, der, um richtig zu sehen, alles umfassen muß, weil in der Natur alles wechselseitig als Ursache und als Wirkung verknüpft ist«.[451]

*Humboldt wollte einen Überblick über große Gebiete, einen Einblick in die Zusammenhänge der Erscheinungen gewinnen und nicht an Einzelerscheinungen haften bleiben, wie es einige der größten Geographen seiner Zeit, z. B. Desmarest, Saussure und Zallinger zum Thurn, aber auch Alexander selbst, aus anderen Gründen angestrebt hatten. Ohne diese Leitidee sind Humboldts große amerikanische Reise 1799–1804 und sein gesamtes geographisches Werk nicht zu verstehen.* So konnte es

Alexander auch recht sein, wenn die räumlichen Einzelheiten durch einen entsprechenden Maßstab der Profildarstellung zugunsten des »Totaleindrucks« aufgeopfert wurden. Dabei ergab sich eine große Schwierigkeit. Das Profil eines großen Landes sollte dem Beschauer die räumliche Koexistenz der Erscheinungen einprägsam vermitteln, die sich dem Reisenden nur stufenweise zeigt. Diese Profile, die sich auf die Messungen der Höhen und der Entfernungen gründeten, vermochten aber infolge des dabei notwendigen Maßstabes z. B. nicht eine Gipsschicht von vier Toisen Mächtigkeit wiederzugeben, die den Geognosten noch interessieren mußte. Die praktische Erfahrung im Entwurf von Länderprofilen führte Humboldt deshalb zur grundlegenden Unterscheidung zweier verschiedener Darstellungsweisen in »Höhenkarten« und »Formationskarten«, deren Wesen er ausführlich charakterisierte. Die Höhenkarten sind die berühmten Humboldtschen Profile, die Formationskarten sollten die Gesteine durch pasigraphische Zeichen darstellen, ohne sich auf einen exakten Höhen- und Entfernungsmaßstab wie die ersteren zu gründen.

In dem Abschnitt »Seconde classe. Cartes des formations« ging Humboldt zu den pasigraphischen Möglichkeiten der Darstellung über. Die von ihm gewählten Zeichen sollten in ihrer Eigenart bereits an die dargestellten Gesteine erinnern. Zwischen den Zeichen für die Gesteine hatte er die gleiche Analogie hergestellt, wie sie in der Natur zwischen ihnen – z. B. zwischen Granit und Syenit – besteht. Er erörterte dann die Gesteine nach der damaligen Formationsfolge und zeigte ihre pasigraphische Kennzeichnung in erläuternden Zeichnungen[452]. Fossilien in einzelnen Schichten oder in Gneis und Granit eingelagerter Quarz und Feldspat erhielten keine besonderen Zeichen, da es ihm zunächst nur auf die vorherrschenden Gesteine ankam; »ich halte mich an 18 Charakterzüge, die mir für eine geologische Karte genügen, ebenso wie wir mit 24 Buchstaben alle unsere Gedanken ausdrücken«.[453]

Formationskarten können verschieden konstruiert werden: allgemein für weite Gebiete, speziell für Ausschnitte der Landschaft. Wenn sie als horizontale Projektionen der Geognosie weiterhelfen sollen, müssen sie durch Höhenangaben und eine

*Pyramide von Cholula*

besondere Zeichensprache vervollkommnet werden, um wenigstens die Anschauung des Aufrisses und des Streichens und Fallens der Schichten nicht völlig auszuschließen[454].

## 28. Humboldts Abschied von Mexiko

### *Messung klassischer Vulkane – Nochmals auf Kuba*

Der ursprüngliche Plan, von Acapulco über die Philippinen und Teile Asiens heimzukehren, war immer mehr zurückgetreten. Humboldt hielt es nach mehrjähriger Abwesenheit für nötig, den Anschluß an die naturwissenschaftliche Entwicklung in Europa herzustellen. Außerdem erschienen ihm die Instrumente abgenutzt[455]. Die lange Seereise nach den Philippinen, über Asien durch das Rote Meer nach Ägypten hätte einen langen, wissenschaftlich wenig ergebnisreichen Aufenthalt an Bord bedeutet und ließ viele Strapazen erwarten. Mit besseren Kenntnissen und Instrumenten hoffte Humboldt, einst eine zweite Expedition antreten zu können. Trotz der zuvorkommenden Behandlung durch die spanischen Behörden waren seine finanziellen Kräfte als Privatmann überbeansprucht worden. Schließlich lockte ein nochmaliger Besuch Kubas, wo er noch »sehr viele Pläne« verfolgen und seine dortgelassenen Sammlungen übernehmen wollte. Er drängte auf das Ende der Expedition und verschenkte oder verkaufte viele seiner Instrumente zu einem geringen Preis an das Colegio de Minería. Er stellte damals übrigens die Instrumente, die er abgeben wollte, in einer Liste zusammen und fügte die Piasterpreise bei, die er nachträglich meist noch herabsetzte[456]. Der vereinbarte Verkaufspreis wurde mit 1551 Piaster angegeben und als niedrig bezeichnet[457].

Humboldt war zur Heimkehr entschlossen. »Wir werden von nun an«, schrieben er und Bonpland dem Institut National de France, »nur unsere Beobachtungen, die wir unter den Wendekreisen ausgeführt haben, bearbeiten und veröffentlichen.«[458] Die Reisenden waren so voller Eindrücke, daß neue Landschaftsbilder sie abgestumpft hätten. Über allen Plänen schwebte die Sorge um die Sammlungen und Aufzeichnungen, deren Verlust nicht zu verschmerzen gewesen wäre. »Diesen Schatz« wollte Alexander »nicht dem Zufall der Posten, die unglaublich nachlässig sind, anvertrauen«.[459]

Wenige Tage nach seiner Ankunft in Mexiko-Stadt am 12. April 1803 hatte Humboldt aus einem Brief Willdenows erfahren, daß das Herbar, das er Fraser anvertraut hatte, in Berlin angekommen war[460]. Nun schickte er wieder zehn bis zwölf große Sendungen frischer Sämereien an die botanischen Gärten in Madrid und Paris und über Trinidad an Sir Joseph Banks in London. Ebenso entnahm er den »Annales de Historia natural«, daß Cavanilles »bereits einige neue Species aus diesen Samen beschrieben« hatte.[461]

Am 20. Januar 1804 verließen Humboldt, Bonpland und Montúfar Mexiko-Stadt. Die Sammlungen hatten sie bereits zum Hafen Veracruz vorausgeschickt. Auf dem Wege zur Küste bestimmte Humboldt erstmals, um nicht zuviel Zeit mit Besteigungen zu verlieren, trigonometrisch die Höhe der beiden Vulkane von Puebla, des Popocatépetel[462] und des Iztaccihuatl; er stellte am 24. Januar 1804 fest, daß der Popocatépetl den Pik von Orizaba, der bis dahin als höchster Gipfel Anahuacs gegolten hatte, wesentlich übertraf. Der Vulkan von Toluca und der Cofre de Perote wurden vermessen und bestiegen. Sie gingen zu den fruchtbaren Hochebenen von Puebla hinunter, wo sie vom 22. bis 25. Januar 1804 blieben. Sie wichen nun westlich vom Weg zur Küste ab und gelangten über Cholula bis San Nicholas de los Ranchos. Humboldt vermaß die große Pyramide von Cholula, welche die Tolteken aus ungebrannten Ziegelsteinen errichtet hatten, und genoß die Aussicht von ihrer Spitze auf die verschneiten Berggipfel und die lachenden Ebenen von Tlascala. Das Innere der Pyramide war durch eine neu gebaute Straße freigelegt worden. Humboldt untersuchte den Schutt und glaubte, daß die großen Tempelanlagen von Cholula und Teotihuacán vor den Tolteken errichtet wurden. Auf dem Wege von Mexiko-Stadt zur Küste erlebte er wieder den Wechsel der Vegetationszonen. Die beschwerliche Route führte durch Kiefern- und Eichenwälder nach Jalapa in ein angenehmes, mildes Klima.

*Pik von Orizaba*

Unterwegs sahen sie eilende Indianer, die Eis vom Gipfel des Piks von Orizaba nach Veracruz trugen, wo man Fruchteis daraus herstellte.

Das barometrische Nivellement des östlichen Abfalls des Hochlandes von Mexiko konnte Humboldt nun mit der früher vollendeten Meßreihe von Acapulco bis zur Hauptstadt verbinden und Profile konstruieren, die vom Pazifik bis zum Atlantik reichten, nach Humboldts Worten »die ersten, die man je von einem ganzen Lande bis dahin gegeben hatte«.[463] Vom 19. Februar bis zum 7. März 1804 warteten sie in Veracruz, dem Mittelpunkt des spanisch-westindischen Handels, auf die Abreise. Humboldt untersuchte inzwischen Küste und Hinterland und führte mehrere Messungen aus.[464] Am 7. März 1804 gingen sie an Bord der spanischen Fregatte »La O« und fuhren nach Havanna, wo sie sich vom 19. März bis zum 29. April 1804 aufhielten. Sie übernahmen die dort hinterlassenen Sammlungen wieder, und Humboldt ergänzte seine statistischen und geographischen Feststellungen, die er bereits während seines ersten

Verweilens auf der Insel zu sammeln begonnen hatte[465]. Zufrieden waren allerdings »alle« (d.h. Humboldt, Bonpland und Montúfar) »sehr wenig« mit diesem zweiten Aufenthalt in Havanna. »Dieser Ort«, schrieb Humboldt, »erschien uns im Jahre 1800 angenehm, als wir aus den Einöden des Orinoco kamen. Er erschien uns wenig interessant, als wir nun aus Mexiko anreisten, wo es vielleicht etwas weniger Gedankenfreiheit gibt (wenn man es wagen kann, jenseits des »unendlich Kleinen« Unterschiede anzugeben!), aber wenigstens große wissenschaftliche Einrichtungen. In Havanna drehen sich alle Gespräche um das große Problem, wie man an einem Tag mit der geringsten Zahl von Schwarzen die größte Menge Zuckerhüte produzieren kann und um die verschiedenen Verkaufspreise des Zuckers; [es gibt] kein technisches Interesse, keine physikalische Idee, keine Untersuchung der Ursachen ...«[466]

## 29. Humboldts Aufenthalt in den Vereinigten Staaten von Amerika. Heimkehr nach Europa

### *Dolley Madison: »All the ladies say they are in love with him«*

Auf Kuba hatte Humboldt den amerikanischen Konsul Vincent Gray[467] kennengelernt, einen Mann, der über seine Amtsstube hinausblickte und den Deutschen vermutlich für einen Abstecher von schließlich 42 Tagen nach den Vereinigten Staaten gewann. Die Heimreise auf einem neutralen amerikanischen Schiff war während der Napoleonischen Kriege sicherer. Zudem wußte der Diplomat, wenn dieser Reisende sein Land besuche, so werde er ihm einen Dienst erweisen. Denn der märchenhafte »Louisiana Purchase« (= der Kauf von Louisiana) hatte 1803 das Territorium der USA auf einen Schlag um die Hälfte vergrößert, ein beispielloser Akt in der modernen Geschichte. Was war geschehen? Napoleon hatte Louisiana 1803 für 27 267 622 Dollar an die USA verkauft. Der Europäer denkt dabei nur an das Gebiet des heutigen US-Bundesstaates Louisiana; damals deckte der Begriff allerdings den gesamten riesigen Mittelstreifen um den Mississippi-Missouri von New Orleans fast bis an die Großen Seen im Norden, etwa das Gebiet der heutigen Bundesstaaten Louisiana, Missouri, Arkansas, Iowa, South und North Dakota, Nebraska, Oklahoma, Teile von Kansas, Colorado, Wyoming, Montana und Minnesota. Diese 2 145 000 Quadratkilometer »verschenkte« Napoleon in dem Bewußtsein, daß sich dieses Gebiet auf die Dauer nicht für Frankreich erhalten lasse, und vielleicht mit dem Hintergedanken, dem englischen Hauptgegner damit eine kaum noch zu hemmende Konkurrenz zu schaffen. Infolgedessen grenzten die USA nun auch an Gebiete Neu-Spaniens, wie das damals noch weit größere Mexiko hieß. *Wer außer Humboldt konnte in diesem Augenblick überhaupt Auskunft über diese Nachbarschaft geben?*

Am 29. April 1804 gingen Humboldt, Bonpland und Montúfar von Havanna nach den Vereinigten Staaten unter Segel. »Die Überfahrt dauerte 20 Tage, sie war in der Bahamastraße bei Nordwinden gefahrvoll stürmisch.« Das sind Alexanders eigene Worte für einen kurzen Lebensbericht. In Wirklichkeit überstand er am 9. Mai 1804 den »schlimmsten Tag seines Lebens« neben dem 6. April 1800, als er beinahe im Orinoco ertrunken wäre[468]. Jetzt hatte er auch den Untergang seiner Sammlungen befürchten müssen. Am 20. Mai lief die »Concepción«, ein spanisches Frachtschiff, in die Delaware-Bucht ein. Drei Tage beanspruchte die gefährliche Durchfahrt an industriell bereits verunstalteten Waldküsten vorbei. Nach der Zoll- und Quarantäne-Befragung gelangten sie über New Castle nach Philadelphia (75 000 Einwohner), der damals größten Stadt des Landes, bis 1800 auch seine Metropole. Die Gründung William Penns besaß ein geplantes rechtwinkliges Straßennetz und war der wissenschaftliche Mittelpunkt des gesamten Landes. Von nun an traten Bonpland und Montúfar, obgleich sie überall dabei waren, wieder völlig hinter Humboldt zurück; sie wurden in zeitgenössischen amerikanischen Berichten kaum erwähnt.

In der »Library Company«, einer von Benjamin Franklin gegründeten, heute noch bestehenden Subskriptionsbibliothek, las Alexander im Inhaltsverzeichnis einer wissenschaftlichen Zeitschrift: »Ankunft von Herrn v. Humboldts Manuskripten bei seinem Bruder in Spanien.« Dabei war ein Journal mit astronomischen Beobachtungen und mit »allen Höhenmessungen mit dem Barometer, die ich aber aus Mangel an Geduld nicht detailliert kopiert hatte« – wieder einmal hatte er Glück gehabt.[469]

Am 24. Mai 1804 meldete sich Humboldt, der als halboffizieller Besucher gelten konnte, bei Präsident Thomas Jefferson an. Er fand wie stets gute Worte und diesmal um so bessere, weil sie sich mit seinen eigenen Überzeugungen deckten. Er berichtete knapp über seine Reise und meinte, trotz des glühenden Wunsches, Paris wiederzusehen, habe er aus moralischem Interesse nicht widerstehen können, die Vereinigten Staaten zu besuchen und den tröstlichen Anblick eines Volkes zu genießen, das die köstliche Gabe der Freiheit vollauf begreife. Er hoffe, daß Jefferson vielleicht seine Veröffentlichungen über den Galvanismus kenne, und bezog sich auf das Werk des Präsidenten *Notes on Virginia.* Mit gleicher Post übersandte er ein Paket, das ihm der amerikanische Konsul in Havanna übergeben hatte. In einer sofortigen Antwort vom 28. Mai 1804 hieß Jefferson den Reisenden herzlich willkommen. Die Länder, die er besucht habe, meinte der Präsident, seien wenig bekannt, aber von größtem Interesse. Er verriet seinen Wunsch, informiert zu werden; niemand verlange dies mehr als er, weil niemand stärker hoffe, daß die Neue Welt sich als eine bessere Grundlage für uns Menschen erweisen werde. Gleichsam entschuldigend fügte er hinzu, daß der neue Regierungssitz in Washington nichts aufweise, was einen Reisenden anziehen könne; um so willkommener sei Humboldts Besuch[470].

Geistiger Mittelpunkt in den USA wurde für Humboldt die »American Philosophical Society« in Philadelphia. Er plauderte gern mit ihren Mitgliedern, die über wissenschaftlich erarbeitete Kenntnisse verfügten: Dr. Caspar Wistar erzählte über Schutzimpfungen, Benjamin Smith Barton sprach mit ihm über Botanik und indianische Kultur. In Dr. Benjamin Rush lernte er einen Unterzeichner der Unabhängigkeitserklärung kennen und unterhielt sich mit ihm über die Heilwirkung der Chinarinde; Jefferson selbst hatte seinem Landsmann die Anregung dazu gegeben. Oft führte Alexander das Gespräch, erzählte Geschichten von seiner Reise und berichtete über statistische Daten. Er wirkte dabei lebhaft und energisch und streute auch »shocking anecdotes« über die europäischen Höfe ein. Charles Willson Peale war vielseitig begabt und kam Alexander besonders nahe. Er war Maler und mit Jefferson befreundet. Er zeigte Humboldt sein Museum, das neben Kuriositäten, z. B. einer fünfbeinigen Kuh und einem zweiköpfigen Kalb, auch ausgestopfte Vögel, Krokodile u. a. enthielt; daneben hatte er eigene Gemälde aufgestellt, die er zum Verkauf anbot. Der »physiognotrace«, ein Apparat, mit dem man die eigene Silhouette zeichnen konnte, war von Hawkins, seinem Erfinder, dem Museum geschenkt worden. Als Peale Humboldt über Baltimore nach Washington begleitete, hatte er eine Tasche voll Silhouetten Alexanders bei sich und verschenkte sie an Freunde während verschiedener Besuche[471].

Für eine Fahrt mit der Kutsche zu Präsident Thomas Jefferson vereinigte Peale am 29. Mai 1804 außer den drei Reisenden den Reverend Nichols Collin und den englischen Gelehrten Dr. Thomas Fothergill auf einem Weg, der heute noch besteht und mit vielen historischen Hinweisen ausgeschildert ist. Recht geradlinig, teilweise am Nordende der Chesepeakebai vorbeifahrend, erreichten sie die Hauptstadt Washington (3000 Bürger, 700 Sklaven), einen noch unfertigen Regierungssitz. 1799 war z. B. das Weiße Haus erst vom Präsidenten bezogen worden. Humboldt schrieb: »Nach dem Plane, welcher für die Stadt Washington entworfen worden ist, und nach der Pracht seines Kapitols zu urteilen, von dem ich nur einen Teil geendigt gesehen habe, wird Federal City dereinst ohne Zweifel schöner werden als Mexiko. Philadelphia ist ebenso regelmäßig gebaut, und die Alleen von *Platanus, Acacia* und *Populus heterophylla,* welche seine Straßen zieren, geben dieser Stadt eine beinahe ländliche Schönheit. Die Vegetation der Ufer des Potomac und Delaware ist viel reicher als die, welche man in einer Höhe von mehr als 2300 m auf dem Rücken der mexicanischen Cordilleren findet. Washington und Philadelphia werden indes immer nur europäischen Städten ähnlich sehen und den Reisenden nicht durch jenen eigentümlichen, ich möchte sagen, exotischen Charakter überraschen, welchen Mexiko, Santa Fé de Bogotá, Quito und alle Hauptstädte darstellen, welche in den Tropenländern auf den Höhen der Großen Bernhardstraße und noch höher gebaut sind.«[472]

Samuel Harrison Smith[473], Herausgeber des »National Intelligencer«, der führenden Washingtoner Zeitung, lud sie zum Tee ein, und Peale verschenkte zur Erinnerung Humboldts Silhouetten. Am Nachmittag des 4. Juni 1804 dinierten sie beim Präsidenten im Weißen Haus im Beisein von Finanzminister Albert Gallatin und Außenminister James Madison. Es wurde nur über Naturgeschichte, Verbesserungen der Lebensverhältnisse sowie Sitten und Gebräuche in verschiedenen Nationen gesprochen.

Jefferson sprach oft mit Humboldt, der bereitwillig jede gewünschte Information über Mexiko gab und sogar seine Karten und das erste statistische Manuskript, den Keim seines späteren grundlegenden Werkes über Neu-Spanien, auslieh. Er erfuhr von der Reise von Jeffersons Privatsekretär Captain Meriwether Lewis, der mit John Clark dabei war, erstmals vom Territorium der USA aus und durch das Gebiet des »Louisiana Purchase« hindurch den Pfad zum Pazifik zu finden. Zwei Jahre war er vom Präsidenten selbst vorbereitet worden. Die amerikanische Kultur, die Carl Ritter »das neue Abendland« nannte, hatte damit, den Expeditionen Zebulon Montgomery Pikes und den Männern, welche die neu erworbenen Gebiete durchzogen, folgend, eine eigene Geschichte der Reisen eröffnet wie jeder andere Kulturkreis auch.

Der Präsident war offen und gesprächsbereit, wenn Humboldt erschien. Einmal saß er von einem halben Dutzend Enkelkindern umgeben auf dem Fußboden und bemerkte den hereintretenden Alexander nicht, »dem das Präsidentenhaus jederzeit offen stand und dessen Besuchszeit nicht auf bestimmte Stunden beschränkt war«[474]. Im Kabinett Jeffersons gab es Land- und Seekarten, geographische Werke, auch Zimmer- und Gartengeräte. Sein Buch *Notes on the State of Virginia* (London 1783) hat Humboldt sehr wahrscheinlich schon vor seiner Reise gekannt; jedenfalls hat er es einige Male in seinen Tagebüchern zitiert. Jefferson war sehr zum Vorteil seines Landes nicht der letzte amerikanische Präsident mit bemerkenswerten geographischen Kenntnissen, und in Humboldt ist damals die Überzeugung entstanden, daß diesem freiheitlichen Staat Achtung gebühre, ja, daß er »ein cartesianischer, alles fortreißender Wirbel sei«, wie er allerdings erst später formulierte[475]. Er hat den späteren Imperialismus der USA dem mexikanischen Nachbarn gegenüber scharf verurteilt, ist aber nie von seiner Überzeugung abgewichen, die Macht dieses Staates werde die künftige Weltpolitik mitbestimmen.

Humboldt besuchte die Marinewerft, das noch notdürftig untergebrachte Repräsentantenhaus, sah von der Kuppel des Kapitols auf die Stadt und die umgebende Landschaft. In 35 Kilometern Entfernung fuhr er zum Landhaus George Washingtons am Potomac, wo er den südlichsten Punkt seiner Route erreichte.

Natürlich wurde er auch hier umschwärmt, und es ließen sich Seiten mit den Urteilen der begeisterten Frauen und Männer füllen. Dolley Madison, die Frau des Außenministers, schrieb am 5. Juni 1804 in einem Brief an ihre Schwester: »All the ladies say they are in love with him«[476]. Mrs. Margret Bayard Smith, die Gattin des erwähnten Journalisten, teilte ihrer Schwester mit: »The Baron Humboldt is ... a charming man ... I am sure I speak without exaggeration when I pronounce him one of the most learned men of the age«[477]. Selbst der doch nüchterne Jefferson vertraute seinem Privatsekretär William Armistead Burwell an, wie hoch er Humboldt einschätzte: »Mr. Jefferson appeared delighted with Humboldt & said he was the most scientific man of his age he had ever seen«[478]. Wie im Handumdrehen hatte Humboldt die noch kleine Hauptstadt eines großen Landes gewonnen, und auch hier sagte er, er wolle wiederkommen. Worte, die sicher ernst gemeint waren, aber wie für die Kanarischen Inseln und Mexiko nie in Erfüllung gingen.

Nach zwei Wochen (1.–13. Juni 1804) brach Humboldt mit seinen Begleitern über Baltimore, Gunpowder und York nach Lancaster (Pennsylvanien) auf. Unter den 6000 vorwiegend deutschen Einwohnern besuchten sie den Botaniker Gotthilf Henry Ernst Mühlenberg, Mitglied einer weit verzweigten und begabten Familie; er war ein namhafter Gelehrter und gab Humboldt 161 verschiedene Pflanzen, vorwiegend Flechten, nach Paris zum Vergleich und zur Bestimmung mit[479]. Heinrich

Melchior Mühlenberg hatte in Halle und – wie Humboldt – in Göttingen studiert; er war Patriarch der Lutherischen Kirche der USA[480].

Am 18. Juni 1804 waren sie wieder in Philadelphia. Die menschlichen Begegnungen hatten Humboldt völlig den Forschungen in der Landschaft entzogen. Aber die Menschen hatten das Land geformt, ohne sie ließ sich ein Land gar nicht verstehen, wie er wußte.

Drei Tage saß Humboldt für das Porträt, das Peale von ihm malte[481]. Zum Abschied gab dieser ein Essen in der Philosopher's Hall. James Madison verschaffte Humboldt am 23. Juni 1804 einen Paß, der ihn zufriedenstellen mußte und ihn in jeder Beziehung schützte[482].

Am 27. Juni 1804 schrieb Humboldt in Philadelphia seinen Abschiedsbrief an Jefferson. Seine Abreise, meinte er, erinnere ihn sehr deutlich daran, daß er die Absicht, die er mit diesem Besuch verknüpfte, voll erreicht habe. Er habe das Glück gehabt, »das Oberhaupt [= le premier magistrat] dieser großen Republik zu sehen«, das in der Einfachheit eines philosophischen Jahrhunderts lebe und ihn mit wohltuender Güte empfangen habe, die für immer verbinde. Während Europa ein unmoralisches und düsteres Schauspiel darbiete, gehe das Volk dieses Kontinents mit großen Schritten der Vervollkommnung seines sozialen Zustandes entgegen. Er hoffe, daß er eines Tages von neuem diesen tröstlichen Anblick genießen werde, er stimme mit dem Präsidenten in der Hoffnung überein, daß die Menschheit eine große Verbesserung von der neuen Ordnung der Dinge, die hier herrsche, erwarten könne[483].

Alexander schlug Madison fünf Trassen für den Bau eines Panamakanals vor, schrieb ausführlich dem Schatzmeister der Philosophical Society, John Vaughn, und fügte eine autobiographische Skizze mit einer Zusammenfassung seiner Reise bei (Briefstempel von New Castle in Delaware, dem letzten Anlaufhafen). Am 30. Juli 1804 segelte die Fregatte »Favorite« unter Kapitän Penrose in den Atlantik. Die Rückreise nach Europa hatte begonnen. Humboldt hatte Kolonialländer und eine freie Republik kennengelernt, an der ihn nur die Sklaverei störte – ein Land, das mächtig aufstreben konnte und ungeahnte Möglichkeiten der Entwicklung in sich trug. Humboldt und Bonpland hatten mehr als ihre Pflicht getan, aber auf welchem Boden würden sie nun leben, was bedeutete Frankreich, was »Deutschland« im Augenblick ihrer Heimkehr?

## 30. Die Bedeutung der amerikanischen Forschungsreise

*Das größte private Reisewerk der Geschichte – Der erste selbständige große deutsche Forschungsreisende*

Die amerikanische Forschungsreise war die Grundlage des weiteren Lebens Alexander v. Humboldts. Sie war ein deutsches und ein europäisches Ereignis. Ohne materielle Hilfe von staatlicher Seite des In- oder Auslandes verband Humboldt die Gunst des Schicksals, das ihm ein bedeutendes Vermögen gewährt hatte, mit Tüchtigkeit und Opferwillen. *Er war der erste selbständige, große deutsche Reisende.*

Die österreichischen Westindienreisenden, ebenso Carsten Niebuhr und James Bruce, Bougainville, Cook und Malaspina waren schon wissenschaftliche Reisende gewesen. Aus der Geschichte der Reisen ergibt sich jedoch, daß Humboldts Expedition den Wandel von der Entdeckungs- zur Forschungsreise am klarsten hervortreten ließ, so daß ein Franzose feststellen konnte, er habe die Kunst des Reisens entdeckt[484].

Die Amerikareise wirkte als großes Beispiel. Es genügte nun nicht mehr, nur zu berichten. Der Forschungsreisende mußte fortan Sprachen und Instrumente beherrschen, morphographische und geologische Profile, Karten und Ortsbestimmungen vorweisen, wollte er anerkannt sein. Entscheidend war, daß Humboldts Expedition wissenschaftlich-geographisch durchdacht war, daß sie nicht nur ein bestimmtes Gebiet berücksichtigte. *Es hatte bis dahin keinen Reisenden gegeben, der in so vollkommener Weise Geograph war wie Humboldt, und die heutige Wissenschaftsgeschichte betrachtet das Jahr 1799, den*

*Anfang seiner Unternehmung, allgemein als Beginn der klassischen deutschen Geographie, der von ihm und Carl Ritter geprägten Epoche der wissenschaftlichen Erdkunde.*

Etwas anderes war ebenso entscheidend: Humboldt hat den reisegeschichtlichen Dreiklang von spezieller und allgemeiner Vorbereitung, Ausführung und Auswertung seiner Expedition besonders harmonisch verwirklicht. Die Intensität seiner Vorbereitungen war damals unerreicht, und selbst staatliche Expeditionen haben nicht eine solche Fülle von Instrumenten eingesetzt wie Humboldt. Außerdem war der friedliche und humane Charakter seiner Reise eindeutig und kam dem reinen wissenschaftlichen Zweck, der Arbeit um der Erkenntnis willen, zugute. *Es gab damals keine vergleichbare Reise, die so wenig geheimen machtpolitischen Zielen oder Handelsinteressen gedient hätte wie die Humboldts.*

Die Ausführung der Reise ergab auch einzelwissenschaftlich vorzügliche Ergebnisse. Astronomische Ortsbestimmungen wurden durchgeführt, zahlreiche Tiere und Pflanzen wurden erstmals beschrieben, barometrische Nivellements entschleierten das Relief, die Lage des Casiquiare im Gradnetz wurde auf Grund astronomischer Messungen ermittelt[485]. Es zeigte sich, daß Lateinamerika Analogien mit der Alten Welt aufwies, einen eigenen Charakter hatte, aber z. B. ebenso fossilhaltige Schichten besaß wie Europa.

Wichtig war die Vorsorge, mit der Humboldt die Erfolge der Expedition sicherte. Er hatte in Bonpland einen leistungsfähigen Partner, für dessen Mitnahme er sich bewußt entschieden hatte, weil ein Reisender allein viel leichter scheitern konnte. Bonpland war stets bereit, ihm zu helfen, und ohne Alexanders Fürsorge wäre der Franzose, der das Tropenklima nicht gut vertrug, nie zu seinen botanischen Erfolgen gekommen. Cook hatte auf seiner zweiten Expedition (1772–1775) auch nicht mehr einem Schiff allein vertraut, und diese wohlüberlegte Maßnahme hat ihm wichtige Erfolge und die Heimkehr ermöglicht. Humboldt verfügte über ähnliche reisegeschichtliche Einsichten und bewies erneut Selbstbeherrschung und klares Denken, als er seine Expedition im günstigen Augenblick abbrach, um seine Forschungsergebnisse in Europa im Anschluß an die modernste wissenschaftliche Entwicklung auszuwerten. Die abschließende Stufe der Auswertung seiner Expedition hat Humboldt überzeugend verwirklicht: *Seine monumentale 34bändige »Voyage aux régions équinoxiales du Nouveau Continent...« (Paris 1805–1834) ist das größte private Reisewerk der Geschichte, und es gibt wenige staatlich geförderte Arbeiten, die es an Größe und Tiefe erreichen.*

In ihm eröffnete Humboldt die Pflanzengeographie und bot im zugehörigen »Naturgemälde der Tropenländer« (Text und Idealprofil vom 10.° nördlicher bis zum 10.° südlicher Breite!) die Zusammenfassung seiner »Hauptergebnisse« in Form eines auch ökologisch bemerkenswerten ersten Ansatzes; deshalb erschien dieses Werk auch zuerst – und (vielleicht leider) nicht ein allgemeiner Reisebericht. Sein Mexiko-Werk mit dem begleitenden physikalisch-geographischen Atlas begründete die moderne Landeskunde, die keineswegs eintönig ein (länderkundliches) Schema abhaspelte, sondern die Frage beantwortete, warum gerade dieses Land das entwickelteste Kolonialspaniens war. Seine *Relation historique* mit zwei Atlanten (darunter einem weiteren physikalisch-geographischen Atlaswerk) erwies seine physikalisch-geographische Vielseitigkeit für alle Geofaktoren und dazu für Geschichte und den Erdmagnetismus, der bis ins 20. Jahrhundert hinein noch zur Geographie gerechnet wurde. Wie selbstverständlich wurde auch der Mensch eingeschlossen, auch er war Teil der Physikalischen Geographie, der Leitwissenschaft Humboldts, die nun dank dieser Forschungsreise ihre klassische Höhe erreichte. Goethe nahm geistig und einmal sogar praktisch Anteil an diesem großartigen Reisewerk, in welchem Südamerika mit Recht eine der Voraussetzungen seiner politischen Unabhängigkeit und deren Rechtfertigung erblickte, indem es ihm Wert, Schönheit, Antisklaverei, Menschenwürde, Kritik, aber auch Anerkennung erbrachter Leistungen um der historischen Wahrheit willen manifestierte. Von keinem Werk der geographischen Weltliteratur sind mehr geographische *und* politische Impulse ausgegangen als von diesem[486].

Indem Humboldt den physikalisch-geographischen Charakter seiner Forschungsreise, seiner Wissenschaft und seines Denkens behauptete und bewahrte, wurde er der größte Geograph der Neuzeit und *der* maßgebende Forschungsreisende. Daß der Begriff der Physikalischen Geographie von ihm weiter gefaßt wurde als der gleichlautende heutige, ist selbstverständlich. Johann Reinhold Forster und Immanuel Kant haben als geistige Väter Humboldts Physikalische Geographie genauso weit verstanden wie viele andere Geographen des 18. Jahrhunderts und dieser selbst. Das Neue war das Streben nach Zusammenhängen in diesem Bereich: Nicht auf die Entdeckung neuer Pflanzen und Tierarten, nicht auf Fossilien u. a. kam es Humboldt an, sondern auf die Erkenntnis der Zusammenhänge der Erscheinungen seiner Physikalischen Geographie: Insofern ist sein erwähntes »Naturgemälde« der Gipfelpunkt seiner Leitwissenschaft gewesen.

Carl Ritter, sein großartiger Partner, der ebenfalls um den Begriff der Physikalischen Geographie gerungen hat, konnte daher im Jahr 1844 zum 45jährigen Jubiläum des Reiseantritts A. v. Humboldts u. a. feststellen, daß die »vergleichende Erdkunde« von Alexander ermöglicht wurde, als Südamerika deutlicher hervortrat und den Vergleich mit Europa herausforderte. Ritter meinte weiter:

»Wie erfreulich für jeden einzelnen Reisenden der Austritt aus dem Segelschiff vom schaukelnden Atlantischen Ocean auf den festen Boden der alten Welt in der Regel sein mag, so bedeutungsvoll für das begonnene Jahrhundert war es, als am 3. August 1804 Alexander von Humboldt an der Garonne nach fünfjähriger Abwesenheit die Westküste Europas wieder betrat. Der edelste Schatz für die nachfolgenden Geschlechter, größer als alle früher übergeschifften Schätze der neuen Welt, war zur Ausprägung für den neuen Verkehr der Ideen sicher an das Land gebracht! Es war die wissenschaftliche Wiederentdeckung der neuen Welt, die mit ihm für die europäische Culturwelt das Festland betrat, die drei Jahrhunderte nach seinem großen Vorgänger [Kolumbus], mit dem eine neue Weltgeschichte für die ganze Menschheit begann, nun auch außerhalb der Sphäre der bewegtesten Politik als eine neue Geschichte für die Wissenschaft der Natur und der Völker ihren friedlichen segensreichen Einfluß verbreitete.

Es war – und wer sich noch jener Zeit zu erinnern im Stande

ist, stimmt gewiß ein – es war, als wäre eine neue Sonne voll Licht und Wärme im Westen über der neuen Welt emporgestiegen, um auf die alte Welt wohlthätig zurückzustrahlen. Alles Schöne und Herrliche, was in beiden, auf und in ihnen, in Gottes Schöpfung prangte oder vor dem Menschen noch geheimnißvoll in dunklen Schachten verborgen lag, erhob sich in neuem Lichte, in entschleierter Klarheit.

Die Natur in beiden Erdhälften trat nun erst in ihrem Gegensatz, in ihrer Individualität, in ihrer harmonischen Gesetzmäßigkeit, in ihrer wahren Größe und Erhabenheit hervor...

Die Denkmale einer solchen Wirksamkeit haben sich längst vor den Augen der gebildeten Welt an allen Enden der Erde aufgebaut... Die richtige Karte Amerikas, nach tausenden astronomischer, geodätischer, hypsometrischer mühevoller Messungen bleibt wohl das großartigste, unvergängliche Denkmal für alle Zukunft. Die Cordilleren selbst haben dadurch erst ihre Classicität gewonnen...«

# Anmerkungen

## *Alexander v. Humboldts Vorbereitung einer Forschungsreise in die Tropen Amerikas*

1 A. v. Humboldt an Johann Karl Freiesleben, Berneck, 29. 1. 1795 u. Berchtesgaden, 4. 6. 1795; Die Jugendbriefe Alexander von Humboldts 1787–1799. Hrsg. u. erläut. v. ILSE JAHN u. FRITZ GUSTAV LANGE. Berlin 1973 (in Zukunft abgekürzt: Jugendbriefe), S. 392, S. 424.

2 A. v. Humboldt an Freiesleben, Trient, 28. 7. 1795; ebd., S. 453.

3 David Veit an Rahel Levin, Jena, 15. 6. 1795, s. BRUHNS I, S. 168.

4 A. v. Humboldt an Freiesleben, Bayreuth, 2. 4. 1794; Jugendbriefe, S. 335, dazu auch S. 255 (erste Erwähnung).

5 Da diese Bestimmung nur den Vater betraf, übernahm es G. Forster, der Sohn, einen Reisebericht zu publizieren.

6 HANNO BECK: Das Ziel der großen Reise Alexander von Humboldts, S. 46, Anm. 21.

7 Dänemark verkaufte St. Thomas, Santa Cruz und St. John erst 1917 an die USA.

8 Das ergibt sich aus einem Brief A. v. Humboldts an Friedrich Albert Carl Gren, Bayreuth, 24. 12. 1796; Jugendbriefe, S. 562; Humboldt hat ansonsten wenig Interesse gezeigt, Meßinstrumente selbst zu bauen, eine Tatsache, die den wenigen zu denken geben müßte, die ihn, schließlich doch nur mit der Elle der Gegenwart bewertet, als Geophysiker bezeichnen wollen; ein wissenschaftsgeschichtlich haltloses Verfahren.

9 A. v. Humboldt an Willdenow, Bayreuth, 20. 12. 1796; Jugendbriefe, S. 560; das »Pathchen« ist Carl Wilhelm Willdenow, geb. 1795; auch in diesem Brief erwähnt Humboldt sein neues Barometer.

10 Hierzu mündliche Auskünfte von Dr. R. Zimmermann, Hamburg, im November 1957 und von Prof. Dr. Otto Quelle, Berlin, im Dezember 1957.

11 A. v. Humboldt an Soemmerring, Hamburg, 28. 1./20. 2. 1791; Jugendbriefe, S. 123.

12 Eine spezielle Untersuchung über Humboldts Kenntnis der Reiseliteratur, vor allem die genauere Bestimmung, welche Werke er in den einzelnen Abschnitten seiner Entwicklung las, ist eine Aufgabe, welche die Humboldt-Forschung noch bewältigen muß.

13 J. G. v. Herders sämtliche Werke, 28. Bd. (Stuttgart u. Tübingen 1853) I, Kap. VII, S. 45 ff. – Hinweis hierauf v. DR. RICHARD

Bitterling, Berlin, v. 29. 7. 1958, der sich wohl als erster eingehender um die Beziehungen Humboldt-Herder bemühte.

14 Ebd. S. 45, aus der Überschrift von Kap. VII.

15 Ebd.

16 Dr. Richard Bitterling wies den Verf. besonders auf diese Stelle hin; s. Anm. 13.

17 Heute die Insel Mauritius im Indischen Ozean, in der Nähe der afrikanischen Küste; sie gehört zur Maskarenen-Gruppe.

18 Die Beziehung zu Göttling ergibt sich aus einer persönlichen Äußerung A. v. Humboldts zu H. W. Tod im Jahre 1857; s. H. Beck: Gespräche Alexander von Humboldts (Berlin 1959). Zu H. W. Tod: Berlin 1857; s. H. W. Tod: Berliner Erinnerungen aus den fünfziger Jahren, in: Deutsches Heim, nicht bibliographierter Ausschnitt. Sammlung Darmstaedter, kleiner Kasten 2.

19 Theodor v. Humboldt, geb. 19. 1. 1797 in Jena.

20 Der Briefwechsel zwischen Schiller und Goethe, hrsg. von Richard Müller-Freienfels. 2 Bde. Berlin 1924; hier: I, S. 368.

21 Aus einem Schreiben des Königlich Preußischen Kriegs- und Domänen-Kammer-Assessors u. Professors der Mathematik und Physik Dr. Yelin, Ansbach, 10. November 1798, in: Allg. Geograph. Ephemeriden 3. Bd. (1799), S. 206. Zach, der Herausgeber, verwies in einer Anmerkung auf Allg. Geograph. Ephemeriden 1. Bd., S. 357, wo »dieser Sextant nur als 12zollig angegeben« werde.

22 Herzog Ernst II. war ein Schüler des Göttinger Juristen Pütter u. Blumenbachs. Blumenbach war gebürtiger Gothaer, sein Vater war dort Prorektor und Professor am Gymnasium gewesen. Lichtenbergs Bruder lebte als Bibliothekar in Gotha und gab dort das »Magazin für das Neueste aus der Physik« (1786–1799) heraus, in dem auch Humboldt einen Beitrag veröffentlicht hatte. Damals herrschte in Gotha ein sehr reges geistiges Leben. So war ein »theatrum anatomicum« errichtet worden. Ernst II. war ein persönlicher Bekannter von Sir Joseph Banks und korrespondierte mit vielen englischen und ausländischen Wissenschaftlern. – August Beck: Ernst der zweite, Herzog zu Sachsen-Gotha und Altenburg als Pfleger und Beschützer der Wissenschaft und Kunst (Gotha 1854). – Auf Verbindungen zwischen Göttingen und Gotha hat auch schon Hans Plischke (Der Einfluß Johann Friedrich Blumenbachs ..., S. 31) hingewiesen. – Der Einfluß v. Hoffs u. v. Schlotheims auf die Geologie ging von Gotha aus, war damals aber noch nicht spürbar. – Vgl. auch H. Wagner: Gothas Bedeutung für die Pflege der Astronomie und Geographie, in: H. Anz: Gotha und sein Gymnasium (Gotha 1929), S. 146 ff.

23 So wurde z. B. auch die Göttinger Sternwarte nach dem Gothaer Vorbild gebaut; s. E. Anding: Die Sternwarte, in: Gotha. Das Buch einer deutschen Stadt (Gotha 1938) II, S. 125. – Hier wird aber vor

allem an menschliche Beziehungen zwischen Göttingen und Gotha gedacht (s. o.). – Franz v. Zach hatte wohl schon zu Lebzeiten des Herzogs Ernst II. ein Verhältnis zu dessen Frau. Als dieser 1804 starb, empfahl er in seinem Testament die Sternwarte auf das angelegentlichste. Seit dieser Zeit ließ v. Zach mehr und mehr von der Wissenschaft ab und begleitete die Herzoginwitwe als Oberhofmeister auf Reisen; darüber HEINRICH BERGHAUS: Wallfahrt durchs Leben (Leipzig 1862), Bd. VI, S. 82; das Buch ist anonym erschienen. Zachs Nachfolger, Bernhard v. Lindenau, dessen Schüler Encke und schließlich Hansen standen alle in Verbindung mit A. v. Humboldt. Die Sternwarte auf dem Seeberg verfiel im 19. Jahrhundert. Auf Wunsch von Hansen wurde sie in die Stadt verlegt. Das Observatorium auf dem Seeberg wurde abgebrochen und ein neues unter Benutzung der alten Steine errichtet.

24 Gilberts Ann. XXIII, S. 364.

25 A. v. HUMBOLDT: Versuche über die gereizte Muskel- und Nervenfaser II, S. 440.

26 Ebd.

27 Allg. Deutsche Biogr. 2. Bd., S. 132 f.

28 Nach Humboldts eigener mündlicher Mitteilung an H. W. Tod 1857; siehe Anm. 18.

29 WILHELM GREINER: Die Kultur Thüringens. Eine deutsche Stammesleistung (Gotha 1937), S. 72.

30 Ebd. – Fr. Gottlieb Dietrich wurde Direktor der Wilhelmsthaler Anlagen und des Karthausgartens in Eisenach und war ein berühmter botanischer Schriftsteller. Der Urgroßneffe Adam Dietrichs, David Nathanael Friedr. Dietrich, war Kustos an dem von Batsch in Gemeinschaft mit Goethe gegründeten botanischen Garten in Jena und publizierte sehr gute botanische Kupferwerke. Bekannt wurden auch Wilhelm August Salomo Dietrich und besonders seine Frau Amalie geb. Nelle, die 1863–1873 in Australien und auf Inseln des Pazifik arbeitete.

31 H. W. TOD; s. Anm. 18.

32 Als diese Sammlung nach seinem Tod 1854 nach Amerika verkauft wurde, umfaßte sie 15 000 verschiedene Tiere.

33 Die persönliche Bekanntschaft mit Pastor Brehm, der Familie Dietrich und dem Vogelfänger Thiem in Waltershausen wird von Humboldt selbst bezeugt, s. H. W. TOD, a. a. O. Den Vogelfänger und Händler Thiem dürfte er schon vor dem Jenaer Aufenthalt 1797 gekannt haben, während der Verf. die Bekanntschaft mit Brehm und der Familie Dietrich in diese Zeit einordnen möchte. Ein persönlicher Bekannter des Vogelfängers schrieb, Humboldt habe Thiem in den Kordilleren getroffen. Das ist jedoch unrichtig; vgl. Die Gartenlaube 1860, Nr. 19, S. 304 (Hinweis von FRITZ LANGE).

[34] Johann Karl Freiesleben: Aus dem frühern Leben Alexanders von Humboldt, S. 72.
[35] A. v. Humboldt an den Freiherrn v. Schuckmann, 14. 5. 1797; Jugendbriefe, S. 579.
[36] Die Göttinger Univ. Bibliothek besitzt ein weiteres Manuskript Loders, das Dr. Dr. H. v. Knorre, Altdöbern, N.-L., untersuchte und »als eine reine Kompilationsarbeit« bezeichnete: Kurze Geschichte der Eroberung von Sibirien durch die Russen bis zur Entdeckung von Kamczatka; Mitteilung von Dr. Dr. v. Knorre vom 19. Dez. 1957; vgl. Allg. Deutsche Biogr. 19 (1884), S. 76 ff.
[37] Vgl. Anm. 35.
[38] Vgl. Anm. 35, S. 578 f.
[39] A. v. Humboldt: Versuche über die gereizte Muskel- und Nervenfaser I, S. 487; II, S. 369 u. 272.
[40] Jugendbriefe, S. 574.
[41] 2 Bde. (London 1731), u. Jos. Gumilla: El Orinoco illustrado... 2 Bde. (Madrid 1745; franz. Übers.: Avignon u. Marseille 1745); vgl. A. v. Humboldt: Reise in die Aequinoctial-Gegenden des neuen Continents (Stuttgart 1862), Bd. VI, S. 106 u. Bd. IV, S. 122, 182.
[42] A. v. Humboldt: Versuche über die gereizte Muskel- und Nervenfaser II, S. 307, Anm. – William Dampier: Voyage aux terres australes, à la Nouvelle Hollande etc. fait en 1699. Avec le voyage de Lionel Wafer (Amsterdam 1705). – Die Univ. Bibliothek Göttingen besitzt noch die alten Verzeichnisse (Registraturen) der ausgeliehenen Bücher. Der Verfasser hat sie für die Zeit von A. v. Humboldts dortigem Studienaufenthalt durchgesehen. Der Name Alexanders kommt recht selten vor, weil damals Benutzersaal und Magazin identisch waren und Humboldt berechtigt war, die Bibliothek auch sonntags unbeaufsichtigt zu benutzen. Deshalb läßt sich aus diesen Verzeichnissen leider nicht entnehmen, welche Bücher er im einzelnen las. Verzeichnet sind u. a. ein Werk über Spinn-, Zwirn- und Strickmaschinen, ein Reisebericht Dolomieus und ästhetische Schriften; dabei ist oft nicht sicher, wer von beiden Brüdern der Benutzer war. Johs. Grundmann hat in seiner lehrreichen Dissertation, Die geographischen und völkerkundlichen Quellen und Anschauungen in Herders ›Ideen zur Geschichte der Menschheit‹ (Berlin 1900), nachgewiesen, daß Herder bei der Niederschrift seiner »Ideen« Reiseberichte in erstaunlicher Zahl verwertete. Herder hat seine Quellen besser bezeichnet als Humboldt, bei dem die präparative Arbeit keine literarische Darstellung finden konnte, sondern naturgemäß in dem Reisebericht aufgehen mußte. Der Zugang zu Reisedarstellungen wurde den Zeitgenossen durch Übersetzungen und Sammlungen erleichtert. Auch Humboldt hat sie benutzt. So gaben z. B. sein Hamburger Lehrer Ebeling, Johann Reinhold Forster und dessen

Schwiegersohn Matthias Christian Sprengel neben vielen anderen solche »Reisesammlungen« heraus. Humboldt kannte sie ebenso wie zahlreiche Originalberichte. Reiseliteratur hatte damals einen sehr großen Anteil an der vorhandenen Literatur überhaupt.

43 A. v. Humboldt an Schuckmann, Jena, 14. 5. 1797; siehe Anm. 35.

44 J. K. Freiesleben: Aus dem frühern Leben Alexanders von Humboldt, S. 72.

45 A. v. Humboldt: Versuche über die gereizte Muskel- und Nervenfaser I, Fußnoten S. 307 u. 429.

46 Ebd.

47 Briefwechsel des Großherzogs von Sachsen-Weimar-Eisenach mit Goethe, I, S. 208 f.

48 Heinrich Laube: Moderne Charaktere, I, S. 366.

49 Wilhelm Bode: Charlotte von Stein (Berlin 1927), S. 511.

50 Nach Alphons Nobel: Frau von Stein (München 1939), S. 83–85, u. Wilhelm Bode a. a. O.

51 Wilh. Bode: Charlotte von Stein, S. 511.

52 Ebd.

53 Ebd., S. 512.

54 Caroline an W. v. Humboldt, Jena, 5. 4. 1797; Wilhelm und Caroline von Humboldt in ihren Briefen II, S. 34.

55 Ebd.

56 Amalie v. Imhoff wurde von Goethe und Schiller protegiert. Goethe hat später das Gerücht, er wolle sie heiraten, dementiert. Nach A. v. Humboldt verkehrte Amalie mit W. v. Burgsdorff, v. Thielemann, Heinr. Meyer, dem Schweizer Arzt Zwingli und Fr. Gentz. Sie heiratete schließlich den schwedischen Major Karl v. Helvig, den sie nach kurzer unglücklicher Ehe verließ; s. Wilh. Bode a. a. O. S. 512 u. Alphons Nobel: Frau von Stein, S. 266.

57 Caroline an W. v. Humboldt, Jena, 28. 4. 1797; Wilhelm und Caroline von Humboldt in ihren Briefen II, S. 44.

58 A. v. Humboldt an Freiesleben, Weimar, 18. 4. 1797; Jugendbriefe, S. 574.

59 Ebd.

60 Caroline an W. v. Humboldt, Jena, 29. 5. 1797, u. Wilh. an Caroline v. Humboldt, Berlin, 23. 5. 1797; Wilhelm und Caroline von Humboldt in ihren Briefen II, S. 71 u. S. 70.

61 Caroline an W. v. Humboldt, Jena, 28. April 1797; ebd. S. 44.

62 Wilh. an Caroline v. Humboldt, Berlin, 9. 5. 1797; ebd. S. 55 f.

63 Ebd. S. 56.

64 Am Anm. 35 a. O., S. 578; diese Abkürzung bedeutet hier und in allen folgenden Fällen: Am Anmerkung 35 angeführten Ort.

65 A. v. Humboldt an Lichtenberg, Dresden, 16. 6. 1797; Jugendbriefe, S. 582.

[66] In Dresden besaß A. v. Humboldt schon seit der Freiberger Zeit im kursächs. Kriegssekretär Johann Leopold Neumann einen Freund, den er auch einige Male persönlich besucht hatte. Ob 1797 eine Begegnung zwischen ihm und Humboldt stattfand, ließ sich nicht feststellen. – A. v. Humboldt an Freiesleben, Weimar, 18. 4. 1797 (siehe Anm. 64; S. 575). Humboldt schreibt: »Ich komme im Junius nach Dresden und bleibe, teils um mich nicht von meinem Bruder zu trennen, teils da ich jetzt einen eigenen Hadleyschen Sextanten habe, Köhlers wegen gewiß 6 Wochen in Dresden.«

[67] Allg. Deutsche Biogr. 16 (1882), S. 444 (S. Günther).

[68] Julius Löwenberg in: Alexander von Humboldt. Eine wissenschaftliche Biographie. Im Verein mit R. Avé-Lallemant, J. C. Carus, A. Dove, H. W. Dove, J. W. Ewald, A. H. R. Grisebach, J. Löwenberg, O. Peschel, G. H. Wiedemann, W. Wundt bearbeitet und hrsg. von Karl Bruhns. 3 Bde. Leipzig 1872, I, S. 240 nach dem 5. Band der Tagebücher A. v. Humboldts; künftig zitiert als Bruhns.

[69] v. Rackwitz: zunächst Militärdienst, 1769 Abschied, 1790 Hofmarschall, Leitung von Hofkapelle und Hoftheater, unter seinen Publikationen: Briefe über Karlsbad und die Naturprodukte der Gegend (Dresden 1788); Schreiben an einen Freund über den Basalt (Dresden 1790).

[70] A. v. Humboldt: Alexander von Humboldt, in: Die Gegenwart, S. 752.

[71] J. K. Freiesleben: Aus dem frühern Leben Alexanders von Humboldt, S. 73.

[72] A. v. Humboldt: Ueber die unterirdischen Gasarten, S. IV f.

[73] Ad. Wolff: Th. Körner's gesammelte Werke IV, S. 206 u. 220.

[74] »Ein Hauptgeschäft, das in Dresden geordnet wurde, war die Theilung der Erbschaft, die der treue Kunth mit väterlicher Fürsorge leitete.« Das Gut Ringenwalde wurde nach dem Tode der Mutter von A. v. Humboldts Stiefbruder v. Holwede und seinem Bruder Wilhelm an den ersteren abgetreten, »welcher bald darauf für die Zwecke seiner großen Reise vergeblich sich bemühte, das Kapital zu erhalten. Das Gut Ringenwalde wechselte rasch seine Besitzer ... Zu den 45 000 Thalern auf Ringenwalde kamen für Alexander von Humboldt noch hinzu: hypothekarisch auf Tegel 8000 Thlr., ferner diverse Werthpapiere und baares Geld, sodaß seine Erbschaft sich in Summa auf 91 475 Thlr. 4 Gr. belief. Nach Abrechnung von 6100 Thlr. Passiven vermerkte er zu Dresden in sein Tagebuch: ›Mein baares, sicheres und zinsbares Vermögen beträgt am 16. Juni 1797 85 375 Thlr. 4 Gr., davon jährlich gewisse Zinsen 3476 Thlr.‹« Löwenberg in Bruhns I, S. 242 f.

[75] A. v. Humboldt an Karsten, Tarnowitz, 16. 12. 1792; Jugendbriefe, S. 226.

76 Caroline an Wilh. v. Humboldt, Dresden, 8. 6. 1797: leise Kritik, daß Haeftens soviel Platz in der Reisegesellschaft beanspruchten; Wilhelm und Caroline von Humboldt in ihren Briefen II, S. 72.

77 Zum Wiener Aufenthalt A. v. Humboldts s. H. BECK: Zur Lebensgeschichte Alexander von Humboldts, in: Sudhoffs Archiv 41 (1957), S. 59–68; für das Folgende auch H. BECK: Das Ziel der großen Reise Alexander von Humboldts, in: Erdkunde (1958) S. 42–50, hier bes. das 3. Kap.: »Alexander von Humboldts Wiener Aufenthalt 1797 und das Reiseziel Westindien« (S. 47–50).

78 A. v. Humboldt an Loder, Salzburg, 1. 4. 1798, Abschrift eines Originalbriefes aus d. Besitz d. Sächs. Landesbibliothek Dresden; Jugendbriefe, S. 616.

79 A. v. HUMBOLDT: Versuche über die gereizte Muskel- und Nervenfaser II, S. 157, Fußnote.

80 S. Anm. 78, S. 615.

81 A. v. Humboldt an Freiesleben, Wien, Ende August 1797; Jugendbriefe, S. 590.

82 E. M. KRONFELD: Der Schönbrunner botanische Garten im Jahre 1799, in: Archiv für die Gesch. der Naturwiss. u. der Technik (1912), S. 330–356; KRONFELD druckt ein sehr aufschlußreiches Verzeichnis aus dem Jahre 1799 ab, das Franz Boos verfaßte. Unter den 5000 angeführten Pflanzen befindet sich eine erstaunlich große Zahl von Gewächsen aus Caracas, Veracruz, Panama, von den Karibischen Inseln, den Antillen, Bahama-Inseln, Barbados, Curaçao, Sto. Domingo, Jamaica, Martinique, aus Peru, Nova Hispania (= Mexiko), Surinam, Westindien und Südamerika.

83 HUGO HASSINGER: Österreichs Anteil an der Erforschung der Erde (Wien o. J.) – HASSINGER hat in diesem inhaltreichen Buch den Zusammenhang dieser Reisen nicht unterstrichen und sich mit einer kurzen Aufzählung begnügt (S. 126). Die Expeditionen sind aber von so großem Einfluß gewesen, daß sie in einer neuen Auflage des Werkes entsprechend hervorgehoben werden sollten. – Bei der Schreibung der Namen folgte der Verf. stets E. M. KRONFELD als vorzüglichstem Kenner dieses Gebiets.

84 E. M. KRONFELD: Park und Garten von Schönbrunn (1922), S. 27 ff. – Der Verf. verdankt den Hinweis auf dieses Werk Herrn DR. PLOTT Leipzig (Sommer 1956, Marburg).

85 Vgl. auch H. BECK: Das Ziel der großen Reise Alexander von Humboldts, S. 48 f. – Hier wurden für die Zeit vor 1799 nur vier Reisen zusammengestellt, weil die Zusammenhänge zwischen J. van der Schot, Baudin und Wien noch zu undurchsichtig waren. Die österreichischen Expeditionen waren:

1. Nach Westindien: 1755–1759
   Leiter: Nicolaus Jacquin. Begleiter: der Gärtnergehilfe Richard

van der Schot und die beiden italienischen Vogelsteller Buonamici und Barculli. Westindien war vor allem von Sir Hans Sloane (1660–1753) und Patrick Browne (1720–1790) botanisch erforscht worden. An diese Untersuchungen knüpfte Jacquin an. Er reiste im Auftrag des Kaisers Franz I. Seine Reiseinstruktion arbeitete der Direktor des Hofnaturalienkabinetts, Freiherr v. Baillon, aus. Sie bestimmte u. a. die Sammlung von Pflanzen, Tieren, Konchylien, Korallen, Versteinerungen und Edelsteinen. Von lebenden Pflanzen sollten nur solche mit eßbarer Frucht oder wohlriechenden und schönen Blüten mitgebracht werden. – Vor seiner Abreise in Livorno konnte Jacquin noch mit La Condamine sprechen, der von 1735–1744 mit Bouguer, den beiden Godin, Ulloa u. a. in Südamerika geforscht hatte. Jacquin, der Freund und Korrespondent Linnés war, überführte Tropenbäume, deren Wurzeln in Erdballen eingeschlagen, mit Bananenblättern umhüllt und mit dem Bast von Hibiscus Tiliaceus verschnürt worden waren, nach Wien. Als sein wertvolles Herbarium von Ameisen zerstört wurde, schuf er sachlich schöne Pflanzenzeichnungen. Nicolaus Jacquin: Selectarum stirpium americanarum historia, Wien 1763, 2. Aufl. 1781 [enthält 264 handgemalte Tafeln]; Ders.: Icones plantarum rariorum, 3 Bde., Wien 1781–95; mit 648 kolorierten Tafeln, u. a.). In fast fünf Jahren wurden Martinique, St. Eustache, St. Martin, Guadeloupe, St. Christoph, Curaçao, Santo Domingo, Jamaica sowie Teile Venezuelas und Kolumbiens bereist. Von Cartagena im heutigen Kolumbien kehrte man nach Europa zurück.

2. Nach den Vereinigten Staaten, Florida und Westindien: 1783–1785
   Leiter: Prof. Franz Josef Märter. Begleiter: der Botaniker und Mediziner Dr. Matthias Leopold Stupicz und die beiden Hofgärtner Franz Boos und Franz Bredemeyer. Der Maler Adam v. Moll. Die großen Erfolge verdankt die Expedition vor allem Boos und in zweiter Linie Bredemeyer und Märter, während Stupicz und Moll kaum dazu beitrugen. Boos forschte 1783–1784 in Pennsylvanien, New Jersey, Charleston, St. Augustine (östl. Florida), auf den Bahama-Inseln, wo er allein ausharrte, als ihn Märter schon nach zwei Wochen verließ; von da ging er zurück nach Providence und Charleston, um im Mai 1785 auf kaiserliche Order heimzukehren. – Bredemeyer war schon im November 1784 mit einer Sammlung lebender Pflanzen wieder in Wien. Märter ging nach Boos' Abfahrt nach San Domingo. Zu ihm sandte Joseph II. den heimgekehrten Bredemeyer und den Gärtner Schücht, um den Ausfall Stupicz' und Molls wettzumachen.
3. Nach Westindien und Venezuela: 1785–1788

Teilnehmer: Prof. Franz Josef Märter und die beiden Gärtner Franz Bredemeyer und Josef Schücht. (Natürlich wäre es möglich, diese Expedition mit der vorhergehenden zu verbinden. Doch rechtfertigt Bredemeyers erneute und Schüchts erstmalige Teilnahme die Abgrenzung eines eigenen Reiseunternehmens; vgl. auch E. M. KRONFELD: Park und Garten von Schönbrunn, S. 32). Bredemeyer und Schücht landeten im März 1785 auf Martinique und trafen Märter in San Domingo. Bredemeyer arbeitete dann sechs Monate in Puerto Rico bis zum Februar 1786. Dann schickte Märter seine Begleiter Bredemeyer und Schücht nach Caracas, von wo sie bis zum Orinoco vordrangen und 1788 über Curaçao und Amsterdam nach Wien zurückkehrten. – Märter war indessen nach Jamaica gegangen und war ebenfalls 1788 wieder in Wien.

4. Nach dem Vorgebirge der Guten Hoffnung und den Inseln Isle de France (= Mauritius), Bourbon (= Réunion) und Madagaskar: 1785–1788
Teilnehmer: die beiden Hofgärtner Franz Boos und Georg Scholl, der erst 1799 nach Wien zurückkehren konnte.
5. Nach Indien: 1786–1789
Leiter: Thomas Nicolas Baudin. Baudin übernahm die Führung eines Schiffes, das auf Kosten des Erzherzogs Franz v. Österreich, des späteren Kaisers Franz II., nach Indien ausgerüstet worden war, um dort Pflanzen für Schönbrunn zu sammeln.
6. Nach Vorderindien, den Sunda-Inseln, an die südliche Küste Chinas: 1793–1795
Leiter: Thomas Nicolas Baudin. Die vom österreichischen Kaiser gecharterte Fregatte »La Jardinière« sammelte zahlreiche »curiosités«. Ein Sturm zwang Baudin, während der Rückreise vom Kurs abzuweichen und seine Schätze auf Trinidad niederzulegen. Als er im Juni 1796 wieder in Frankreich eintraf, schenkte er die Sammlungen dem französischen Direktorium, das sie annahm. Die französische Regierung rüstete daraufhin in Le Havre ein Schiff aus, auf dem er die Sammlung nach Frankreich brachte. Diese Reise dauerte 1796–1798. Baudin hatte vier Naturwissenschaftler an Bord, darunter den deutschen Gärtner Anselm Riedel. Baudin besuchte außer Trinidad, wo ihm die Engländer nur einen Aufenthalt von neun Tagen gestatteten, auch die dänisch-westindischen Inseln und Puerto Rico; vgl. ANDRÉ-PIERRE LEDRU: Voyage aux îles de Ténériffe, La Trinité, Saint-Thomas, Sainte-Croix et Porto-Rico, exécuté par ordre du gouvernement français, 2 Bde. (Paris 1810).

86 H. HASSINGER: Österreichs Anteil an der Erforschung der Erde, S. 126.

87 A. v. HUMBOLDT: Reise in die Aequinoctial-Gegenden des neuen

Continents, folgende Erwähnungen: Nic. Jacquin: I, S. 4; III, S. 17, 174–184. Bredemeyer: III, S. 118, 187, 214. Boos: II, S. 187. Aus diesen Stellen ergibt sich auch die Bedeutung des Gartens von Schönbrunn für Humboldts Reisevorbereitungen. – Persönliche Beziehungen Humboldts zu mehreren anderen Wiener Westindienreisenden dürfen vermutet werden.

88 Nach Constant v. Wurzbach (Lexikon f. d. Kaiserthum Österreich, 10. Th., S. 23 ff.) wäre es möglich, daß eine Westindienreise des Sohnes Jacquins 1789 infolge der Wirren der Französischen Revolution scheiterte, eine Tatsache, die für die Beurteilung des Wiener Aufenthaltes Humboldts nicht unwesentlich ist. E. M. Kronfeld erwähnt dies aber in seiner Arbeit über den jüngeren Jacquin nicht. Aus den von ihm mitgeteilten Tagebuchauszügen Jacquins, die z. B. auch interessante Erwähnungen Thaddäus Haenkes enthalten, ergibt sich kein Anhaltspunkt. Diese Frage sollte noch untersucht werden; vgl. E. M. Kronfeld: Jacquin des Jüngeren botanische Studienreise 1788–1790, in: Beih. z. Bot. Zentralblatt 1921, Abt. II, S. 132–176.

89 Wichtig für Humboldts Beziehungen in Wien erscheint auch, daß Franz Boos mit einer Elisabeth van der Schot verheiratet war, jedenfalls einer nahen Verwandten seines besten Wiener Freundes Josef van der Schot; vgl. E. M. Kronfeld: Park und Garten von Schönbrunn, S. 104.

90 E. M. Kronfeld: Briefe A. v. Humboldts an Josef van der Schot und Josef v. Jacquin (1797–98), Beil. z. Allg. Ztg. 1891, Nr. 209, S. 2–7, s. S. 2, Fußnote 3. Nicht richtig ist, daß der junge Böhtlingk in Wien Humboldt nach Westindien mitnehmen wollte, da Alexander doch erst seinen Bekannten aus der Hamburger Zeit zur Teilnahme an einer Reise aufgefordert hatte (a. a. O., S. 3).

91 A. v. Humboldt an Freiesleben, Wien, 14. u. 16. 10. 1797. Der zuletzt mitgeteilte Satz ist ein Zusatz am Rande; Jugendbriefe, S. 593.

92 E. M. Kronfeld: Park und Garten von Schönbrunn, S. 65.

93 1856 sandte der Bürgermeister von Wien A. v. Humboldt eine Medaille zur Erinnerung an die 32. Versammlung deutscher Naturforscher und Ärzte. Humboldt antwortete u. a.: »Ich habe es um so inniger bedauert, mich meinen Collegen in der Versammlung der Naturforscher und Ärzte in der österreichischen Reichshauptstadt wegen meines Uralters nicht haben anschließen können, als das, was ich zur Vorbereitung meiner Reiseunternehmungen einem langen Aufenthalte in den Gärten von Schönbrunn und der Hauptstadt – belehrt und angeregt von Jacquin dem Vater und dem großen Peter Frank – verdanke, an Ermuthigung und Ausbildung zu den frohesten Erinnerungen meines vielbewegten Lebens gehört.« Vgl. W. F. A. Zimmermann: Das Humboldt-Buch ... (Berlin 1859), II, S. 46 f. In seinem autobiographischen Abriß (Die Gegenwart, S. 752) nennt

Humboldt J. van der Schot noch vor Jacquin und Frank. – Vgl. auch H. BECK: Zur Lebensgeschichte Alexander von Humboldts, S. 67: Humboldt bemerkt, er habe sich »zur Vorbereitung für« seine »amerikanische Reise (von Peter Frank und dem alten Jacquin angezogen)« in Wien und Schönbrunn aufgehalten; vgl. ALBERT LEITZMANN: Georg und Therese Forster und die Brüder Humboldt, S. 204 f. – Noch in den 40er Jahren des 19. Jahrhunderts hat der von A. v. Humboldt geförderte Südamerikaforscher Joh. Jak. v. Tschudi die Anregungen Wiens in ähnlicher Weise erlebt und empfunden; s. P.-E. SCHAZMANN: Johann Jakob von Tschudi (Zürich 1956), S. 90.

94 Vgl. Anm. 85, Ende von 1.

95 Jos. KÜHNEL: Thaddäus Haenke. Leben und Leistung eines sudetendeutschen Naturforschers (Haida 1939). – Mit Recht bemerkt J. KÜHNEL über den Einfluß Jacquins: »Die Erzählungen Jacquins von seinen Reisen nach den westindischen Inseln und dem amerikanischen Festlande verstärkten die Sehnsucht [Haenkes] nach dem fremden Gesicht der heißen Zone« (S. 41). Dies gilt auch für A. v. Humboldt.

96 Der Verf. hat Humboldts Beziehungen zu Haenke untersucht und den Umfang des Wissens, das Humboldt von Haenke vor und nach seiner Reise besaß, bestimmt.

97 A. v. HUMBOLDT: Alexander von Humboldt, in: Die Gegenwart, S. 752; vgl. auch Humboldts »Mes confessions, ...« in ALBERT LEITZMANN: Georg und Therese Forster und die Brüder Humboldt, S. 204. J. van der Schot (1770–1819) ist eine der großen Rätselfiguren der Humboldtforschung. WURZBACH erwähnt ihn nur ganz flüchtig in seinem »Lexikon f. d. österr. Kaiserthum«, und zwar im Artikel über Heinr. Wilh. Schott (Bd. 31, S. 245). Auf meinen Wunsch hat E. Bernleithner das genaue Geburtsdatum (1770) ermittelt. Die ergiebigste Quelle über ihn sind A. v. Humboldts Mitteilungen, die hier herangezogen wurden. Ebenso rätselhaft ist Schots brasilianische Reise und seine Verbindung mit Baudin. Anfragen des Verfassers bei Wiener Gelehrten ergaben, daß es augenblicklich nicht möglich ist, hierzu abschließend Stellung zu nehmen.

98 Reise in die Aequinoctial-Gegenden des neuen Continents I, S. 6.

99 A. v. HUMBOLDT: Relation historique, I, S. 42 f.

100 Ist es denkbar, daß Humboldt den Beinamen »brasilianischer Reisender« als schmückendes Beiwort gebrauchte? Da die Frage immer noch nicht entschieden ist, sind weitere Nachforschungen erforderlich.

101 E. M. KRONFELD: Park und Garten von Schönbrunn, S. 100.

102 Vgl. das Verzeichnis der österreichischen Reisen in Anm. 85.

103 E. M. KRONFELD: Park und Garten von Schönbrunn, S. 101.

104 Das widerrechtliche Vorgehen Baudins ergibt sich aus der Biographie

Universelle... (Paris 1811), 3. Bd., S. 338; die späteren Auflagen übergehen den Vorgang in auffälliger Weise, bes. der 5. Bd. des »Dictionnaire de Biographie Française« (Paris 1951), S. 854 f. – Vgl. hiermit die Liste der österreichischen Expeditionen in Anm. 85.

105 J. K. Freiesleben: Aus dem frühern Leben Alexanders von Humboldt, S. 73.

106 A. v. Humboldt an Freiesleben, Wien, 14. u. 16. 10. 1797; Jugendbriefe, S. 591.

107 Goethe und W. v. Humboldt verfehlten sich damals in der Schweiz »nur um wenige Tage«; Goethe an W. v. Humboldt, (7. 2. 1798); Goethes Briefwechsel mit Wilhelm und Alexander v. Humboldt S. 45. Friedrich Tieck hatte sich vereinbarungsgemäß mit den Brüdern Humboldt in Wien getroffen und lebte anschließend mit Wilhelm und Caroline v. Humboldt in Paris; Eduard Hildebrandt: Friedrich Tieck. Leipzig 1906; Hinweis von Erich Biehan (Berlin), 25. 9. 1962. Tieck war Bruder des romantischen Dichters und Schüler von Johann Gottfried Schadow.

108 Siehe Anm. 106, S. 593.

109 A. v. Humboldt an Joseph van der Schot, Salzburg, 28. 10. 1797; Jugendbriefe, S. 595.

110 A. v. Humboldt an Loder, Salzburg, 1. 4. 1798; Jugendbriefe, S. 615.

111 Ebd. S. 616.

112 Siehe Anm. 109.

113 A. v. Humboldt an Joseph van der Schot, Salzburg, 31. 12. 1797, Jugendbriefe, S. 601, 603.

114 Gemeint ist der Hofgärtner Franz Boos.

115 Siehe Anm. 109.

116 A. v. Humboldt an Joseph Franz Edler v. Jacquin, Salzburg, 23. 4. 1798; Jugendbriefe, S. 631.

117 A. v. Humboldt: Versuche über die gereizte Muskel- und Nervenfaser II, S. 304.

118 In v. Zachs »Allg. Geogr. Ephemeriden« sind viele Beobachtungsergebnisse Humboldts von Januar–April 1798 aus Salzburg abgedruckt worden; s. Bd. II, 1798, S. 165–169.

119 Ernst Bernleithner: Die Entwicklung der österreichischen Länderkunde von ihren Anfängen bis zur Errichtung der ersten Lehrkanzel für Geographie in Wien (1851), in: Mittlgen. d. Geogr. Ges. Wien. Bd. 97 (1955), S. 111–127. In dieser verdienstvollen Untersuchung wies Bernleithner auf die Beziehungen A. v. Humboldts und L. v. Buchs zu Karl Ehrenbert Freih. v. Moll hin (S. 123).

120 A. v. Humboldt an v. Zach, Berchtesgaden, 17. 4. 1798; Jugendbriefe, S. 622.

121 Siehe Anmerkung 120. – Einzelnes und Weiterführendes über den Aufenthalt in Salzburg bei H. Beck: Station auf dem Weg nach

Amerika. Alexander von Humboldt in Salzburg (S. 13–21). In: Humboldt und Salzburg. Salzburg u. München 1982, dort die Zitate: S. 17 (Exkursionen), S. 18, S. 15 (Saussure).

122 Siehe Anm. 117, Bd. I, Fußnote S. 202 f.

123 Ebd. Bd. I, S. 4.

124 Ebd. S. 6.

125 Ebd. S. 453.

126 Ebd. S. 8.

127 Ebd. Fußnote S. 3.

128 Ebd. Bd. II, S. 3.

129 Fr. Mattick: Entwicklungsstufen im Denken Alexander von Humboldts vor seiner Amerikareise dargestellt an Hand seiner Reizphysiologie (Diss. München 1947), S. 116: »Zusammenfassung«.

130 »Als eine Hauptursache dieser erhöhten Erregbarkeit betrachtet er die Schwächung der Nervenkräfte, eine Vermuthung, welche die neuere Nervenphysiologie auf das merkwürdigste bestätigt hat.« Bruhns III, S. 308.

131 Humboldt hat diese Selbstversuche ausführlich geschildert in seinen »Versuchen...« I, S. 203 f. u. S. 323–328.

132 A. v. Humboldt: Versuche II, Fußnote S. 266.

133 Ebd. S. 430.

134 Ebd. S. 433.

135 Ebd. S. 434.

136 Ebd. S. 436.

137 Humboldt erwähnt Kant sehr oft. Fr. Mattick (am Anm. 129 a. O., S. 118) bemerkt richtig: »Humboldts Denken war an der Kantischen Philosophie orientiert, ohne der idealistischen Schule anzugehören.«

138 Der Ausdruck »kritischer Realismus« wurde in diesem Zusammenhang von Fr. Mattick (S. 119) gebraucht.

139 Fr. Mattick S. 110 f.

140 A. v. Humboldt: Kosmos (1845) I, S. VI.

141 Fr. Mattick a. a. O., S. 101.

142 Wilh. Wundt: Physiologie, in: Bruhns III, S. 305.

143 Fr. Mattick a. a. O., S. 117.

144 Bruhns III, S. 305 f.

145 H. Beck: Alexander von Humboldts »Essay de Pasigraphie« S. 34; Andrés Manuel del Río: Elementos de Orictognosía,... (México 1805), S. 160–173, A. v. Humboldt: Introducción a la Pasigrafía geológica. Hinweis v. Fritz Lange, Juli 1958.

146 A. v. Humboldt: Versuche I, S. 90.

147 Vgl. unten S. 286 ff.

148 Christian Gottfr. Körner an Schiller, Dresden, 17. 7. 1797 nach Bruhns I, S. 211 f.

149 Bruhns I, S. 212 f.

[150] Bruhns I, S. 213 f.

[151] Bruhns I, S. 220. Übrigens hat A. v. Humboldt noch zu seinen Lebzeiten Schillers Kritik erfahren. Er hat die betreffenden Passagen aus dem Briefwechsel zwischen Schiller und Körner in sein Notizbuch eingetragen. Die betreffende Seite wurde im Faksimile-Druck wiedergegeben von Ernst Frensdorff: Zum 50jährigen Todestage Alexander von Humboldts, in: Alt-Berlin. Mitt. d. Ver. f. die Gesch. Berlins, 26 (1909), S. 112 f. – Humboldt hat Schillers Meinung nicht kommentiert, sondern nur einige Ausrufungszeichen gesetzt.

[152] A. v. Humboldt: Ansichten der Natur, 3. Aufl. (1849), I, »Vorrede zur zweiten und dritten Ausgabe«, S. XIII: »Schiller in jugendlicher Erinnerung an seine medicinischen Studien, unterhielt sich während meines langen Aufenthalts in Jena gern mit mir über physiologische Gegenstände. Meine Arbeit über die Stimmung der gereizten Muskel- und Nervenfaser durch Berührung mit chemisch verschiedenen Stoffen gab oft unsern Gesprächen eine ernstere Richtung. Es entstand in jener Zeit der kleine Aufsatz von der Lebenskraft. Die Vorliebe, welche Schiller für den ›rhodischen Genius‹ hatte, den er in seiner Zeitschrift der Horen aufnahm, gab mir den Muth ihn wieder abdrucken zu lassen.« – Damals wußte Humboldt noch nichts von Schillers Kritik.

[153] A. v. Humboldt: Versuche II, S. 3 u. 4.

[154] Ebd. S. 4 u. 5.

[155] Fr. Mattick, S. 36.

[156] Fr. Mattick, S. 36; Jadelot änderte die Disposition in einigen Fällen angeblich im Einvernehmen mit A. v. Humboldt.

[157] A. v. Humboldt: Versuche I, S. 9.

[158] Die Priorität dürfte aber L. L. Finke gebühren; vgl. Paul Fraatz-Münster: Der westfälische Arzt Ludw. Leonh. Finke (1747–1837) als Begründer einer medizinisch-praktischen Geographie, in: Sudhoffs Archiv 34, S. 97–104. Finke gab 1792–95 in 3 Bänden den »Versuch einer allgemeinen medicinisch-praktischen Geographie ...« (Leipzig) heraus.

[159] A. v. Humboldt: Versuch II, S. 294.

[160] Ebd. S. 293.

[161] Ebd. S. 249.

[162] Ebd. S. 387.

[163] Ebd. S. 387.

[164] A. v. Humboldt an Freiesleben, Salzburg, 22. 4. 1798; Humboldt schrieb: »Lord Bristol, ein alter Engländer mit 300 000 T[alern] Einkünften, derselbe, der mit Fortis in Griechenland war, halb toll, halb Genie, bietet mir an, mit ihm von Neapel aus nach Ägypten zu gehen.« Sammlung Dr. Freiesleben, Hamburg; vgl. Bruhns I, Fußnote S. 251. Jugendbriefe, S. 629.

[165] Der Ausdruck »Zwischenzeit« kommt häufig in A. v. Humboldts Briefen aus dieser Zeit vor, z. B. in seinem in Anm. 164 erwähnten Schreiben an Freiesleben.

[166] A. v. Humboldt an Hofrat Eichstädt, Herausgeber der Jenaischen »Allg. Literaturzeitung«, Salzburg, 19. 4. 1798. Jugendbriefe, S. 625.

[167] Ebd. S. 625 f.

[168] Am Anm. 164 a. O.

[169] Ebd.

[170] A. v. Humboldt an Johann Reinh. Forster, Salzburg, 21. 4. 1798; Jugendbriefe, S. 627.

[171] A. v. Humboldt an Josef v. Jacquin, Salzburg, 23. 4. 1798; Jugendbriefe, S. 631.

[172] A. v. Humboldt an Loder, Salzburg, 1. 4. 1798; Jugendbriefe, S. 616.

[173] Der Friedenskongreß zu Rastatt wurde im April 1799 abgeschlossen. Es wurde schon darauf hingewiesen, daß Löwenbergs Annahme, Humboldt habe den Kongreß 1795 anschließend an eine Schweizer Reise besucht, nicht stimmen kann, s. Bruhns I, S. 170; vgl. Anm. 174.

[174] Karl Heinrich Ritter v. Lang: Memoiren (neue Ausg.) Bd. I (München 1881), S. 261.

[175] A. v. Humboldt: Alexander von Humboldt, in: Die Gegenwart, S. 753.

[176] Ebd.

[177] A. v. Humboldt an Freiesleben, Salzburg, 22. 4. 1798; Jugendbriefe, S. 629.

[178] W. v. Humboldt an Goethe, Paris, Anfang April 1798; Goethes Briefwechsel mit Wilhelm und Alexander v. Humboldt, hrsg. v. Ludwig Geiger, S. 49 ff.

[179] Ebd. S. 54.

[180] Ebd. S. 57.

[181] Ebd. S. 51.

[182] Wahrscheinlich merkte v. Zach als Herausgeber zu einem Schreiben Lalandes an, Deutschen fehle »Urbanität«, ohne seinen Namen zu nennen; Allg. Geogr. Ephemeriden 3. Bd. (1799), S. 432.

[183] Zum folgenden Richard Bitterling: Alexander von Humboldts Amerikareise in zeitgenössischer Darstellung, in: Petermanns Geogr. Mitt. (1954), S. 161–164.

[184] A. v. Humboldt: Sur l'absorption de l'oxygène par les terres simples. (Acad. des Sciences III, 53; Prairial, an IX).

[185] Nach R. Bitterling a. a. O., S. 162; siehe Fourcroy an van Mons, April 1797; siehe Oeuvres d'Alexandre de Humboldt, Correspondance inédite I, S. 34–36. Bruhns, II, S. 36.

[186] Allg. Geogr. Ephemeriden 1799, S. 297.

[187] Allg. Deutsche Biogr. 3 (1876), S. 571 f. (K. Bruhns).

[188] Wilhelm von Humboldts gesammelte Schriften, Bd. 14, Tagebücher, I, S. 551.

[189] Ebd. S. 610 f.

[190] A. v. Humboldt an Willdenow, Aranjuez, 20. 4. 1799; Jugendbriefe, S. 661.

[191] Ebd.

[192] Ebd.

[193] A. v. HUMBOLDT: Alexander von Humboldt, in: Die Gegenwart, S. 753.

[194] Zum folgenden R. BOUVIER u. E. MAYNIAL: Der Botaniker von Malmaison. Aimé Bonpland. Ein Freund Alexander von Humboldts (Neuwied 1949), S. 18–43.

[195] Ebd. S. 56.

[196] Ebd. S. 72.

[197] BRUHNS I, S. 263.

[198] A. v. Humboldt in seinem Tagebuch, nach J. LÖWENBERG in BRUHNS I, S. 264.

[199] Ebd.

[200] Aus einem Schreiben des Ober-Bergraths A. v. Humboldt. Madrid, 23 Floréal, Jahr VII. In: Allg. Geogr. Ephemeriden 4 (1799,) S. 147.

[201] Humboldt beauftragte am 15. 12. 1798 den Kaufmann Ellenberg, an den ihm Fould (Paris) angeblich 40 000 Fr. angewiesen hatte, ihm an der Börse zu Marseille Wechsel für Spanien zu kaufen. Am Nachmittag des gleichen Tages eröffnete ihm Ellenberg, er habe seit zehn Tagen Anweisung von Fould, ihm keinen Heller auszuzahlen, er habe dies bisher nur aus Höflichkeit verschwiegen. Ohne finanzielle Sicherheit zog Humboldt anschließend nach Spanien. BRUHNS I, S. 265.

[202] A. v. HUMBOLDT: Alexander von Humboldt in: Die Gegenwart, S. 753.

[203] KARL FÖRSTER: Die Iberische Halbinsel als Arbeitsgebiet Alexanders von Humboldt (Diss. Leipzig 1922). Förster hat zuerst die Bedeutung der Anreise erkannt und sich um ihre Untersuchung sehr verdient gemacht.

[204] Humboldts Beobachtungen über die Höhenunterschiede der Gegend um Madrid wurden zuerst von CAVANILLES bekannt gemacht (Ann. de Historia natural. T. I, 1, S. 86) und mit ziemlich ungenauen Messungen Wilh. Thalackers ergänzt. – Das Profil wurde in Labordes Werk wiederholt und von Humboldt selbst mit klimatischen Erläuterungen versehen; sein Itinéraire descriptif de l'Espagne 1808, T. I, p. CXIV. – A. v. Humboldt selbst hielt seine Beobachtungen in Spanien nach 1805 jahrelang für verloren. Als er sie wiederfand, veröffentlichte er seinen berühmten Aufsatz »Ueber die Gestalt und das Klima des Hochlandes in der Iberischen Halbinsel«;

vollst. abgedruckt allein im Briefwechsel Alexander von Humboldt's mit Heinrich Berghaus aus den Jahren 1825–1858 (Leipzig 1863), S. 18–48, unvollst., d. h. ohne die »Höhenbestimmungen im Königreich Portugal« von Ciera und W. L. v. Eschwege, abgedruckt (Erstveröffentlichung) in Hertha 1825, S. 5–23; vgl. dazu H. Beck: Wilhelm Ludwig von Eschwege und Alexander von Humboldt; in: A. v. Humboldt-Gedenk-Schrift der Deutschen Akademie d. Wiss. zu Berlin (1959), S. 48.

205 Vgl. oben S. 20 f.

206 Vgl. oben S. 64 ff.

207 Allg. Geogr. Ephemeriden 1799, S. 152–156.

208 Siehe Anm. 203.

209 Theobald Fischer erforschte die schon von Heinrich Barth erkannte geographische Einheit des »Mittelmeergebiets«; vgl. Karl Förster, S. 28; Alfred Rühl reiste 1907–1908 im nördlichen Spanien, vgl.: Geomorphologische Studien aus Catalonien (1909) und Förster, S. 8.

210 Vgl. Anm. 214.

211 Johann Franz Encke: Alexander von Humboldts astronomische Ortsbestimmungen, in: Monatsberichte der Akademie d. Wiss. (Berlin, Oktober 1859).

212 Karl Förster nannte das 2. Kapitel des 1. Teiles seiner Diss. »Der barometrische Meßzug«.

213 Jean André de Luc: Recherches sur les modifications de l'Atmosphère (Genève 1772) II, S. 99–137. Die Geschichte der barometrischen Messungen und die Verdienste von de Luc werden ausführlich behandelt von Oscar Peschel: Geschichte der Erdkunde (München 1865), S. 602–609.

214 A. v. Humboldt: Recueil d'observations astronomiques d'opérations trigonométriques et de mesures barométriques, rédigées et calculées d'après les tables les plus exactes par Jabbo Oltmanns, 2 Bde. (Paris 1808 u. 1809), vgl. Bd. I, Buch I, Observations faites en Espagne et aux îles Canaries, S. 1–34.

215 Humboldt hatte Vorgänger, die ihm nur z. T. bekannt waren; sie hatten aber seine Exaktheit in der Konstruktion von Profilen nicht erreicht: Buache 1750 (Ärmelkanal), Pasumot 1783 (Gebirgsprofile; er berücksichtigte aber nur die Gipfelhöhen der Anden, der Pyrenäen und Alpen). Humboldt wußte, daß Lasius 1789 den Harz profiliert hatte, vgl. hierzu H. Beck: Alexander von Humboldts »Essay de Pasigraphie« S. 36, Anm. 26, 29, 31. 1791 hatte Dupain-Triel ein Profil Frankreichs entworfen. Diese älteren Arbeiten beruhten oft auf reinen Vermutungen und nicht auf Messungen; hierzu erhellend die Arbeit von Günter Ramakers über Soulavie in der folgenden Anm. 360.

[216] Wilhelm Ludwig v. Eschwege: Petrografische und orografische Karte nebst einem Durchschnitts- und Höhen Profil über der Meeresfläche beobachtet an der Straße von Rio Janeiro bis Villa Rica. 1811; Erstabdruck bei H. Beck: Wilhelm Ludwig von Eschwege und der Bergbau Portugals und Brasiliens, in: Der Anschnitt, 7. Jg. (1955), S. 10. Die Karte v. Eschweges verbindet Routenaufnahme und Profildarstellung miteinander. – Vgl. auch Moritz v. Engelhardt und Friedrich Parrot: Reise in die Krym und den Kaukasus (Berlin 1815) Bd. II, S. 87 u. Atlas-Tafel 5. – Karl v. Oeynhausen: Profil vom Bodensee bis Paris. Von Dechen gezeichnet 1824, in: Hertha 1825, Bd. I; vgl. dazu Briefwechsel Alexander von Humboldt's mit Heinrich Berghaus (Leipzig 1863), I, S. 3.

[217] Siehe Anm. 204.

[218] Karl Förster: Die Iberische Halbinsel als Arbeitsgebiet Alexanders von Humboldt, S. 49.

[219] Albrecht Penck: Die Physiographie als Physiogeographie, in: Geogr. Zeitschr. (1905), S. 256.

[220] Orometrie (= Morphometrie) ist Gebirgsmessung mit dem Ziel, Plastik und Gestalt der Landschaft zu erkennen.

[221] Albrecht Penck nannte die auffällige Erscheinung der gleichen Höhe der Gipfel in Gebirgen »Gipfelflur«; vgl. Morphologie der Erdoberfläche (Stuttgart 1894), II, S. 161 ff. – Hebende Kräfte zog Penck zur Erklärung des Phänomens erstmals 1905 heran (vgl. Anm. 219).

[222] Siehe Anm. 204.

[223] Manuskript über »Salzgebirge«; A. v. Humboldt bemerkte auf dem Umschlag: »geschrieben in Spanien Mai 1799«; Sammlung Darmstaedter, Staatsbibliothek Preußischer Kulturbesitz, Berlin (künftig SBPK), großer Kasten 11.

[224] Es sind dies neben den bereits im Text erwähnten Feststellungen über die völlig andersartigen klimatischen Verhältnisse der Vorzeit, den Beobachtungen über das Chamonix-Tal, vor allem seine Untersuchungen über das Saaletal, die sich aus A. v. Humboldts Schreiben vom 6. 7. 1792 an Freiesleben ergeben; Jugendbriefe, S. 202.

[225] A. v. Humboldt: Voyages aux régions équinoxiales du Nouveau Continent (Paris 1814), I, S. 51.

[226] H. Beck: Das literarische Testament Alexander von Humboldts, S. 70.

[227] Die strenge Unterscheidung von Beschreibung und Erklärung wurde schon von Buffon betont, der eine wichtige Persönlichkeit in Humboldts Leben gewesen ist. Der gleiche Gedanke fand sich später in der geographischen Methodologie Alfred Hettners und seiner Schule wieder, siehe etwa: Die Oberflächenformen des Festlandes (Leipzig u. Berlin 1928), S. 13.

[228] Siehe Bruhns I, Fußnote S. 269.

[229] A. v. Humboldt an David Friedländer, Madrid, 11.4. 1799; Jugendbriefe, S. 657.

[230] Ed. Lentz: Alexander von Humboldt's Aufbruch zur Reise nach Süd-Amerika, in: Wissenschaftl. Beitr. zum Gedächtnis des Antritts von Alexander von Humboldt's Reise (Berlin 1899), S. 35 f.

[231] Albert Leitzmann: Eine Jugendfreundschaft Alexander von Humboldts, S. 118.

[232] Das ergibt sich zweifelsfrei aus Briefen dieser Zeit, die Humboldt mit dem sächs. Gesandten in Madrid, Baron v. Forell, wechselte; siehe Ed. Lentz, S. 37–52. Die These J. Löwenbergs (Bruhns I, S. 272, Anm. 3), der preuß. Gesandte Graf Rhode habe nichts für A. v. Humboldt in Madrid getan, hat Lentz widerlegt. Rhode war damals gar nicht in Madrid gewesen, wie oben dargelegt wurde. Es geht nicht an, dem sächsischen Gesandten Baron v. Forell das alleinige Verdienst einer erfolgreichen Vermittlung im Hinblick auf die Reise Humboldts zuzuweisen (Ed. Lentz, S. 10).

[233] Ed. Lentz, S. 11.

[234] Wilhelm von Humboldts gesammelte Schriften Bd. 14, Tagebücher, II, S. 209.

[235] Ebd.

[236] Lentz a. a. O., S. 12.

[237] Vgl. hiermit Bruhns I, S. 241.

[238] Humboldt selbst hat sich darüber nicht geäußert. Es ist nicht das einzige Rätsel, das er der Quellenforschung aufgibt. Die Bekanntschaft mit Urquijo erscheint dem Verf. einwandfrei belegt, weil W. v. Humboldt von ihr wußte. Dieser besuchte anschließend an den Aufenthalt des jüngeren Bruders mit Frau und Kindern Spanien und führte dessen Tagebuch bei sich. W. v. Humboldt schrieb an seinen Schwiegervater, den Kammerpräsidenten Carl Fr. v. Dacheröden, Madrid, 15.11. 1799: »Der jetzige Staatsminister Urquijo ist, wie Ihnen vielleicht bekannt ist, ehemals Gesandtschaftssekretär in England gewesen und hat dort meinen Bruder gekannt, was diesem letzterm die Erlaubniß nach Amerika zu reisen erleichtert hat. Er hat auch mich mit vieler Artigkeit behandelt und mich gleich zum Essen gebeten, was sonst hier nicht gewöhnlich ist.« In: Gabriele von Bülow, Tochter Wilhelm von Humboldts, hrsg. v. Anna v. Sydow (Berlin 1909), S. 15. – Alexander stritt gewiß seine erste Bekanntschaft mit Urquijo nicht ab, wenn er schrieb, dieser habe »desto großmüthiger« gehandelt, da er in gar keiner persönlichen Beziehung zu ihm gestanden habe; Reise in die Aequinoctial-Gegenden I, S. 11.

[229] Wilhelm von Humboldts gesammelte Schriften Bd. 14, Tagebücher, II, S. 210 f.

[240] Ed. Lentz, a. a. O., S. 7 f.

[241] W. v. Humboldt an Carl Fr. v. Dacheröden, Madrid, 15. 11. 1799, in: Gabriele von Bülow, S. 13.
[242] A. v. HUMBOLDT: Reise in die Aequinoctial-Gegenden I, S. 11.
[243] Ebd.
[244] ED. LENTZ, S. 33–36 u. nach S. 54 in Abschrift bzw. Faksimiledruck, identifiziert eine autobiographische, recht wertvolle Darstellung Humboldts mit dem Entwurf dieser Denkschrift. Das muß nicht unbedingt stimmen.
[245] ED. LENTZ, S. 36.
[246] Ebd. S. 16.
[247] Ebd. und Faksimile II.
[248] Ebd. S. 17.
[249] BRUHNS I, S. 456.
[250] ED. LENTZ a.a.O., S. 19.
[251] Ebd. S. 20.
[252] A. v. HUMBOLDT: Reise in die Aequinoctial-Gegenden I, S. 12.
[253] HERM. A. SCHUMACHER: Südamerikanische Studien. Drei Lebens- und Cultur-Bilder. Mútis. Cáldas. Codazzi. 1760–1860 (Berlin 1844), S. 459.
[254] A. v. HUMBOLDT: Reise in die Aequinoctial-Gegenden I, S. 13.
[255] Zitiert nach HERM. A. SCHUMACHER: Südamerikanische Studien, S. 459.
[256] A. v. HUMBOLDT: Reise in die Aequinoctial-Gegenden I, S. 13.
[257] A. v. HUMBOLDT: Essai politique sur le royaume de la Nouvelle-Espagne, Bd. I (Paris 1811), S. 120; deutsche Übers.
[258] Die Feindschaft zwischen H. Rúiz und J. Pavon einerseits und J. C. Mútis andererseits entstand erst seit 1801.
[259] Die eigentlichen Sammlungen kamen erst seit 1803 in Europa an.
[260] A. v. HUMBOLDT: Reise in die Aequinoctial-Gegenden I, S. 13.
[261] Ebd. und Relation historique I, S. 48.
[262] BRUHNS I, S. 239–240.
[263] Nach A. v. Humboldts eigenen Feststellungen in seinem »Examen critique de l'histoire de la géographie du Nouveau Continent« (Paris 1836), Préface, S. XIII.
[264] ED. LENTZ a.a.O., S. 23.
[265] Ebd.
[266] Man kann aber nicht sagen, daß Chaix dabei einen großen Einfluß auf Humboldt ausgeübt habe; diesen Anschein könnten Feststellungen von ED. LENTZ, S. 23, erwecken.
[267] Briefe A. v. Humboldts an v. Forell v. 26. 3. 1799 u. 1. 4. 1799; ED. LENTZ, S. 37f. u. 39, siehe auch S. 23.
[268] Mineralien aus Amerika gehörten damals in Europa zu den allergrößten Seltenheiten.
[269] A. v. HUMBOLDT: Reise in die Aequinoctial-Gegenden I, S. 13f.

270 A. v. HUMBOLDT: Alexander von Humboldt, in: Die Gegenwart, S. 754.

271 ED. LENTZ, a.a.O., S. 24.

272 A. v. HUMBOLDT: Reise in die Aequinoctial-Gegenden, a.a.O., I, S. 18.

273 Ebd. S. 19.

274 Humboldt nahm etwa 40 Instrumente und eine große Zahl kleinerer Werkzeuge zu ihrer Reparatur mit (Thermometer wurden in der Zahlenangabe nur einmal berücksichtigt, obgleich sie stets mehrfach vertreten waren). In Relation historique, I, S. 57ff., werden sie aufgezählt; ein Magnetometer, einen Theodolithen und einen Reflektionskreis ließ er zurück, da sie ihn nicht befriedigten (siehe die Begründung in Recueil d'observations astronomiques I, Paris 1810, S. III). Ich fand in der Sammlung DARMSTAEDTER, SBPK, im Großen Kasten 2, p. IV, eine Liste von 16 Instrumenten, die Humboldt am Ende seiner Reise für entbehrlich hielt und deshalb in Mexiko-Stadt verkauft hat.

275 Es ist die älteste erhaltene Zeichnung dieser Art A. v. Humboldts.

276 H. BECK: Das literarische Testament Alexander von Humboldts.

277 Humboldt glaubte, die Gesetzmäßigkeiten seien bedingt durch Erdrotation und Attraktion. Die Frage ist ausführlich erörtert in H. BECK: Das literarische Testament Alexander von Humboldts, S. 66.

278 Ebd. S. 70.

279 Ebd.

280 A. v. Humboldt an David Friedländer, Madrid, 11. 4. 1799; Jugendbriefe, S. 657f.

281 Jugendbriefe, S. 653 ff.

282 A. v. Humboldt an Karl Maria Erenbert Freiherrn v. Moll, La Coruña, 5. 6. 1799; Jugendbriefe, S. 682.

283 A. v. Humboldt an Johann Karl Freiesleben, Wien, Ende August 1797; Jugendbriefe, S. 590.

284 A. v. Humboldt an Carl Ludwig Willdenow, Aranjuez, 20. 4. 1799; mit Nachschrift, La Coruña, 5. 6. 1799 vom Tag der Abreise, aus der zitiert wird; Jugendbriefe, S. 664. – So auch an Freiesleben, La Coruña, 4. 6. 1799: »Der Mensch muß das Gute und Große wollen. Das Übrige hängt vom Schicksal ab«; Jugendbriefe, S. 680.

### *Alexander v. Humboldts Forschungsreise in den Tropen Amerikas*

1 Die Übersetzungen von HERMANN HAUFF (hier: I, S. 26, künftig zitiert: Humboldts Reise) und THERESE HEYNE-FORSTER-HUBER wurden nie ohne Textkritik herangezogen. Grundlegend war neben

der in den folgenden Anmerkungen genannten Literatur der Originalbericht A. v. Humboldts, der leider Bruchstück geblieben ist (siehe hierzu die Einführung zu diesem Buch): Relation historique du voyage aux régions équinoxiales du Nouveau Continent, fait en 1799, 1800, 1801, 1802, 1803 et 1804, par A. de Humboldt et A. Bonpland. Réd. par A. de Humboldt. 3 Bde. Paris 1814, 1819 u. 1825; Band I reicht von der Abfahrt in Spanien bis zum Aufenthalt in Caracas. – Die vorliegende Darstellung folgt der reisegeschichtlich-rekonstruktiven Methode, um die sich der Verfasser bereits in seiner Dissertation über »Moritz Wagner« (Marburg 1951) bemühte. In dieser Arbeit von 1951 ging es u. a. um die Auswertung eines der umfangreichsten und gehaltvollsten Reisewerke in deutscher Sprache, und es erhob sich die Frage, wie man sich denn überhaupt angesichts eines solchen mehrbändigen Berichts, den heute aus Zeitmangel kaum noch jemand lesen kann, verhalten sollte. Wenn die Route eines Reisenden konsequent verfolgt und auf Grund seiner eigenen Beobachtungen dargestellt wird, läßt sich u. a. eine erwünschte Scheidung zwischen den Stufen der Ausführung und der Auswertung einer Expedition erreichen. Das Gedächtnis des Lesers wird bewußt durch häufiges Nennen genauer Daten unterstützt, die es ermöglichen, sich innerhalb des Textes zu orientieren.

A. v. Humboldt hat seine Reise leider nur bis zum ersten Aufenthalt im heutigen Kolumbien geschildert, und zwar in seiner »Relation historique« (siehe oben). Merkwürdigerweise bricht die Übersetzung Hauffs mit der Ankunft in Havanna am 19. Dezember 1800 ab; siehe hierüber die Einführung zu diesem Buch. – Die weitere Reise im Gebiet der heutigen Staaten Kolumbien, Ecuador, Peru, Mexiko, Kuba und der USA mußte rekonstruiert werden.

Die Deutsche Forschungsgemeinschaft in Bonn und die Deutsche Ibero-Amerika-Stiftung in Hamburg haben zur Unterstützung der vorliegenden Ausführungen den späteren Prof. Dr. Hans Karl Schneider (Hamburg) nach Südamerika und Mexiko geschickt, um dortige Archive nach Humboldt-Quellen durchforschen zu lassen. Auf Wunsch der genannten Institutionen hat der Verf. mit Dr. Schneider zusammengearbeitet, der ihm die Ergebnisse seiner Bemühungen zur Verfügung stellte. Soweit der Verf. solche Quellen übernahm, werden sie nachfolgend mit dem Namen Dr. H. Schneider gekennzeichnet.

Bei der Auswertung spanischer Quellen wurde der Verf. besonders von Dr. Johannes Eichhorn, Fritz Lange und Dr. Richard Wecke, Braunschweig, unterstützt.

2 A. v. Humboldt an Gödeking, La Coruña, 3. 6. 1799; Jugendbriefe, S. 679. – Hierher gehört mit gleicher Beweiskraft ein Brief A. v. Humboldts an Ludwig Bollmann, Cumaná, 15. 10. 1799, in: Deut-

sche Revue. Jg. 39. Bd. 3, Juli–Sept. 1914, S. 344–351. – W. v. Humboldt sprach in einem Brief an Kunth, Paris, 26. 4. 1799, von der »Mexikaner-Reise« seines Bruders; ALBERT LEITZMANN: Wilhelm von Humboldt und seine Erzieher, Abh. der Preuß. Akad., Phil.-hist. Kl. Nr. 5 (1940), S. 11.

3 OTTO QUELLE: Geschichte von Iberoamerika, S. 108.

4 Ebd. S. 114.

5 Humboldts Reise, V, S. 3.

6 Seine Karten, Schriften und Briefe wurden bearbeitet von JOSEF und RENÉE GICKLHORN, in: Im Kampf um den Amazonenstrom. Das Forscherschicksal des P. Samuel Fritz (Prag 1943).

7 In Äquatornähe verringert sich die Schwerkraft infolge des größeren Erdumfanges. Die Uhr war in Paris auf den 49. Breitengrad eingestellt worden. Das Pendel hätte gekürzt werden müssen, wenn die Uhr in Guayana hätte richtig gehen sollen.

8 Memorias Secretas. Die sonstigen Reiseschilderungen der beiden Spanier waren in Deutschland in zahlreichen Übersetzungen verbreitet.

9 HERMANN A. SCHUMACHER schreibt noch 1884: »Die Maldonado'schen Arbeiten bilden, so unvollkommen sie heute erscheinen mögen, noch jetzt den Ausgangspunkt für alle Karten der Republik Ecuador«, Südamerikanische Studien, S. 487.

10 La Condamine: Mesure des trois premiers degrés du méridien (Paris 1851); Journal du voyage par ordre du roi à l'équateur (Paris 1851).

11 Die Arbeit der französischen und spanischen Gelehrten war von Anfang an mit Argwohn verfolgt worden. Die französische Akademie hatte gewünscht, daß die vermessene Grundlinie durch zwei Pyramiden gekennzeichnet werde. Jede dieser von La Condamine errichteten Meßmarken trug an der Spitze das Lilienwappen der Bourbonen und Tafeln mit den Namen der französischen Gelehrten. 1748 ordnete der Indienrat die Zerstörung und vollständige Beseitigung der Monumente an. 1836 ließ der Präsident der Repbulik Ecuador, Vicente Rocafuerte, ein Bekannter A. v. Humboldts, die Basis der Messungen La Condamines wieder markieren; hierzu LA CONDAMINE: Histoire des Pyramides de Quito (Paris 1751) u. VICTOR WOLFGANG V. HAGEN: South America called them, S. 63.

12 La Condamine hatte vorher die Karte des Paters Samuel Fritz eingesehen.

13 Zu Löfling vgl. S. 180.

14 Dies betont auch OTTO QUELLE, S. 138.

15 Ibero Amerik. Archiv 1931, S. 396f.

16 Der Verf. verdankt manche Anregung der Korrespondenz mit Josef Kühnel, dem Urheber der modernen Haenke-Forschung, sowie dessen Biographie und den Arbeiten von Josef und Renée Gicklhorn;

Josef Kühnel: Thaddaeus Haenke. Leben und Wirken eines Forschers (2. Aufl.) München 1960. – Veröffentlichungen des Collegium Carolinum, Bd. 9, die erste Aufl. war 1939 in Haida erschienen; Ders.: Ein unbekannter Brief Thaddaeus Haenkes von 1803. In: Bohemia. Jarhb. d. Collegium Carolinum. 3. 1962, S. 514–516; Ders.: Thaddaeus Haenke (1761–1817). In: Geogr. Taschenbuch. Wiesbaden 1962/63, S. 259–264; vor allem J. Kühnels Gaben verdanke ich »die reichste Sammlung von Schriften von und über Haenke« (Kühnel a.a.O. 1962, S. 514); Ders.: Verzeichnis von Haenke-Schriften in der Bibliothek des Madrider Botanischen Gartens. In: Bohemia 4. 1963, S. 384–392; Ders.: Zwei unbekannte Briefe zur Haenke-Forschung. In: ebd. 4. 1963, S. 374–383; Ders.: Probleme der deutschen Haenke-Forschung. In: ebd. 6. 1965, S. 437–455; Rudolf Zischka: Thaddaeus Haenke als Zoologe. In: ebd. 7. 1966, S. 391–398; J. Kühnel: Thaddaeus Haenke. In: Neue Deut. Biographie 7. 1966.

Josef und Renée Gicklhorn: Th. Haenkes Bedeutung für die Erforschung Südamerikas vor Alexander v. Humboldt: In: Mitt. d. Geogr. Ges. in Hamburg 47. 1941, S. 269–364; die anderen kleineren Arbeiten sind dort S. 362f. verzeichnet. Auch J. Gicklhorn verschließt sich nicht der Anerkennung der Kühnelschen Arbeit (a.a.O., S. 270, 299); Renée Gicklhorn: Thaddäus Haenkes Reisen und Arbeiten in Südamerika. Nach Dokumentarforschungen in spanischen Archiven. Wiesbaden 1966 = Acta Humboldtiana, Series Historica, Nr. 1, über den Haenke-Nachlaß in Spanien, eine verdienstliche Arbeit mit Bibliographie, die allerdings keine Gelegenheit zu Angriffen auf Josef Kühnel ausließ. Ein großes Verdienst hat sich um diese Arbeit der Kollege des Verf., Hans Schadewaldt, Düsseldorf, erworben. Mit ihm und dem Tod der Hauptbeteiligten begann eine Zeit der Aussöhnung in der Haenkeforschung. Josef Kühnel hatte noch kurz vor seinem Tod ausführlich zu der Arbeit Frau Gicklhorns Stellung genommen (Mskr. in der Sammlung des Verf.). Seine Verdienste bleiben jedenfalls unbestritten, auch er hatte noch in Spanien mit gutem Ergebnis arbeiten können; R. Gicklhorn u. R. Schadewaldt: Zur Einführung der Pockenimpfung in Südamerika. In: Deut. Ärzteblatt – Ärztl. Mitt. 61. 1964, 1849–1852. u. S. 1912–1917; H. Schadewaldt: Thaddaeus Haenke (1761–1817), österreichischer Arzt und Naturforscher, und seine Beobachtungen während der Weltreise Malaspinas in den Jahren 1789–1794 in Südamerika und im Pazifik. In: Mediz. Welt Nr. 15 v. 11. 4. 1964, S. 883–893; H. Beck: Thaddaeus Haenke und Alexander von Humboldt. In: Forschungen u. Fortschritte 35. 1961, S. 65–71; Ders.: Thaddaeus Haenke: Leistung und Schicksal. In: Übersee-Rundschau 13. 1961, S. 37–38. Es geht hier um Haenkes Leistung bis 1802.

[17] Über Haenkes Lebensjahre von 1810–1817 wissen wir noch zu wenig.

[18] Siehe JOSEF KÜHNEL 1960 a.a.O., S. 135f. Die Arbeiten wurden 1942, 1943 und 1953 publiziert und werden einzeln von Kühnel erörtert; die zuletzt genannte ist eine Beschreibung der Stadt Concepción in Chile, die »ohne Zweifel von Bauzá oder Espinosa« stammt.

[19] Siehe Anm. 16.

[20] EMMA BONA: Alessandro Malaspina. Sue Navigazioni ed Esplorazioni (Roma 1935).

[21] Humboldts Reise I, S. 26; zur folgenden Route: Alexander von Humboldt. Chronologische Übersicht über wichtige Daten seines Lebens. 2. verm. u. ber. Aufl. bearb. v. Kurt-R. Biermann unter Mitwirkung v. Margot Faak u. Peter Honigmann. Berlin 1983, S. 27ff.

[22] W. von Humboldts gesammelte Schriften, Bd. 14, II, 1918, S. 44 (Tagebücher).

[23] Humboldts Reise I, S. 43. – Relation hitorique I, S. 267–275 (Journal de Route, Meßtabellen) und S. 235 (Temperatur des Atlantischen Ozeans in verschiedenen Jahreszeiten).

[24] Luke Howard schuf 1802 eine einheitliche Nomenklatur für die Bezeichnung der Wolkenformen. Er unterschied drei Grundarten: 1. Cirrus- oder Federwolken, 2. Cumulus- oder Haufenwolken, 3. Stratus- oder Schichtwolken. Zwischenformen bildete er durch Zusammensetzungen wie Cirrostratus usw.

[25] A. an W. von Humboldt, Puerto Orotava, 20. 6. 1799; Briefe Alexander's von Humboldt an seinen Bruder Wilhelm, S. 7.

[26] Humboldts Reise I, S. 50.

[27] Ebd. S. 54.

[28] Tabelle der von A. von Humboldt gebrauchten Maße:

| | |
|---|---|
| 1 Linie = 0,225 cm | 1 Kubikfuß = 34 328,125 $cm^3$ |
| 1 Zoll = 2,7 cm | 1 Toise = 1,949 m |
| 1 Kubikzoll = 20 $cm^3$ | 1 geogr. Meile = 7,420 km |
| 1 (Pariser) Fuß = 32,5 cm | 1 Quadratmeile = 55 $km^2$ |
| 1 Quadratfuß = 1056,25 $cm^2$ | 1 Seemeile = 1,855 km |

[29] Humboldts Reise I, S. 64f.

[30] Ebd. S. 83.

[31] Ebd. S. 96.

[32] Ebd. S. 91.

[33] Ebd. S. 94.

[34] A. an W. v. Humboldt, Puerto Orotava, 20. 6. 1799; Briefe Alexander's von Humboldt an seinen Bruder Wilhelm, S. 8.

[35] Humboldts Reise I, S. 113.

[36] Ebd. S. 119.

[37] A. an W. v. Humboldt, Puerto Orotava, am Fuße des Pik de Teneriffa, 20. 6. 1799; Briefe Alexander's von Humboldt an seinen Bruder

Wilhelm, S. 7. – A. v. Humboldt an Suchfort, Teneriffa, 23. 6. 1799; Memoiren Alexander von Humboldt's I, S. 54f. – Humboldt schreibt: »Namentlich scheinen mir alle Ideen, welche man je über die Ursachen der Vulkane, über die Quellen ihrer Produkte aufgestellt hat, falsch und unhaltbar.«

38 Humboldts Reise I, S. 130. Relation historique I, S. 183–187 u. 639 (Supplement) über diese Vegetationszonen und die späteren Forschungen L. v. Buchs.

39 Humboldts Reise I, S. 155.

40 Ebd. S. 129.

41 Ebd. S. 158.

42 Ebd. S. 163.

43 In der Reihenfolge der Zitate: Sehr erhellend ist HANS BIEDERMANN: Die Spur der Alt-Kanarier. Eine Einführung in die Altvölkerkunde der Kanarischen Inseln. Hallein 1983; A. v. HUMBOLDT: Relation historique I, S. 108, 105, 111f., 197. – Dazu JOSEF MATZNETTER: Die Kanarischen Inseln. Wirtschaftsgeschichte und Agrargeographie. Gotha 1958 = Petermanns Geogr. Mitt., Erg.-H. Nr. 266.

44 Ebd. S. 176.

45 Ebd. S. 182.

46 Ebd. S. 194, vgl. auch S. 196.

47 Ebd. S. 197.

48 Ebd. S. 201.

49 Ebd. S. 222.

50 Emparan erfreute sich noch später, auch bei den Kreolen, einer gewissen Beliebtheit. Er wurde schließlich Generalgouverneur von Caracas. Er stand treu zum Thron, ohne der aufkeimenden Unabhängigkeitsbewegung entschieden entgegenzutreten, der er sogar Verständnis entgegenbrachte. 1810 wurde er vom Stadtrat in Caracas abgesetzt, und man konstituierte eine Junta als »Hüterin der königlichen Rechte«. Diese Vorgänge standen mit am Anfang der südamerikanischen Unabhängigkeit. FLORIAN KIENZL: Bolívar (Berlin 1948), S. 33–37.

51 A. an W. v. Humboldt, Cumaná, 16. 7. 1799; Briefe Alexander's von Humboldt an seinen Bruder Wilhelm, S. 13. – Relation historique I, S. 584 (Humboldt stellt die Frage nach der mittleren Temperatur von Caracas).

52 Am Anm. 51 a.O., S. 12.

53 Humboldts Reise I, S. 238f.

54 A. v. Humboldt an Reinh. v. Haeften, Cumaná, 18. 11. 1799; ALBERT LEITZMANN: Eine Jugendfreundschaft... S. 119.

55 Am Anm. 54 a.O., S. 120.

56 Humboldts Reise II, S. 6.

57 Ebd. S. 150.

58 Ebd. S. 8.
59 Ebd. S. 15.
60 Ebd. S. 50.
61 Ebd. S. 51.
62 Ebd. S. 53.
63 Ebd. S. 60–61.
64 Ebd. S. 94.
66 Humboldts Reise IV, S. 259.
66 Humboldts Reise II, S. 194.
67 Ebd. S. 115 f.
68 Ebd. S. 112.
69 Ebd. S. 96.
70 Ebd. S. 98.
71 Die Venezolaner nennen heute das Naturschutzgebiet der Höhle beim kleinen Klosterstädtchen Caripe »Alexander v. Humboldt-Höhle der Guácharos«. In der Nähe des Eingangs der Höhle steht ein Hotel. Ein Bildbericht über die Höhle erschien in: Das Ufer 1952, H. 23; vgl. den dort wiedergegebenen Grundriß der Höhle.
72 Johannes Müller berichtete in der Berliner Akad. d. Wiss. am 13. 5. 1841 u. a. auch über den Guácharo (*Steatornis caripensis* v. Humboldt). Der Arzt und Naturforscher Lherminier auf Guadeloupe hatte Humboldt »ein ausgestopftes Exemplar und mehrere in Weingeist bewahrte Exemplare von alten und jungen Individuen Quacharo« ... gesandt. »Am wenigsten bekannt ist der durch von Humboldt im Jahre 1799 in der Höhle von Caripe entdeckte, durch seine Lebensart und äußeren Charakter merkwürdige, von Vegetabilien lebende Nachtvogel Quacharo. Er kommt nach Hrn. Roulin auch in der Provinz Bogotá an mehreren Orten in Schluchten vor.« Lherminier meldete Humboldt in seinem Begleitbrief, daß der Guácharo auch in Höhlen auf Trinidad gefunden werde. Vgl. Bericht über die zur Bekanntmachung geeigneten Verhandlungen d. K. Preuß. Akad. d. Wiss. zu Berlin. 1841, S. 172 f.; Hinweis von Fritz Lange. – Vgl. Tafel XI.
73 Humboldts Reise II, S. 121.
74 Ebd. S. 134. – Die beste Schilderung des heutigen Zustandes verdanken wir Loren Alexander McIntyre, der darauf hinwies, Humboldt habe damals »die dramatischste Naturvorführung«, die er selbst (d. h. L. A. McIntyre) je erlebte, verpaßt. Er schreibt: »Es gibt den Fluß nicht mehr, der zu Humboldts Zeiten wie der Styx aus der Unterwelt hervorschoß; er ist ausgetrocknet, und der Kranz der blühenden Bäume, der den Eingang umgab, ist gestutzt... Ich wartete ab. Als der Tag verdämmerte, füllte sich die Luft mit dem Duft der im Englischen ›Engelstrompeten‹ genannten Datura... Dann war ein feines Klicken wie von Kastagnetten aus der Höhle zu

hören: die Guácharos ... Jedes ›Klick‹ ist ein Signal, das dem Vogel in der Finsternis wie ein Sonargerät die Flugorientierung ermöglicht. Jetzt flogen Tausende von Vögeln innerhalb der Höhle auf, und sie flogen nach einer genauen Ordnung: unten in Richtung Ausgang, oben in Richtung Höhleninneres, aber kein Vogel kam ins Freie, solange noch ein Schimmer von Tageslicht zu sehen war. Die Klicks verdichteten sich, schwollen an, kamen immer näher, und, ganz wie das Kreischen in der Höhle, hörten sie sich an, als kämen sie nicht von dieser Welt. Dann war es fast finster. Ich ahnte, mehr als ich es sah, wie ein Guácharo hinausflog, dann ein weiterer, dann Dutzende, dann Schwärme. Tausende kreisten plötzlich vor dem Ausgang. Die Verwaltung dieses Naturmonuments gibt die Zahl der Guácharos mit 40 000 an. Davon fliegt nach meiner Beobachtung die Hälfte nachts in den Wald, um Palmnüsse und Beeren zu suchen, während die andere Hälfte in der Höhle bleibt, wohl um die Brut zu bewachen. Unausgesetzt kam das unirdische Klicken aus der Höhle. Ich schlief auf einer Bank ein. Um fünf Uhr morgens stellte ich mich wieder in den Eingang. Ganze Wolken von Vögeln waren über mir und bekleckerten mich. Kurz vor der Dämmerung sah ich, wie die Guácharos gleichsam vom Himmel fielen und in die Höhle einschwenkten. Und dann, noch ehe es hell war, kam auch der letzte Vogel zurück. Während die Sonne langsam die Erde erleuchtete, erstarb das Klikken. Als die Sonne aufging, war es still.« Die amerikanische Reise. Auf den Spuren Alexander v. Humboldts. Hamburg 1982, S. 79f.

75 Ebd. S. 140.

76 Ebd. S. 159.

77 Ebd. S. 159.

78 Ebd. S. 160.

79 Vgl. Anm. 74. Spanien hielt sich Frankreich gegenüber sehr zurück, als die Französische Revolution ausbrach. Der französische Konvent erklärte Spanien 1793 nach der Hinrichtung Ludwigs XVI. den Krieg und zwang es 1795 in Basel zum Frieden. Im Vertrag von San Ildefonso 1797 verlor Spanien Louisiana und Española an Frankreich, das sich gleichzeitig die Unterstützung der spanischen Flotte im Kampf gegen England sicherte. Daraufhin erklärte England Spanien den Krieg und nahm 1797 die Insel Trinidad. Der Friede von Amiens 1801 ließ England im Besitz der wichtigen Insel, die zur Generalkapitanie Venezuela gehört hatte. Napoleon machte Spanien noch stärker von Frankreich abhängig und zog es mit in den Krieg, als der Streit mit England 1803 erneut aufflammte. Im Oktober 1805 besiegten die Engländer unter Nelson die vereinigte französisch-spanische Flottenmacht bei Trafalgar. Es war das Ende der spanischen Großmachtstellung. Diese Ereignisse bildeten bis 1804 den politischen Hintergrund der Humboldtschen Reise, die nur deshalb glücklich verlaufen konn-

te, weil Expeditionen im 18. Jahrhundert von allen kriegführenden Parteien respektiert wurden. – Außerdem bilden die oben geschilderten Vorgänge den Nährboden der spanischen Unabhängigkeitsbewegung.

80 Humboldts Reise II, S. 161.

81 A. v. Humboldt an Ludwig Bollmann, Cumaná, 15. 10. 1799, in: Justus Erich Bollmann, hrsg. v. FRIEDRICH KAPP, Berlin 1880, S. 429–433; vgl. hiermit: A. v. Humboldt an Delamétherie, Cumaná, 15. 11. 1800, wo Humboldt Cuba, Mexiko, die Philippinen und »Schina« (= China) als Ziele nennt; in: Allg. Geogr. Ephemeriden, Bd. 9, I, S. 310.

82 Humboldt schrieb im gleichen Brief, John Gille in Barcelona (von dem er Bollmanns Adresse erhalten hatte) sei immer noch »von angeerbeten Ideen umpanzert u[nd] schwer zugänglich«, Böhtlingk habe er zuletzt in Wien gesehen. Dieser habe ihm zunächst nach Amerika folgen wollen. Vgl. Anm. 81.

83 Vgl. W. J. HOLLAND (Direktor des Carnegie Museums zu Pittsburg): Ein vor kurzem entdeckter Brief von Alexander v. Humboldt (Deutsche Revue 39. 3. Bd., Juli–September 1914. Stuttgart u. Leipzig 1914, S. 344–351). Der Brief war vorher schon am Anm. 81 a.O. veröffentlicht worden. Der Vergleich der beiden Transskriptionen erlaubte einige Korrekturen.

84 A. v. Humboldt an v. Zach, Cumaná, 1. 9. 1799, in: Monatl. Korrespondenz zur Bef. der Erd- u. Himmelskunde, Bd. 1, Gotha 1800, S. 392–425.

85 Am Anm. 84 a.O.

86 So haben viele, die der Verf. während seiner Untersuchungen auf A. v. Humboldt ansprach, die oben erwähnte Geschichte des Mannes, der seinen Kindern Milch spendete, gekannt.

87 Solche Feststellungen sind bei A. v. Humboldt nie allzu wörtlich zu nehmen.

88 Eine von vielen astronomischen Werken angeführte Beobachtung; Humboldts Reise II, S. 239 ff. – Humboldt stellte fest, daß der November-Strom des Jahres 1799 auf einem Flächenraum von 921 000 Quadratmeilen beobachtet worden war, z. B. in Europa und Grönland; BRUHNS III, S. 16.

89 Humboldts Reise II, S. 254.

90 Ebd. S. 265.

91 Humboldts Reise III, S. 38.

92 Œuvres d'Alexandre de Humboldt, hrsg. von DE LA ROQUETTE, II, S. 18–34; Lettres américaines d'Alexandre de Humboldt (1798–1807), hrsg. v. ERNEST THÉODORE HAMY, S. 97–107. – Humboldt war Vasconcellos so dankbar für seine Unterstützung, daß er ihm in einem Brief, der schon den Charakter einer Denkschrift annahm, nach

seiner Reise zur brasilianischen Grenze und zum Casiquiare ausführlich berichtete. Der Generalkapitän hatte ihn ausdrücklich darum ersucht: A. v. Humboldt an Manuel Guevara y Vasconcellos, Nueva Barcelona, 23. 12. 1800. – Aus einer Grußformel dieses wichtigen Briefes ergeben sich weitere Beziehungen Humboldts und Bonplands zu Persönlichkeiten in Caracas; Humboldt schreibt: »Mon compagnon, M. Bonpland, vous offre ses salutations respectueuses, comme je vous supplie de présenter les miennes á M. le lieutenant du roi, á M. l'intendant, á M. le régent, á M. D. Lorenzo Rosv [?], á madame, et á son ami Liendo.« DE LA ROQUETTE II, S. 33 f. – Humboldt wohnte in Caracas zunächst kurze Zeit im Hause des Grafen von Tovar, dann vermittelte ihm Vasconcellos ein freistehendes Gebäude auf der Plaza de la Trinidad. Dieses Grundstück wurde während des Erdbebens von 1812 zerstört; HORST FALCKE: Alexander von Humboldt in Carácas. Carácas, 7. Sept. 1921 (Gedenkrede des damaligen deutschen Gesandten zur Enthüllung einer Gedenktafel am Ort des Humboldthauses, mitgeteilt von FRITZ LANGE).

93 Humboldts Reise III, S. 40.

94 Ebd. S. 45.

95 Ebd.

96 Ebd. S. 122.

97 Ebd. S. 152.

98 Ebd. S. 155 f. – Im Februar 1800 fand Humboldt am Ostufer des Sees von Valencia (heutiges Venezuela) eine von ihm richtig als Wildform bezeichnete Tomate, die C. L. Willdenow als *Solanum humboldtii* beschrieb. Der international bekannte Botaniker Heinz Brücher hat mir berichtet, daß man das Vorhandensein dieser Tomate bezweifelt habe. Als er während einer Reise im Sommer 1966, nach 166 Jahren, in die Nähe des Standortes gelangte, habe er einem Neger die Pflanze beschrieben und dieser habe ihn anstandslos zu ihr geführt; darüber sehr erhellend und weiterführend HEINZ BRÜCHER: Über Lycopersicon humboldtii Willd. In: Ber. d. Deut. Bot. Ges. 82, 1969, S. 621–626, mit schwarz-weißer Reproduktion der Farbtafel aus WILLDENOW: Enumeratio Plantarum Horti Berolinensis 1816, Bd. I, Tafel 27; Willdenows Originalbeschreibung a.a.O. I, 1809, S. 235. – Die Laguna de Tacarigua des genannten Sees, an deren Ufer Humboldt der Fund glückte, war 1966 »um viele Quadratkilometer reduziert«; auch hier hat Alexander recht behalten.

99 Ebd. S. 215 f.

100 Humboldts Reise IV, S. 7. – Gualterio Chitty sagte in seiner Rede zum 14. 9. 1869 u. a., Humboldt und Bonpland seien eines Tages als Gäste im Hause der Damen Peraza gewesen. Humboldt versprach Doña Juana María Rodriguez de Peraza, ihren seit dem Aufstand 1797 unter schlimmen Verhältnissen im Gefängnis der Stadt Habana

schmachtenden Sohn zu besuchen, und nahm ein kleines Geschenk einer sehr jungen Schwester des Gefangenen für diesen mit. Statt der kleinen Summe hat er aber, wie der Gefangene später schrieb, ihm einen recht beträchtlichen Betrag weitergegeben und durchgesetzt, daß er ihn zu einem Essen im Hause des Generalkapitäns dieser Insel mitnehmen konnte und auch für einen Wagen vor dem Gefängnis und vollkommen neue Bekleidung und für den Entlassungsschein gesorgt; ANTONIO IRIARTE in: El Federalista v. 15. 9. 1869 (Caracas), Bericht über die öffentliche Sitzung der »Sociedad de Ciencias Fisicas y Naturales de Caracas« zur Humboldt-Säkularfeier, S. 141–143; DR. H. SCHNEIDER, Hamburg, mitgeteilt nach der deutschen Übersetzung von DR. JOHANNES EICHHORN, Berlin: Die Übereinstimmung der beiden Geschichten ist auffallend.

101 Humboldts Reise IV, S. 11.

102 Ebd. S. 17.

103 In dem oben Anm. 92 zitierten Brief an Guevara y Vasconcellos nannte Humboldt diesen kenntnisreichen Autodidakten »peu fortuné« und empfahl ihn der Fürsorge des Generalkapitäns; Humboldt sagte, Pozo sei »subdélégué des droits sur le tabac«; DE LA ROQUETTE II, S. 21.

104 Humboldts Reise IV, S. 47f.

105 A. v. HUMBOLDT: Versuche über die gereizte Muskel- und Nervenfaser I, S. 350, 413, 453. – Als man sich nach längerer Zwischenzeit in Deutschland wieder für die Elektrophysiologie interessierte, riet der einst nachhaltig von Humboldt geförderte Emil Du Bois-Reymond dem Arzt und Naturforscher Karl Sachs, die Zitteraale genauer zu studieren. Sachs verfolgte u. a. dieses Problem 1873–1877 in Südamerika. Da er 1878 beim Besteigen des Monte Cevedale in Südtirol verunglückte, gab Du Bois-Reymond 1881 Sachs' »Untersuchungen am Zitteraal« heraus. – Der Zitteraal hat mit dem Aal nichts gemein, sondern ist ein Verwandter des Karpfens. Er kann 2 m Länge und ein Gewicht von 15–20 kg ereichen. Ein Zitteraal kann elektrische Wellen in einer Frequenz von 50–80 in der Sekunde aussenden, und zwar durch eine willkürliche schwache Entladung, um Beute bis auf 30 m Entfernung festzustellen – ein Vorgang, der an die Funkmessung (Radarsystem) erinnert. Bei der Hauptentladung werden Stromstärken von 1 Ampère (Leistung von 800 Watt) entbunden, um die Beute zu betäuben oder zu töten. Vgl. hierzu den Artikel von U. JECHOREK, der sich auf A. v. Humboldt bezieht: Geheimnisse des Zitteraals (Welt am Sonntag v. 21. 8. 1949; mitgeteilt von Frau M. M. Hug, Humboldt-Archiv Tegel, 1958 zeitweise in Karlsruhe). – Noch im März 1857 bemerkte Humboldt, der arabische Name eines elektrischen Nilfisches und die arabische Bezeichnung für den Donner gingen auf dieselbe Wurzel, nämlich auf ra'ad, zurück. Dies

bestätigte ihm brieflich (Berlin, 28. 3. 1857) der kenntnisreiche Orientalist und preußische Konsul in Damaskus, Dr. Johann Gottfried Wetzstein; für Auskünfte und Hilfe danke ich Frau Dipl.-Bibl. Hedda Wetzstein und Herrn Gerhard Küchler, beide Berlin; hierzu auch GERHARD KÜCHLER: Johann Gottfried Wetzstein, königlich preußischer Konsul in Damaskus 1848–1862, Orientalist und Freund Alexander von Humboldts. In: Jahrbuch für Brandenburgische Landesgeschichte 29, 1978, S. 7–24 (SBPK Berlin, Sammlung DARMSTAEDTER, Kasten 13, Nr. 41). Sobald dieser Fisch ins Wurfnetz gerät, zittert die Hand des Fischers, und er weiß über seinen Fang Bescheid, auch wenn mit Rute und Angelschnur gearbeitet wird.

106 PATER ANTONIO CAULIN: Historia coro-graphica natural y evangelica de la Nueva Andalucia, Provincias de Cumaná, guayana y Vertientes del Rio Orinoco, Madrid 1779. Caulin war Historiograph der 1759 beginnenden Grenzexpedition Solanos und stützte sich in seinem Bericht, den Humboldt als wertvoll bezeichnete (Reise V, S. 256), auch auf die Ergebnisse der Reisen des Paters Manuel Ramon 1744, der als Entdecker des Casiquiare gilt.

107 Humboldts Reise IV, S. 116f.

108 Ebd. S. 117f.

109 Ebd. S. 131; zum heutigen Zustand der Schildkröten-Brutinseln siehe A. L. MCINTYRE: Die amerikanische Reise a.a.O., S. 119ff.

110 Leider wissen wir noch nicht genau, welche Karten und Bücher Humboldt im einzelnen nach Südamerika mitnahm. Bei folgender Literatur ist z. B. nachgewiesen, daß er sie mit sich führte: BERNARDIN DE SAINT-PIERRE: Paul et Virginie; A. L. DE JUSSIEU: Genera Plantarum secundum ordines naturales disposita. Paris 1789; die Karte von Juan de la Cruz Caño y Olmedilla, London 1785; weitere Literatur wird im Text erwähnt, etwa ein Buch Willdenows und die Karte d'Anvilles. – Humboldts Reise IV, S. 146.

111 Humboldts Reise IV, S. 146.

112 Ebd. S. 182.

113 Ebd. S. 172.

114 Ebd. S. 172–174.

115 Ebd. S. 174.

116 Ebd. S. 191.

117 Ebd. S. 225.

118 Ebd. S. 228; vgl. das Gespräch Humboldts mit dem Frl. v. R., Paris, Anfang Oktober–Ende November 1812; Gespräche A. v. Humboldts (Berlin 1959), S. 40ff.

119 Humboldts Reise IV, S. 230.

120 Humboldts Reise V, S. 11.

121 Ebd. S. 14f.

122 Ebd. S. 16.

123 Ebd. S. 46.
124 Ebd., siehe Anm. 110.
125 Humboldts Reise V, S. 79.
126 Ebd. S. 79f.
127 Ebd. S. 83.
128 Ebd. S. 85.
129 Ebd. S. 90.
130 Ebd. S. 101.
131 Ebd. S. 122.
132 Ebd. S. 163.
133 Ebd. S. 169f.
134 BRUHNS II, S. 463.
135 Humboldt erfuhr hiervon erst durch Wilhelm Ludwig von Eschwege, der ihm auch mitteilte, der Verhaftungsbefehl sei damals auf Wunsch von Antonio de Araujo de Azevedo zurückgenommen worden. Man habe angeordnet, Humboldt zu unterstützen. Eschwege übersandte den Verhaftungsbefehl am 27. März 1848 aus Lissabon an Humboldt; JUL. LÖWENBERG (in: BRUHNS I, S. 460–463) hat diesen Befehl, dessen Publikation Humboldt nach seinem Tod wünschte, portugiesisch und in deutscher Übersetzung abgedruckt. Vgl. ALBIN ED. BEAU: Ein unbekannter Brief von António de Araújo de Azevedo (Conde de Barca) an Alexander von Humboldt im Besitz Goethes, in: Homenaje a Fritz Krüger, U.N.C. Tomo II, S. 685–690, Mendoza 1954. Vgl. hierzu: H. BECK: Wilhelm Ludwig von Eschwege und Alexander von Humboldt, in: Humboldt-Gedenkschrift der Deutschen Akademie der Wiss. zu Berlin 1959, S. 51.
136 Humboldts Reise V, S. 179.
137 Siehe Anm. 141.
138 Humboldts Reise V, S. 194.
139 Ebd. S. 193f.
140 Der Verf. fand eine Humboldtsche Handskizze des Cacajao (Sammlung DARMSTAEDTER, jetzt SBPK.
141 Humboldts Reise V, S. 206ff. – Humboldt setzte dieses auch politisch wichtige Ergebnis in zwei spanisch geschriebenen Abhandlungen dem Generalkapitän Manuel Guevara y Vasconcellos in Caracas und dem Minister Urquijo in Madrid auseinander. Der Äquator sollte die Grenze zwischen dem spanischen und dem portugiesischen Gebiet bilden. So hatte es auch die Karte Solanos, die Pater Caulin veröffentlicht hatte, dargestellt. Solano selbst war gar nicht bis zu dieser Gegend gelangt. Wie Humboldt später aus einer Karte Requenas erfuhr, war den Portugiesen die Wahrheit seit 1783 bekannt. Seit dieser Zeit wußten sie bereits, daß der Äquator weiter südlich verlaufe und daß sie infolgedessen bei der augenblicklichen

Grenzregelung gut abschnitten. Allgemein nahmen die Spanier an, die Grenzfestung San Carlos sei direkt auf dem Äquator errichtet worden. Humboldt hoffte indes, seine Feststellungen möchten den alten Grenzstreit nicht wieder aufleben lassen. In einem Brief an Vasconcellos zählte er mehrere portugiesische Ansiedlungen auf, Gebiete, die »vorzüglich angebaut und reich an Indigo, Reis und Kaffee seien« (De la Roquette, S. 24) und rechtens zu Spanien gehörten. Er hielt es nicht für sinnvoll, hierüber jetzt mit den Portugiesen zu streiten, die ihm einen Besuch auf ihrem Territorium nicht gestatteten. Er wies aber nachdrücklich darauf hin, das, was man verloren habe, sei wertvoller als der gegenwärtige Rio Negro. Es sei wichtig, daß die Regierung ihre Grenzrechte kenne. De la Roquette, S. 24f.

142 Humboldts Reise VI, S. 37.

143 Ebd. S. 3.

144 Ebd. S. 12ff.

145 Anton Schmitt stellte 1951 fest, Humboldt habe das bisherige legendäre Wissen über das Curare (Fernwirkung!) berichtigt. Er habe mehrere auch pharmakologisch differente Curare-Arten unterschieden, eine Lianenpflanze als Giftträger nachgewiesen, die Abhängigkeit der Wirkung von der Berührung mit der Blutbahn erkannt und Fourcroy, Vauquelin, Magendie, Delille, Heintz, Boussingault, Roulin u. a. zu Untersuchungen angeregt. Die teilweise Kenntnis des Curare war schon wesentlich älter. Heute bildet die muskelerschlaffende Wirkung des Curare »einen Hauptbestandteil in der modernen Narkose«; siehe Anton Schmitt: Alexander von Humboldts historischer Reisebericht über das Curare. In: Pro Medico, H. 8., 20. 8. 1951, S. 281–285. – Renée Gicklhorn wollte in Missionar Franz Xaver Veigl den Autor des ersten Curare-Berichtes erkennen. Wolfgang-Hagen Hein konnte zeigen, daß seine wesentlichen Angaben aus dem Buch La Condamines stammten: Zum Curarebericht des Jesuitenpaters Franz Xaver Veigl. In: Beiträge z. Gesch. d. Pharmazie 31. 1981, S. 81–84; Helmut Krumbach: Curare, das indianische Pfeilgift. In: Die Kapsel, H. 34. 1976, S. 1587f.

146 Humboldts Reise VI, S. 16.

147 Ebd. S. 24f.

148 Ebd. S. 79.

149 Ebd. S. 80.

150 Ebd. S. 85.

151 Ebd. S. 86.

152 Ebd. S. 103.

153 Ebd. S. 130.

154 Humboldts Reise V, S. 134.

155 Humboldts Reise VI, S. 141.

[156] Relation historique II, S. 635.
[157] Humboldts Reise VI, S. 143.
[158] Humboldt schreibt in der Relation historique richtig Loefling, daneben ist nach schwedischen Lexika auch die Schreibung Löfling üblich. H. Hauff schreibt in der von Humboldt genehmigten deutschen Übersetzung unrichtig »Löffling« (Humboldts Reise VI, S. 143); auch gibt er den Namen Fareras als Fereras an. Vgl. Relation historique II, S. 637, u. Humboldts Reise VI, S. 144, Fußnote.
[159] Humboldts Reise VI, S. 143.
[160] Ebd. S. 315.
[161] Relation historique III, S. 38. In Nueva Barcelona wurden sie vom Kommandanten Don Ramon Correa freundschaftlich behandelt; De la Roquette II, S. 33.
[162] Humboldts Reise VI, S. 321.
[163] Ebd. S. 318.
[164] Ebd. S. 320.
[165] Ebd. S. 323.
[166] Ebd. S. 324.
[167] »Trabantenbeobachtungen«, darunter verstand Humboldt die Beobachtung der vier damals bekannten Jupitermonde zur Längenbestimmung und Planetenbeobachtungen; vgl. Bruhns III, S. 41, 49.
[168] Humboldts Reise VI, S. 324.
[169] Ebd. S. 327.
[170] Immersion: der Eintritt eines Himmelskörpers in den Schatten eines anderen; vgl. die vorige Anmerkung.
[171] A. v. Humboldt: Skizze einer geologischen Schilderung des südlichen Amerika, in: Allg. Geogr. Ephemeriden 9, I, S. 310–329; II, S. 390–420.
[172] Der spätere erste Entwurf der Zeichnung des »Naturgemäldes der Tropenländer« (angefertigt in Guayaquil) und der Pasigraphie (angefertigt in Mexiko-Stadt) waren zum Verbleib in Südamerika bestimmt. Auch das waren Vorsichtsmaßnahmen, um den bleibenden Erfolg der Expedition zu sichern. Vgl. A. v. Humboldt an Willdenow, Havanna, 21. 2. 1801: »Ich bin fest entschlossen, während der fünf bis sechs Jahre, die meine Reise dauern wird, der Versuchung zu widerstehen, irgendetwas zu publiciren.« Bruhns I, S. 339. – Eine wundervoll erhaltene, aus Ecuador stammende, aquarellierte Originalzeichnung des »Naturgemäldes« fand der Verf. in der Alexander v. Humboldt-Stiftung in Bonn. Der Generalsekretär dieser Stiftung, Dr. Heinrich Pfeiffer, stellte dem Verf. eine Farbfotografie zur Verfügung. Die Erstveröffentlichung erfolgte 1985 in der Festschrift für Wolfgang-Hagen Hein (s. S. 367).
[173] Humboldt spielt auf die immer noch mögliche Teilnahme an Baudins Weltumsegelung an.

[174] A. v. HUMBOLDT: Skizze einer geologischen Schilderung des südlichen Amerika I, S. 311–313.
[175] Ebd. S. 317.
[176] Ebd. S. 318.
[177] Ebd. S. 314.
[178] Ebd. S. 315.
[179] Ebd. S. 316.
[180] A. v. HUMBOLDT: Skizze einer geologischen Schilderung... II, S. 392.
[181] Ebd. S. 393.
[182] Ebd. S. 399.
[183] Ebd. S. 402.
[184] Ebd. S. 407–413.
[185] Ebd. S. 413–415.
[186] Ebd. S. 415–420.
[187] Ebd. S. 324.
[188] Ebd. S. 313.
[189] Ebd. S. 401.
[190] Gemeint ist das erwähnte Gesetzbuch »Recopilación de leyes de los reynos de las Indias«, vorgelegt vom Indienrat 1680, oft wieder aufgelegt; darüber OTTO QUELLE: Geschichte Iberoamerikas, S. 108 ff.
[191] Humboldts Reise VI, S. 328 f.
[192] Ebd. S. 366. – Damit schließt merkwürdigerweise die deutsche Übersetzung von Humboldts Reisebericht; vgl. dazu oben S. 326, Anm. 1. Die Originalausgabe (Relation historique...) führt die Schilderung weiter bis zum ersten Aufenthalt in Kolumbien.
[193] Relation historique III, S. 351.
[194] Ebd. III, S. 348.
[195] Ebd. III, S. 360.
[196] A. v. Humboldt schreibt in der Relation historique III, S. 360, O-Reilly, in Briefen an seinen Bruder Orelly; wahrscheinlich ist die letztere Schreibung von den Herausgebern verwendet worden.
[197] Relation historique III, S. 461.
[198] Ebd. S. 360; Humboldt erhielt eine »Tafel der Positionen«.
[199] Relation historique... III, S. 360.
[200] Der »Essai politique sur l'île de Cuba« steht in der Relation historique III, S. 322–501 und erschien, neu bearbeitet, 1826 in zwei Bänden in Paris.
[201] Relation historique III, S. 348. Humboldt schrieb: Pflanzen des »äquatorialen Teils Mexicos« und meinte damit die Vegetation der *tierra caliente*.
[202] Ebd. S. 460.
[203] Humboldts Reise VI, S. 318 u. Relation historique III, S. 458 f.

Humboldt wollte zunächst sogar seine Manuskripte Gonzales mitgeben. Leider ging dieser, dem auch ein Kind anvertraut worden war, mit dem Schiff während eines Sturmes an der afrikanischen Küste unter.

204 A. an W. v. Humboldt, Cartagena, 1.4. 1801; Briefe Alexander's von Humboldt an seinen Bruder Wilhelm, S. 23.

205 Der englische Botaniker John Fraser (1750–1811) führte mehrere amerikanische Pflanzen in Europa ein, und zwar in der Zeit von 1780–1795 (5 Reisen). 1796 ging er nach St. Petersburg, wo die Zarin Katharina eine Pflanzensammlung von ihm kaufte. 1797 und 1798 weilte er wieder in Rußland und wurde Pflanzensammler des Zaren Paul. In dessen Auftrag sammelte er seit 1799 in Amerika. Nach seiner Rückkehr reiste er zweimal nach Rußland, doch lehnte Zar Alexander ab, die Verpflichtungen seines Vorgängers anzuerkennen; Fraser erhielt auch keine Belohnung. Zum letzten Mal weilte der Engländer von 1806–1810 in Amerika und besuchte auch Cuba wieder.

206 A v. Humboldt an Willdenow, Havanna, 21.2. 1801; BRUHNS I, S. 339.

207 Am Anm. 206 a.O., S. 337.

208 A. an W. v. Humboldt, Contreras bei Ibagué, 21.9. 1801; Briefe Alexander's von Humboldt an seinen Bruder Wilhelm a.a.O., S. 30f.

209 Relation historique III, S. 458.

210 Ebd. S. 459.

211 Ebd.

212 Ebd. S. 460.

213 Ebd. S. 461.

214 Ebd. S. 461.

215 Relation historique III, S. 461.

216 Ebd. S. 463.

217 Ebd. S. 480.

218 A. an W. v. Humboldt, Cartagena, 1.4. 1801; Briefe Alexander's von Humboldt an seinen Bruder Wilhelm, S. 21.

219 A. an W. v. Humboldt, Contreras bei Ibagué, 21.9. 1801; Briefe Alexander's von Humboldt an seinen Bruder Wilhelm, S. 31.

220 Siehe Anm. 218.

221 Siehe Anm. 218.

222 Relation historique III, S. 532; Humboldt schreibt in seinem Tagebuch: »Am Rio Sinú sah ich einen pommerischen Zimmermann (aus Wollin), in Barrancas Nuevas einen schlesischen Soldaten; beide gutmüthige Deutsche hatten ihre Sprache vergessen.« H. A. SCHUMACHER: Südamerikanische Studien, S. 452.

223 Siehe Anm. 218.

224 Am Anm. 218 a.O., S. 22.

225 Siehe Anm. 224.

226 H. A. SCHUMACHER: Südamerikanische Studien, S. 107. – Das hervorragende Werk SCHUMACHERS erschien 1884 nach der BRUHNSschen Biographie (Berlin 1872) und wurde von der Humboldtforschung seither völlig übersehen. Das Buch wurde nach seinem Erscheinen von JULIUS LÖWENBERG lobend besprochen (Zeitungsausschnitt unbekannter Herkunft im Besitz v. Frau M. M. Hug, Humboldtarchiv Tegel, z. Zt. Karlsruhe). Schumacher war deutscher Generalkonsul in Bogotá und hat in jahrelanger Arbeit wertvollste Humboldt-Quellen gesammelt. Ihm verdankt die Wissenschaft die Publikation und Rettung vieler heute nicht mehr vorhandener Quellen; besonders wichtig waren die von ihm übernommenen Passagen aus Humboldts Tagebüchern!

227 Relation historique III, S. 552.

228 H. A. SCHUMACHER: Südamerikanische Studien, S. 465, nach Humboldts Tagebuch.

229 Relation historique III, S. 553.

230 A. v. Humboldt an v. Zach, Cumaná, 1. 9. 1799, in: Monatl. Korrespondenz zur Beförderung der Erd- und Himmelskunde Bd. 1, 1800, S. 382–417.

231 Humboldt merkt an dieser Stelle an: »Mit diesem nicht gebräuchlichen Ausdruck bezeichne ich Linien, welche durch die Punkte laufen, die mittelst Übertragung der Zeit bestimmt worden und somit von einander abhängig sind. Von der zweckmäßigen Richtung dieser Linien hängt die Genauigkeit einer rein astronomischen Aufnahme ab«; Humboldts Reise VI, S. 295, Fußnote.

232 Humboldt verweist auf eine vorhergehende Passage seines Reiseberichts (Reise VI, S. 139), wo er von seiner Längenbestimmung auf einer kleinen Insel inmitten einer Anhäufung mehrerer Klippen und Felsen, der sogenannten Boca del Infierno, welche den Orinoco in zwei Arme teilt, berichtet.

233 Humboldts Reise VI, S. 295 f.

234 Relation historique III, S. 552.

235 A. an W. v. Humboldt, Contreras bei Ibagué, 21. 9. 1801; am Anm. 219 a.O. S. 32. L. A. MCINTYRE: Die amerikanische Reise a.a.O., S. 118 f.

236 Relation historique III, S. 558; SCHUMACHER: Südamerikanische Studien, S. 457. Die Karte war schon 1793 angekündigt worden, wurde aber erst 1806 recht unvollständig in Bogotá veröffentlicht; vgl. auch SCHUMACHER, S. 108.

237 Relation historique III, S. 558.

238 SCHUMACHER: Südamerikanische Studien, S. 450.

239 Ebd. S. 108.

240 Ebd. S. 66.

[241] Ebd. S. 451.
[242] Relation historique III, S. 558f.
[243] Siehe Anm. 219.
[244] Relation historique III, S. 559.
[245] A. v. Humboldt an Baudin, Carthagène des Indes, 22. 4. 1801; Briefe Alexander von Humboldts an Varnhagen von Ense, S. 229.
[246] SCHUMACHER: Südamerikanische Studien, S. 99; H. A. SCHUMACHER: Ueber Francisco de Cáldas..., S. 99.
[247] SCHUMACHER: Südamerikanische Studien, S. 100f.
[248] Ebd. S. 98f.
[249] Ebd. S. 108.
[250] Ebd. S. 100. Vgl. unten S. 187.
[251] Nach einem Auszug aus Humboldts Tagebuch, wiedergegeben in SCHUMACHER: Südamerikanische Studien, S. 99f.
[252] Relation historique III, S. 569.
[253] Ebd. S. 570.
[254] SCHUMACHER: Südamerikanische Studien, S. 453. – Zum folgenden: A. v. Humboldt schiffte sich in Barrancas Nuevas (am Magdalenenstrom) ein und traf dort den dritten Deutschen während seiner Reise, einen schlesischen Soldaten, der seine Muttersprache verlernt hatte (vgl. oben Anm. 222).
[255] SCHUMACHER: Südamerikanische Studien, S. 99f. – Hierzu H. BECK: Die Reise A. v. Humboldts im Gebiet des heutigen Staates Kolumbien (unveröff. Manuskript). Hierzu: A. v. HUMBOLDT: Relation historique II, S. 257, S. 341. – Siehe zum Tagebuch Humboldts mit der Vier-Blatt-Karte der topographischen Aufnahme des Rio Magdalena JORGE ARIAS DE GREIFF: El mapa de Humboldt del Río Magdalena. In: Revista de la Academia Colombiana de Ciencias Exactas, Fisicas y Naturales 13. 1969, S. 399–401, mit fünf ganzseitigen Tafeln aus Humboldts Tagebüchern und der »Carta del curso del Rio de la Magdalena desde Honda hasta el Dique de Mahates, formata sobre las observaciones astronomcias hechas en Abril, Mayo y Junio de 1801 por el Sr. A. F. Humboldt. Primer Diseño.« Die ausgeführte Karte in HUMBOLDTS: Atlas géographique et physique des régions équinoxiales du Nouveau Continent. Paris 1814, Tafel 24, mit zwei Nebenkarten, wie der Atlas in Groß-Folio, insgesamt ein kartographisches Meisterwerk.
[256] Beide Elhuyar hatten 1778 in Freiberg studiert und 1783 das Wolfram entdeckt. Juan d'Elhuyar hatte 1788 deutsche Bergleute aus Sachsen nach Neu-Granada gebracht; seit Ende 1788 arbeiteten unter seiner Leitung in Santana (Silbergruben und Amalgamation) Gottlieb Fr. Klemm aus Freiberg, Jacob Benjamin Wiesner, Johann Abrah. Fr. Bare, Johann Burkard, Johann Sam. Bormann und Fr. Ningerte. Humboldt schrieb in seinem Tagebuch »gemeines Bergvolk, kaum

zum Steigen tauglich, abgesehen von Wiesner«; nach SCHUMACHER hatte sich der Name Wiesner noch 1874 im Lande erhalten, deutsche Wörter fanden sich noch in der Bergmannsprache Columbiens; vgl. SCHUMACHER: Südamerikanische Studien, S. 451 f. – Die Deutschen aus dem evangelischen Teil Sachsens litten sehr unter Tropenkrankheiten und wurden als »Hugenotten« verschrien. Die Geistlichen verlangten den Übertritt dieser Ketzer (a.a.O., S. 68). Nach SCHUMACHER rief E. G. Dietrich aus Altenberg im Erzgebirge (gest. 1791) »eine Correspondenz mit Dresden hervor« (a.a.O., S. 452). Vgl. C. LIESEGANG: Deutsche Berg- und Hüttenleute..., S. 24. In Honda erhielt Humboldt auch eine Karte des Carlos de Cabrer (SCHUMACHER, S. 458).

257 SCHUMACHER: Südamerikanische Studien, S. 101.

258 Ebd. S. 100.

259 Ebd. S. 102.

260 SCHUMACHER merkt an dieser Stelle über Jorge Tadeo Lozano an: geb. zu Bogotá am 30. 1. 1771, Besuch des Colegio del Rosario seit Oktober 1781, Studium der Medizin, 1797 Rückkehr aus Spanien.

261 SCHUMACHER: Südamerikanische Studien, S. 102–104.

262 A. an W. v. Humboldt, Contreras bei Ibagué, 21. 9. 1801; Briefe Alexander's von Humboldt an seinen Bruder Wilhelm, S. 35.

263 Humboldts Reise V, S. 112.

264 Ebd. S. 225.

265 Ebd. S. 226.

266 SCHUMACHER: Südamerikanische Studien, S. 116. Humboldt erhielt nur Bilder, aber keine Beschreibungen. Er gab das Geschenk an die oben genannten französischen Freunde weiter und wurde dennoch später völlig grundlos von Caldas (1809) und Lagasca (1827) u. a. beschuldigt, Mutissche Tafeln in seinen »Plantes équinoxiales« (2 Bde. Paris 1808 u. 1809) publiziert zu haben, ohne die Herkunft anzugeben. Schon SCHUMACHER hat demgegenüber festgestellt, daß diese »Verdächtigungen« völlig grundlos sind (a.a.O., S. 455 f.).

267 SCHUMACHER: Südamerikanische Studien, S. 7ff. – OTTO QUELLE: Zur Erinnerung an José Celestino Mutis, S. 227f.; GUILLERMO HERNÁNDEZ DE ALBA: La vida y la obra de José Celestino Mutis. Madrid 1951; DERS.: Archivo epistolar del sabio naturalista José Celestino Mutis. 2 Bde. Bogotá 1947–49; DERS.: Humboldt y Mutis. In: Revista de la Academia Colombiana 10. 1959, S. XLIX–LVII; DERS.: José Celestino Mutis. In: New Catholic Encyclopaedia 10. 1967, S. 146f.; ALFREDO D. BATEMAN: La influencia de Mutis en la cultura nacional. In: Revista de la Acad. Colombiana 11. 1961, S. XVII–XXVI; zum weiteren auch JULIO CESAR TURBAY AYALA: Alejandro de Humboldt y Colombia. In: Humboldt. Revista para el mundo iberico 1. 1960, S. 13–17; JORGE ARIAS DE GREIFF: Itinerario

de Humboldt y Bonpland (en Colombia). In: Boletín de la Soc. Geografica de Colombia 26. 1968, S. 253–258, mit zwei Routenkarten, weitere Arbeiten des gleichen Verf. in derselben Zeitschrift 1969.

268 SCHUMACHER: Südamerikanische Studien, S. 17.

269 Vgl. Anm. 267.

270 Zur Geschichte dieses Bürger- und Bauernaufstandes vgl. MANUEL BRICEÑO: Los Communeros, Bogotá 1880.

271 SCHUMACHER: Südamerikanische Studien, S. 43. – FEDERICO GONZÁLEZ SUÁREZ, eine der bedeutendsten Gestalten der Geistesgeschichte Ecuadors, wollte den Ursprung dieser »Expedición botánica« auf A. v. Humboldt zurückführen. Aus den oben mitgeteilten Daten wird ersichtlich, daß vor allem Rúiz' und Pavons staatliche Untersuchungen in Peru und Chile sowie kolonialspanische Initiative entscheidend waren. Humboldt konnte diese Vorgänge nicht beeinflussen. Vgl. F. GONZÁLEZ SUÁREZ: Memoria histórica sobre Mutis y la Expedición Botánica, Quito 1888 (Dr. H. SCHNEIDER, Hamburg).

272 Während des Unabhängigkeitskampfes litten die Sammlungen von Mutis sehr (vgl. FLORIAN KIENZL: Bolívar, S. 112). Die spanische und kolumbianische Regierung haben in den 50er Jahren beschlossen, Mutis noch vorhandene Zeichnungen zu veröffentlichen, und zwar in einem Prachtwerk, das 51 Bände umfassen soll. Der Titel des Werkes lautet: Flora de la Real Expedición Botánica del Nuevo Reino de Granada (Madrid 1954ff.). Der erste Band erschien 1954 mit dem Sondertitel: La Real Expedición Botánica del Nuevo Reino de Granada.

273 SCHUMACHER: Südamerikanische Studien, S. 77.

274 Ebd. S. 76.

275 Vgl. S. 128 und Anm. 283.

276 SCHUMACHER: Südamerikanische Studien, S. 86.

277 Ebd.

278 Relation historique III, S. 570f.

279 Nach PEDRO IBANEZ: Crónicas de Bogotá, 2. Ausg. Bd II, Bogota 1915, S. 198–203, (Dr. H. SCHNEIDER, Hamburg).

280 A. v. HUMBOLDT: Gesammelte Werke, 10. Bd., S. 155: Der Fall des Tequendama.

281 A. v. HUMBOLDT: Ueber die Hochebene von Bogotá, in: Kleinere Schriften, Bd. 1 (Stuttgart u. Tübingen 1853), S. 100–132.

282 SCHUMACHER: Südamerikanische Studien, S. 105.

283 Ebd. S. 117. – Zea hatte in Spanien seine Studien wieder aufgenommen und war Nachfolger von Cavanilles als Professor der Botanik und Direktor des Königlichen Botanischen Gartens zu Madrid geworden. Er schrieb: Memoria sobre la quina segun los principios del Señor Mutis, in: Annales de ciencias naturales II (Madrid 1800),

S. 196ff. Von dieser Veröffentlichung hatte Humboldt schon in Madrid einige Druckbogen erhalten, um sie nach Südamerika für Mutis mitzunehmen. Es spricht alles dafür, daß Humboldt den jungen Zea schon damals persönlich kennenlernte. Über das weitere Verhältnis Humboldts zu Zea vgl. H. BECK: Alexander von Humboldt, Bd. II, S. 439. Rúiz und Pavon wiesen Zeas Angriff scharf zurück: Defensa que hacen de las quinas finas Peruvianas y las de Loja los Botánicos de la expedición del Perú, in: Suplemento á la Quinologia (Madrid 1801), S. 21–105. Humboldt tadelte die gereizte Sprache dieser Abhandlung, die »in den meisten Punkten das Sachlich-Richtige« vertrat (SCHUMACHER), siehe SCHUMACHER, S. 457.

284 SCHUMACHER: Südamerikanische Studien, S. 118.

285 Ebd. S. 424.

286 Ebd. S. 442.

287 DE LA ROQUETTE I, S. 120; Brief vom 21. 6. 1803 (von DE LA ROQUETTE falsch datiert, siehe SCHUMACHER: Südamerikanische Studien, S. 472). Humboldt war überzeugt, Mutis gehöre die Priorität der Entdeckung des Chinabaums in Neu-Granada.

288 SCHUMACHER: Südamerikanische Studien, S. 110.

289 Ebd. S. 111. – F. E. A. HUMBOLDT (das ist Alexander v. Humboldt): Memoria raciocinada de las salinas de Zipaquirá (1801). Bogotá 1952 (Archivo de la economía nacional, 1; Publicaciones del Banco de la República).

290 Ebd.

291 Ebd. S. 112.

292 Ebd. S. 119f.

293 Vgl. Annales de ciencias naturales, V (Madrid 1804), S. 231ff.; siehe A. v. HUMBOLDT: Atlas géographique et physique du Nouveau Continent ... (Paris 1814), Tafel VI: Profil du chemin de Carthagène des Indes au plateau de Santa Fé de Bogotá; Dessiné par L'Auteur à Santa Fé de Bogotá en 1801, terminé à Paris en 1820, gravé à Paris par L. Coutant, l'écriture par L. Aubert; vgl. H. BECK: Alexander von Humboldts »Essay de Pasigraphie«, S. 38, Anm. 39. – Siehe Tafel X.

294 SCHUMACHER: Südamerikanische Studien, S. 130, nach Humboldts Tagebuch.

295 Ebd.

296 SCHUMACHER schreibt (Südamerikanische Studien, S. 471): »Humboldt's Selbstbiographie von 1800–1801 ist nur in dem Theile erhalten, welcher zu Bogotá am 4. August 1801 entstand. [A. v. Humboldt schrieb darin:] ›Ich begann in Cuba die Geschichte meines Lebens zu schreiben; ungewiß, ob ich im Stande sein werde, mein jetziges Unternehmen zu Ende zu führen, will ich niederschreiben, was die unmittelbaren Beweggründe für meine Reisen waren, in der Hoffnung, diese Zeilen in meinen alten Tagen mit Vergnügen zu

lesen.‹ Humboldt fand den Entwurf seines in Bogotá gebliebenen Manuscripts im November 1839 in Berlin wieder und bemerkte auf demselben, nachdem er die Ueberschrift weggeschnitten hatte: ›Nie drucken zu lassen.‹« – Daraus ergibt sich, daß Schumacher dieser Entwurf zugänglich war. Er ist auch der einzige Autor, der bis dahin Alexanders Tagebücher ausgiebig benutzt hatte. Die erwähnten Ausführungen von 1801 sind heute zugänglich in KURT-R. BIERMANN und FRITZ G. LANGE: Alexander von Humboldts Weg zum Naturwissenschaftler und Forschungsreisenden. In: Alexander von Humboldt. Wirkendes Vorbild für Fortschritt und Befreiung der Menschheit. Berlin 1969, S. 87–102. – Die Tagebücher Humboldts waren 1945 in die UdSSR gebracht und damit vor der Vernichtung bewahrt worden. Sie wurden 1959 von der UdSSR der DDR übergeben, eine Tatsache, die damals auch von westdeutschen Zeitungen vermerkt worden ist. Die mit dem Humboldt-Jubiläum beschäftigten Mitglieder der damals noch bestehenden und gesamtdeutsch besetzten A. v. Humboldt-Kommission bemerkten diesen Vorgang zunächst nicht, wohl aber der zufällig in der Deutschen Staatsbibliothek weilende Neptalí Zúñiga, der von der Deutschen Ibero-Amerika-Stiftung in Hamburg unterstützt wurde. Er ließ sich Kopien herstellen und legte sie in Westberlin vor. Die näheren Umstände entbehren nicht der Komik. Mit Teilveröffentlichungen ist zu rechnen in Kolumbien (dortige Akad. d. Wiss. u. Akad. d. Wiss. d. DDR) und in Peru (Prof. Georg Petersen u. Estuardo Nuñez); siehe Alexander von Humboldt. Lateinamerika am Vorabend der Unabhängigkeitsrevolution. Eine Anthologie von Impressionen und Urteilen, aus seinen Reisetagebüchern zusammengestellt und erläutert durch Margot Faak. Mit einer einleitenden Studie von Manfred Kossok. Berlin 1982; die Einführung Manfred Kossoks ist vorzüglich, wie alles, was dieser Gelehrte über Humboldt beigetragen hat (a.a.O., S. 11–19).

297 SCHUMACHER: Südamerikanische Studien, S. 116f.

298 Ebd. S. 128.

299 Ebd.

300 Ebd.

301 JSEF u. RENÉE GICKLHORN: Th. Haenkes Bedeutung für die Erforschung Südamerikas vor Alexander von Humboldt, S. 320.

302 Daraus ergibt sich, daß Humboldts Barmittel trotz der günstigen Umstände auf Cuba schon wieder zusammengeschmolzen gewesen sein müssen, eine Tatsache, die auch bei der Untersuchung des Verhältnisses Humboldt–Carlos Montúfar–Caldas berücksichtigt werden sollte (vgl. unten S. 199f.).

303 Humboldts Tagebuch, zitiert nach SCHUMACHER, Südamerikanische Studien, S. 131.

304 SCHUMACHER: Südamerikanische Studien, S. 131.

305 Humboldts Tagebuch, ebd. S. 131 f.

306 In seinen Briefen aus Amerika an seinen Bruder Wilhelm schrieb A. v. Humboldt, Heliconienblätter seien zu diesem Zweck verwendet worden. 1810 widerrief er diese Ansicht ausdrücklich: »Ist man in Ibague angekommen und rüstet sich zu dieser Reise, so läßt man in den benachbarten Gebirgen einige hundert Vijaoblätter schneiden, einer Pflanze aus der Familie der Pisangs, welche ein neues, an das des Thalia grenzendes Geschlecht bildet und die man ja nicht mit der Heliconia Bihai verwechseln darf. Diese Blätter, welche häutig und glänzend sind, wie die der Musa, haben eine ovale Form, 54 cm Länge und 37 cm Breite. Ihre untere Fläche ist silberweiß und mit einer mehligen Materie bedeckt, die sich schuppenweise ablöst. Dieser eigentümliche Firnis macht, daß sie dem Regen lange widerstehen können. Sammelt man sie, so macht man einen Einschnitt in die Hauptrippe, welcher die Stelle des Hakens vertritt, an dem man sie aufhängt, wenn man das tragbare Dach aufrichtet; dann dehnt man sie aus und rollt sie sorgfältig zu einem cylinderförmigen Pack zusammen. Um eine Hütte, in welcher sechs bis acht Personen schlafen können, zu bedecken, braucht man 50 bis 60 kg Blätter«. A. v. HUMBOLDT: Pittoreske Ansichten der Kordilleren und Monumente amerikanischer Völker (Ges. Werke von Alexander von Humboldt, 10. Bd., Stuttgart o. J., S. 154).

307 A. v. HUMBOLDT: Pittoreske Ansichten ... S. 150.

308 Ebd. S. 153.

309 Ebd. S. 151.

310 SCHUMACHER: Südamerikanische Studien, S. 136.

311 Ebd. S. 137.

312 A. an W. v. Humboldt, Lima, 25. 11. 1802; Briefe Alexander's von Humboldt an seinen Bruder Wilhelm, S. 41 f.

313 SCHUMACHER: Südamerikanische Studien, S. 136 f.

314 Ebd.

315 Ebd.

316 Ebd. S. 143 f.

317 A. an W. v. Humboldt, Lima, 25. 11. 1802; Briefe Alexander's von Humboldt an seinen Bruder Wilhelm, S. 42.

318 Ebd. S. 42–43. – Humboldt hat am 19. u. 22. 12. 1801 in Pasto astronomisch Länge und Breite bestimmt und zwischenzeitlich noch Sonnenhöhen genommen. In der Nacht zum 23. 12. war er in Santa Rosa, die Weihnachtszeit verbrachte er in Guachucal, am Vulkan Cumbal gelegen. Am 26. 12. 1801 bestimmte er dort Breite und Länge; Recueil d'observations astronomiques, d'opérations trigonométriques et des mesures barométriques. 2 Bde. Paris 1810, I, S. 306; II, S. 286–288; hierzu LOREN ALEXANDER MCINTYRE: Die ameri-

kanische Reise, a.a.O., S. 173, 189. Guachucal liegt 98 km südlich von Pasto.

319 SCHUMACHER: Südamerikanische Studien, S. 138.

320 SCHUMACHER: Ueber Francisco de Cáldas, S. 99.

321 Caldas an A. v. Humboldt, Dezember 1801; Boletino de Historia y Antiguedades XVII (1928/29), S. 292–294; deutsche Übersetzung von DR. JOHANNES EICHHORN, Berlin. – Vgl. zu Caldas' Freude über Humboldts Kommen auch FEDERICO GONZÁLEZ SUÁREZ: Historia general de la Republica del Ecuador, Bd. V, Quito 1844, neue Aufl. Quito 1931, S. 421. (DR. H. SCHNEIDER, Hamburg).

322 SCHUMACHER: Ueber Francisco de Cáldas, S. 98.

323 SCHUMACHER: Südamerikanische Studien, S. 144.

324 Ebd. S. 145.

325 Ebd. S. 146.

326 Humboldts Tagebuch, nach SCHUMACHER, ebd. S. 147.

327 A. an W. v. Humboldt, Lima, 25. 11. 1802; Briefe Alexander's von Humboldt an seinen Bruder Wilhelm, S. 48.

328 Rosa Montúfar erzählte dies dem deutschen Reisenden und Geographen Moritz Wagner, als dieser sich im Jahre 1859 auf Humboldts Rat auch in Quito aufhielt. Damals sah Wagner das Bild Humboldts. Vgl. Zeitschrift für allg. Erdkunde, N. F. (Berlin 1864) S. 235. – Hierzu HALINA NELKEN: Alexander von Humboldt. Bildnisse und Künstler. Eine dokumentierte Ikonographie. Berlin 1980, S. 52.

329 SCHUMACHER: Südamerikanische Studien, S. 149.

330 A. v. Humboldt an Delambre, Lima, 25. 11. 1802; DE LA ROQUETTE I, S. 153, freie Übersetzung des Verf.

331 A. v. HUMBOLDT: Kleinere Schriften I, S. 55.

332 Ebd. I, S. 61.

333 Ebd. I, S. 62.

334 Hierzu und zum folgenden Text A. v. HUMBOLDT: Atlas géographique et physique du Nouveau Continent (Paris 1814), Blatt 5 (Andenkarte), 9 (Chimborazo-Besteigung), 10 (Provinz Quito), 26 (Antisana), 27 (Pichincha).

335 SCHUMACHER: Südamerikanische Studien, S. 159.

336 Vgl. Anm. 110. – Zu Caldas: Francisco José de Caldas. Cartas. Editor E. Posada. Bogotá 1917; ders.: Obras completas. Publicadas por la Univ. Nacional de Colombia. Bogotá 1966; siehe die Beiträge über Caldas in: Revista de la Acad. Colombiana 11. (No 42) 1960, S. V–XX, auf den folgenden Seiten Beiträge über Salvadór Rizo, Eloy Valenzuela, Caldas (XXXI–XXXXVI), Humboldt und die Schule von Mutis (XXXVII–XLI); JORGE ARIAS DE GREIFF: Algo mas sobre Caldas y Humboldt. El documento inédito de una lista de instrumentos. In: Boletín de la Soc. Geográfica de Colombia 27.

1970, S. 3–15; Enrique Pérez Arebeláez: Alejandro de Humboldt en Colombia. Bogotá 1959.

337 SCHUMACHER: Südamerikanische Studien, S. 151. A. v. Humboldt an Delambre, Lima, 25. 11. 1802; DE LA ROQUETTE I, S. 152.

338 Siehe Dictionnaire de Biographie Française, 5. Bd. (Paris 1951), Sp. 854f.

339 SCHUMACHER: Südamerikanische Studien, S. 155.

340 Es stimmt demnach nicht, daß Humboldt seinem Begleiter Montúfar die Reise bezahlte. Dies stellt zuerst SCHUMACHER fest. Humboldt empfing nach den Eintragungen seines Tagebuches in Lima und Guayaquil je 2000 Pesos Reisekosten für Carlos Montúfar. Dessen spätere Schulden erklären sich auf natürliche Weise, s. Hanno Beck, Band II, S. 56 u. S. 244 m. Anm. 5; vgl. SCHUMACHER: Südamerikanische Studien, S. 488; danach hat Montúfar allerdings »erhebliche Vorschüsse« erhalten.

341 SCHUMACHER: Südamerikanische Studien, S. 157–159.
Loren Alexander McIntyre hat Humboldts Verhalten in Quito dargestellt: »Ich finde es, was Humboldts Verhalten in Quito angeht, nur fair, anzunehmen, daß er sich benahm wie ein normaler Mann. Was aber ist mit den einander widersprechenden Aussagen der verschiedensten Biographen über Humboldts sexuelle Neigung? War er heterosexuell, homosexuell oder vielleicht bisexuell? Ich habe den Eindruck, daß spanisch schreibende Biographen zur ersten Annahme neigen, was nicht verwundert, denn im Spanischen ist barón kein Titel, sondern ein barón ist ein Mann mit stark ausgeprägter Männlichkeit. Insbesondere für die wenig gebildeten Lateinamerikaner, die den Adelstitel gar nicht kannten, erklärte sich der Name gleichsam von selbst: el barón de Humboldt, das war der starke Mann Humboldt. Im Unterschied zu spanischen Biographen neigen englische eher zu der Anahme, daß Humboldt homosexuell war, deutsche vertreten die Meinung, der Forscher habe zur Sexualität überhaupt kein Verhältnis gehabt, und Franzosen vermuten Bisexualität.« Weiter sagt der gleiche Autor, wir kennten die Wahrheit nicht, Humboldts Zeitgenossen hätten nicht durch Schlüssellöcher gesehen, seine Zeit sei diskreter – wie Humboldt selbst – gewesen (LOREN A. MCINTYRE: Die amerikanische Reise a.a.O., 1982, S. 218f., S. 224). Der Verf. selbst hat im ersten Band seiner Biographie 1959 lediglich damals übliche Meinungen widerlegt, ohne die Frage zu entscheiden: Daran hat sich bis heute nichts geändert.

342 Diese persönlichen Äußerungen erleichtern die These südamerikanischer Forscher, Caldas habe die Pflanzengeographie vor A. v. Humboldt entwickelt, keineswegs.

343 SCHUMACHER: Südamerikanische Studien, S. 158. – Auch später glaubte man in Ibero-Amerika, gelegentlich feststellen zu sollen,

Humboldt habe befürchtet, Caldas könne ihm Entdeckungen wegnehmen, und habe diesen deshalb zurückgelassen. Für südamerikanische Forscher beginnt Humboldt oft erst mit seiner Ankunft in Cumaná greifbar zu werden. Man übersieht dort oft seinen Weg bis 1799, der seine Leistungsfähigkeit bereits eindeutig bewiesen hatte. Humboldt war ein erfolgreicher Gelehrter, eine europäische Berühmtheit, als er Caldas traf, der damals noch im Kommen war; siehe hierzu LUIS MARIA NUNILLO, in: Boletino de Historia y Antiguedades (Organ der kolumbian. Akademie f. Gesch.), Nr. 429 u. 431, Bd. XXXVII, Bogotá 1950 (DR. H. SCHNEIDER, Hamburg).

344 Die nähere Erforschung des Lebens von Humboldts Reisebegleiter Don Carlos Montúfar dürfte ergeben, daß dieser durchaus zu wissenschaftlicher Arbeit befähigt war.

345 Der Einfluß des Mondes auf den Barometerstand wurde damals in Europa bereits diskutiert.

346 SCHUMACHER: Südamerikanische Studien, S. 487.

347 Ebd. S. 152.

348 Ebd. S. 152f.

349 HIPÓLITO RÚIZ und JOSÉ PAVON: Flora Peruviana et Chilensis, 4 Bde. (Madrid 1794, 1798–1802).

350 »Die Aufschlüsse, welche die mineralogischen Nivellationen über die Theorie der Erde geben werden, sind groß und würdig der Beachtung eines Mutis; die geologische Karte wird, statt der Namen der Mineralien, die üblichen Zeichen angeben; wenn wir Farben anwenden, wie brilliant, wie philosophisch wird alsdann die Darstellung werden.« SCHUMACHER, Südamerikanische Studien, S. 154. Hier ist Caldas anscheinend von Humboldts pasigraphischen Ideen beflügelt worden.

351 SCHUMACHER: Südamerikanische Studien, S. 155.

352 SCHUMACHER: Ueber Francisco de Cáldas, S. 101.

353 Die Beobachtung des Merkur-Durchganges bezeichnete Humboldt als einen der »Hauptzwecke« seiner Reise nach Peru; A. v. HUMBOLDT: Alexander von Humboldt, S. 755.

354 SCHUMACHER: Südamerikanische Studien, S. 160–162. – Die Kenntnis der letztgenannten Bücher dürfte Caldas Humboldt verdanken.

355 Ebd.

356 SCHUMACHER: Südamerikanische Studien, S. 470.

357 Ebd.

358 SCHUMACHER: Ueber Francisco de Cáldas, S. 99; diese Meinung hat viel für sich.

359 SCHUMACHERS Meinung, Caldas habe von sich aus Profile gezeichnet, berücksichtigt den folgenden Tatbestand zu wenig: Humboldt hatte bereits mehrere Profile entworfen, als er Caldas traf. Erst seit dieser Zeit bemühte sich Caldas in ähnlicher Weise. Ebenso muß hier

wieder daran erinnert werden, daß Humboldts Bemühungen um die Darstellung der dritten Dimension viel weiter zurückreichen; siehe H. BECK: Alexander von Humboldts »Essay de Pasigraphie«, S. 35f.

360 SCHUMACHER schreibt: »Die falsche Behauptung, daß Cáldas zuerst den Gedanken einer Pflanzen-Geographie gefaßt habe, ist vielfach in Neu-Granada aufgestellt und noch 1874 in Paris von Adriano Páez wiederholt worden. Vgl. Revista (de Bogotá), I, S. 382. Dieser Páez erkühnt sich zu sagen: A Cáldas merece et título de verdadero autor de la Geografia de las plantas y Humboldt se aproprío, sin mencionar el nombre del sabio Colombiano, de quien tuvo conocimiento de la idea!!« (Südamerikanische Studien, S. 474). SCHUMACHER meinte, Humboldt habe auch das Wort Pflanzengeographie geprägt (a.a.O. S. 473), das dieser in seinem »Kosmos« (I, S. 375) auf Johann Christian Mentzel, den Leibarzt des Großen Kurfürsten, zurückführte, der es als »Geographie der Pflanzen« erstmals in einer unveröffentlichten »Flora von Japan« gebraucht habe. – 1944 versuchte EMILIO ROBLEDO darzulegen, Humboldt habe während seines Aufenthaltes bei Mutis die pflanzengeographischen Arbeiten von Caldas einsehen können (Francisco José de Cáldas. In: Universidad de Antioquia XVII. 1944, S. 433–439 (DR. H. SCHNEIDER, Hamburg); S. 435f. wird über Dokumente der »Botanischen Expedition« berichtet). Dies muß zurückgewiesen werden, weil Caldas selbst eindeutig feststellte, Humboldt habe erst seine Verbindung zu Mutis hergestellt. Diese Tatsache ergibt sich aus dem ersten Schreiben, das Caldas am 5. 8. 1801 an Mutis richtete. Caldas betonte darin, Mutis habe seine Arbeiten über die Messung der Guadelupe-Kapelle bei Bogotá sowie seine handschriftliche Grenzkarte des Timaná- und Laplata-Gebietes nicht von ihm, sondern von Freunden erhalten. Pflanzengeographische Untersuchungen werden nicht erwähnt. Von den Höhenmessungen erfuhr Humboldt während seines Aufenthaltes in Bogotá am 21. 7. 1801 aus der Zeitung (vgl. SCHUMACHER, Ueber Francisco de Cáldas, S. 99). Noch 1808 beteuerte Caldas in einer vertraulichen Eingabe, er sei von Humboldt an Mutis empfohlen worden; siehe hierüber SCHUMACHER: Südamerikanische Studien, S. 469f. – Es muß wissenschaftsgeschichtlich daran erinnert werden, daß die Erkenntnis der Pflanzengürtel und Höhenabstufungen wesentlich älter ist als die Untersuchungen Haenkes, Humboldts und Caldas'. Humboldt erst hat sie allerdings über die bloße Autopsie und gelegentliche Erwähnung bei seinen Vorgängern hinausgehoben und zum Gegenstand geographischer Forschung erhoben. JOSEF und RENÉE GICKLHORN haben bei ihrer Gegenüberstellung von Haenke und Humboldt die Behauptungen südamerikanischer Forscher hinsichtlich Caldas übersehen und meinten, die

Untersuchungen Thaddäus Haenkes berechtigten sie zu der Feststellung, diesem gebühre die Priorität der Pflanzengeographie; darüber mehr im Folgenden. – Schon vor Humboldt kommt Jean Louis Giraud-Soulavie eine erhebliche Bedeutung für die dreidimensionale Zonierung von Bergen und in der Pflanzengeographie zu; hierzu GÜNTER RAMAKERS: Géographie physique des plantes, géographie physique des animaux et géographie physique de l'homme et de la femme bei Jean-Louis Soulavie. Ein Beitrag zur Problem- und Ideengeschichte der Geographie im 18. Jahrhundert. Berlin 1981 = Abh. d. Geograph. Inst., Bd. 31: Anthropogeographie.

361 Siehe die Bemerkungen über die »Geschichte der Pflanzen«, die Vorstufe von Humboldts Pflanzengeographie, H. BECK: A. v. Humboldt, Bd. I, S. 78f., u. H. BECK: Alexander von Humboldts »Essay de Pasigraphie«.

362 Semanario (Bogotá) No. 16 vom 23. 4. 1809, S. 121ff.; spanischer Titel: »Geografia de las plantas ó cuadro físico de los Andes Equinocciales y de los paises vecinos, dedicado con los sentimientos del mas profundo reconocimiento el ilustre patriarca de los botánicos, Dr. José Celestino Mutis, por Frederico Alejandro Baron de Humboldt.« Caldas' Vorrede bespricht vor allem das Idealbild des Chimborazo. SCHUMACHER bemerkte hierzu: »In dem 1803 nach Bogotá gesandten Entwurfe bietet das Tableau physique nur ganz geringfügige Abweichungen von der Vorlesung, die Humboldt am 7. Januar 1805 im Pariser Institut gehalten hat; dagegen ist die zweite Arbeit, die eigentliche Pflanzen-Geographie, keineswegs mit der Veröffentlichung von 1805 übereinstimmend.« (Südamerikanische Studien, S. 473.)

363 SCHUMACHER: Ueber Francisco de Cáldas, S. 105.

364 SCHUMACHER erwähnt z. B., Caldas habe festgestellt, daß Humboldts Barometer einen Grad zu hoch standen; ebenso habe er Humboldts Brief über die Inka-Manuskripte in Cuenca als Mythe bezeichnet (Ueber Francisco de Cáldas, S. 105).

365 Siehe Anm. 362.

366 A. v. HUMBOLDT: Ueber einen Versuch den Gipfel des Chimborazo zu ersteigen, in: Kleinere Schriften (Stuttgart u. Tübingen 1853), S. 132–174.

367 Ebd. S. 143.

368 Ebd. S. 144.

369 Ebd. S. 151. – Humboldt stieg damit 3696 Fuß höher als La Condamine und Bouguer am Chimborazo, die 14400 Fuß erreichten. Die Höhe des Chimborazo beträgt etwa 6310 m; der Wert wird von guten Atlanten und Lexika schwankend angegeben. L. A. McINTYRE 1982 a.a.O., S. 228 u. DIETMAR HENZE: Enzyklopädie der Entdecker und Erforscher der Erde. 10. Lieferung, Graz 1983,

S. 659f.; hierzu auch KURT-R. BIERMANN: Alexander von Humboldt. Leipzig 1983, S. 47, der sich mit Recht gegen eine haltlose, 1970 erhobene Behauptung wendet, Humboldt habe seine Chimborazo-Besteigung »möglicherweise erfunden«; dazu auch MARGOT FAAK: Widerlegung von Zweifeln an Alexander von Humboldts Chimborazo-Besteigung. In: Petermanns Geogr. Mitt. 118. 1974, S. 35–41.

370 Ebd. S. 152.

371 Ebd. S. 157.

372 Ebd. S. 154; L. A. MYINTYRE, 1982, a.a.O., S. 228, u. DIETMAR HENZE: Enzyklopädie der Entdecker und Erforscher der Erde. 10. Lieferung, Graz 1983, S. 659f. Die Forschung hatte bisher angenommen, Alexander v. Humboldt sei etwa 400 m unter dem Gipfel geblieben. Es ergibt sich nunmehr, daß eine weitere Einschränkung erforderlich ist, die indessen nichts an einer großen Leistung ändert.

373 A. an W. v. Humboldt, Lima, 25. 11. 1802; Briefe Alexander's von Humboldt an seinen Bruder Wilhelm, S. 50.

374 Storia antica del Messico. Cesena 1780/81.

375 Am Anm. 373 a. O., S. 52.

376 Ebd.

377 A. v. HUMBOLDT: Ansichten der Natur II, S. 322f.

378 Am Anm. 373 a. O., S. 53.

379 A. v. Humboldt an Willdenow, Mexiko, 29. 4. 1803; Lettres américaines d'Alexandre de Humboldt, S. 155. Zu den »tätigsten Männern« zählte Humboldt damals Juan Tafalla, Vicente Olmedo, Mutis, einige Kapuziner Neu-Andalusiens und Guayanas und Caldas.

380 Ansichten der Natur II, S. 318.

381 Ebd.

382 Ebd. S. 319.

383 Ebd. S. 320.

384 Ebd. S. 321.

385 Ebd. S. 330f.

386 Siehe das Bild: Poste aux lettres de la Province de Jaen de Bracamoros. In: A. v. HUMBOLDT: Atlas Pittoresque. Vues des Cordillères. 2 Bde. Paris 1810, im Tafelband (Bd. I), Taf. 31; im Textband (Bd. II), S. 221f. – Georg Petersen, der seit 1924 in Peru arbeitet, ist der führende Humboldt-Forscher und Geologe seines Landes. Hierzu auch LOREN ALEXANDER MCINTYRE: Die amerikanische Reise. Auf den Spuren Alexander v. Humboldts. Hamburg 1982, S. 250f.

387 Der Lauf des Marañon war die Grenze der Vizekönigreiche Neu-Granada und Peru.

388 Ansichten der Natur II, S. 334f.; ursprünglich stand hier: »aus der südafrikanischen Familie«.

[389] La Condamines Längenbestimmung von Quito wich um 50½ Bogenminuten ab. Dieses Resultat hatte der Franzose auf Cuenca und den Marañon übertragen; vgl. A. v. HUMBOLDT: Recueil d'observations astronomiques ... II, S. 309–359. Ansichten der Natur II, S. 380.

[390] Ansichten der Natur II, S. 337.

[391] Lateinamerika am Vorabend der Unabhängigkeitsrevolution am Anm. 296 a. O. 1982, S. 199f.

[392] Ansichten der Natur II, S. 339f. u. S. 341f.

[393] Ebd.

[394] Ebd. S. 344.

[395] Ebd. S. 345; vgl. Kosmos I, S. 190f. und 432ff. (zur Frage der Priorität); Relation historique III, S. 615f. (Humboldt bezeichnet die Entdeckung dieses Gesetzes als das »wichtigste Ergebnis« seiner Reise).

[396] Ansichten der Natur II, S. 346.

[397] Ebd. S. 349.

[398] Ebd. S. 354–356.

[399] Ebd. S. 358–364.

[400] Über Urquiza vgl. Anm. 402.

[401] Über Nordenflycht vgl. unten S. 211f., und JOSEF und RENÉE GICKLHORN: Deutsche Arbeit bei der bergmännischen Erschließung der Vicekönigreiche Peru und La Plata vor Alexander von Humboldt, S. 115–251; J. u. R. GICKLHORN bezeichnen Nordenflycht S. 134 als Schweden mit den Vornamen Helios Timothäus; siehe C. SCHIFFNER: Aus dem Leben alter Freiberger Bergstudenten III, S. 1–17.

[402] A. v. Humboldt an Ignacio Checa, Guayaquil, 18. 1. 1803, in: El Ateneo, Lima, Jg. 1906, 2. Quartal, Nr. 40, S. 116–120 (DR. HANS SCHNEIDER, Hamburg; deutsche Übers. von DR. JOHANNES EICHHORN, Berlin). – Dieser Brief A. v. Humboldts erregte in Südamerika manchen Ärger. R. PALMA schreibt in seinem Kommentar dazu: »Selbst die Weisen sind leicht geneigt zu Vorurteilen und Leidenschaften und aus diesem Grunde ungerecht ... Wenn alles nach der Farbe des Glases geht, mit dem man beobachtet, muß man darüber einig werden, daß der Gelehrte Humboldt während seines Aufenthaltes in Lima rauchfarbige Augengläser benutzte.« Einen Urquiza, meint PALMA, habe es gar nicht gegeben, Humboldt denke wohl in Wahrheit an Unánue. Dies letztere ist aber mit gutem Grund zu bezweifeln: So hatte man sich seit Ende der 80er Jahre des 18. Jahrhunderts in Lima bemüht, Juan José d'Elhuyar, der den Bergbau in Mariquita und Santana im Vizekönigreich Neu-Granada leitete, nach Lima zu ziehen. Dieser hatte die Anträge abgewiesen, auch die mündlichen, die ihm von Gabriel Urquiza (aus Lima) überbracht wurden; siehe SCHUMACHER: Südamerikanische Studien, S. 68. – Ein

enges Verhältnis zwischen Humboldt und Dr. Hipólito Unánue, einem verdienten Naturwissenschaftler und Mediziner, ließ sich bis jetzt noch nicht nachweisen, obgleich es von südamerikanischer Seite versucht wurde. Unánue selbst erwähnt Humboldt in seinen Arbeiten nicht sehr oft. Als »etwas gequälter Versuch, Unánue und Humboldt in ein Verhältnis zueinander zu bringen« (Dr. H. Schneider, Hamburg, an den Verf.) erscheint z. B. der Aufsatz von Estuardo Nuñez: Humboldt y Unánue, in: Mercurio Peruano, Revista Mensual de Ciencias Sociales y Letras, XXV. Enero de 1950, Nr. 274, S. 10–16. – Es ist auch nicht möglich, »den kurzen Peru-Aufenthalt Humboldts als für sein Amerika-Erlebnis sehr viel bedeutsamer hinzustellen, als es der Wahrheit entspricht« (Dr. H. Schneider, Hamburg, an den Verf., Mai 1958), wie es in diesem Aufsatz geschieht. – Aufschlußreich für den Aufenthalt in Peru ist auch A. v. Humboldts Schreiben an Don Pedro Mendinueta y Musquiz, den Vizekönig Neu-Granadas, Lima, 7. 11. 1802; auch hier urteilt Humboldt ablehnend über Lima, in: Weserzeitung vom 7. 5. 1873.

403 A. v. Humboldt an Ignacio Chica, siehe Anm. 402. – Wie kann die pessimistische Darstellung Limas erklärt werden? Zu denken geben muß vor allem, daß seine Beurteilung von den feststellbaren Meinungen der zeitgenössischen Reiseliteratur völlig abweicht. Humboldt fand hier einfach nicht die Tropen, die er liebte. Die wüstenhafte Umgebung, der verhangene Himmel und die garúa-Nebel deprimierten ihn, die kolonialspanische Architektur sprach ihn augenscheinlich weniger an als die neuklassizistische. Dennoch sind seine sonstigen Stadtbeschreibungen einem Historiker wie Charles Minguet bemerkenswert erschienen. Minguet hat Humboldts Denken über das spanische Amerika in Sachgruppen behandelt; Charles Minguet: Alexander de Humboldt, historien et géographe de l'Amérique espagnole (1799–1804), Paris 1969; der Titel berücksichtigt nicht, daß es vor allem um das nachträgliche Denken Humboldts geht. Es sind dem Verfasser bedenkliche Irrtümer unterlaufen, die leider nie diskutiert wurden. Als Historiker hat Minguet die Bedeutung der Physikalischen Geographie übersehen, wozu seine allerdings sachgerechte Aufgliederung beiträgt. Dennoch gehört sein Werk mit den kürzeren Ausführungen Manfred Kossoks zu den wenigen wichtigen Beiträgen zur Forschung in diesem Bereich.

404 Calendario y Guia de Forasteros de Lima para el ano de 1826. Lima 1826, S. 37–41 (Dr. H. Schneider, Hamburg; deutsche Übersetzung von Fritz Lange, Berlin). Es wird über den in Lima im November 1825 beobachteten Kometen berichtet. Der Berichterstatter beklagt sich über die durch das Klima verursachten schlechten

Beobachtungsmöglichkeiten und geht dann auf A. v. Humboldt ein: »Die gleiche Ursache (fast ständige Bewölkung) verhinderte in dieser Stadt den berühmten Baron von Humboldt an einer genauen Beobachtung des Durchgangs des Merkur durch die Sonnenscheibe, der am 9. November 1802 stattfand.« Nach A. v. Humboldts eigener Mitteilung glückte aber die Beobachtung des Merkur-Durchganges; siehe Anm. 405.

405 Ansichten der Natur II, S. 393 f.

406 WILHELM COHN: Alexander v. Humboldt und die Landwirthschaft, in: Neue landwirthsch. Zeitung. hrsg. v. J. J. FÜHLING, 19. N. F. 7 (1870), S. 321–330.

407 DR. H. SCHNEIDER, Hamburg, hat während seiner Archivreise durch die Humboldtländer Süd- und Mittelamerikas auf Wunsch des Verf. auch auf Dokumente zum Verhältnis Humboldt–Haenke geachtet. Er wies dem Verf. einen Aufsatz nach, in: Almanaque Peruano, Lima 1807. Darin werden Jahreszeiten geschildert. Bei der Darstellung des Frühlings wird Humboldt angegriffen, »die Lebhaftigkeit des Geistes und die Geschwindigkeit der Reise« hätten ihn wohl an »der notwendigen Untersuchung gehindert. Anderenfalls würde er in den inneren und zentralen Provinzen unseres Amerika all die Reichtümer... gefunden haben. Sie wurden gefunden von D[on] Tadeo Haenke in Cochabamba...« (Deutsche Übers. DR. JOHANNES EICHHORN, Berlin). – Im Tagebuch Thaddäus Haenkes fand sich lediglich der Hinweis auf ein Gespräch mit Gottlob Friedrich Mothes (1766 Schneeberg – ca. 1817 in Südamerika) im September 1793, so daß bis jetzt nur eine direkte persönliche Beziehung zu einem Mitglied der deutschen Bergbaukommission unter Nordenflycht erwiesen ist. – Mothes hatte die Bergakademie in Freiberg besucht und war 1787 von Elhuyar angeworben worden; er hat vor allem als Markscheider ausgezeichnete Arbeit geleistet (siehe Profil des Silberbergwerkes von Potosí aus dem Indienarchiv in Sevilla). Er ist nie in Mexiko gewesen und war auch nicht Mitglied der Malaspina-Expedition, wie die ältere Forschung (der verdienstvolle Otto Quelle) und ihm folgend auch der Verf. noch 1959 angenommen hatten; RENÉE GICKLHORN: Die Bergexpedition des Freiherrn von Nordenflycht und die deutschen Bergleute in Peru. (Freiberger Forschungshefte. Kultur und Technik, D 40) Leipzig 1963, S. 88 ff. – Mothes hatte einen Bericht über die Silberproduktion in Potosí von 1558–1789 ausgearbeitet. Dieses vier Schreibseiten umfassende Memorandum hat A. v. Humboldt in Lima erhalten und später in seinen »Essai politique sur le royaume de La Nouvelle-Espagne« (2 Bde., Paris 1811) II, S. 517 (Fußnote) angeführt; hier auch der Hinweis auf die Benutzung des »Cabinet géologique du Baron de Nordenflycht« (II, S. 589). – Anton Zacharias Helms (1750 Hamburg – 1801 Wien) war

im polnischen Bergdienst, kam 1787 in Begleitung Nordenflychts nach Österreich, um in Schemnitz das Bornsche Verfahren der Amalgamation zu studieren. Von ihm hat Humboldt ein Memorandum über Pasco vom 6. 3. 1791 in sein Tagebuch aufgenommen (Faksimile bei R. GICKLHORN a.a.O., S. 186) und darin erwähnt, auch Nordenflycht habe ihm seine Sammlungen und Pläne der Minen von Pasco mitgeteilt (a.a.O., S. 185). – A. v. HUMBOLDT: Relation historique III, S. 197.

408 Siehe RENÉE GICKLHORN, a.a.O. 1963 in Anm. 407.

409 In einer Arbeit »Über die peruanischen Pacos« (in: Klaproths Beiträge zur chemischen Kenntnis der Minerale. 4. Bd., 1807) nannte Humboldt Nordenflycht und Helms (R. GICKLHORN a.a.O., 1961, S. 188f.). HELMS veröffentlichte als einziger der deutschen Bergleute in Peru später ein beachtliches Werk über seinen Aufenthalt in Südamerika: Tagebuch einer Reise durch Peru. Dresden 1798.

410 Johann Daniel Weber (1757 Steinwenden b. Kaiserslautern – ?), Hüttenbeamter, von Elhuyar angeworben, in Peru »Vizedirektor und Professor laboreo«, Vertreter Nordenflychts in Potosí (R. GICKLHORN 1961, S. 84ff.).

411 Timotheus (= Fürchtegott) oder Fürchtegott Leberecht v. Nordenflycht (1752 Mitau – 1815 Madrid) »hat sich immer als Schwede bezeichnet«, 1762 Übersiedlung nach Deutschland, 1778 Studium in Freiberg mit Fausto d'Elhuyar, 1786 Geheimer Bergrat u. Hüttendirektor in Polen. Seit 1788 in Amerika (R. GICKLHORN a.a.O., 1961, S. 72ff.). Er korrespondierte mit Humboldt. Die nähere Erforschung ihrer Beziehungen bleibt eine Aufgabe.

412 LIESEGANG a.a.O., S. 20.

413 Tagebucheintrag Humboldts in unten genannter Quelle S. 185. Zum sonstigen Text ebenso RENÉE GICKLHORN: Die Bergexpedition des Freiherrn von Nordenflycht und die deutschen Bergleute in Peru. (Freiberger Forschungshefte. Kultur u. Technik, D. 40) Leipzig 1963, S. 76–83, 85, 92 u. a.

414 Das wollte Frau Gicklhorn aus Südamerika erfahren haben; A. v. Humboldt habe Haenkes Arbeiten, soweit sie bis dahin vorlagen, von Regierungsstellen erhalten (Mitteilung vom 2. 10. 1958). Beweise wurden dafür nie erbracht. Die Konzeption Humboldts ist von Haenke nie bestimmt, höchstens verstärkt worden.

415 Die seither vorliegenden Publikationen Frau Gicklhorns enthalten in dieser Beziehung keine Beweise.

416 Siehe Anm. 16 u. H. BECK: Thaddäus Haenke – der große Südamerikaforscher. In: Große Reisende. München 1971, S. 118–130.

417 H. BECK: Thaddaeus Haenke und Alexander von Humboldt; siehe Anm. 16 (1971).

[418] A. v. Humboldt an Cavanilles, Mexiko, 22. 4. 1803; Lettres américaines d'Alexandre de Humboldt, S. 149.

[419] A. v. Humboldt an Ignacio Checa, Guayaquil, 18. 1. 1803, in: El Ateneo, Lima 1906, 2. Quartal Nr. 40, S. 116–120 (Dr. Hans Schneider, Hamburg; deutsche Übers. von Dr. Johannes Eichhorn, Berlin); dieser Wunsch ist der Nachsatz eines Dankbriefes für die Übersendung der Früchte von Vejuco de la Peca. Zum Routenzitat siehe Anm. 21 (Chronologische Übersicht) S. 33.

[420] Schumacher: Südamerikanische Studien, S. 163; Humboldt selbst erwähnte die Abfassung der Pflanzengeographie in seinem späteren Werk nicht.

[421] Schumacher: Ueber Francisco de Cáldas, S. 102.

[422] Am Anm. 449 a. O.

[423] Über Bonpland und besonders über Montúfar erfahren wir während der Reise wenig. Eines der seltenen Urteile Humboldts über Montúfar enthält sein Brief an den Gouverneur der Provinz Jaén, wo es heißt: »Empfangen Sie bitte die besten Empfehlungen meiner Begleiter Bonpland und Montúfar, der schon allzu dick wird.« Am Anm. 419 a. O.

[424] Helmut de Terra: Humboldt. New York 1955, S. 151.

[425] Esquisse d'une carte qui présente les fausses positions attribuées aux ports de la Vera-Cruz, et d'Acapulco, et de la capitale de Mexico. In: Atlas géographique et physique du royaume de la Nouvelle-Espagne. Paris 1811, Karte Nr. 10. Das Blatt selbst hat den Titel »Fausses Positions«. Am Beispiel der wichtigsten Orte des Landes zeigt Humboldt, wie falsch bis dahin die Karten waren. Vgl. auch Rayfred Lionel Stevens-Middleton: La obra de Alexander von Humboldt en Mexico. Fundamento de la Geografia moderna (Instituto Panamericano de Geografia e Historia, Publ. No. 202, México 1956; Fig. 3, zwischen S. 62 u. 63).

[426] Wegen seiner vielen Erinnerungen an die kolonialspanische Zeit nannte man Taxco in unseren Tagen das »mexicanische Rothenburg«. Das Haus, welches Humboldt damals bewohnte, stammte aus der Konquistadorenzeit und war im prächtigen spanisch-maurischen Stil errichtet worden. Zu Humboldts Zeit war es Hospital, dann diente es als Kirche, Schule, Pferdestall und Kino. Die Deutsch-Mexikanische Humboldt-Gesellschaft hatte es schließlich erworben und herrichten lassen. Vgl. Alfr. Potthoff: Humboldt in Taxco. Auf den Spuren des großen Deutschen in Mexico (Hannov. Kurier Nr. 103, S. 105 v. 18. 4. 1941).

[427] Atlas géographique et physique du Royaume de la Nouvelle-Espagne. Paris 1811, Blatt 12 u. 13.

[428] Bruhns I, S. 387; Vizekönig Iturrigaray an A. v. Humboldt, Mexiko, 15. 4. 1803.

429 Nach dem Bericht der Señora Calderon de la Barca, der Gemahlin des spanischen Gesandten in Mexiko, zitiert nach BRUHNS I, S. 391, der reine Legende ist, wie Hans Karl Schneider erwiesen hat.

430 Gesammelte Werke von Alexander von Humboldt, 9. Bd.: Neuspanien I. Aus: A. v. Humboldts Versuch über den politischen Zustand des Königreichs Neuspanien (Stuttgart o. J.), S. 94f. (zit.: A. v. HUMBOLDT: Neuspanien).

431 A. v. HUMBOLDT: Neuspanien I, S. 96.

432 Ebd. S. 100.

433 ERNST WITTICH: Humboldts Reisen in Mexico, in: Wiss. Festschrift zur Enthüllung des von Seiten Seiner Majestät Kaiser Wilhelm II. dem Mexikanischen Volke zum Jubiläum seiner Unabhängigkeit gestifteten Humboldt-Denkmals (Mexiko 1910), S. 58f.

434 A. v. HUMBOLDT: Neuspanien I, S. 182.

435 Ebd. S. 80.

436 Ebd. S. 257.

437 Zu den Zitaten, die Querétaro und Guanajuato betreffen: siehe Alexander von Humboldt. Lateinamerika am Vorabend der Unabhängigkeitsrevolution a.a.O., S. 146; S. 82, 211ff., 213. – Zur gesamten Mexiko-Route siehe FRANZ TICHY: Die Mexiko-Reise Alexander von Humboldts 1803–1804. In: Iberoamérica. Historia – sociedad – literatura. Homenaje a Gustav Siebenmann. München 1983, S. 963–988 = Lateinamerika-Studien, Bd. 13/II.
Wie H. DE TERRA feststellte, sandte Humboldt später dem Bischof von Morelia vermutlich seinen »Essay sur la géographie des plantes...« (Paris 1805; ein genauer Titel wird von DE TERRA nicht angegeben) »in Erinnerung an glückliche Stunden, die ich in Vallodolid und Zinapecuaro verbrachte. Paris, Februar 1808.« H. DE TERRA: Humboldt, S. 162. DE TERRA sah den Band im Museum zu Morelia. – Kosmos IV, S. 344f.

438 JOSEF u. RENÉE GICKLHORN: Deutsche Arbeit bei der bergmännischen Erschließung der Vicekönigreiche Peru und La Plata vor Alexander von Humboldt, S. 129; CARL LIESEGANG, S. 24f.

439 Vgl. oben S. 39f. mit Anm. 200.

440 CARL LIESEGANG, S. 18f. und 25f. – Zur vorhergehenden Mitteilung über die Schwestern Edle v. Raab siehe RENÉE GICKLHORN a.a.O., S. 124f.

441 Die Namen dieser Bergleute sind: Franz Fischer, Luis Lindner, Karl Gottlob Weinhold, Johann Gottlieb Vogel, Hans Samuel Suhr, Hans Daniel Schroeder, Hans Christian Schroeder, Karl Gottlob Schröder, Karl Gottfried Weinhold; OTTO QUELLE: Das »Colegio de Minería« in Mexiko unter deutschem wissenschaftlichen Einfluß, in: Ibero-Amerik. Arch. XI (1937/38) S. 376; verbessert nach RENÉE GICKLHORN, 1963 a.a.O., S. 67.

442 A. v. HUMBOLDT: Neuspanien I, S. 146.
443 Ebd. S. 97.
444 CARL LIESEGANG: S. 26.
445 Fr. Traugott Sonnenschmidt stammte nach einer Mitteilung RUD. HUNDS (Gera, 25. 2. 1958) aus Schleiz und nicht aus Jena. Er war zunächst für den Einsatz in Peru bestimmt worden; RENÉE GICKLHORN a.a.O., 1963, S. 68.
446 Sonnenschmidt ist auch der Entdecker der Feueropal-Fundstätte bei Tolimán, 200 km nö. von Mexiko, die sehr beliebte Halbedelsteine lieferte; CARL LIESEGANG, S. 45 ff. – Humboldt hat Feueropale mit nach Europa gebracht, wo sie von Klaproth und Karsten untersucht wurden.
447 SANTIAGO RAMIREZ: Efemérides del Colegio de Minería (Mexiko 1890), S. 190 f. Eintrag vom 29. November 1803; damals empfahl der Direktor des Colegio den Ankauf einiger Instrumente, die Humboldt abgeben wollte; die Erstveröffentlichung dieser wichtigen Liste findet sich bei H. BECK, I (1959), S. 280, Anm. 274.
448 SANTIAGO RAMIREZ: Efemérides ..., S. 414. Vorträge Humboldts in dem Colegio de Minería fanden am 17., 18., 20. und 21. Oktober 1803 statt.
449 ARTURO ARNAIZ Y FREG schrieb 1948, es könnte sein, daß Humboldt ohne Absicht del Río einen schlechten Streich gespielt habe. Seit 1800 hatte sich del Río mit einer wichtigen Entdeckung beschäftigt und eine Substanz chemisch untersucht, die er zunächst »Pancrom« nannte. Als Humboldt in Mexiko von del Río um seine Meinung gebeten wurde, hielt er das neue Metall für Chrom, das Vauquelin beschrieben hatte. Del Río schloß sich Humboldts Meinung an und gab ihm eine Beschreibung seiner Versuche mit, die veröffentlicht werden sollten, wenn Humboldt es für richtig hielte. Humboldt sei nicht auf die Versuche seines Freundes zurückgekommen, bis der Schwede Sefström die Entdeckung des Vanadiums bekanntgab. Der Vorschlag, das neue Metall nach seinem Entdecker »Riono« zu nennen, drang nicht durch. Del Río soll sich heftig gegen Humboldt erklärt haben, der seine Manuskripte an H. V. Collet-Descotils weitergegeben hatte. Inwieweit Humboldt hier eine Schuld trifft, läßt sich schwerlich sagen. ARNAIZ Y FREG selbst hat diese 1936 erhobenen Vorwürfe in der zweiten sonst nur unwesentlich veränderten Auflage 1948 stark gemildert (Mitteilung von FRITZ LANGE, Berlin, vom 15. 9. 1958). Vgl. ARTURO ARNAIZ Y FREG: Don Andrés Del Río, Descobridor del Eritronio (Vanadio), Mexico, D. F. 1948, S. 15–19 (DR. HANS SCHNEIDER, Hamburg, deutsche Übersetzung DR. JOHANNES EICHHORN, Berlin).
450 Der Verfasser hat den französischen Entwurf 1953 in der Sammlung DARMSTAEDTER (SBPK) gefunden, transkribiert und veröffentlicht;

H. BECK: Alexander von Humboldts »Essay de Pasigraphie«, Mexico 1803/04, in: Forschungen und Fortschritte 32, 1958, S. 33–39. – A. v. Humboldt selbst hatte sich nur unklar über den Verbleib dieses Manuskriptes geäußert. Das hat mehrere Forscher veranlaßt, nach dem wertvollen Dokument zu fahnden. Es gelang nicht, eine Spur nachzuweisen. Von deutscher Seite hatte sich z. B. OTTO QUELLE sehr um diese Pasigraphie bemüht. Man nahm stets an, das Manuskript müsse sich in mexikanischen bzw. spanischen Archiven nachweisen lassen; OTTO QUELLE: Das »Colegio de Minería« in Mexiko, S. 381. – Der Verfasser ging von diesen Feststellungen aus und fand im Jahre 1953 den übrigens französisch geschriebenen Entwurf. FRITZ LANGE, ehemals Sekretär der A. v. Humboldt-Kommission der Deutschen Akad. d. Wiss. zu Berlin, hat dann festgestellt, daß Andrés del Río die Pasigraphie Humboldts 1805 in Mexiko innerhalb seines oben bereits erwähnten Werkes publizierte, und damit die Richtigkeit der Vorstellungen des Verfassers erwiesen. Der Titel dieses meist unrichtig zitierten Werkes lautet: ANDRÉS MANUEL DEL RÍO: Elementos de orictognosía, ó del conocimiento de los fósiles, dispuestos, según los principios de A. G. Werner, para el uso del Real Seminario de Minería de México. Segunda parte, que comprehende combustibles, metales, y rocas, seguidos de la Introducción a la pasigrafía geológica del Señor Barón de Humboldt inédita hasta ahora con tres láminas. México 1805. Darin S. 160–173: BARÓN DE HUMBOLDT: Introducción a la pasigrafía geológica.

451 H. BECK: Alexander von Humboldts »Essay de Pasigraphie«, S. 37. – In der französischen Handschrift schrieb Humboldt »physicien«, das in diesem Fall, wie der Kontext eindeutig erweist, nicht als »Naturforscher«, sondern im Hinblick auf die hier gemeinte Leitwissenschaft (der Physikalischen Geographie) bewußt mit »Physiogeograph« (oder Physikalischer Geograph) übersetzt werden sollte. Da solche Begriffe Humboldt noch nicht zur Verfügung standen, auch das im Französischen mögliche Adjektiv »pyhsiogéographique« war noch nicht gebräuchlich, hatte er seine beiden wichtigsten Atlanten in seinem Reisewerk »Atlas géographique et physique« genannt. Der Ausdruck »Physikalischer oder Physischer Atlas«, der seit dem 18. Jahrhundert benutzt wird, steht (seit dieser Zeit) unbestritten für einen eindeutigen Physikalisch-geographischen Atlas. Die Übersetzung ist vom Verf. sorgfältig erwogen und oft genug positiv diskutiert worden.

452 Im französischen Entwurf sind diese Zeichnungen nur teilweise enthalten. Vollständig wiedergegeben sind sie in dem Buch von del Río, siehe Anm. 450, auf Tafel I–III.

453 H. BECK: Alexander von Humboldts »Essay de Pasigraphie«, S. 39.

454 Ebd. S. 34f.

455 A. v. Humboldt u. Aimé Bonpland an das Institut National de France, Mexiko, 21.6. 1803; Lettres américaines d'Alexandre de Humboldt, S. 162f.

456 Siehe S. 325, Anm. 274.

457 ALBERTO MARÍA CARREÑO: Federico Alejandro Barón de Humboldt (México 1919), S. 38: Humboldt erhält 1551 Piaster, S. 42–45: Instrumentenwunschliste des Tribunals des Colegio de Minería, die Humboldt mitgegeben wurde. Der Gegenwert von 3500 Piastern wurde in Madrid angefordert, Humboldt wurde über den Vorgang unterrichtet; vgl. Anm. 447: SANTIAGO RAMIREZ: Efemérides ..., S. 190f., S. 192: Eintrag vom 23. Januar 1804: Der Direktor überreicht dem Ausschuß eine Liste von Instrumenten, die in Europa bestellt werden sollen, und gibt gleichzeitig bekannt, daß Baron von Humboldt sich erboten hat, diese zu besorgen, zu verschicken und sich dafür einzusetzen, daß sie ohne Abgaben oder Gebühren eingeführt werden können. 24. Januar 1804: Der Senat stimmt zu; Mitteilung von DR. JOHANNES EICHHORN, Berlin, vom 18. 11. 1958.

458 Am Anm. 455 a. O., S. 163.

459 A. v. Humboldt an Willdenow, Mexiko, 29.4. 1803; BRUHNS I, S. 389.

460 Ebd. S. 390.

461 Ebd.

462 Humboldt hat den Popocatépetl nicht bestiegen, sondern erstmals seine Höhe trigonometrisch bestimmt, und zwar vom Llano de Tetimba bei Cholula östlich von dem Berg aus. Als Standlinie vermaß er eine Strecke von 2799 Fuß; er erhielt 5387 m. Neuere Messungen ergaben 5438,3 m. Die Differenz von 51,3 m dürfte sich u. a. auch aus der etwas kurzen Standlinie ergeben. Sonnenschmidt hatte den Berg bereits bis zu einer Höhe von 2557 Toisen bestiegen. Vgl. A. v. HUMBOLDT in: Petermanns Geograph. Mitteilungen (1856) S. 479, u. Humboldt-Festschrift (Mexiko 1910), S. 62.

463 A. v. HUMBOLDT: Alexander von Humboldt, S. 755. Vgl. Anm. 427.

464 Hierzu auch: Atlas géographique et physique du royaume de la Nouvelle-Espagne. Paris 1811, Karte 11.

465 Inzwischen hatte A. v. Humboldt aus einem Brief seines Bruders erfahren, Reinhard v. Haeften sei am 20. 1. 1803 gestorben. Er schrieb der Witwe am 27. 3. 1804 aus Havanna; ALBERT LEITZMANN: Eine Jugendfreundschaft Alexander von Humboldts, in: Deutsche Rundschau 1915, S. 121f.

466 ALEXANDER V. HUMBOLDT: Lateinamerika am Vorabend der Unabhängigkeitsrevolution, a.a.O., S. 277.

467 Maßgebend für den Aufenthalt Humboldts in den Vereinigten Staaten ist HERMAN R. FRIIS: Alexander von Humboldts Besuch in den Vereinigten Staaten. Vom 20. Mai bis zum 30. Juni 1804. In:

Alexander von Humboldt. Studien zu seiner universalen Geisteshaltung. Hrsg. v. JOACHIM H. SCHULTZE, Berlin 1959, S. 142–195; hier: S. 145 f.; A. L. MCINTYRE: Die amerikanische Reise, a.a.O., S. 295–308; Dank für Mithilfe schuldet der Verf. hier PROF. DR. KARL WILL BECK (1920–1969), seinem unvergeßlichen Bruder; die von ihm nachgewiesenen Gespräche hat der Verf. in seine Ausgabe übernommen; CHARLES COLEMAN SELLERS: Charles Willson Peale II, Philadelphia 1947, S. 182; FELIX M. WASSERMANN: Six unpublished letters of Alexander von Humboldt to Thomas Jefferson. In: The Germanic Review, Okt. 1954, S. 192; BENJAMIN SILLIMAN: A visit to Europe in 1851. New York 1853, II, S. 313–319.

468 A. v. HUMBOLDT: Alexander von Humboldt a.a.O., S. 756. A. v. Humboldt. Chronologische Übersicht a.a.O., S. 35.

469 A. v. HUMBOLDT: Relation historique III, S. 459.

470 Thomas Jefferson an A. v. Humboldt, Washington, 28. 5. 1804, BRUHNS I, S. 393 f.

471 CH. C. SELLERS a.a.O., S. 184, Abb. 18.

472 A. v. HUMBOLDT: Neuspanien I, S. 142.

473 H. R. FRIIS a.a.O., S. 172 f.

474 H. R. FRIIS a.a.O., S. 174.

475 H. BECK: Alexander von Humboldt II, S. 191; René Descartes (lat. Renatus Cartesius) meinte, die Bewegung der Himmelskörper werde durch Wirbel hervorgerufen, die aus Strömungen des das Weltall erfüllenden »Äthers« bestehen sollten.

476 H. R. FRIIS a.a.O., S. 175.

477 H. R. FRIIS, S. 179.

478 H. R. FRIIS, S. 181.

479 H. R. FRIIS, S. 184.

480 A. L. MCINTYRE, S. 305.

481 H. R. FRIIS, S. 189; HALINA NELKEN (Alexander von Humboldt. Bildnisse und Künstler. Eine dokumentierte Ikonographie. Berlin 1980, S. 58–61) wählte dieses Bild für den Schutzumschlag ihres Buches aus.

482 H. R. FRIIS, S. 189 f.

483 H. R. FRIIS, S. 190.

484 H. BECK: Moritz Wagner, S. 305.

485 Damit war z. B. der 1744 vom Jesuiten Manuel Ramon entdeckte und seither oft bestrittene natürliche Kanal zwischen Orinoco und Rio Negro (Nebenfluß des Amazonas) erstmals einwandfrei erwiesen. 1798 hatte Jean Nicolas Buache de la Neuville in seiner Karte von Guayana die Verbindung zwischen den Flußsystemen des Orinoco und Amazonas aufgehoben und ein Wasserscheidengebirge als Trennungslinie eingezeichnet, und zwar auf Grund der Lehre vom Erdgezimmer Philippe Buaches, nach der »Flußgebiete« unabhän-

gige Landschaften sein sollten. Noch 1801 hatte jener den Casiquiare als »monstruosité en géographie« bezeichnet; vgl. Briefe Alexander's von Humboldt an seinen Bruder Wilhelm, S. 37f. (Äußerungen W. v. Humboldts). Trotz aller Konstruktionen zweier ausgezeichneter französischer Geographen darf nicht übersehen werden, daß die Wasserscheide tatsächlich existierte. Dr. Max Stern hat 1942 bis 1945 mehrfach beobachtet, daß sie während der Trockenzeit deutlich hervortrat und den Casiquiare-Lauf von einem bis zu zwei Kilometern, ja bis zu drei Kilometern unterbrach. Die schon damals zu beobachtende Zerstörung der Scheide ist inzwischen weiter fortgeschritten. Humboldt konnte dies nicht feststellen, da er während der Regenzeit reiste; Max Stern: Der Casiquiare-Kanal, einst und jetzt. In: Amazonia 1970, S. 401–406; Volkmar Vareschi: Die Gabelteilung des Orinoco. Hydrographische und ökologische Beobachtungen der Humboldt-Gedächtnis-Expedition 1958. In: Petermanns Geogr. Mitteilungen 107. 1963, S. 241–248 (mit Einbeziehung der Sternschen Forschungen). Die Humboldt-Gedächtnis-Expedition bestätigte Alexanders Meinung von einer »Wasserscheide im Flußbett«.

486 Ausführliche Analysen in H. Beck: Alexander von Humboldt II, Wiesbaden 1961 (Orientierung am Inhaltsverzeichnis).

# Literatur-Ergänzung

Es werden die zur Rekonstruktion der Reise Humboldts wichtigen Werke des Verf. und andere nicht in den Anmerkungen erwähnte Publikationen angeführt: BECK, HANNO: Moritz Wagner in der Geschichte der Geographie. Diss. Marburg/Lahn 1951; DERS.: Eschwege. Eschwege 1956; DERS.: Gespräche Alexander von Humboldts. Berlin 1959; DERS.: Alexander von Humboldt. 2 Bde. Wiesbaden 1959 u. 1961 (nähere Angabe in in der Einführung); spanische Ausgabe: Mexiko 1971; DERS.: Alexander von Humboldt in Mexiko. Beiträge zu einem geographischen Erlebnis (deutsch u. spanisch). Bad Godesberg 1966; DERS.: Germania in Pacifico. Der Deutsche Anteil an der Erschließung des Pazifischen Beckens. Wiesbaden 1970; MEYER-ABICH, ADOLF u. H. BECK: Alexander von Humboldts großes amerikanisches Reisewerk. Eine bibliographische Einleitung. New York u. Amsterdam 1971; BECK, HANNO: Große Reisende. Entdecker und Erforscher unserer Welt. München 1971; DERS.: Geographie. Europäische Entwicklung in Texten und Erläuterungen. Freiburg i. Br. u. München 1973; DERS.: Carl Ritter – Genius der Geographie. (Deutsch, spanisch, englisch u. französisch). Berlin 1979; DERS.: Große Geographen. Pioniere – Außenseiter – Gelehrte. Berlin 1982; DERS.: Alexander von Humboldts Reise durchs Baltikum nach Rußland und Sibirien 1829. (Edition Erdmann in K. Thienemanns Verlag), zweite verbesserte Auflage 1984 = Alte abenteuerliche Reiseberichte. Von einer Aufzählung der Aufsätze wird abgesehen; hierzu Festschrift Hanno Beck. (Hafiz-Verlag) Bonn 1985 mit ausführlicher Bibliographie. ARIAS DE GREIFF, JORGE: Itinerario de Humboldt y Bonpland (en Colombia). In: Boletín de la Sociedad Geografica de Colombia 26. 1968, S. 253–258; DERS.: El diario inedito de Humboldt. In: Revista de la Academia Colombiana de Ciencias Exactas, Fisicas y Naturales 13. 1969, S. 294–298; ASSOCIACION CULTURAL HUMBOLDT (Ed.): Boletín de la Associacion Cultural Humboldt (Caracas) 1. 1965ff.; DIESELBE: Alexander von Humboldt. El libre progreso de la inteligencia. Caracas 1974; BOWEN, MARGARITA: Empiricism and geographical thought from Francis Bacon to Alexander von Humboldt. Cambridge, London, New York 1981; FACULTAD DE FILOSOFIA Y LETRAS (Ed.): Ensayos sobre Humboldt. Mexico 1962; HAUBELT, JOSEF: Haenke, Born y Banks. In: Ibero-Americana Pragensia 4. 1970, S. 179–197; HAMMACHER, KLAUS (Ed.): Universalismus und Wissenschaft in Werk und Wirken der Brüder Humboldt. Im Auftrag der Humboldt-Gesellschaft hrsg. v. ... . Frankfurt a. M. 1976 = Studien zur Philosophie u. Literatur des neunzehnten Jahrhunderts, Bd. 31; Leopoldina, DEUTSCHE AKADEMIE DER NATURFORSCHER (Ed.):

Alexander von Humboldt 1769–1859. Leipzig 1971 = Acta Historica Leopoldina, Nr. 6, 1971; PFEIFFER, HEINRICH (Ed.): Alexander von Humboldt. Werk und Weltgeltung. Hrsg. von Heinrich Pfeiffer für die Alexander von Humboldt-Stiftung. München 1969; Alexander von Humboldt-Stiftung. Mitteilungen (ab Heft 24, 1972 ff.: Beiträge zur Alexander von Humboldt-Forschung). Bonn 1972 ff.; NELKEN, HALINA (Stipendiatin der Alexander von Humboldt-Stiftung): Alexander von Humboldt. Bildnisse und Künstler. Eine dokumentierte Ikonographie. Berlin 1980; ORTEGA Y MEDINA, JUAN A.: Humboldt desde México. México 1960; PETERSEN, GEORG: Über die geologischen Beobachtungen Alexander von Humboldts in Peru. In: Alexander von Humboldt – dem wissenschaftlichen Wiederentdecker Amerikas zum Gedenken. Lima 1959, S. 16–30; DERS.: Sobre la ruta de viaje de Alexander von Humboldt y sus observaciones geológicas y geofísicas en el Perú. Lima 1960 (mit vorzüglicher Routenkarte); DERS.: La presencia de Alexander von Humboldt en el litoral del Peru. In: Amaru Nr. 10 v. Juni 1969, S. 2–10; DERS. u. NUÑEZ, ESTUARDO: El Peru en la obra de Alejandro de Humboldt. Lima (1972); sehr wichtig war für die Rekonstruktion der Route der vom Verf. herausgebrachte Neudruck des gesamten amerikanischen Reisewerkes in 30 Bänden (sogenannte »Grande Edition«), Amsterdam u. New York 1971–1973 sowie die Neudrucke in der Schriftenreihe »Quellen und Forschungen zur Geschichte der Geographie und der Reisen« (Verlag Brockhaus) Stuttgart 1964 ff.; STEARN, WILLIAM T. (Ed.): Karl Boriwog Presl: Reliquiae Haenkeanae. With a map and a bibliographical note by ... Amsterdam 1973; DERS.: Humboldt, Bonpland and tropical american botany. A miscellany on the »Nova genera et species plantarum«. Edited by ... Lehre 1968; RASMUSSEN, DETLEF: Der Stil Georg Forsters. Mit einem Anhang: Georg Forster und Goethes »Hermann und Dorothea«. Ein Versuch über gegenständliche Dichtung (Ludwig Röhrscheid). Bonn 1983; Museo Histórico. Organo del Museo de Historia de la Ciudad de Quito (Quito-Ecuador). Núm. 34, 1959 (Humboldt-Sonderheft).

## Neue Literatur bis 1988

BECK, HANNO: Zu Alexander von Humboldts »Naturgemälde der Tropenländer« (»tableau physique«). In: Orbis Pictus. Festschrift für Wolfgang-Hagen Hein zum 65. Geburtstag. Hrsg. v. Werner Dressendörfer u. Wolf-Dieter Müller-Jahncke. Frankfurt a. M. 1985, S. 31–42, mit Erstveröffentlichung des ältesten »Naturgemäldes«, Guayaquil 1803; DERS.: Die Geographie Alexander von Humboldts. In: Alexander von

Humboldt. Leben und Werk. Hrsg. v. Wolfgang-Hagen Hein. Frankfurt 1985, S. 221–238 u. S. 321–322, engl. u. span. Übersetzung: Ingelheim 1987; Ders.: Alexander von Humboldts Beitrag zur Kartographie. Im vorstehend bezeichneten Werk, S. 238–248 u. S. 322, engl. u. span. Übersetzung: Frankfurt 1987; Ders.: Presentazione. In: Alexander von Humboldt: Viaggio alle regioni equinoziali del Nuovo Continente fatto nel 1799, 1800, 1801, 1802, 1803 e 1804 da Alexander von Humboldt e Aimé Bonpland. Relazione storica. Edizione curata e tradotta da Fabienne O. Vallino. 3 Bde. Roma 1986; Ders.: Alexander von Humboldt als größter Geograph der Neuzeit. In: Die Dioskuren. Probleme in Leben und Werk der Brüder Humboldt (Abhandlungen der Humboldt-Gesellschaft, Bd. 9, hrsg. v. Herbert Kessler). Mannheim 1986, S. 126–182, mit einem Beitrag v. Herbert Wilhelmy: Humboldts südamerikanische Reise, S. 183–198; Ders.: Georg Forster und Alexander von Humboldt. Zur Polarität ihres geographischen Denkens. In: Rasmussen, Detlef (Ed.): Der Weltumsegler und seine Freunde. Georg Forster als gesellschaftlicher Schriftsteller der Goethezeit. Tübingen 1988, S. 175–188; Gebauer, Alfred: Alexander von Humboldt. Forschungsreisender – Geograph – Naturforscher. Ein großer Sohn Berlins. Mit einem Geleitwort v. Hanno Beck. Berlin 1987; Humboldt, Alexander von: Reise auf dem Río Magdalena, durch die Anden und Mexico. Teil I: Texte. Aus seinen Reisetagebüchern zusammengest. u. erläutert durch Margot Faak. Berlin 1986.

## Bildnachweis

Die Abbildungen dieses Buches stammen aus »Alexander v. Humboldt. Sammlung Hanno Beck«. Einige Federzeichnungen wurden von Friederike Beck nach Vorlagen eigens für diesen Band angefertigt.

